COMBATING INEQUALITY
Rethinking Government's Role
Edited by Olivier Blanchard and Dani Rodrik

格差と闘え

政府の役割を再検討する

オリヴィエ・ブランシャール／ダニ・ロドリック［編］
月谷真紀［訳］　吉原直毅［解説］

慶應義塾大学出版会

目次

凡例

- 訳注は、本文中に〔 〕の中で示した。
- 原著の注と文献は、各章の末尾にあるが、本書では、読みやすさを考慮して巻末にまとめて掲載した。
- 原著の図版に関して、統一がとれていない表記などについては、本書では読みやすさを考慮して適宜、処理を行った。
- inequality は、主に「格差」と訳し、文脈に応じて「不平等」とした。

序章

格差拡大を逆転させる手段はある

Introduction: We Have the Tools to Reverse the Rise in Inequality

オリヴィエ・ブランシャール
ダニ・ロドリック

広がる格差が大きな倫理的、社会的、政治的課題を突きつけて、政策担当者に対応を求めている。1980年代以降、グローバリゼーション、新しいテクノロジー、制度変化という影響要因があいまって先進国の中に強い遠心効果を生み、すでにあった分断をさらに深めるとともに新たな分断を作り出した。このような変化を利用するために必要な資産、スキル、才能、（場合によっては）政治的人脈を持つ集団は、創出された経済的機会からおおいに恩恵を受けた。しかしそれ以外の多くの人々は、同じ基調トレンドによって雇用の見通しが暗くなり、所得が抑制され、経済的不安定さが増した。

このエビデンスに対して、私たちは2019年10月にピーターソン国際経済研究所で格差をテーマに大規模なカンファレンスを開催した。議論の中心に据えたのは、格差と戦うために政策担当者がすでに持っている、あるいは持ちうる手段である。

まずルカ・シャンセルが、分配の状況に起きた変化を統計的に概観した（要旨を本書の第1章に掲載している)。主な論点の一つは、西ヨーロッパとアメリカの最も裕福な1%の所得シェアが、数十年間は低下の一途をたどり1970～1980年代に約8%になっていたが、現在はそれぞれ11%と20%に増えたことだった。1980年に下位50%の所得シェアは欧米いずれも20%だった。以降の35年間に、この数字はアメリカで12・5%、ヨーロッパで18%に下がった。

アメリカもヨーロッパも、グローバリゼーションとテクノロジーに関しておおむね同じトレンドの中にあったが、アメリカのほうが格差拡大がはるかに急激で、上位1%の資産シェアは1970年代後半の25%から今は40%前後にまで増大した。また、アメリカでは所得と資産の格差拡大とともに、社会移動の主要指標が減少してきた。アメリカで親よりも所得が増えた子供の割合は、1940年代の90%から現在はおよそ50%に低下している(理由の一端として経済成長率の低下も背景にある)。明るい面を見るなら、ジェンダーと人種の不平等は全般的に縮小してきた(とはいえ、いまだに大きいが)。

シャンセルが指摘した通り、この差は資産と所得分配へのグローバルな経済的・技術的要因の影響に対して、各国の対応が異なっていたことを示唆している。より累進的な税制度、強い労働市場制度(労働組合や最低賃金法など)、教育と医療への広範なアクセス、寛大な社会移転制度がある国々では、所得と資産の差はそれほど広がらなかった。

衝撃的な数字はあるものの、上位層の所得シェアといった従来の格差の経済的指標では、先進国の中で起きている格差拡大の全容はわからない。また、主として小都市、農村部、都市郊外と大都市および大都市圏の間に、重要な地理的・文化的な分断も出てきた。分断は、互いに強め合う関係にある経済的機会および文化的志向(社会保守主義と社会自由主義の対立)が分岐してきたことを反映している。その表れが、政治的エリートへの信頼低下、社会への不満、極右への支持だ。主に(それだけに限らないが）地理的な境界線をなぞるような社会の分極化が、上位層の所得シェアがそれほど伸びなかったフランスのような国においてさえ、深刻な影響を及ぼしてきた。

こうした格差はどれほど手強いのか。今ある手段で格差は是正できるのか。カンファレンスはその疑問に答えを出すことを目指した。発表とディスカッションでは幅広い是正策がテーマになった。それを続く各章で紹介している。答えに全員の合意があったとは言えない。具体的な行動計画を作ることが私たちの目的ではなかった。資産税をはじめ、いくつかの提案は白熱した大論争を引き起こした。しかし同時に、カンファレンスは多岐にわたる手段で多方面から格差に対抗しようと、さまざまな力が結集したものでもあった。本書に収録した寄稿からそれがおわかりいただけるはずだ。

合意はできつつある

重要なのは、数年前にはもっと意見が分かれたはずの格差の多くの側面について、（暗黙にせよ）広く意見の一致が見られたことだ。まず、格差が政策として取り上げられるべき最優先課題であるという見方には、出席者の誰一人として異議を唱えなかった（格差に取り組む研究者と政策担当者を招けば、格差が本当に重要な問題だと考える人ばかりになるのは当然なのだが、格差が喫緊の問題であり政策担当者の最優先課題にすべきだ、という考えがかつてよりもずっと強くなっているのを感じた）。

貧困削減よりさらに踏み込んだ政策を取るべきだ、という考えが広く共有されていた。公正さと効率性のトレードオフ（例えば、所得の平等と経済的成果のトレードオフ）についての議論は多くなかった。むしろ、多くの発表が、格差が経済成長の足枷になっていることを暗黙の前提としていた。格差は低所得層と中間所得層の経済的機会を縮小させ、超富裕層の独占的なレントを増やす（または反映している）ためだ。

格差の是正策として、労働市場の規制緩和と社会福祉の削減によって市場の自由に任せよ、と提案した人は一人もいなかった。この二つは必ずといっていいほど、格差の解決策ではなく原因として論じられた。今回のカンファレンスが例えば10年前に開かれていたら、出席者は所得分布の下位層で所得が伸び悩んでいる原因は、政府介入、経済的な就労インセンティブの弱さ、硬直した労働市場にある、と指摘したのではないだろうか。

最後に、社会福祉の拡大に関して、「財源はあるのか」を問題にした人は一人もいなかった。税を（少なくともアメリカでは）上げなければならないという広い合意があった。ここで唯一議論になったのは、累進性の適用を歳入側にすべきか歳出側にすべきかだった。徴収しやすい付加価値税（VAT）のような課税対象範囲が広い税を使い、所得分布の低中間層向けの公的支出の財源とすることを提案した人もいれば、資産税とより累進性の高い所得税によって、超富裕層との格差を是正する方法を訴える人もいた。結局、両方がある程度必要であることに大半の意見が一致した。

したがって、格差に対処する必要があり、その解決法は政府介入の撤廃や単なる経済成長の刺激策ではない、という認識が広く共有されていることが、カンファレンスでは明らかになった。むしろ政府が、生活水準の格差解消にもっと強い直接的な役割を果たさなければならない。経済学者の議論の内容は大きく様変わりした。

どの政策か？

カンファレンスでは、格差と戦うための非常に多岐にわたる政策を取り上げた。二つの次元に分けると捉えやすい。

一つ目の次元として、政策は対象とする経済の段階に応じて変わる。この次元を基準にして政策を3タイプに分け、討論会の参加者を構成した。表0・1（後出）の列見出しに各段階を示している。

第一のタイプの政策は、生産前段階に注目している。このタイプの政策は、人々が労働力になるための資質を育成するもの、例えば教育、医療、金融へのアクセスに関わる政策だ。ジェシー・ロススタイン、ローレンス・F・カッツ、マイケル・スタインズ（第9章）、ターマン・シャンムガラトナム（第10章）、N・グレゴリー・マンキュー（第14章）、ローレンス・サマーズ（第15章）、エマニュエル・サエズ（第16章）の寄稿がこのような政策を取り上げている。

第二に、生産段階に直接介入し、生産の構造と編成に影響を与える政策がある。こうした政策は、雇用、投資、イノベーションの意思決定における相対価格とインセンティブを左右する。また、産出に対して請求権を持つ人々（労働者、株主、経営者、供給業者）の交渉力にも影響する。最低賃金、貿易協定、投資および研究開発の助成金、地域ベースの政策、その他の「産業政策」がこのような政策の例として挙げられる。デヴィッド・オーター（第11章）、クリスチャン・ダストマン（第12章）、キャロライン・フロイント（第13章）、ダロン・アセモグル（第17章）、フィリップ・アギオン（第18章）、ローラ・タイソン（第19章）、マリアンヌ・ベルトラン（第20章）、リチャード・B・フリーマン（第21章）、ウィリアム・ダリティ・ジュニア（第22章）、デヴィッド・エルウッド（第23章）、ハイディ・

シアホルツ（第24章）の寄稿がこれらの政策を取り上げている。

第三として、生産後段階、すなわち所得と資産の再分配を扱う政策がある。累進所得税、資産税、負の所得税（アメリカにおける勤労所得税額控除［EITC］）のような所得補助政策、フードスタンプがこのカテゴリーに入る。これについては、ジェイソン・ファーマン（第25章）、ヒラリー・ホインズ（第26章）、N・グレゴリー・マンキュー（第14章）、ジェシー・ロスタイン、ローレンス・F・カッツ、マイケル・スタインズ（第9章）、ヴォイチェフ・コプチュク（第27章）、ステファニー・スタンチェヴァ（第28章）、ローレンス・サマーズ（第15章）、ガブリエル・ズックマン（第29章）が寄稿している。

二つ目の次元は、政策が所得分布のどの部分を「是正」しようとするか、である。ここには、どのような格差を解消したいのかという問題が関わってくる。分布の下位層を対象とする政策がある。このタイプの政策の主要な例は貧困削減政策だ。中間所得層を支援するために中間層の所得を上げようとする政策もある。あるいは上位層の所得を減らすことに主眼を置いた政策もある。これら3タイプの政策は表0・1の行に配置した。

二つの次元を組み合わせると、3×3で9セットの考えうる政策のマトリクスができる。格差への取り組みで効果を上げるには、表のどの欄に注力すべきか。経済学はある程度の指針になるが、それだけでは足りない。経済分析には、前面に出さないまでも価値観と規範的な判断（あるいは政治哲学）が伴うべきであり、また経済と政体の相互作用への見識もなければならない。

カンファレンスで浮上したテーマの一つは、所得分布の中間層に対応する政策——特に中間層の、いわゆる「優良な」仕事の拡大を支援する政策の重要性だ。権威主義的ポピュリズムの原動力に関す

		政策が介入する経済段階		
		生産前	生産	生産後
格差の種類	下位層	資質育成政策（医療、教育）；ユニバーサル・ベーシックインカム	最低賃金；雇用保障	社会移転（例：勤労所得税額控除）；完全雇用マクロ政策
	中間層	高等教育への補助金	「優良な仕事」政策；労使関係法および労働法；業種別賃金委員会；貿易協定；イノベーション政策；従業員の自社株所有	セーフティネット；社会保険政策
	上位層	相続税／遺産税	規制；反トラスト法	資産税

表0.1　格差に影響を及ぼす政策の分類

る論文からは、優良な仕事の不足とそれに付随する経済不安が極右の台頭に大きな役割を果たしたことがわかる。それは人工知能、デジタル化、自動化といった新しいテクノロジーの普及によって、最も危機に瀕している類の仕事でもある。カンファレンスでの発表は、必要な救済手段は教育、職業訓練、再分配にとどまってはならないと示唆している。優良な仕事の創出を直接の目的とする政策環境が必要だ。表0・1の真ん中の欄は特に重要であり、それ特有の問題（ここで簡単に論じる）を提起している。

哲学と政治

政治哲学の役割を考えてみよう。ダニエル・アレン（第3章）、T・M・スキャンロン（第5章）、フィリップ・ヴァン・パリース（第4章）が気づかせてくれる通り、格差への取り組みは次の疑問に答えることから始めなければならない。すなわち、格差の何が悪いのか。格差を減らしたいのは、格差の帰結が悪いものだからなのか、それとも格差自体が悪いものだからなのか。格差自体が悪いと考えるなら、問題がある格差と問題のない格差をどう区別するのか。これらの疑問への答えが、表0・1での私たちの立ち位置を知るのに役立つ。

スキャンロンが強調しているように、平等の推進を単に貧困層の所得を増やすことだけにとどめてはならない十分な理由がある。格差に問題があるとすれば、それは格差の帰結が有害だから、もしくは格差を生む制度が正当化できないからだろう。後者の場合、もし富の偏在が不公正な制度の帰結だとすれば、私たちは経済的な結果を度外視して、例えば仮に経済成長が影響を受ける可能性があっても、上位1％への課税を望むかもしれない。もしそうでないとすれば、このような税は別の方法で、例えば、社会福祉の財源にする歳入をもたらすためだと訴えることによって正当化しなければならない。（スキャンロンとヴァン・パリースが提唱する）ロールズ主義者の視点に従えば、私たちは格差が拡大すれば必ず、社会で最も恵まれない人々の福祉の向上を求めるだろう。（アレンが提唱する）政治的な平等を重視するなら、市場への参加条件をさまざまな集団間で公平にし、ルール作りへの平等な参加を確保する、もっと抜本的な市場介入が必要になるかもしれない（労働市場、企業統治、規制など）。

何が（どのように）達成可能かを理解するには、政治経済学への見識も必要だ。その難しさは、格差が政治に及ぼし、政治が格差に及ぼす影響を見きわめるところにある。政治学者のベン・アンセル（第6章）、シェリ・バーマン（第7章）、ノーラン・マッカーティ（第8章）の寄稿は主に、経済格差が政治的成果に及ぼす影響に注目している。格差拡大は是正策を求める政治的な動きに直接つながらず、政党が経済よりも社会文化的な要素を優先する選択をする場合もあることを、彼らは重視している。しかし、政治の不平等が経済格差も悪化させることは明らかだ。民主主義においてさえ、権力は偏在している。今の政策と制度設計には、有力な特殊利益集団が連携して権力を持っている事実が反映されており、ますますその権力を強めている。しかし、そうだとすれば、富と権力を持つ者が最善の政策案を拒否したり骨抜きにしたりしない、今とは違うもっと公正な均衡状態にどうしたら移行できるだろうか。変化の暗黙理論は何だろうか。格差の最も深刻な症状に対処するだけで十分だろうか。それとも、政治システムに潜む根本原因に対処する、もっと徹底した総点検が必要だろうか。後者だとすれば、表0・1に示す具体的な介入策と政治システムの運用はどう関係するだろうか。

超富裕層が政治的影響力を行使しすぎているとすれば、より効果のある（しかも実行可能な）戦略は何だろうか。（サエズとズックマンの提唱する）資産税による富の蓄積防止か、それとも（サマーズが指摘する）勝者総取りとスーパースター効果を阻止するような、企業統治、反トラスト法、労働市場改革か。貧困層が政治的権利を奪われており、そのせいで自分たちに影響のある経済政策の決定にほとんど発言力がないのだとしたら、彼らの経済状況を改善するだけで十分だろうか。それとも、投票しやすくしたり、選挙資金を制限したりするなど、政治的ルールの変更も考えるべきだろうか。今回のカンファレンスでは政治改革は議論しなかったが、ディスカッションには、政治経済の均衡をより公正な方向に変えるためには政治改革も必要だろうという含意もあった。

緊急性、追うべき理想、エビデンス

さらに問うべきは、どこまでを望むかだ。確実なエビデンスがあるものに対する政策を追求するだけでいいのか、それとももっと大胆に実験をしたいか。政策を徐々に進化させるのか、それとも抜本的な改革を求めるのか。これはおそらく少なくとも、経済学の問題であるのと同じくらい妥協の問題でもある。もちろん、確かなエビデンスがあるものに関しては改革を優先するのが理に適っている。しかしエビデンスのハードルが高いと、既存の政策と小規模な変革が限度になってしまう。私たちには、これまでに試されたことのある政策についてしか確かなエビデンスがない。現状を根底から覆すイノベーティブな政策は、試されたことがないのだから。

フランクリン・D・ローズヴェルトはニューディール政策の時代、「大胆で持続的な実験」を呼びかけたことで知られる。当時としては革命的だった財政出動を発案したジョン・メイナード・ケインズさえ、ローズヴェルト大統領のさらに構造的な政策——例えば、1933年の全国産業復興法（NIRA）により労働組合の組織化を容易にして交渉力を増大させる、大規模な企業規制を導入する（これは後に最高裁により違憲判決が下された）など——は「常軌を逸しており、いかれている」（1933年後半にケインズからローズヴェルトに宛てた書簡の言葉）と考えていた。このような新しいルールがどう機能するかに関して、先立つエビデンスはほとんどなかった。もしニューディール政策が「エビデンスをもとに」合否判断をされていれば、そのほとんどは実行されなかったはずだ。しかし、大半ではないにせよ多くの政策が、やがて現代経済の当たり前の要素となり、今では資本主義を行き過ぎから救ったとして評価されている。

政策がどこまで実験的であるべきかは、表0・1の真ん中の欄、生産段階における中間層の所得への政策に密接に関わってくる。本書の多くの寄稿者が強調するように、格差に適切に対応するには、技術変化の方向性と企業の雇用慣行に影響を与える狙いの政策が必要になるだろう。考えられる是正策の多くは試されたことがないため、効果は未知数だ。ダロン・アセモグル（第17章）とローラ・タイソン（第19章）は、ともに租税大条を改めて資本（と自動化）への助成金を廃止（または削減）し、労働力活用への報酬を強化すべきだと示唆している。これは直感的に腑に落ちる。イノベーターや雇用主はおそらく価格インセンティブに反応するからだ。しかし、技術変化の方向性への効果は十分なのか、それともイノベーション政策と雇用創出政策を一体化した、政府と企業の協力が求められる、もっと意欲的な政府プログラムも必要だろうか。たぶん、多種多様な新しい手段とプログラムが必要となるだろう。その大部分は未知の領域だ。

他国の成功体験が有益な指針となるかもしれない。例えばクリスチャン・ダストマン（第12章）は、ドイツの労使関係協定がどのようにドイツの労働市場に対するチャイナショックのインパクトを緩和したかを述べている。貿易のショックが吸収されたのは、一部は賃下げのおかげだったが、労働者を別の職種に再訓練するうえで企業が積極的な役割を果したからでもある。ドイツには職業訓練制度と労働組合があり、この二つが、企業が労働者の利益を考慮して必要な調整を進める動機付けになった。もしこれらが一般化できれば、新しいテクノロジーが将来の雇用にもたらす帰結をやわらげるにあたって、このような企業レベルの戦略が手本になるかもしれない。しかしドイツの例は、職業訓練、労使関係、その他の取り決めを含む制度全体の再設計をしないまま、コピーペーストしてもまずうまくいかないことも教えてくれる。

経済の特定セグメントの改革からも知見が得られる。第23章でデヴィッド・エルウッドが紹介している、破綻していた軍の保育システムが1980年代以降どのように修復されたかについての短い事例は、参考になるのではないだろうか。ひとたびシステム改革が優先課題になると、米軍は新しい基準、施設の改善、研修の拡充、給与の大幅増など、劇的な変革に着手した。経済が動く原理は軍隊とは異なるにしても、この事例はシステム改革の可能性を見せてくれる。関連する論文で、編者の一人（ロドリック）が優良な仕事の経済を構築するための反復的な官民協力の一般的取り決めを提案している（Rodrik and Sabel 2019）。政治の意志があるところに道は開けるかもしれない。

所得分布の他のセグメントに対する政策にも、同様の考察が有効だ。失業と低所得への対策にはＥＩＴＣのような既存の（実証された）プログラムが最善なのか、それとも労働法のもっと根本的な再編と連邦雇用保障（ダリティが提唱した）が必要だろうか。最富裕層への富の集中には、アメリカでは実施されたことがなく、違憲の可能性もある資産税（サエズとズックマンが提唱し、マンキューとサマーズが反対した）で対処すべきか。ユニバーサル・ベーシックインカム（ＵＢＩ）はどれだけ効果があるだろうか。

私たちが考える格差の要因が根深いほど、思い切った外科手術が必要になる。市場経済の参加条件が貧困層と中間層から遠のいてきた、との認識は寄稿者に共通している。企業と富裕層が力を持ちすぎ、ゲームのルールの決定に過大な影響を及ぼしている。カンファレンスでアンガス・ディートンは、妥当だった鎮痛剤規制を緩めてアメリカ中西部の「絶望死」を促進した、企業の力のいまわしい帰結について述べた〔原著には未収〕。フィリップ・アギオンは、フェイスブックなどの巨大プラットフォーム企業が、政治ロビー活動と新しいイノベーターの参入排除によって、長期的なイノベーションと生産性をいかに損なう可能性があるかを説明した。デヴィッド・オーターの発表は、アメリカが中国に認めた世界貿易機関の加盟条件が、多くの地域労働市場の労働者にとって不利益だったことを明らかにした（中国の加盟が輸出部門のアメリカ人労働者と投資家には多大な恩恵をもたらしたにしても）。他の発表者は、労働組合の衰退と、地域の労働市場を支配する少数の企業の買手独占力（モノプソニー）

が、中間賃金の停滞の裏にある重要な要因であると言及した。雇用主の「買手独占力」はまさに、多くの発表で繰り返し登場するテーマだった。

安定した社会秩序は、その基盤に社会契約があることの表れだ。第２章でピーター・ダイアモンドが述べている通り、「企業に有限責任があるのは政府がそれを与えているからだ」。企業に付与されている特権——法人格——には社会に対する代償が伴う。かつて、国王は王家とその取り巻きを富ませるために企業に勅許を与えた。しかし現在、特権の目的はもっと崇高で、社会の幸福が必然的に含まれていなければならないはずだ。社会契約がどうしてほころびていったのか、それを修復するには何が必要か、という疑問が存在感を増している。

たどるべき道

ディスカッションからは幅広い政策提案が生まれ、表０・１の欄すべてが埋まった。喧々《けんけん》囂々《ごうごう》だったのか、良案がたくさん出たのか。編者たちは後者だと信じている。格差との戦いにアイデアと政策手段の不足はないことが、カンファレンスで明らかになった。具体的な提案に、単独で効果を発揮しそうなものは一つもない。しかし取り組む余地はさまざまにあり、多くの領域にすぐに実現することが可能な目標がある。例えばＥＩＴＣ型プログラムの拡張、幼児教育と高等教育への補助金の増額、雇用親和的なイノベーションへの助成金の振り向け、全体的な税制の累進性強化、新たな生産様式に対抗する労働者の再組織を支援する政策だ。

本書のもとになったカンファレンスは、経済学者が従来のダメ出し役（「財政的に無理だ」「エビデンスが不十分だ」「インセンティブが歪められてしまう」など）ではなく、政策改革の旗振り役になれるという希望をくれる。今回のカンファレンスを終えて、私たち二人は経済学という仕事が格差縮小に貢献する力について、今までよりも楽観できるようになった。

謝辞

本書の寄稿文の編集にすばらしい手腕を発揮してくれた、ピーターソン国際経済研究所のデヴィッド・シューとウェストチェスター・パブリッシング・サービシズのハル・ヘングレインに御礼申し上げる。

I

状況の展望

The Landscape

第1章

先進国の格差をめぐる10の事実

Ten Facts about Inequality in Advanced Economies

ルカ・シャンセル

はじめに

高所得国の格差は、近年、学者、政策担当者、一般大衆から大きな関心を寄せられてきた。国際金融システムの不透明さと格差を追跡する標準的手法の欠陥から、21世紀の所得と資産がいまだ正しく測定できていないのはたしかだ。しかし、過去20年間で格差研究の世界は飛躍的進歩を遂げた。これは一つには、所得格差と資産格差の歴史的連続が研究された成果である（Atkinson and Harrison 1978; Piketty and Saez 2003）。

本章では、富裕国の格差の変遷に関する近年の研究成果を振り返り、学歴、世代、ジェンダー、人種間の格差という広い文脈の中で論じたうえで、発展めざましい格差研究がもたらす政策への含意について洞察を提示する。本章は格差をめぐる近年の議論を形成してきた10の主要な事実を柱にまとめた。すなわち、（1）デジタル時代においてもなお格差のデータは不足している。（2）所得格差は歴史を通じて縮小してきたが、1980年代以降は国ごとに差はあれ、開いてきた。（3）国は裕福になったが政府は貧しくなった。（4）少数の人々にとって、資本が復活した。（5）2000年代に起きた世界金融危機は格差拡大を止めなかった。（6）グローバル格差は、いまや国よりも階級の問題である。（7）社会移動が少ないほど格差が大きい。（8）ジェンダー間と人種間の所得格差は、20世紀の間に縮まったが、いまだ大きい。（9）教育、医療、高収入の仕事への平等なアクセスが、分布の下位層の税引前所得を引き上げる。（10）累進課税が分布の最上位層の格差を抑制する鍵である。*1

（1）デジタル時代においてもなお格差のデータは不足している

所得と資産の格差を追跡する標準的手法は、国と時代の比較が非常に困難という問題を抱えている。統計機関が発表した格差データは、基本的に家計調査に基づき、個人の生活水準に関する社会経済的データの豊富な情報源として、社会経済的な格差の情報を多面的に提供している。しかし、特に分布の最上位層の格差を測定するにあたっては、従来から調査には限界があった（Atkinson and Bourguignon 2000）。家計調査で報告される所得と資産の水準は概して国民経済計算の総計と一致せず、したがってマクロ経済成長の推定値にも一致しないのだ。家計調査方法の変更も、国と時代を横断した格差水準の比較を困難にしている（UNECE 2011）。ヨーロッパでは、家計調査で記録されているヨーロッパの上位1％の年間税引前所得は約22万ユーロで、税データと国民経済計算を動員した測定値である34万ユーロより60％低いことを、ブランシェ、シャンセル、ゲシン（Blanchet, Chancel, and Gethin 2019）が発見した。

所得と資産の変遷を追跡するための税データの利用は、クズネッツ（Kuznets 1953）およびアトキンソンとハリソン（Atkinson and Harrison 1978）の先駆的な研究に基づいている。彼らは税集計表を動員して最上位層の所得と資産の変遷を観察した。２０００年代にいくつかの高所得国の歴史的連続データが作られ、この手法に改めて関心が集まった（Piketty and Saez 2003; Atkinson and Piketty 2007, 2010）。世界最高所得データベースを共同制作した何十人もの研究者の尽力により、上位層の所得税還付申告時の控除前所得の連続データがまず70ヵ国以上について作られ、さかんになってきたグローバル格差の議論に寄与した。

税データをもとにした上位層の所得の連続データにも、欠点がないわけではない。税法は国ごとに異なり、さらに時とともに変更されるため、国や時代を横断した比較は難しい。アメリカでは、資本所得の約3分の2がマクロ経済成長統計に含まれているが、概して調査データからも税務統計からも欠落している（Piketty, Saez, and Zucman 2018）。このような所得源（帰属家賃、未配当利益、年金および保険の保険料として支払われた所得を含む）は、アメリカをはじめ多くの富裕国で過去20年間に重要性を増した。[*2] 税データは、国によって程度の差はあるが、脱税により正確性が損なわれていることもわかっている。ロシアでは、脱税を含まない記録にある上位０・01％の資産シェアが5％だが、海外資産を（一部にせよ）勘定に入れれば12％を超える。この数字は、イギリスでは3％未満から4・5％に、フランスでは3・5％から5・5％に上がる（Alstadsæter, Johannesen, and Zucman 2018）。

もっと最近の所得分布に関する国民経済計算の手法は（DINA: Alvaredo et al. 2016参照）、調査、税、国民経済計算のデータと、可能な限りの脱税情報を体系的に組み合わせることにより、既存のデータソースの制約に対応しようとしている（Zucman 2019参照）。この手法はこれまでにいくつかの高所得国と新興国に適用され、グローバルな所得と資産の格差の変遷に関して新しい比較可能な成果をもたらした（例えばPiketty, Saez, and Zucman 2018; Alvaredo, Chancel, Piketty, Saez and Zucman 2018; Blanchet, Chancel, and Gethin 2019参照）。研究者らがこうして積み重ねた共同作業の成果は、オンラインの世界格差データベース（WID.world）で入手できる。*3 ＤＩＮＡの手法では、時系列の税引前および税引後所得と資産の推定値と、所得グループや資産グループごとの税率の算出が可能だ。このような連続データを作成するには、国と時代を横断した比較ができるように租税条約を整理しなければならない。租税条約の中には議論の余地があって議論すべきものがあり、実際に議論されてきた（主要な国民経済計算の概念も、考案されて以来ずっとそうだった）。最も明らかな改善方法は、統計学界が国連の後援のもとに、所得分布と資産成長の新たな国際標準を統一することだろう。国連の国民経済計算体系（UN System of National Accounts）の次の改定時（２０２２〜２０２３年頃）に、このような統計の作成にあたって国の統計機関の指針となる新たな標準が入るかもしれないが、時間のかかるプロセスであるため、現時点でどうなるかはまだ不明だ。今のところ、公に入手でき比較可能な所得、資産、税の格差に関する公的データはきわめて少ない。*4

（２）所得格差は歴史を通じて縮小してきたが、80年代以降は国ごとに差はあれ開いてきた

入手可能な調査、税、国民経済計算のデータを体系的に組み合わせると、ほとんどの先進国で、20世紀にずっと縮小してきた所得格差が１９８０年代以降、開いてきたことがわかる。１００年前は西ヨーロッパと北米の最も裕福な１％が国民所得の約17〜20％を握っていた。この数値は１９７０〜

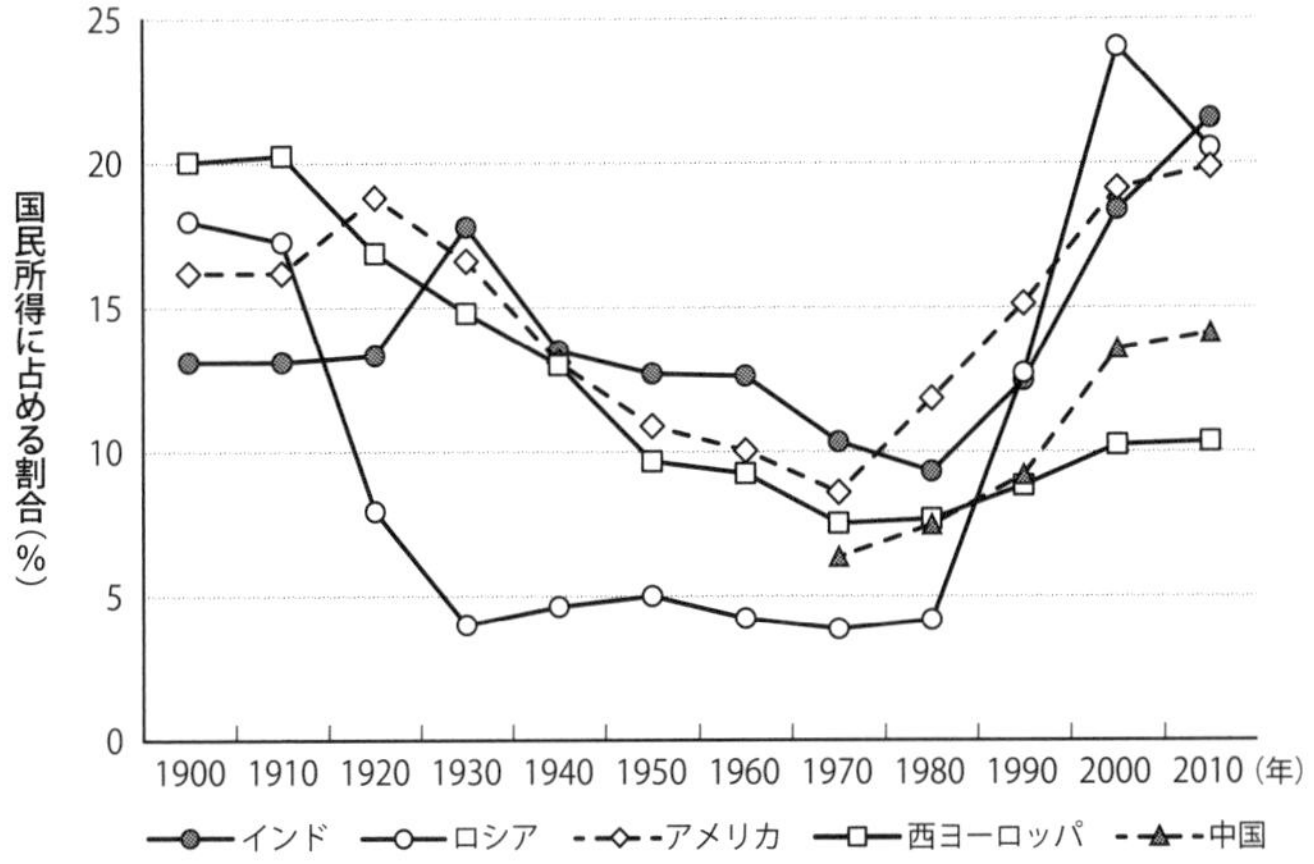

図1.1　所得格差は歴史を通じて縮小した後、異なるペースで拡大している。西ヨーロッパはフランス、イギリス、ドイツ、スウェーデンの平均。成人1人当りの税引前国民所得の分布

出所：筆者、WID.world（2019）に基づいた。データシリーズと注についてはwww.wid.world/methodologyを参照。

1980年代に8%まで減少した後、2010年代後半に10~20%に戻っている（図1・1）。他の先進国（オーストラリア、ニュージーランド、日本）もほぼ同じ軌跡をたどった。

20世紀半ばに先進国で格差が歴史を通じて縮小してきたのは、資本所得の減少が主な要因だ。二度の世界大戦、1929年の株式市場暴落後に起きた経済危機、脱植民地化プロセスが、資本損失と物理的資本の破壊を通じて上位層の資本所得の減少に果たした役割については、十分に議論されてきた（Piketty 2014; Alvaredo, Chancel, Piketty, Saez and Zucman 2018参照）。しかし、戦間期と第二次世界大戦後に実施された平時の政策の重要性を過小評価してはならない。すなわち高い累進課税、国有化、資本管理政策（家賃統制、賃貸借規制、企業統治委員会におけ

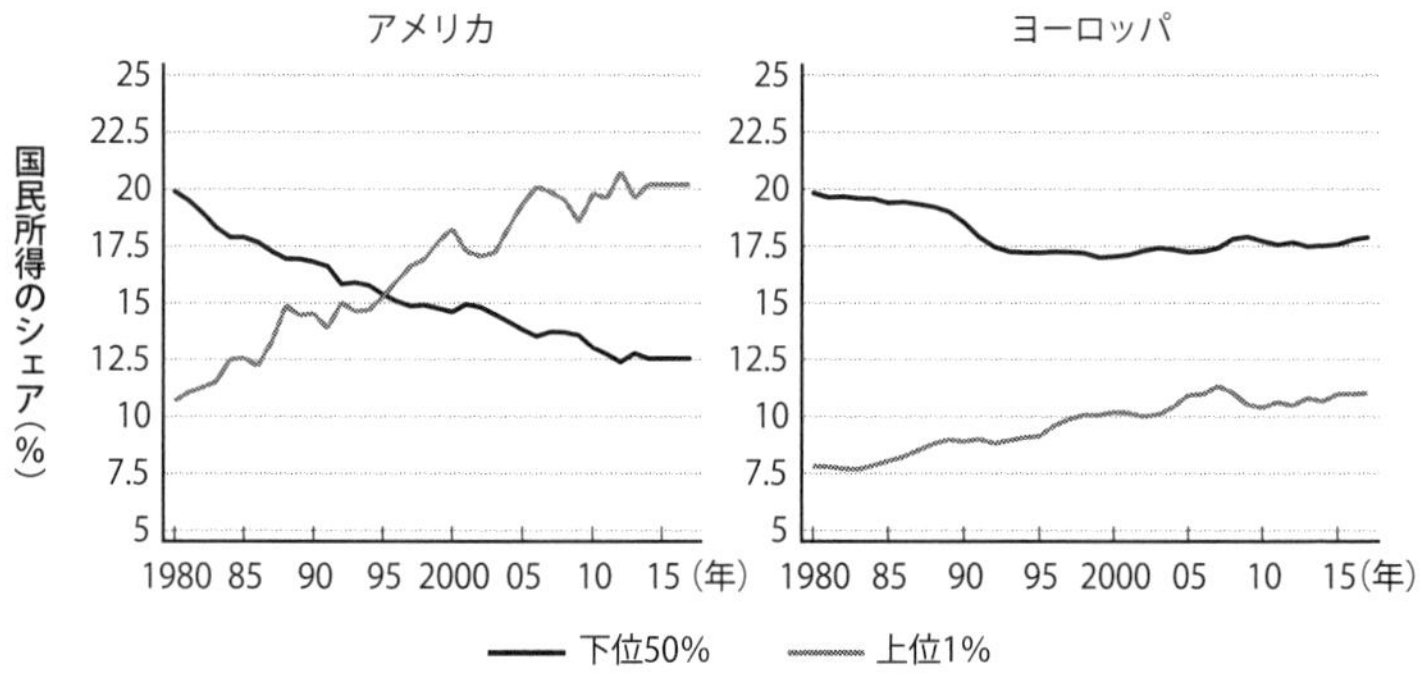

図1.2　アメリカと欧州連合の格差（1980〜2017年）：大分断

出所：Blanchet, Chancel, and Gethin (2019)、ヨーロッパについては調査、税データ、国民経済計算を組み合わせた。アメリカのシリーズはPiketty, Saez, and Zucman (2018) に基づいた。データシリーズと注についてはBlanchet, Chancel, and Gethin (2019) を参照。

る株主の権利制限）も、所得格差に強く影響した。

１９８０年代前半以降、所得格差はヨーロッパとアメリカで異なる軌跡を描いた。[*5] １９８０年から２０１７年にかけて、アメリカの下位50％の所得シェアは落ち込んだ（20％から12・５％へ）（図１・２）。上位１％の所得シェアはほぼ逆の軌跡を描いた（１９８０年の10％弱から２０１７年の20％超へ）。ヨーロッパでは、同期間の上位１％の所得シェアの伸びははるかに緩やかだった。[*6] 下位50％の所得シェアは減少したが、比較的高水準を保った。同時期のヨーロッパの下位50％の所得は40％増加したが、アメリカの所得分布の下位50％は、経済成長から事実上疎外されていた（40年弱の期間全体で所得の伸びが３％だった）。分布の上位層の所得はアメリカで急上昇し、最上位層０・００１％の所得シェアが同期間に６５０％超増加した（ヨーロッパでは２００％）。富裕国の格差拡大は高齢化によるものではない。現役世代だけを見ると、所得の伸びは１９８０年以降アメリカの下位50％で実質的にマイナスだった。家族構成の変化でもこのトレンドは説明できない。

（3）富裕国はさらに裕福になったが政府は貧しくなった

資産格差の変遷についての基本的な考え方は、国民純資産を民間純資産（民間部門の総資産から債務を差し引いたもの）と公的資産（政府が保有する純資産）に分解することだ。[*7] なぜ格差の分析にそのような分解が重要なのか。同じ富の集中度でも、経済における民間資産の集中度が低い国と圧倒的に高い国では意味が異なるからだ。公的資産の集中度が低い（またはマイナスである）ことは、政府が包摂的かつ持続可能な成長のために、重要な公共財（例えば教育、医療、気候変動防止）に投資する余裕が少ないことと関連する傾向が高い。民間資産の集中度が相対的に高いことは、個人間の資産格差が大きいことと関連する傾向が高い。富の蓄積プロセスは累積的かつ乗数的に進む性質があるからだ。

21世紀の先進国の富に関する主要な事実は、20世紀中に大幅に縮小していた資本が復活したことだ(Piketty and Zucman 2014)。20世紀前半の富裕国では、所得に対する資産の比率（民間純資産と公的純資産の合計を国民総所得で割る）が500～700％だった。この比率が第二次世界大戦後200～350％に下がり、1980年代前半まで400％前後で安定した後、2010年代後半に400～600％まで戻った（国によって大きなばらつきがある）。20世紀に国民総資産が減少したことは所得格差の変遷を反映している。二度の世界大戦という軍事的衝撃と、脱植民地化プロセスおよび戦間期と戦後の資本管理政策による資産家の資産損失が、所得に対する資産比率の長期的な収縮に寄与した。総資産の変遷に関するもう一つの重要な発見は、資本の復活が民間資産の復活によるものであるこ

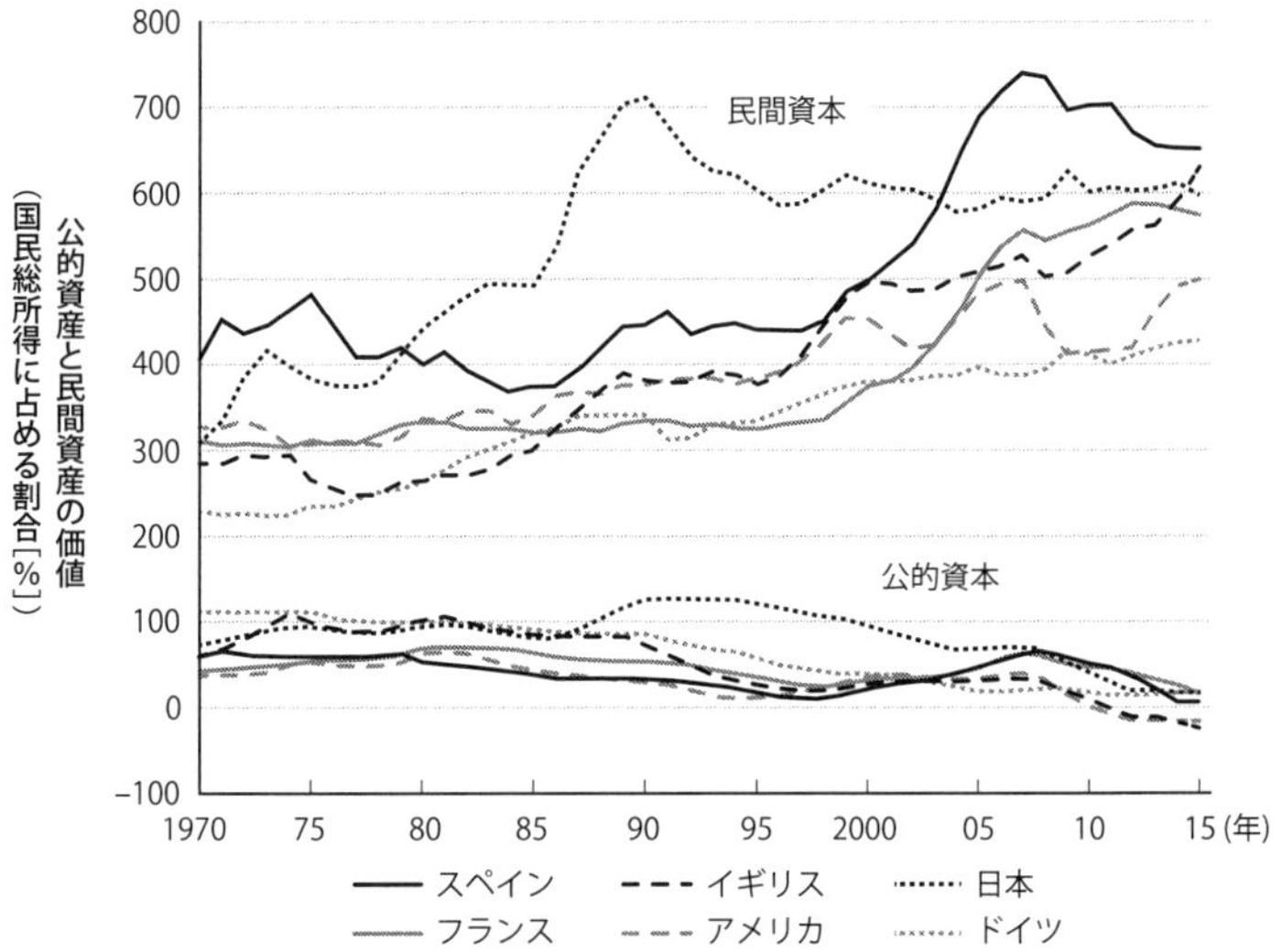

図1.3　富裕国における民間資産の増加と公的資産の減少（1970〜2015年）

出所：Alvaredo, Chancel, Piketty, Saez and Zucman (2018). データシリーズと注についてはwir2018.wid.worldを参照。

とだ。民間の所得に対する資産比率は、１９７０年代後半に約２００〜３００％で、２０１０年代後半に４００〜６００％に上がった。一方、大半の先進国では、公的な所得に対する資産比率は国民総所得の50〜１００％から０％近くに下がっている（図１・３）。公的資産が長期にわたって減少してきた要因は、公債の増加と公共資産、特にインフラの売却である。

一部の国（アメリカやイギリスなど）は今では公的資産がマイナスになっている。公的資産がマイナスの状態にあるとはつまり、公債の合計が公共資産（学校、道路、病院など）の合計より大きいということだ。言い換えれば、公債の債権者（富裕国では基本的に国民[*8]）は、自分の金融

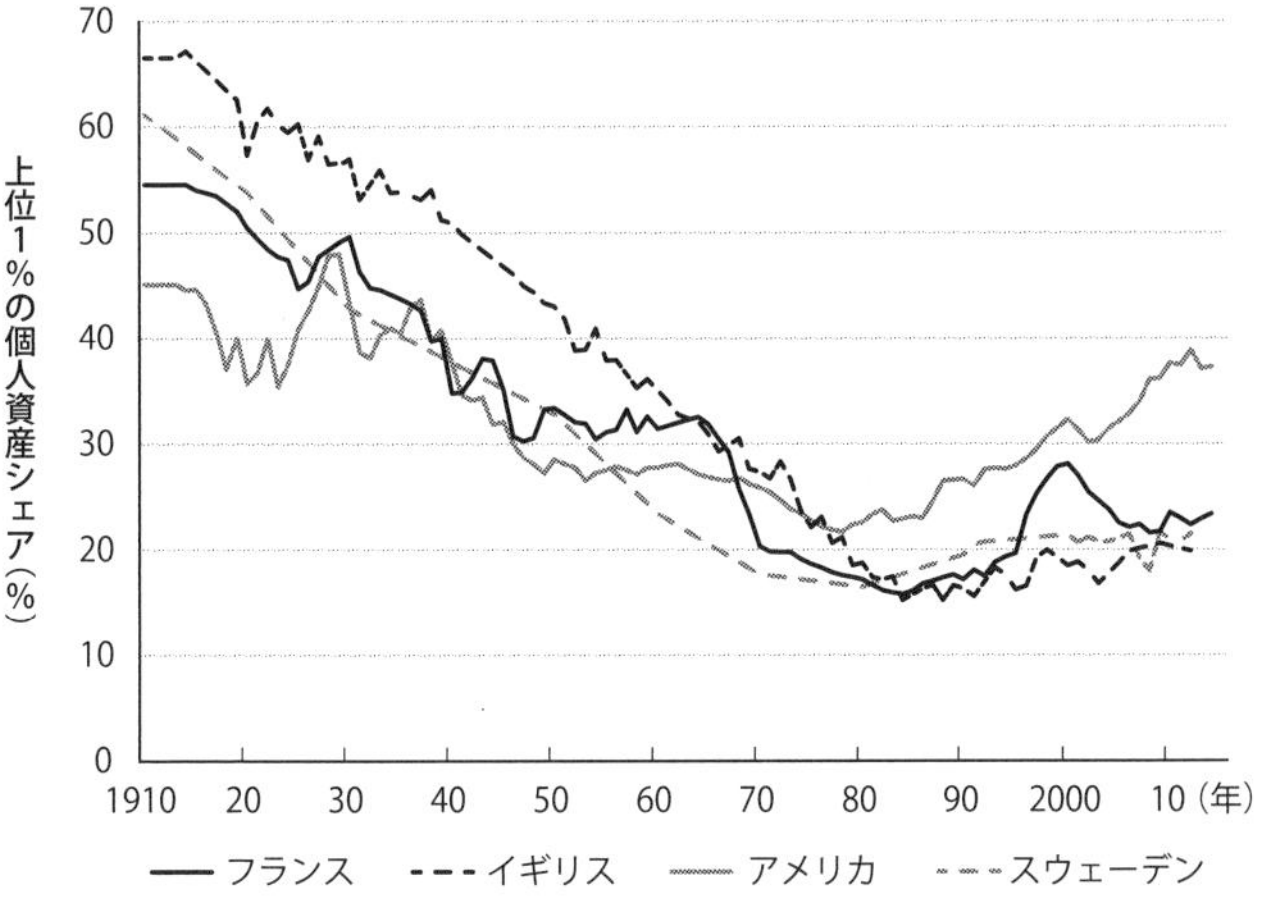

図1.4　富裕国の上位1%の個人資産シェア(1910~2014年)

出所:筆者、WID.world (2019) のデータに基づいた。データシリーズと注については www.wid.world/methodology を参照。

資産を介して、自国の公共インフラと金融資産の総額を所有している。このような状況では、公債の民間保有者が財政政策や予算政策への政治的影響力を強めやすい。

(4) 少数の人々にとって資本が復活した

1980年代以降、民間資産が再び増加するとともに、富裕国で再び著しい富の集中が起きている(Alvaredo, Chancel, Piketty, Saez and Zucman 2018; Zucman 2019)。アメリカでは、上位1%の資産シェアが金メッキ時代〔南北戦争後の1865~1890年頃〕に約45%で頂点に達した後、1930年代~1940年代以降は減少していった。1970年代後半までに上位1%の資産シェアは約25%にまで落ちた。最近になって上位1%の資産シェアは40%に戻っている(図1・4)。アメリカにおいてその牽引役は、分布の最上位

表1.1　アメリカとヨーロッパにおける資産グループ別の年間の資産成長（1987〜2017年）

資産グループ	アメリカ＋ヨーロッパ
上位1億分の1（フォーブス）	8.9%
上位2000万分の1（フォーブス）	8.8%
上位0.01%（WID.world）	6.1%
上位0.1%（WID.world）	4.9%
上位1%（WID.world）	4.0%
平均資産	2.7%
平均所得	1.0%

注：成人1人当りの個人純資産の実質成長率。上位1億分の1は上位0.000001%、上位2000万分の1は上位0.000005%に相当する。

出所：筆者、Alvaredo, Chancel, Piketty, Saez and Zucman（2018）およびBlanchet（2017）に基づいた。データシリーズと注についてはwww.wid.world/methodologyを参照。

0・1%にほぼ限られていた——彼らの資産シェアは、1979年の7%から現在は約20%に拡大している（Saez and Zucman 2016）。

西ヨーロッパ諸国はアメリカに比べ、資産格差が20世紀を通じて大幅に縮小し、1980年代以降の拡大も緩やかだった。フランス、イギリス、スウェーデンでは20世紀前半に、上位1%の資産シェアが国民総資産の約55〜70%で頂点に達し、当時のアメリカより非常に高い水準だった。興味深いことにフランスでは、フランス革命と能力主義を謳った第三共和政があったにもかかわらず、富の集中度は19世紀から20世紀前半にかけてきわめて高いままだった（Piketty 2014）。軍事、政策、経済の衝撃による複合効果の下、西ヨーロッパでは上位1%の資産シェアが1970年代後半まで15%前後に下がり、その後近年まで20〜25%に戻った。ヨーロッパの20世紀は、これまで存在していなかった世襲制の中産階級が登場し、続いた時代だった。

長期的に見ると、富の集中度は、資産の収益率の格差および平均所得の成長率と、貯蓄率の格差によって決まる（Piketty and Saez 2014）。大型金融ポートフォリオに適用される収益率は通常、小口預金者にはほとんど縁がない。１９８７年から２０１７年にかけて、世界長者番付「フォーブス５００」に選出された欧米人の資産は年平均８・９％で成長した。これは平均的な資産成長率（２・７％）に比べ著しく速い。これに対し、同期間の所得の年間平均伸び率は１％だった（表１・１）。

アメリカの下位90％の資産シェアが下落したのは、貯蓄率格差の変遷によるところが大きい。人口の下位90％の貯蓄は１９７０年代から２０１０年代にかけて10％から０％に落ちた。これとは対照的に、上位１％の貯蓄率は同じ期間に30％から35％に上昇した。もし人口の下位90％の貯蓄率が変わっていなければ、下位90％の資産シェアは１９９０年代半ばから２０１０年代前半までほぼ安定していたはずであることを、サエズとズックマン（Saez and Zucman 2016）が発見している。ヨーロッパ、特にフランスにも、同じ変遷があった。フランスで現在のような貯蓄率と収益率の格差が続けば、富の集中度は徐々に20世紀前半に観察された値に戻るだろう、とガルバンティ、グピーユ＝ルブレ、ピケティ（Garbinti, Goupille-Lebret, and Piketty 2018）が結論している。

（５）世界金融危機後に「ニューノーマル」は到来していない

２００８年の世界金融危機の直後は、世界中で分布の上位層の所得と資産のシェアが下がり、金融市場に従来よりも厳格な規制の枠組みを埋め込もうとする政策イニシアチブが取られた。世界金融危機とその後の政策対応は、長期的な格差のトレンドを変えただろうか。10年間のデータから得られるエビデンスはこれをほとんど裏付けていない。

高所得国の民間資産の長年にわたる増加は、金融危機におおむね影響を受けていないように見え、民間資産の増加には循環的景気変動以外に強い構造的要素があることを示唆している。同様に、資産格差の長期的トレンドもおおむね変化がなかった。アメリカでは、2014年の上位1％の総純資産は2006年より10％、2000年より20％増えたのに対し、下位99％は金融危機前の資産水準にいまだ回復していない。フランスとイギリスでも、上位1％の資産シェアの長期的な拡大は金融危機に大きな影響を受けなかったように見える。住宅バブル崩壊後の資産の下落が特に著しかったスペインでも、上位の資産グループは相対的に影響をまぬがれた。投資ポートフォリオを適切なタイミングで不動産から金融資産に移せたからだ（Alvaredo, Chancel, Piketty, Saez and Zucman 2018）。

金融危機以降の国別に見た所得格差の変遷は、資産に比べ相対的にばらつきがある。ドイツとフランスでは、上位層の所得シェアが金融危機前から少し下がり、所得も2008年の数値からいまだ回復していない。イタリア、日本、オーストラリア、ニュージーランドでは、上位層の所得シェアは2007年からおおむね変わっていない。アメリカ、スペイン、北ヨーロッパ（特にデンマークとスウェーデン）では、上位1％の所得シェアが回復し、金融危機前の数値よりむしろ伸びた。[*9] 資産格差を見ても所得格差を見ても、世界金融危機後にニューノーマルが到来した明確な兆しはない。

（6）グローバル格差はいまや国よりも階級の問題である

高所得国と新興大国における所得格差の拡大と、国同士の平均所得の格差縮小により、過去数十年間にグローバルな格差の情勢は様変わりした。[*10] グローバルな所得分布の下位層では所得が急成長したが（下位50％で1980年以降は100％超の伸び）、グローバルな上位層の所得の成長はさらに速かった（最上位0・001％で200％の伸び）。富裕国の低中所得グループは上下に圧迫され、同期間の所得の総成長率は50％未満だった。全体的に、1980年以降、世界人口の下位50％の2倍近いペースで上位1％が成長していることが、分布国民勘定推定からわかる（Alvaredo, Chancel, Piketty, Saez and Zucman 2018）。

グローバルな所得格差の情勢は1980年以降大きく変わった。40年前は、グローバル格差を説明するうえで階級よりも国籍が重要だった。今日では、国籍よりも階級のほうが重要だ。税引前国民所得の不平等を示すタイル指数は、1980年代前半にはグローバルな格差の半分余りを説明したが、今日では4分の1ほどでしかない（図1・5）。つまり、ある成人がグローバルな所得分布のどの位置にいるかを予測するには、その人の国籍よりも所得グループを知るほうが役に立つ。この知見は、グローバルな格差政策として人口移動政策、国際移動政策、国レベルの格差政策の相対的な重要性を議論する際に、重要な含意を持っているかもしれない（Milanovic 2019も参照のこと）。[*11]

国際間の所得格差は存続しているが、富裕国の所得分布の幅はいまやグローバルな格差の幅に広がっている。1980年には、ドイツとアメリカの分布の下位20％はグローバルな所得分布の第60～80分位に位置していた。現在は、ドイツの下位20％はグローバルな所得分布の第50～70分位に、アメリカの下位20％はグローバルでは第30～50分位に入る。つまり、富裕国にも今ではグローバル水準の貧困者がいるのだ。[*12]

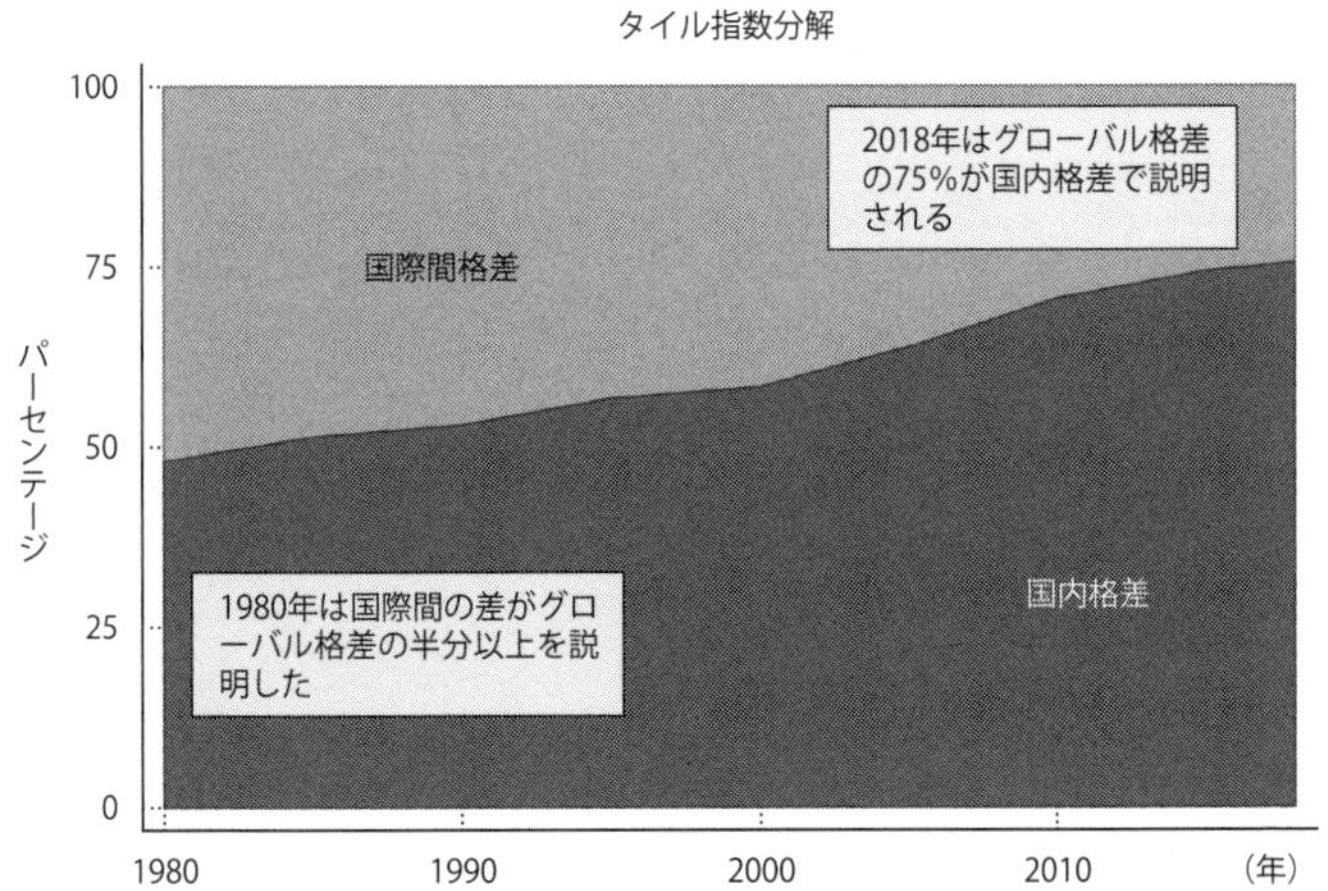

図1.5　グローバルな所得格差、国際間と国内の比較（1980〜2018年）

注：購買力平価で測定した成人1人当り税引前所得の分布。
出所：筆者、WID.world（2019）と筆者自身による改訂に基づいた。出所と注についてはwir2018.wid.world/methodologyを参照。

（7）格差の大きさは社会移動の少なさと相関する

1980年代前半以降、大半の高所得国の格差拡大は、社会移動の増加で相殺されてきたのだろうか。社会移動についてはは大きく二つの考え方がある。何世代かかけて行われる移動（世代間移動）と個人の一生の間に行われる移動（世代内移動）である。

ある時点で格差の大きい国は、世代間移動率が低い傾向がある。富裕国のうち、所得格差が小さい国々（例えば上位10％の所得シェアが約25〜30％のスカンジナビア諸国）は、社会移動の水準が相対的に高い傾向がある（これらの国々では世代間所得弾力性[*13]が約0・15〜0・2と低い）。所得格差が中程度の国々（例えば上位10％の所得シェアが約30〜35％のフランスやドイツ）の社会移動の度合いは中程度（世代間所得弾力性が約0・

3〜0・4）であり、所得格差が大きい国々（例えば上位10％の所得シェアが約45％のアメリカ）は世代間所得弾力性が相対的に高い（約0・5）（Corak 2013; Solon 2002）。「グレート・ギャツビー・カーブ」*14と呼ばれるこの関係から、所得格差の高い国々では世代間移動率の高さによって格差が相殺されていないことがわかる。

チェティら（Chetty et al. 2014）は、アメリカの相対的な社会移動が過去20年間にわたって低水準にとどまっていることを発見した。所得分布の下位20％に生まれた子供が上位20％に到達する確率は10％しかないのに対し、上位20％に生まれた子供が上位20％にとどまる確率は3倍高い。アメリカの絶対的移動率（親よりも所得の多い子供の割合で測定した）は、1940年代の約90％から今日では約50％に低下した（図1・6）。絶対的移動率の低下はすべての所得グループにあてはまるが、中間層が最も打撃を受けた。相対的移動率が横ばいだった一方で絶対的移動率が下がったのは、アメリカ人の下位50％が1980年代以降の経済成長からほぼ疎外されてきたためだ。これは、平均成長率が伸びても成長率の分布が変わらないままでは、1940〜1960年代に観察された絶対的移動率をアメリカが取り戻すには不十分であろうことを示唆している。ヨーロッパでは、入手可能なデータが少ないものの、世代間教育移動率が1980年代以降下がっているか横ばいであることをエビデンスが示している（World Bank 2018）。

生涯所得の格差も富裕国で開いてきた。アメリカで1980年代以降の一時点で把握した所得格差の拡大はすべて生涯所得格差の広がりによるものであることを、コプチュク、サエズ、ソン（Kopczuk, Saez, and Song 2010）が発見している。OECD24ヵ国に注目したガルネロ、ヒジェン、マルタン（Garnero, Hijzen, and Martin 2019）も同じ結論に達している。格差水準の高い国々は世代内移動

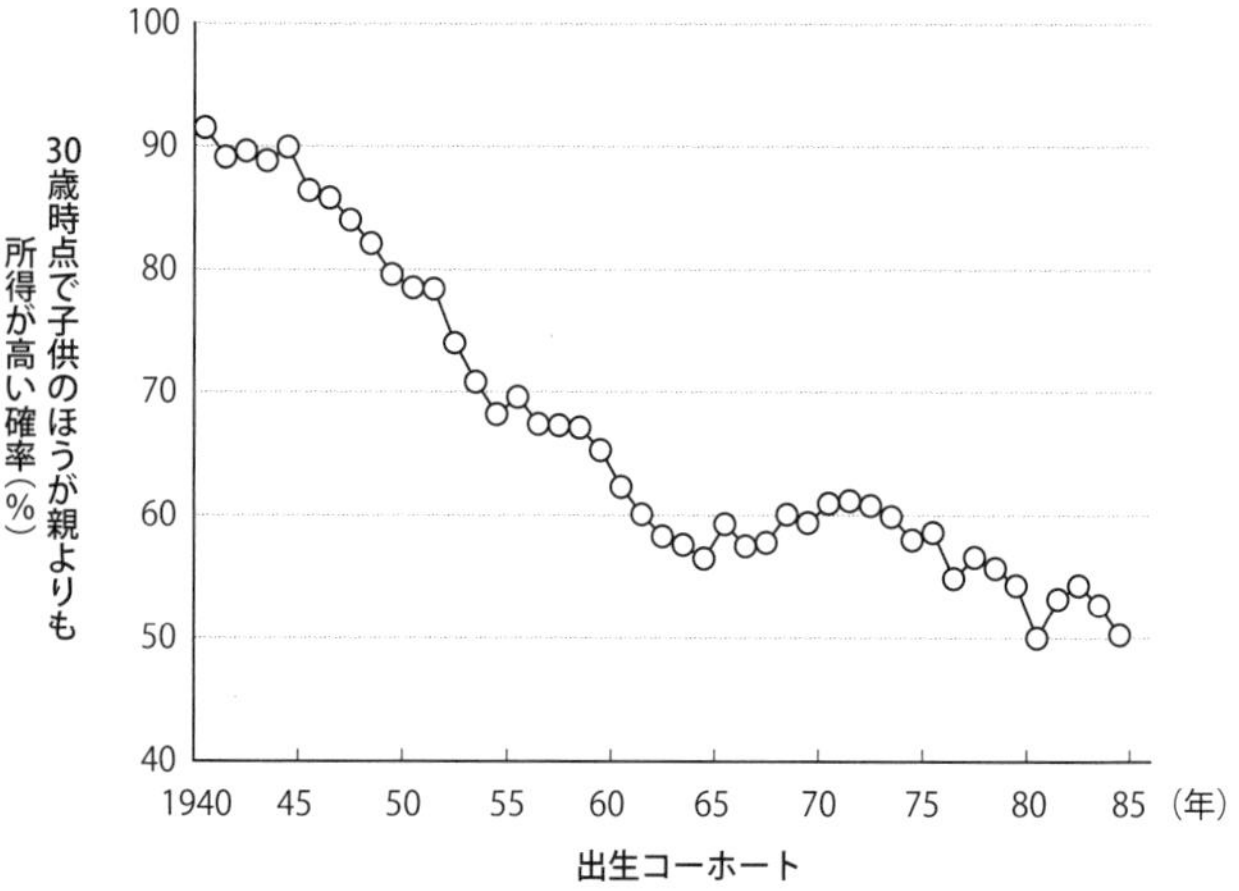

図1.6　アメリカの絶対的移動率（1970～2014年）

注：子供の所得は30歳時点で測定し、親の所得は所得が高い方の配偶者が25～35歳である世帯の夫婦の合計額で測定した。
出所：Chetty et al. (2017, figure 1B)

率が相対的に高いとされてきたが、実証的な裏付けはまちまちだ。[*15] 世代内移動の他の指標（例えば下位グループから上位グループへの移動確率）は、アメリカでは１９７０年代前半以降おおむね一定だったが、男性と女性で異なる軌道を描くことが隠されてしまっている。男性の生涯移動はアメリカでは１９７０年代半ば以降、実質的に悪化してきた（１９５０年代から見るといっそう顕著である）。対照的に、女性の生涯移動は１９７０年代以降、大幅に（１９５０年代から見るといっそう顕著に）増えた。その要因は女性の社会進出と、男女間の給与格差の長期的な縮小だ（Kopczuk, Saez, and Song 2010）。これについては次節で取り上げる。

(8) ジェンダー間と人種間の所得格差は20世紀の間に縮まったが、いまだ大きい

女性の労働参加率の上昇(現在アメリカ、イギリス、フランス、ドイツ、カナダで46％超)と所得格差の縮小により、女性に対する男性の税引前所得比は20世紀後半に大幅に下がった。アメリカでは男女の税引前所得比が1960年代の350％超から1980年代には200％に下がった。しかし1980年代以降はその進展が大きく鈍化している。アメリカで2014年の男女の税引前所得比はまだ180％近い(Piketty, Saez, and Zucman 2018)。フルタイム労働者の男女所得比の低下は1980年の約170％から2014年の130％までで、構成効果と「純然たる」給与差別がともに続いていることがわかる。[*16] アメリカの場合、フルタイム労働者の男女の給与格差は、職種と業種のジェンダー差で半分は説明できることがわかっている(Blau and Kahn 2016)。

上位所得グループおよび資産グループに女性はまだごくわずかしかいない。アメリカの上位10％の所得グループのうち、女性はおよそ4分の1にすぎず(Piketty, Saez, and Zucman 2018)、所得分布の上に行くほど男女格差は開いていく。上位0・1％に女性は10％しか入っていない。フランスと、ノルウェー、イタリア、デンマークなど他のヨーロッパ諸国でも同様であることがわかっている(Garbinti, Goupille-Lebret, and Piketty 2018; Atkinson, Casarico, and Voitchovsky 2018)。フランスでは、格差縮小のペースが今のままでは、上位所得グループの格差がなくなるまでにおよそ100年かかるだろう(図1・7)。

人種の資産格差に話を移すと、こちらもアメリカでは20世紀後半に縮まったことがエビデンスで示されている。白人の平均所得を黒人の平均所得で割った比率は1960年代で250％だった。この

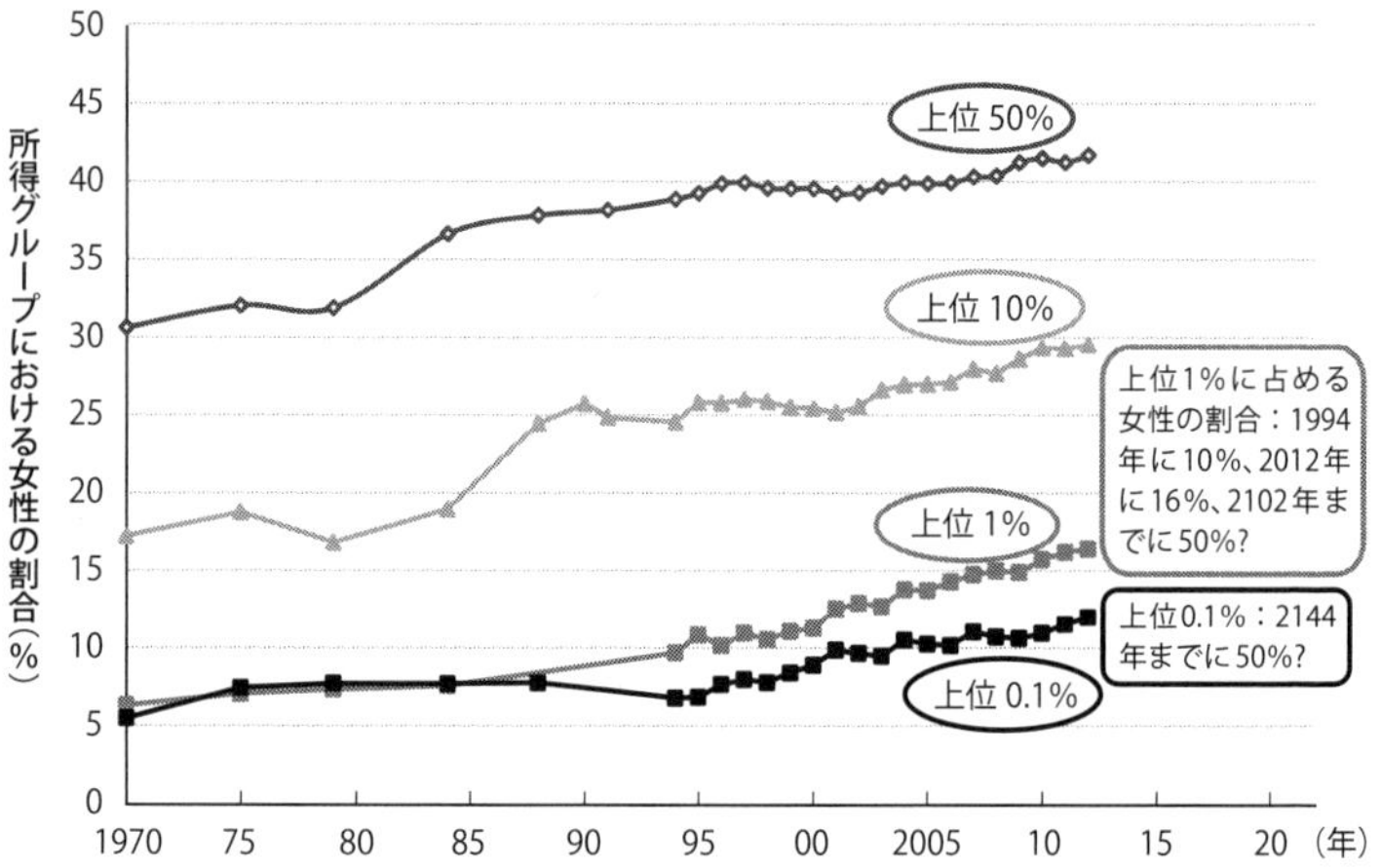

図1.7　フランスの上位グループにおける労働所得のフラクタイル別の女性の割合（1970〜2012年）

出所：Garbinti, Goupille, and Piketty（2018）. データシリーズと注についてはwww.wid.world/methodologyを参照。

値は、1960年代における最低賃金の適用拡大のおかげもあり、1980年代に約130%まで下がった（Derenoncourt and Montialoux 2018）。しかし、所得格差の縮小は1980年代以降、さらに進んだ様子がない。アメリカでは、労働市場の参入段階での差別により、所得格差がこの水準で固定化している傾向がある（Bertrand and Mullainathan 2004）。

アメリカの人種による資産格差（白人の平均資産を黒人の平均資産で割って測定した）は過去10年間で拡大した。1980〜1990年代には約500〜600%だったが、近年700%超に上昇している（Wolff 2017参照）。人種的な資産格差の拡大は、分布の上位層で資産の格差水準が上がっているせいだけではない。中間層の黒人世帯と白人世帯の格差も大きく開いた。

他の高所得の移民国でも人種格差が根強

いことがエビデンスで示されているが、データは少ない。イギリスでは、南アジア出身者と白人の所得比が2012年から2018年まで約120％でほぼ一定している（ONS 2019）。人種格差の公的データは、フランス、ドイツ、イタリアなど多くの富裕国で、行政規制のためいまだ存在しない。しかしフランスなどの国々では、人種と宗教に対する労働市場の強い偏見を示すエビデンスがあり、労働市場における差別が大きいことがわかっている。ムスリム名の求職者は、同じ条件を備えていても、ムスリム名でない求職者に比べて4倍も面接に進みにくい（Valfort 2018）。

(9) 教育、医療、高収入の仕事への平等なアクセスが、分布の下位層の税引前所得を引き上げる鍵である

富裕国間で格差の進行に大きな違いがあることを考える際、格差の全般的な拡大だけでなく各国間の違いの理由を理解することも重要（おそらく後者こそが重要）だ。実際、各国間の格差と成長差の要因は、分布のどのセグメント（例えば下位50％か、中間層か、上位1％か）を見るかによっても変わる可能性がある。

格差拡大の一般的な説明の一つとして、技術変化と国境の開放性の影響が挙げられてきた。この説明によれば、テクノロジーと貿易が富裕国において非技能労働者に対する技能労働者の生産性を相対的に高め、それにより技能労働者の需要と相対的な給与が高くなった。この説明にはいくつかの欠点がある。所得格差の拡大は、労働所得の分布だけでなく資本所得と資産の変遷も含む幅広い現象なのだ。加えて、技能労働者の供給は教育によって決まり、教育は政策に左右される。教育が拡充すれば

技能の供給が増加する一方で、技術変化とグローバリゼーションが技能需要を高める。どちらのプロセスが早く起こるかによって、労働所得の格差は縮小もすれば拡大もするだろう。この考え方は教育とテクノロジーの競争として述べられてきた（Goldin and Katz 2008）。

貿易とテクノロジーは、富裕国で観察された格差の全般的な拡大を部分的に説明できる可能性が高いが、分布の上位層と下位層で成長軌道が大きく異なることについてはほとんど説明できない。西ヨーロッパとアメリカは１９８０年代の人口規模と技術の発展水準が似ており、それ以降の低所得国および新興国からの輸入品の浸透率（１９８０年代後半のＧＤＰの約１・５％から今日の約７％へ）も比較的似ていた。この２地域は、新しいテクノロジーの浸透率も似ていた。[*17] ところが両者の格差の進行には大きな違いがあった。

富裕国間で格差の進行が異なることについて、再分配政策のレベルと変遷に注目する考え方もある。しかし、ヨーロッパが分布の下位層の所得増をアメリカよりも早く達成したのは、主として税と所得移転システムの効果ではなく、基本的には税引前所得を決定する政策と制度設計のおかげだった（図１・８）。１９８０年から２０１７年にかけて、ヨーロッパでは下位50％の税引前所得が40％伸びた。それに対してアメリカでは３％にすぎなかった。したがって欧米の格差の違いを理解するには、税引前所得の増加に影響を与えた政策に目を向けなければならない。

アメリカとＥＵ諸国で下位50％の税引前所得の増加に差があるのは、高等教育と職業訓練へのアクセス不平等の違いが重要な役割を果たした可能性が高い。高等教育へのアクセスはアメリカでは著しく不平等なままだ。チェティら（Chetty et al. 2014）は、所得の下位10％に入る親の子供が大学に進学する確率は30％しかないのに対し、上位10％に入る親の子供の進学率は90％であることを証明した[*18]

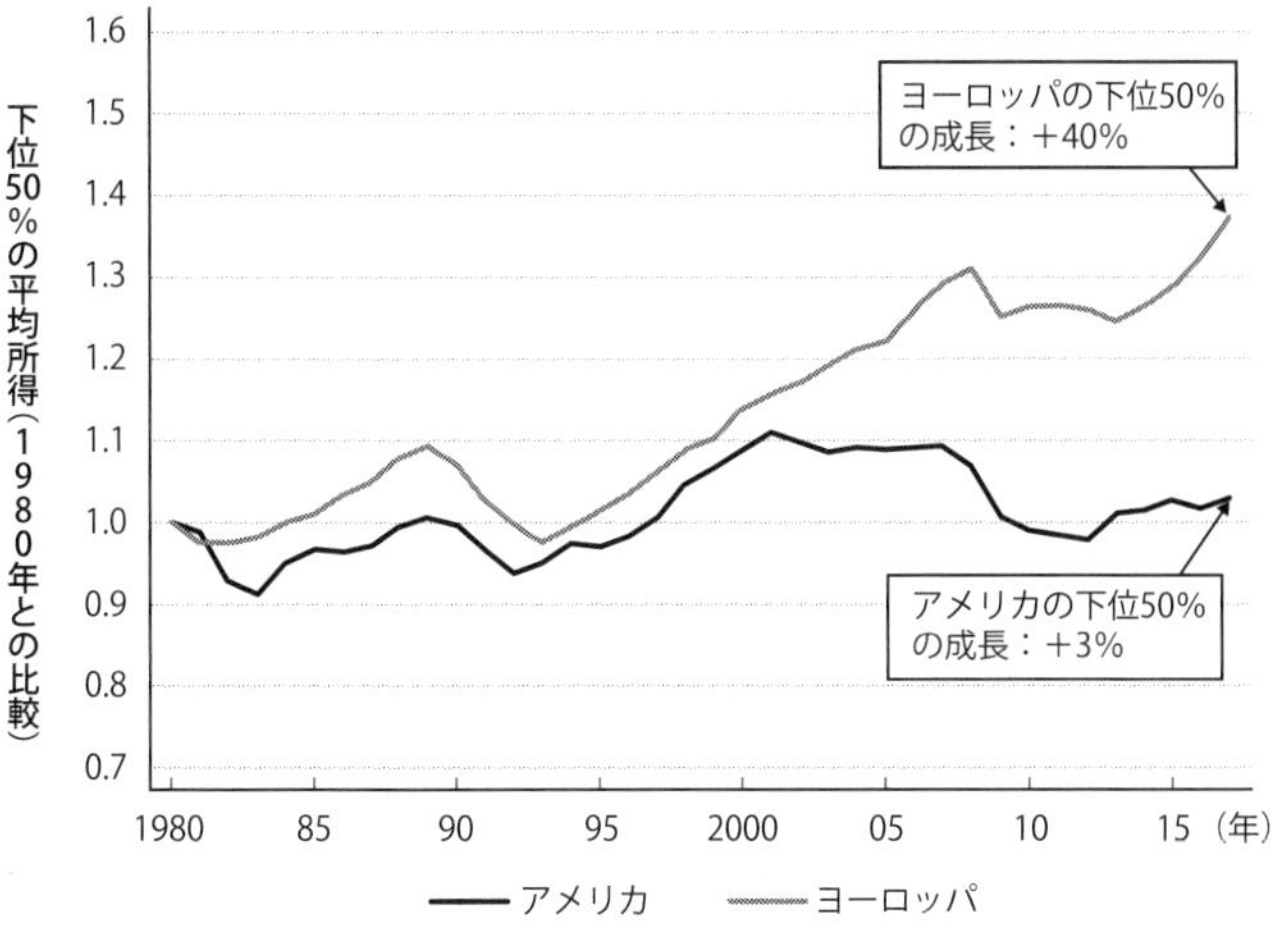

図1.8　アメリカと西ヨーロッパの下位50%の税引前所得の成長（1980～2017年）

注：成人1人当りの税引前所得の分布。
出所：Blanchet, Chancel, and Gethin (2019). データシリーズと注についてはwww.wid.world/methodologyを参照。

(図1・9)。アイビーリーグ大学進学率の差はさらにはっきりしている。所得分布の上位1%に属する親の子供は、下位5分位層の子供よりもアイビーリーグ大学に進学する確率が77倍も高いのだ（Chetty et al. 2017）。教育成果に親のバックグラウンドが及ぼす影響は、ヨーロッパではアメリカより小さく、またヨーロッパ諸国間の税引前所得の格差水準にも比較的相関性が高いことが、入手可能なエビデンスで示唆されている（Causa and Chapuis 2009）。

高等教育制度への普遍的アクセスは、教育格差の小ささと関連する傾向が高い（Martins et al. 2010）。アメリカでは高等教育機関への民間支出の割合が65%超であるのに対し、他のアングロサクソン諸国では約60%、フランスとスペインとイタリアでは30%、ドイツ

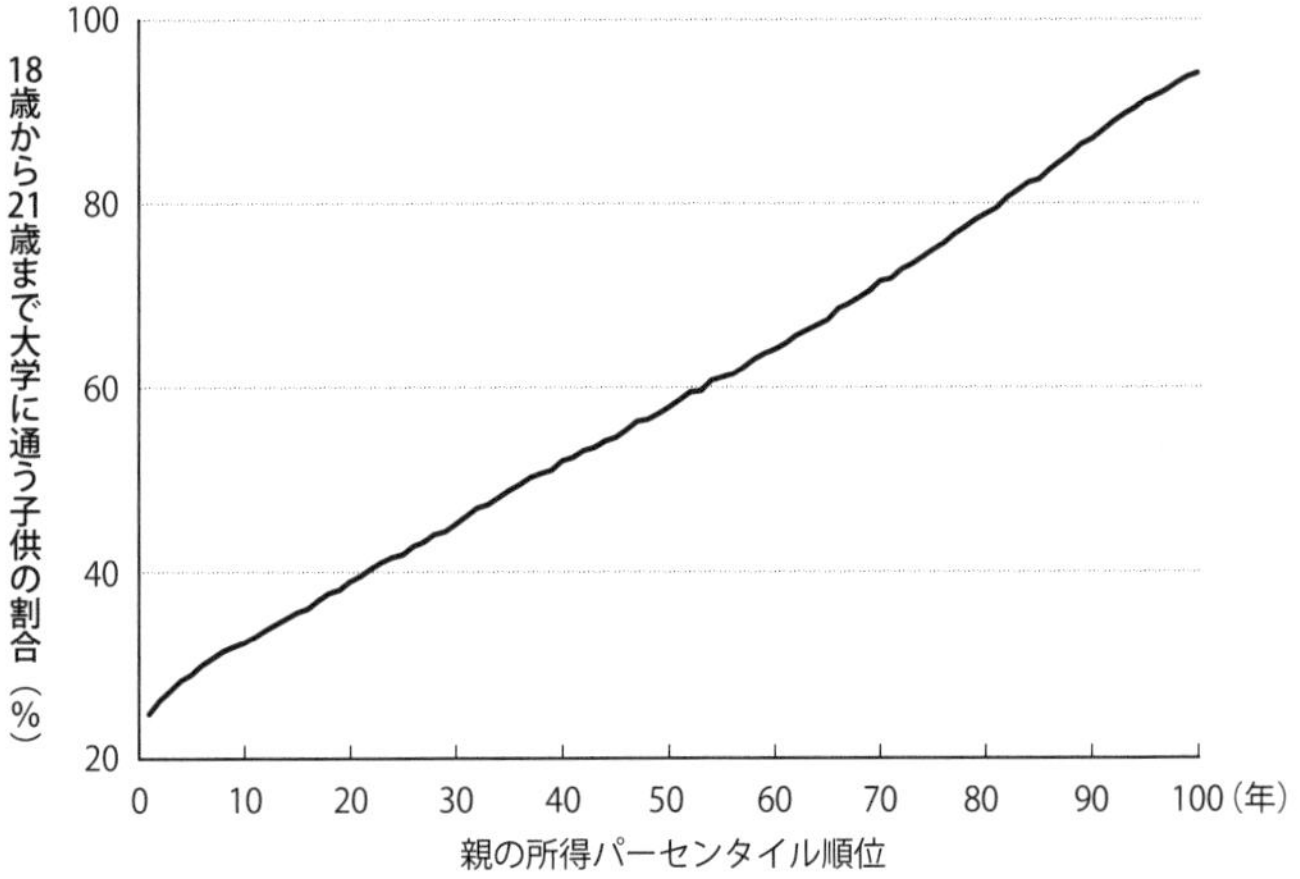

図1.9　アメリカで1980〜1982年に生まれた子供の大学進学率と親の所得順位

出所：Chetty et al. (2014). データシリーズと注についてはwww.equality-of-opportunity.org/を参照。

とスカンジナビア諸国ではわずか8％だ（Piketty 2019）。最近の研究は、手厚い助成金を受けた高等教育がアメリカの世代間移動と大学進学に強い正の影響があることを指摘している[*19]（Chetty et al. 2017）。

各国間の保健医療制度の仕組みの違いも、税引前所得格差の結果の違いにつながっている可能性が高い。ケースとディートン（Case and Deaton 2015）は、アメリカでは他の高所得国とは対照的に、それまで低下の一途をたどっていた白人男性の罹病率が1990年代後半以降に上昇したことを示している。チェティら（Chetty et al. 2016）によれば、アメリカの上位1％と下位1％の男性の平均余命には14年の差があり、この差は2001年から拡大してきた。健康状態の悪さは生活が苦しい人々の能力の低下とともに、所得と移動機会の減少と関連づけられ（Marmot 2003; Case, Lubotsky, and

Paxson 2002)、社会経済的な格差のサイクルの拡大に拍車をかけている。アメリカと西ヨーロッパの保健医療制度の最も顕著な違いは、西ヨーロッパの保健医療制度は国民の普遍的アクセスを特徴とし、それが医療アクセスの不平等を制限している傾向が高いことだ。

教育と医療以外では労働市場制度が、特に下位層における税引前所得の成長率を決める重要な要因であることがわかっている。(前述したように) 最低賃金の上昇は1960年代にアメリカの格差縮小に寄与したが、その後低下して格差の変遷を逆転させた。アメリカの最低賃金は1980年の平均所得の42%から今日の24%に下がった (実質賃金にして、1960年代の1時間当り10ドル以上から2018年には7・25ドルに下がっている)。多くのヨーロッパ諸国では、逆の動きが起きた。フランスでは、最低賃金は平均賃金の約50%に維持された (実質賃金にして、1980年から今日までに1時間当り5・5ユーロから10ユーロに上がった)。イギリスとドイツでは、1990年以降に最低賃金が導入されている。

税引前所得の格差が小さく最低賃金のないヨーロッパ諸国には、強い労働組合と産業部門レベルで賃金を決定する団体交渉協定がある。スカンジナビア諸国は労働組合組織率が50~70%であり、過去40年の間に労働組合組織率が大幅に低下したOECD諸国の中で最も高い。富裕国間の労働組織率の違いは、税引前所得の格差の変遷と相対的に相関性が高いことがわかっている (Jaumotte and Osorio Buitron 2019)。企業統治機構における権力の分散も、分布の下位層における税引前所得の伸びに重要な役割を果たしている可能性がある。例えばスウェーデン、オランダ、ドイツでは、労働者が企業統治委員会に代表を置いており、賃金その他の戦略課題に関する企業の意思決定に影響を与えることができる。

まとめると、アメリカとヨーロッパで、格差水準がおおむね似ていたにもかかわらず、1980年代以降に観察された成長に大きな差がある主な理由は、貿易や技術変化、あるいは金銭的な再分配ではないようだ。その差は主に、税引前所得に影響を与える政策と制度設計の違いに起因している。「事前分配」(「生産前」)政策と再分配(「生産後」)政策を対比する際は、両者の微妙な違いをはっきりさせなければならない。つまり、高等教育やユニバーサル・ヘルス・カバレッジ〔すべての人が適切な予防、治療、リハビリ等の保健医療サービスを、支払い可能な費用で受けられる状態〕(「事前分配」政策の領域に入る)を公的に提供するには、政府の資源、ひいては再分配が求められる。これまで、多くのヨーロッパ諸国は相対的に高水準の公的支出をうまく維持し、公的な高等教育と医療への広いアクセスを保障してきた。しかし、ヨーロッパ諸国は公共サービスと政府支出の財源として一律課税への依存度を高めるようにもなってきている。[*20] このような変化から、ヨーロッパ諸国では公共サービスの財源の政治的な持続可能性に懸念が出ており、再分配(特に累進課税)と事前分配を切り分けて論じることはできない。

(10) 累進課税が上位層における格差の変遷に影響してきた

上位層の労働所得が上昇していることへの一つの説明が「スーパースター効果」(Rosen 1981)である。技術変化とグローバリゼーションにより市場規模が拡大したおかげで、上位層にのぼりつめた人々が経済成長から得る分け前が増えやすくなったことは間違いない。才能や場合によっては交渉力など他の属性の小さな違いが、きわめて大きな所得と資産の差につながりうる。富裕国全般で観察された格差に共通するトレンドがこの効果で説明できる可能性は高いが、分布の最上位層における税引前所得の成長率が富裕国間で明確に異なることから、ここでもまた別の要因が作用していることがわかる。

上位所得グループのほうが学歴と生産性が高いことも、上位層の所得と資産のシェア拡大の要因として示されてきた（Mankiw 2013）。しかし富裕国全般で所得の最上位0・01％の報酬水準には大きなばらつきがあり、生産性との相関性は皆無かごくわずかだ。ドイツの最大手企業のCEOたちの報酬は、アメリカのトップ企業のCEOたちより平均約50％低いが、これほどの給与差が欧米企業の生産性の大きな差を反映しているというエビデンスはほとんどない（Alvaredo, Chancel, Piketty, Saez, and Zucman 2018）。

分布の上位層における税引後所得のトレンドの重要な決定要素は、税制の変化だ。累進課税の見落とされがちな一つの役割は、税引後だけでなく税引前所得の格差を縮められることだ。最高限界税率が高ければ、高額所得者が資産の蓄積に回すお金が減り、それ以外の条件が同じなら、長期的な資本所得は減る。加えて最高限界税率が高ければ、高額所得者が昇給交渉をする意欲が弱まる。交渉しても得るものが相対的に少なくなるからだ（Piketty, Saez, and Stantcheva 2014）。

最高所得税率は、1970年代以降いくつかの富裕国で大幅に下がり（図1・10）、これらの国々の最高所得税率の違いは、富裕国と新興国全般における上位層の税引前所得シェアの変化と相対的に関連が強い。上位層の税率を大きく下げていないドイツ、スペイン、デンマーク、スイスなどの国では、上位層の所得シェアが大きく伸びていない。逆に、アメリカ、イギリス、カナダは最高限界税率の大幅引き下げを実施し、上位1％の所得シェアが大きく伸びた（Piketty, Saez, and Stantcheva 2014）。

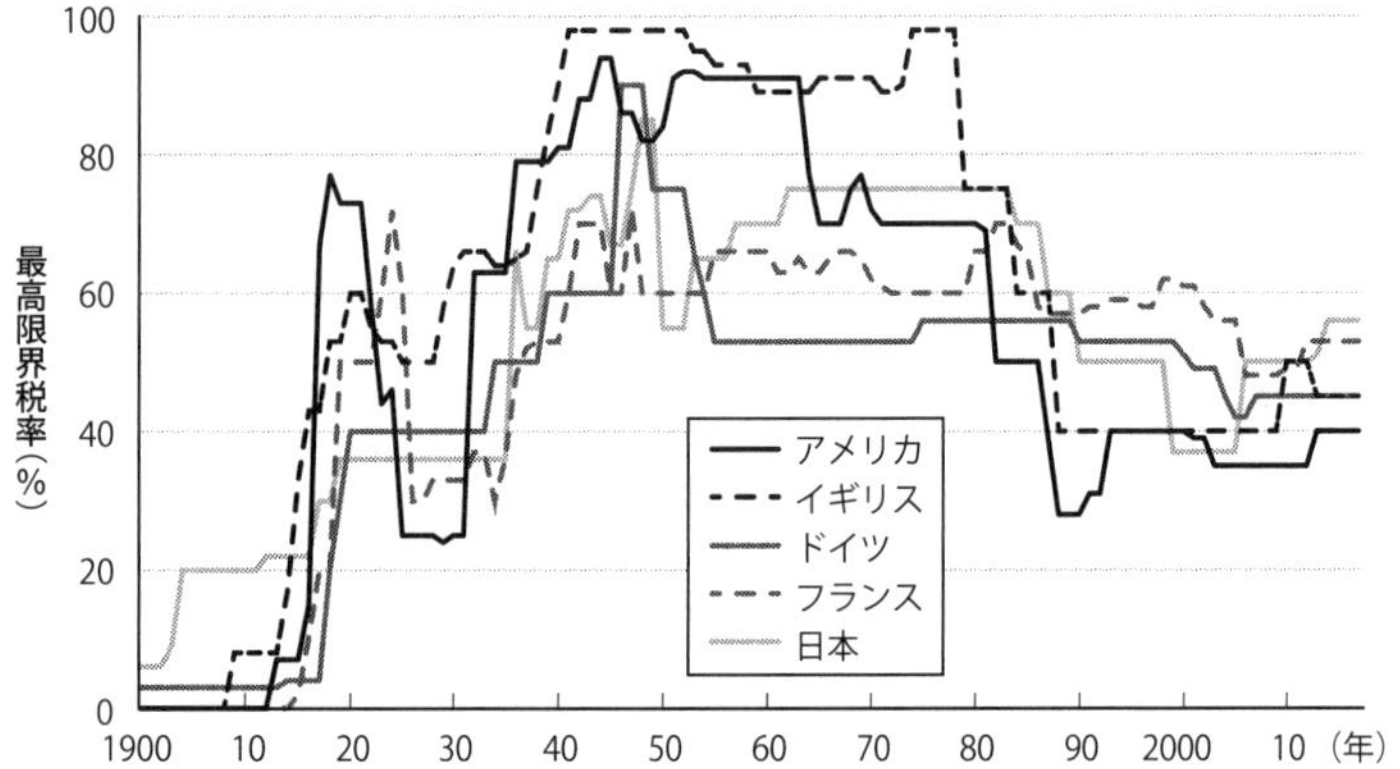

図1.10　富裕国の最高所得税率（1900～2017年）

出所：Alvaredo, Chancel, Piketty, Saez, and Zucman（2018）. データシリーズと注についてはwir2018.wid.worldを参照。

1980年代以降、最高限界遺産税率もアメリカとイギリスでは下がってきた。税を総合的に見ると、分布の上位層の個人に適用される実効税率はアメリカで大幅に下がってきた。ピケティ、サエズ、ズックマン（Piketty, Saez, and Zucman 2018）によれば、最上位0・01％への総合的な税率は、1950年代の50％から1980年代以降は40％未満に下がった。アメリカの最富裕層400人に対する税率は、1960年代の60％から今日の30％余りに下がった（Saez and Zucman 2019）。

アメリカで所得分布の上位層に対する累進税が大幅に縮小したのは、所得税率の動きだけではなく、所得税率と法人税率が連動した結果によるところも大きい。アメリカで1960年代以降に法人税が大きく下がったおかげで、上位層の事業主が節税のために自分の報酬を振り替えることができるようになった。S法人〔アメリカの小規模法人〕の事業主に発生するアメリカのGDPの約1・3％が偽装給与に該当する（Smith et al.

2019)。

上位層の税率引き下げは中間層の税率引き上げと関連があった。エッガー、ニガイ、ストレッカー(Egger, Nigai, and Strecker, 2019)は、高所得国で1990年代半ば以降、中間層の労働所得税が上がる一方で、上位1%の労働者と従業員の総税率は下がったことを示している。アメリカでは、下位90%への税率が1910年代〜1920年代の10%未満から今日の約30%に上がった[*21](Saez and Zucman 2019)。

全体的な成長と資本蓄積にとって、税の累進性は低いのと高いのとどちらがよいのだろうか。歴史的データを見ると、欧州連合とアメリカで税の累進性が高かった1940年代から1980年代にかけては所得の高成長率は抑制されず、税の累進性が低かった1980年以降は、特に分布の下位層における所得の成長率の低下と関連があることがわかる。また過去100年間の資本蓄積の変遷は、資本課税の相対的に大きなばらつきとは無関係なようだ(Saez and Zucman 2019)。

税の累進性の変化が格差と福祉に及ぼす影響の全容を正しく測定するためには、利用できるデータがまだ不十分だ。歴史的トレンドと計量経済学のエビデンスを組み合わせても、このような複雑な問題に関する公共的討議と政治的意思決定の代わりにはならない。しかし、累進性の変化が富裕国の所得と資産の格差拡大に寄与したことを示唆するエビデンスは揃っており、所得と資産への累進課税に関する議論を再開するには十分だ。教育、医療、気候変動に耐えうるインフラに投資すべき公的資源が現在さらに必要になっていることを考えると、こうした議論はいよいよ重要さを増している。

結論：現在の格差トレンドへの政策対応を設計する際は、将来の格差要因も考慮すべし

近年の格差研究で最も目立つ成果の一つはおそらく、先進国で格差の進行に大きな違いがある理由の説明として、政策と制度の重要性を発見したことだ。つまり今後数十年間にもっと公正に成長を分配する余地はある。政策を大きく変えなければ（教育、医療、高収入の職への平等なアクセスに関しても、累進課税に関しても）、現在のトレンドが21世紀の間続く可能性が高い。気候変動や自動化の追求などの要因もこのトレンドに拍車をかけかねない。

自動化が格差に及ぼす影響を制限するためには、一生のあらゆる段階で高技能を身につける質の高い教育に普遍的にアクセスさせる政策がいっそう重要になるだろう（Acemoglu and Restrepo 2017）。しかし、自動化や他のイノベーション（例えば人工知能や遺伝子工学）に潜在する格差への破壊的な影響は、教育政策だけでは緩和できそうにない。政策は過去にそうしてきたように、将来のイノベーションに指針を与える（Mazzucato and Semieniuk 2017）ことも目指せるはずだ。機械とイノベーションが格差に与える影響の問題は、実は財産権の問題でもある。機械（あるいはアルゴリズム）を所有するのが誰であるかは、生産チェーンの中で機械に置き換えられるのが誰であるかと同じくらい重要だ。

気候変動も国内はもちろん、国家間の格差を悪化させると予想されている（Diffenbaugh and Burke 2019）。所得と資産が少ない集団は環境破壊の影響を特に受けやすく、激甚化する自然災害にも特に弱い（Chancel 2020a, 2020b）。これらの集団を守る適切な戦略がなければ、極端な気象事象の発生増加が既存の格差水準を悪化させるだろう。炭素税は気候変動に対処するために必要な（十分ではないにせよ）政策手段だ。しかし、炭素税は短期的には格差水準を上げる可能性もある（Grainger and

Kolstad 2010)。格差への影響を制限するためには、炭素税が分配にもたらす帰結を政策設計の際に考慮しなければならない。低炭素インフラ投資と累進税制改革（実施して成功した国もあればそうでない国もある）を組み合わせれば、気候政策はより公正で持続可能な経済を実現するための強力な手段となりうる。

最後に、単純だが簡単には答えられない質問で本章を締めくくりたい。「格差の議論において事実を最大限に活かすにはどうするか？」。研究者が格差を測定する目的は、炭素排出物を測定する目的と同じで、統計的な記録のためだけではなく、現在のトレンドに対処するために取りうる政策オプションの発見につなげるためだ。格差に効果的に取り組むうえで、より体系的な格差データ以外で足りていないのは何か、これは見て見ぬふりをされてきた永年の課題である。変革を起こすために必要な理論は何か、どこが間違っているのか。今日、格差縮小の論拠は格差拡大のエビデンスほど強くない。これに関して、格差の影響を分類する努力は、格差を体系的に観察する努力と同等に行われてはこなかった。加えて、格差に影響を与える政策が成功するための、イデオロギー的、制度的、政治的な条件の過去の実績と将来の実施可能性を特定しようとする試みも、あまりなされてこなかった。

第2章

状況についての議論

Discussion of the Landscape

ピーター・ダイアモンド

第1章ではルカ・シャンセルが、ベーシックインカムや資産の評価指標からさらに踏み込み、平均余命、社会移動、教育などの格差データを提示するすばらしい発表をしてくれた。アメリカのデータと他国のデータを比較することにより、原因と可能な対応がわかってくる。シャンセルは過去40年間に境遇がきわめて悪化した集団を、他の集団や時代と比較して特定した。

本書の企画にあたって、オリヴィエ・ブランシャールとダニ・ロドリックは、実に面白い政策トピックをリスト化し具体的な提案を求めた。本章では分析から政策までのステップを論じるが、公共経済学的な設定、特にアメリカ政府の歳入の増やし方と使い方の提案に的を絞る。主要な課題は、資金調達の社会的コストだ。公共投資の増加を求める声が広がっていることを受け、本章ではその資金源としての税収に焦点を絞る。すなわち歳入を増やす難しさと、課税の超過負担と公共財の最適水準の関係（むしろ関係の欠如）についてだ。気候変動とソーシャルセキュリティ〔アメリカの社会保障制度〕にも触れる。この二つは、将来の格差に大きく影響し、課税の重要課題を提起するトピックである。

少なすぎる税収、少なすぎる投資

過去40年間の経済的成果が膨大な数の人々の期待を裏切るものだった、という多くの人の見方を私も共有している。その成果には取られてきた政策が反映されており、一部の政策課題への対応が不十分だったことも表れている。総じて、税収があまりに少なすぎ、公共投資があまりにも少なかった。後者は対応が不十分なニーズとして可視化され、投資支出の対GNP比の減少に表れている。就学前の教育から大学までの教育、インフラ、基礎研究に、私は賛成である。一部のアナリストは、金利の低さと期近債〔償還期限の短い国債〕市場のデフォルトやインフレが起きる可能性の低さを理由に、国債発行による投資資金調達を求めてきた。しかし、私は税収増による投資資金調達に注目している。議論されていないのは、国税庁や、特に目立つ連邦航空局のような政府機関の資源不足だ。政府の活動への支出が少なすぎれば、行政サービスの質の低下をまぬがれることはできない。

シャンセル（本書の第1章）は、民間資本が大きく成長する一方で、公的資本が縮小してきたことを報告した。豊かな国々はより豊かになった（所得に対する資産の比率が倍増）が、政府は貧しくなり、多くの国では比率がゼロ近くに、アメリカに至ってはマイナスになった。公的資産が乏しいかマイナスであると、政治的にも財政的にも、成長を推進して格差縮小に寄与できる政府の投資が制限されやすくなる。

もちろん増税は長らく政治的な困難に直面してきた——さすがに1786~87年のシェイズの反乱〔独立戦争後に重税に苦しんだ農民たちが起こした反乱〕が繰り返されることはないと思うが。ジェームズ・マディソンは1782年の書簡で独立戦争に言及し、次のように書いている。「我々は名誉ある大義に身を投じ、血を流した。その大義を守るためなら最後の一滴まで血を流す覚悟がある。我々の勇気にまさるものは何もない、ただ一つ、（恥ずかしながら）自身に課税する勇気を除いては」。

増税の必要性が、アメリカ連合規約に代わるものを目指した1787年の合衆国憲法制定会議に影響を及ぼした。それから時は流れたが、課税への態度は今もあまり変わったように見えない。1978年7月14日の、上院財政委員会の公聴会でのアラン・グリーンスパンの声明を考えてみるといい。フォード大統領の経済諮問委員会の委員長を務めたグリーンスパンは、次のような説明とともにケンプ・ロス法案を支持した。「今日の環境において減税プログラムの基本目的は、利用可能な歳入の額を制限して支出増の勢いを食い止めることであることを思い出し、赤字財政支出に政治的限度があると信じましょう」。

俗に「野獣飢えさすべし」論と呼ばれるこの戦略では、投資が支出削減のターゲットになりやすい。投資削減は他の財政支出削減に比べると、効果が表れるのが遅く、また見えにくいからだ。

公正さ、効率性、公共財支出

投資のための新たな歳入というテーマは、本書の最大テーマである格差そのものとは異なる。もちろん、税制設計の眼目は格差への影響だ。追加歳入を誰に負担させるかも、追加歳出から誰が恩恵を受けるかも重要である。格差への懸念を公共経済学の中心に据え、逆に標準的な公共経済学のアプローチを格差分析の中心に置く――少なくともそうあるべきだ。トニー・アトキンソンの格差に関する有名な1970年の論文（Atkinson 1970）を想起しよう。その中で彼はこう述べている。「ほぼすべての実証研究の伝統的アプローチは、分散、変数の係数、あるいはジニ係数のような格差の要約統計量を、その指標を選ぶ特に明示的な理由もなく採用するというものだった。しかし、50年前の先駆的な論文［Dalton 1920］でダルトンが指摘したように、このような指標の裏には社会厚生の概念があり、私たちが関心を持つべきはその概念である。ダルトンは、用いる社会厚生関数の形を直接考慮することでその問いにアプローチすべきだと主張した」。アトキンソンは格差を社会厚生関数で考えるべきだと論じ、同じ効用関数の合計に着目した。効用関数の曲率は重要な要素だ。

公共経済学では、公正さと効率性を別個のカテゴリーとみなさず、政府の課税と支出を考える際、全体的な社会的価値に注目する。税を財源とする資源の費用には、わずかな超過負担の効率コストを反映させるために、1より大きい乗率、例えば1・5を掛けるべきだという主張をよく見かける。しかし租税体系には所得分配への配慮とともにインセンティブへの配慮が反映されている。わずかな超過負担だけを反映する歳入費用の乗率を選択すると、公正さが考慮されない。つまり租税体系の公正さの要素をこのように除外するのは不適切である。

1927年にラムジーが最適な物品税を分析して以来、一人の消費者（もしくは同質の消費者の集合）を使ったモデル分析が常道だった。所得分配の複雑さを省いてこのように単純化することで、税の超過負担の役割が明確になる。このようなモデル化は、一括税への依存を許さない。それでは歪みのある税を用いる理由がないからだ。単一消費者モデルで公共財の最適規模の法則を導き出すと、この選択肢が除外される。分析を多様な性質をもつ労働力人口に拡張すると、全員にとって同じ一括税（ユニバーサル・ベーシックインカムか負の所得税と同じように、人頭税ないし補助金）を許容できる。このような税ないし補助金では所得分配に関する配慮が完全には解決されず、そのため歪みのある税の役割が残る。重要な結論は、一律補助金をもってしても、社会厚生の最大化には超過負担を伴う歪みのある税が必要だということだ。そして公共財〔供給〕の1階条件は、これらインセンティブの歪みと限界歳入の公平性効果の両方を反映する必要がある。それに対して個人への一括税は、分配に関する配慮に対応しており、よって次善のではなく最も望ましい配分を導き出す。

比較的単純なケースは、線型の所得税（均一給付を伴う）と公共財の水準を同時に最適化することである。稼得能力がほとんどあるいはまったくない個人が存在する場合の最適課税には、所得がゼロの時点で正の給付が必要だ。給付の段階的な削減が、（負の）所得税体系には組み込まれている。この設計では、歪みのある税の存在に応じ、資源の限界費用に1よりも大きい乗率を掛けることを検討できる（Lundholm 2005; Jacobs 2018を参照）。しかし、画一的なベーシックインカムの可能性も含む公的支出と所得課税の同時最適化では、最適な乗率は1であり、そのような乗数は何の役割も果たさない。税全体の最適化をしなければ、乗率は1ではなくなる可能性がある――つまりそれより大きくなるか小さくなるだろう。また、1階条件には、公共財の提供と一括所得の変化が労働供給に及ぼす直接的効果の、税収への含意もある。

基本的なロジックは、労働力、民間消費財、純粋公共財の3財があって、労働効率の異なる労働者がいる競争市場で考えることができる。単純化するために、公共財の水準は労働供給に影響せず、労働供給の所得効果はゼロであると想定しよう。政府が個人の効用の社会厚生関数を最大化するように公共財の水準、一律補助金、線型所得税を設定する。公共財の最適水準は、公共財の限界効用の社会的価値の合計と、資源の限界費用に等しくさせる。超過負担の変更で明示的に調整する必要はない。

包絡線条件の基本的ロジックを適用すると、資源の限界費用を賄うために考慮する限界税率変更からの社会的価値は同じである。ベーシックインカムを下げるのはそのような選択肢の一つだ。労働供給には影響しないため、超過負担変更には役割がない。したがって、最適な包絡線条件から、資源の限界費用を賄うための所得税率変更には、超過負担変更を相殺する分配への影響がある。労働供給への所得効果か労働供給への公共財の影響があれば、所得税収へのこれらの影響を考慮する必要があるが、わずかな超過負担の資源費用への個別乗数を省く基本的ロジックは変わらない。

このような社会厚生の最適化の計算は、政策議論の材料として意思決定を助けることを意図しているが、全体のごく一部でしかない。前述した単純なモデルとは異なり、政策議論は経済のすべてを一度に考慮するわけではなく、過去に定められた政策は概して、全体的な厚生の最適化とは整合しないだろう。往々にして、プログラムへの支出増は、政策議論の一環として特定の歳入源とセットにされ、それ以外の税構造は変更されない。新たな支出を提案する者は、通常その支出をどう賄うのかを問われ、立法で財政赤字への影響を制限するために歳入を上げるかもしれない。歳入源の選択にあたって所得分配の問題に注目すると、完全最適化の計算の際とほぼ同じ基本的ロジックが入ってくる。したがって特定の歳入源に対して、1階条件の資源費用の重みづけは、1より大きいか1より小さい可能性がある。いずれになるかは、選択した資金調達法が所得分配と効率性の両方に与える効果による。分配効果を無視して限界税の超過負担に注目するのは、良い政策意思決定には役立たない。

本書に結実したカンファレンスのテーマのような広範な政策優先課題に対して、政治的な帰結はどの税をどの支出とセットにするかにかかっているかもしれない。それぞれの支出項目を支持する人々は当然、政治的に最も痛みの少ない増税と組み合わせようと競い合うだろう。ソーシャルセキュリティなど人気の高いプログラムほど、他のプログラムのニーズを考慮し、より反対の少ない税を使うのは控えるべきだろう。

将来の格差要因としての気候変動とソーシャルセキュリティ

シャンセルの章の最終節は、将来の格差要因を考慮することを訴えている。彼が挙げた気候変動は、カンファレンスの議題の具体的な政策課題にはなかった。しかし、カンファレンスで回覧された論文で、シャンセルは次のように指摘している。「気候変動は国家間の格差だけでなく、国内の格差も悪化させる。環境破壊の影響を特に受けやすいのは低所得・低資産の集団であり、彼らは自然災害（ハリケーン、洪水、熱波など）にも人口の他の集団に比べて弱い」（詳しくは、例えばHallegatte et al. 2016; Islam and Winkel 2017を参照）。これに付け加えたいのは、貧困層は自然災害の前の備え、後に生活を立て直すための資源が他の層に比べて乏しいことだ。例えば２０１９年10月9日の『ニューヨーク・タイムズ』紙の見出しには「富裕国は気候リスク回避の支援を受けやすい――新データ示す」（Flavelle 2019）とある。

大型化するハリケーンのような気候変動の悪影響と、気候変動および気候変動への脆弱性を制限しようとする適応コスト、この二つに対応する追加的な政府支出によって、歳入へのニーズは高まりそうだ。気候をめぐる議論の別の側面は炭素税の可能性で、こちらは歳入の大幅増につながるだろう。炭素税は格差（と政策の人気）に大きな影響を及ぼすために使われるかもしれない。例えば画一的なベーシックインカムの財源として。

もう一つ将来の格差要因となるのはソーシャルセキュリティだ。新たな法律ができなければ、ソーシャルセキュリティ給付は約15年後におよそ20％削減される。行動を起こすのは直前になってからではなく早いほうが有利だが、そうなりそうにはない。いずれ予想される結果として、おそらく直前の駆け込みとなる立法は、主として（あるいは完全に）給付削減を支持する政党と、歳入の大幅増を求める政党の政治闘争から誕生するだろう。この将来の立法の細部に影響を与えることが、未来の格差に響いていく。

アメリカのソーシャルセキュリティにはたしかに多額の国の財政基金がある。2018年末時点で2兆9000億ドルの資産積立金があるのだ。もちろん積立金は現在国債に投資され、この年金プログラムには必要のない水準の流動性を得ながら、もっと高い期待収益を逃している。アメリカが1983年の改革で、ベビーブーマー世代が年を取ったときに枯渇する大規模な信託基金を設立したのとは対照的に、カナダとスウェーデンには、長期に財源を維持することを目標とした国民年金制度があり、その基金は典型的な政府系ファンドなどを対象に全世界で投資されている。また両国の制度には、基金を守るための自動調整機能がある。どちらの政策アプローチも私は評価する。

もし標準的な政府系ファンドのポートフォリオがアメリカ政治にとって荷が重ければ、スリフト・セービングス・プランに頼った多角的ポートフォリオへのソーシャルセキュリティ信託基金投資が、正しい方向への一歩となるだろう。スリフト・セービングス・プランは連邦職員向けの、401(k)〔確定拠出型年金〕に似た非常に低コストの年金制度で、民間が提供するインデックスファンドを使っている。創設時に懸念されたような、スリフト・セービングス・プランに対する議会の干渉は今までなかった。もし1984年にウィルシャー5000株価指数を保有し始め、40％を目指して徐々に組み込んでいれば（保有する債券の種類を変更せず）、２０１６年の信託基金残高の対支出比は実際の３・０ではなく４・２になっていただろう（Burtless et al. 2017）。スリフト・セービングス・プランの利用は４０１（ｋ）プラン、４０３（ｂ）プラン、ＩＲＡ〔個人退職勘定〕でも可能だったはずだ。金融リテラシーは所得と相関するため、退職に備えた投資を容易にし、その質を上げることが格差解消に役立つだろう。

もちろんカンファレンスには、個人所得税、資産税と遺産税、法人税などの累進課税に関する議論もあった。いずれについても、考え方を抜本的に変え、徹底した見直しをすることが必要だと私は思っている。反トラスト政策についての議論もあった。企業に有限責任があるのは政府がそれを与えているからだ、ということを私たちは思い出すべきだ。もし政府がその利用に制約をかけることを望んだ場合、効率性と所得分配には影響しても、基本的権利が左右されるとは思われない。アール・ウォーレンが１９５２年の演説で述べた通りである。「多くの人が、自分たちのために政府がすることは社会的進歩だと考えるが、他人のために政府がすることは社会主義だとみなす」。

謝辞

ニック・バー、オリヴィエ・ブランシャール、ボブ・ソローの貴重なコメントに感謝している。本章の責任はすべて私に属する。

Ⅱ

倫理と哲学の次元

Ethical and Philosophical Dimensions

第3章

経済理論に新たな哲学的基盤が求められる時代か？

Time for New Philosophical Foundations for Economic Theory?

ダニエル・アレン

経済学者の論文集に哲学者として寄稿するのは、親族の集まりに遠い血筋の者として参加するような気持ちだ。昔むかし数千年前に、私たちは皆アリストテレスだった。ソクラテスとプラトンの後継者である彼は政治哲学の学問を体系化し、その中に家政術、すなわち「オイコノミコス」というテーマを入れた。これが「経済学（エコノミクス）」の起源である。アリストテレスは経済に関する論文『家政論（オイコノミカ）』を書いている（弟子が書いたという説もある）。このように同じ先祖を持つにもかかわらず、私たちはまったく異なる言葉を使う者同士になった。

それでも政治哲学者と経済学者には同じ血が流れている。どちらも人類の幸福を関心の対象としているのだ。といっても、ここにもまた違いがある。両者が思い描く幸福のイメージは異なる源流から発している。経済学者の会議にはアダム・スミス、ジョン・スチュアート・ミル、ジョン・メイナード・ケインズ、フリードリヒ・ハイエク、ミルトン・フリードマン、ジョン・ロールズの亡霊が、意識もされないまま見え隠れする。人間とは、社会的関係とはどのようなものか、経済学は何のためであるべきかについての彼らの基本的イメージが、経済学モデルと行動の現実をめぐって経済学者が立てる問いの枠組みを作っている。

しかし政治哲学者は、人類の幸福という基本テーマの背景となるイメージを修正し続けてきた。私たちの頭の中にはジョン・ロールズも変わらずいるが、フィリップ・ペティット、アマルティア・セン、エリザベス・アンダーソンのような人々によるもっと最近の研究もある（Rawls 1971; Pettit 1999; Sen 1999a, 1999b; Anderson 1999, 2017参照）。経済学者にとっても、人間、社会的関係、協調行動の目的などに関するこうした基本的な問いに、折に触れ立ち返ることは重要だ。経済学者が自分の仕事の基本的背景として使う、過去の時代に由来するイメージは、まだ持っていていいものなのか。それとも今はもっと有用で現実に沿った、人類の幸福を前進させるという私たちの目標達成によりふさわしい新しいイメージがあるのか。まずはペティット、セン、アンダーソン、私自身の過去の研究（Allen 2004, 2014, 2016, 2017, 2020）をもとに別のイメージを提案して、そのイメージが政策立案にとって何を意味するかを探っていきたい。

人間が合理的な利己心に動かされる存在と考えるよりも、人間は目的意識によって動かされる存在であるというイメージを私たちは採用してよいのではないだろうか。目的意識は合理的な利己心も含むが、それより大きな概念だ。人間の目的意識とは、人間が自分なりの繁栄の手段を確保する努力をいう。自分なりの繁栄の手段を追求するためには、自分自身で選択する自由が必要で、それは目的意識の中でも概して合理的な利己心と関連付けられる要素である。しかし人間は制約、社会規範、法律、制度の中で生きており、このような制約は常に集合行為の産物である。結局、もし人間が目的意識を完全に発揮しようとするなら、私的自治や個人的自由（ここでは、自由はフリーダムとリバティの両方を指す〕だけでなく、公的自治や参加権も必要になる。意思決定の制約を設ける社会的・法的規範を共同で作っている人々の中に自分も身を置く権利が必要なのだ。つまり人間の目的意識は、経済学者なら合理的な利己心で行動すると言うかもしれない自律的な個人同士の取引に依存するだけでなく、政治参加を通じて政治的な選択の指示を行う機会にも依存する。さらに社会的選択への参加と個人的に行う選択の相互作用は、私的自治と個人的自由を介して行動の基礎となる選好の形成にも寄与する。人間は自律的な行為者であるときさえ社会的動物であり、その選択は特定の共同体の価値観に結びついていて、一般的にはその中で正当化されなければならない。

人間の目的意識を構成するこの二つの部分に必要な支えは、よく消極的自由と積極的自由の違いによって説明される。これはバンジャマン・コンスタンが19世紀に古代人の自由と近代人の自由を対比した（Constant 1819）ことに由来する。古代人の自由とは、集団の意思決定に参加する権利だった。つまり政治的権利と社会参加の権利である。近代人の自由とは、放っておかれる権利、政府の介入から解放され、商取引と富を追求できるという従来の考え方だ。コンスタンの主張は、工業化によって莫大な価値のある富と経済成長の新たな可能性がもたらされたため、人間は近代人の自由を選び、手間暇のかかる古代人の自由を喜んで捨て去るだろうというものだった。コンスタンが区別した自由は、後にアイザイア・バーリンによって、消極的自由と積極的自由の区別として明確化された。

2世紀以上の間、古典的自由主義にせよ新自由主義にせよ、自由主義はこの2種類の自由の分裂にたえず悩まされつつ、主に消極的自由に関心を払ってきた。人類の幸福を実現するにはそれで十分だといわんばかりにだ。積極的自由と人間にとっての公的自治の価値をどちらかといえば無視していたほとんどの自由主義は、認識も実証もできる人間のニーズをないがしろにしてきた。ジョン・ロールズはそれに抵抗して、消極的自由と積極的自由の区別を解消しようとし、同等で同源であるとしたが、ここでは踏み込まないさまざまな理由から、彼もまた消極的自由だけでなく積極的自由も犠牲にできないものとして扱うには至らなかった。

私は執筆中の著書『民主主義による正義』や関連エッセイ（Allen 2016, 2020）で、人間の目的意識とは、経済学者が人類の幸福を追求する際に支えるべきものだと主張している。そのためには、私たちの合理的な（ただし社会性のある）利己心を備えた生き物としての面に結びついた消極的自由と、政治参加と民主的な統治形態に守られた積極的自由を融合させなければならない。この二つの自由を同等に犠牲にできないものとして融合させれば、政治的平等を支えるという目標は政策立案の最重要目的となる。なすべき問いは、市民の平等なエンパワーメントを実現する制度的・社会的・経済的構造はあるか、ということになる。市民の平等なエンパワーメントのためには基本的な消極的自由を守らなければならないから、政治的平等を追求するなら、人間の目的意識を支えるために必要な権利一式を盛り込もうとするだろう。逆ではない。私的自治（消極的自由）を守ろうとしながら積極的自由に背を向けることは可能なのだ。これは自由主義がよく行ってきたことである。

経済・社会政策の前提として人類の幸福の基本をおおまかに描いたが、ここから何が導き出されるだろうか。消極的自由と積極的自由を合わせた基本的な自由を守るとすれば、社会的な差異が現れる。差異とは言葉を変えれば格差だ。T・M・スキャンロンが本書の第5章で述べているように、重要な問いは、現れた差異は正当化されるのか否かだ。それを決めるのに、私は「支配なき差異」と名づけた原則に頼る。当該の格差によって個人や集団が他者を恣意的にコントロールする力を持ったり、その他の方法で政治的平等を損なったりするとしたら、その格差には問題があり、状況によって是正するか、元に戻すか、緩和する必要がある。ゴールは、社会的な差異が個人や集団による別の個人や集団の支配という形で表れることのない世界だ。

スキャンロン（本書の第5章）は、私たちが反対してしかるべき6種類の不平等を挙げている。すなわち身分の不平等、他者による容認できないコントロール、機会の平等への妨害、政治制度の公正さへの妨害、万人のものであるべき便益の不平等な提供、十分な正当性なく不平等な所得を生み出す制度だ。注目すべきは、最初の四つへの反対は政治的ないし社会的不平等の問題についてであるのに対して、後の二つの問題は物質的な不平等についてであることだ。ここから、人類の繁栄のイメージの中で政治的平等がいかに重要かがよくわかる。経済政策、つまり政治経済学の目標は、政治的なエンパワーメントや平等を私たちが目指すものとして扱い、そのうえで政治的なエンパワーメントを支える社会的・経済的な平等主義にいかに取り組んでいくかを問うことであるべきだ。重ねて言うが、政治的な平等やエンパワーメントの制度的・社会的・経済的基盤を優先する理由は、この概念が人間の目的意識を十全に表現していることである。

重要なのは、政治制度の成否、特に民主制が機能するかどうかは、社会の結束と、市民の間に連帯と相互コミットメントの方法があるかどうかにかかっている。これらは経済問題に影響を受けるが、それだけに還元できるものではない。人間の目的意識が成就するために健全な政治制度をどれだけ必要とするか、経済が人間の目的意識を支えているかどうかの指標は、単なる所得やお金ではありえない。したがって人類の幸福を経済成長に換算することはできない。私の主張を図3・1で表した。

道徳的平等を尊重しそれに応えるとは、（a）人間の目的意識を個人的、自律的、合理的、利己的な行為者の要素と消極的権利と積極的権利の両方を必要とする社会的・政治的要素を併せ持つものと

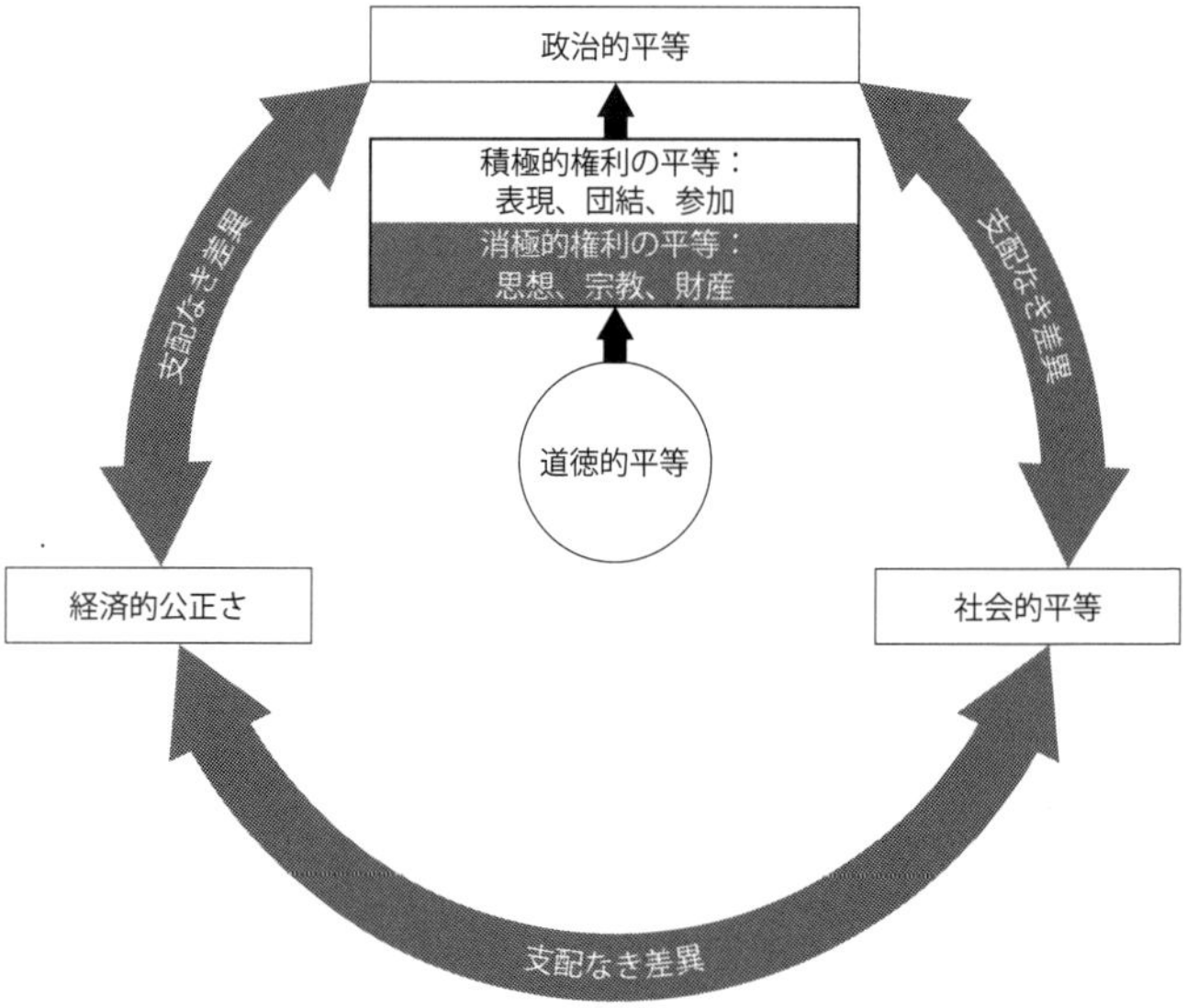

図3.1　好循環：正義の基盤としての政治的平等

して尊重し、（b）政治的平等を私たちが最も優先すべきものとして扱うことを意味する。政治的平等の追求は経済的公正さと社会的平等の追求によって支えられている。これらの領域で望ましい政策を評価するにあたって、再び支配なき差異の原則を用いたい。矢印は双方向を向いている。つまりラリー・バーテルズとノーラン・マッカーティが指摘したように（Bartels 2008; McCarty 2006）、公正な経済の構築に失敗すれば政治的平等が損なわれる。社会的平等についても同じことが言える。人種隔離は経済システムだったことを思い出さなければならない。人種隔離策が資産価値を配分し、富の集中と蓄積のパターンを時間をかけて定着させた。アメリカでは、人種は常に単なる社会問題ではなく経済問題だったのだ。

このように政治的平等そして市民のエ

ンパワーメントの実現を支えるものとしての経済と社会の特性に注目することは、政治経済学にとって何を意味するだろうか。第二次世界大戦後にマーシャル・プランを導入するにあたって、ジョージ・マーシャルは次のように述べた。「我々の政策は国や主義に対抗するのではなく、飢餓、貧困、絶望、混乱に対抗することを目指している。自由な制度が存在しうる政治的・社会的な条件が出現できるよう、正常に機能する経済を世界に復活させるのがその目的であるべきだ」（Marshall 1947）。人類の幸福をこのように見た場合、経済学者に課せられた目標は民主主義の構築ではなく、民主主義（私の使う言葉では政治的平等）の経済的・社会的な支えを理解することであるはずだ。

この基準に沿った政策とはどのようなものだろうか。第一に、人々を支配に甘んじさせている今の経済構造の特徴は是正しなければならない。ジョブロック（会社の福利厚生として加入している健康保険を失いたくないために転職できないこと）のない労働市場、アメリカでいえば全国民が加入できる持ち運び可能な保険制度が必要だ。また、労働移動性を取り戻すための住宅政策と交通政策、おそらくは住宅ローン保険などもこれに該当するだろう。雇用の流動性を最大化するための、ただし市民権を取得しづらくすることのない移民政策が必要だ。移民の社会統合の効果を上げつつ、最終的にはアメリカに迎え入れる移民を増やすために、カナダで使われているスポンサーシップ・モデル（市民がスポンサーとして移民の生活サポートを行う制度）の規模を拡大して実施できるのではないだろうか。企業と雇用主の事業運営を民主的に統治する方法も必要だ。例えばドイツのように労働者に意思決定の議決権を持たせるなど。

第二に、市民のエンパワーメントを損なうような経済の特徴は改めなければならない。例えば科学・技術・工学・数学（ＳＴＥＭ）教育は、現在の設計では市民参加を抑圧していることがエビデンスで示されているが、教育を身につけてテクノロジーと競争するにあたって、私たちが用いる教育の形はむしろ市民参加を支援するものにする必要がある。私たちには（ダニ・ロドリックとチャールズ・セイベルがあらましを描いたような）「優良な仕事」の経済が必要だ。それは累進課税の水準を決定する政治力学に大多数の市民を翻弄させるのではなく、生産構造に注目して、目的意識を保ってくれる優良な仕事が十分な数だけあるという形で、経済そのものが幸福の基盤を提供するような経済である。

第三に、時代の状況によって定まる目的に向かって社会が経済を舵取りできるような統治慣行を取り戻さなければならない。反インフレ政策は1970年代と1980年代の実体経済の構造には正しい対応だった。それはもはや正しい政策ではない。ただし中央銀行が調整しようとする際には、民主的な説明責任を確立し、立法府が国家経済の目的を設定する能力を取り戻すような統治慣行によってそうすべきだ。これに関連するが、国の立法府は財政政策を有効に管理する能力を再構築する必要がある。

累進課税は話し合いに含まれるべきだが、それは私たちがすでによく知っている部分でもある。課税に関しては相当な研究がなされてきたことを踏まえれば、少なくとも一時的に、せめて真の生産前と生産の優先課題が見えてくるまでの間、私たちに使える別の手段に目を向けてみるのが重要であるように思われる。

この方向性のほうが、物質的な幸福を実現しつつ、それが政治的エンパワーメントを損なうのではなく、むしろ支えるような経済政策を見出せる、再分配の道を進むよりも、可能性が高い。

第4章

経済学者が対処すべきはどんな格差か？

What Kinds of Inequality Should Economists Address?

フィリップ・ヴァン・パリース

「文明世界でアメリカほど哲学に関心の薄い国は他にないと思う」。『アメリカにおけるデモクラシーについて』第2巻の冒頭でアレクシ・ド・トクヴィル（Tocqueville 1835）はこう書いた。今日でもそれは変わらないと考えると、私たち哲学者の小チームがこの哲学なき文明国の経済学者に招かれたことは、格別の名誉であるとともに責任重大でもある。なぜ格差に関心を持つべきかについての確たる信念をもって経済学者が立ち向かうべき格差、それがどのような格差なのかを特定する手伝いに私たちは呼ばれたからである。

基準――厳格か緩いか

今回のご依頼に、矢継ぎ早に三つの問答を挙げて応えたい。第一に、経済格差はそれ自体が反対すべきものか、それとも格差の帰結を理由としてのものか。特に経済格差が、（1）不遇な人の物質的な厚生水準の向上、（2）物質的な厚生の全体的な水準の向上、（3）物質的な厚生の万人にとって十分な水準に、（a）寄与しない、または（b）それを阻む場合に限って反対すべきなのだろうか。[*1] 物質的厚生の総和が所与のものである静的な文脈において、経済格差は（2b）の条件下と、万人が十分に所有している状況である（3）の条件下では反対すべきではないが、他の基準の下では反対すべきである。[*2] 現実の文脈においては、物質的厚生の総和は所与のものではなく格差に影響を受け、それが予想されれば格差はインセンティブに影響を与え、投資能力の分配にも影響するかもしれない。したがって、正当化できる経済格差（もしそのようなものがあるとすれば）と反対すべき経済格差を区別する基準となるのは（1）、（2）ないし（3）の持続的な成立である。どれが最も理に適っているかについては哲学者の間で意見が分かれる。平等性がより小さい（2）および（3）と平等性がより大きいマキシミンな〔最も不遇な人の境遇を最大にする〕条件である（1）の（a）に対して、私は平等性がレキシミンな〔より不遇な人の境遇をより改善する〕条件である（1b）を選択したジョン・ロールズ（Rawls 1971）に賛同する。この条件は正当化できる経済格差、すなわち不遇な人を〔持続的に〕より不遇にしない経済格差を容認する。言うまでもないが、不遇な人の状況に経済格差が短期長期にもたらす帰結を推測するのは難しく不確かである。格差が正当化できるかどうかを評価するにあたっては、格差が物質的なインセンティブと投資能力の分配に与える影響だけでなく、メディアと政治権力に及ぼしうる影響も考慮することが重要だ。さらに重要なのは、個々の主体の動機や脱税および租税競争の可能性を、制度改革の影響を受けない要素と捉えるべきではないということだ。厳格な平等主義者とは異なり、マキシミンな平等主義者とレキシミンな平等主義者は、大きな経済格差を容認するだろうが、経済的インセンティブだけに注目する者ほど寛容ではない。[*3]

規模――国内かグローバルか

次は規模の問題だ。経済学者が対処すべきは地域格差か、国内格差か、グローバル格差か。ジョン・ロールズ（Rawls 1999）やトーマス・ネーゲル（Nagel 2005）のように、平等主義的な分配的正義の要求は、国か州の枠組みの中でしか誘発されないと見る哲学者もいる。国家間の分配的正義の要求は、それほど強くなく――ロールズのアプローチでは「重荷を背負った社会」を助ける義務にまで縮小する――、国内で正当化できない経済格差は、国家間であれば反対すべきものではない。ピーター・シンガー（Singer 2002）やサイモン・ケイニー（Caney 2005）のように、今日の平等主義的な分配的正義は、その追求に使われる手段の多くが国レベルや地域レベルで機能するのだとしても、グローバルに適用されると理解すべきだと主張する哲学者もいる。[*4] とはいえ、後者の見方をする者の一部は（私もそうだが）、正義が分配だけでなく承認の問題である限りにおいて、グローバルレベルではなく国内レベルの平等が求められることを積極的に容認するかもしれない。つまり一定水準の格差がコミュニティ内に存在する場合、最も不遇な人はたとえ物質的な恩恵を与えられても、自尊心が傷つく。そのことが平等な尊厳である正義を侵害する。それに対して一生会うこともないだろう遠い場所にいる人同士の間に存在する格差は無害だ。

分配項――一時的な結果か生涯にわたる機会か

第三に、先の二つほど簡潔ではないが、分配項の問題に移ろう。「何の平等か」というおなじみの問題だが[*5]、あまりなじみのない角度から取り上げたい。ルカ・シャンセル（本書の第1章）の非常に示唆に富む背景説明の中で私が最も驚いた記述を出発点としたい。シャンセルが取り上げた事実の一つは、グローバルな格差の国内および国家間の要素に関係している。「40年前は、グローバル格差を説明するうえで階級よりも国籍が重要だった。今日では、国籍よりも階級のほうが重要だ。税引前国民所得の不平等を示すタイル指数は、1980年代前半にはグローバルな格差の半分余りを説明したが、今日では4分の1ほどでしかない。つまりある成人がグローバルな所得分布のどの位置にいるかを予測するには、その人の国籍よりも所得グループを知るほうが役に立つのだ」。この主張はかつての評価とは正反対だ。例えばブランコ・ミラノヴィッチ（Branko Milanovic 2016, 133）は次のように述べている。「国の百分位数における所得の変動性の3分の2以上は、たった一つの変数で（回帰的に）『説明』できることがわかる。それは、どの国に住んでいるかだ」。

成人1人当りの第1次所得か、1人当り可処分所得か

従来との違いはもちろんシャンセルがより新しくて豊富なデータを使用しているからという理由もあるが[*6]、原因はあと二つあり、それらが社会的正義の分配項について、そして経済学者が対処すべき、ひいては測定を試みるべき格差とは何かを考察する際の有益な参考になる。第一は、ミラノヴィッチ

の推定値が1人当りであるのに対して、シャンセルの推定値は成人1人当りで出されていることだ。最貧国の多くは成人1人当りの子供の数が世界平均よりはるかに多いため、1人当りの推定値にすると国家間の格差の寄与がどうしても大きくなってしまう。第二に、ミラノヴィッチの推定値は第1次所得ではなく可処分（税引後、移転後）所得のものだ。課税と所得移転は国内の格差を縮めるが国家間の格差はほとんど縮めないため、第1次所得から可処分所得に変えると、この場合もまた国内格差の相対的な寄与を大きく下げてしまう。[*7] 世帯の可処分所得に無償ないし高い助成率で提供された教育などの公共サービスの価値を含めるなら、この相対的な寄与はさらに下がるだろう。成人1人当りの第1次所得の格差に注目するのはさまざまな記述目的と説明目的にはもちろん有益だが、代用データや原因要素としてではなく、それ自体が反対すべきであろう格差とは、人々の現実の物質的な厚生の格差であるに違いなく、したがって成人1人当りの第1次所得ではなく1人当り可処分所得の格差でなければならない。しかし、ここで話は終わらない。ミラノヴィッチのように後者を選んだとしても、反対すべき格差（対処すべき格差）に国家間の格差が占める相対的な割合は、四つの理由から過小評価されてしまう可能性があるのだ。

名目所得か購買力平価か

第一に、購買力平価（PPP）の役割を挙げよう。これを用いると国家間格差の占める割合が小さくなる。根拠は、名目値で表され公式為替レートを適用した同じ所得は、生活費が安い国においてのほうが財とサービスを多く購入できることだ。しかし同じ国でも地域によって、住宅その他の不動産価格に大きな差があり、したがって生活費全体に差が出る。実際、大都市化の進行はこのような差をさらに拡大すると予想できる。もし国家間格差を下方修正するためにPPPを使うのであれば、国内格差を下方修正するためにもPPPを使わないと整合性がとれないのではないだろうか。物価が安い地域への引っ越しを阻む要因がなくても物価の高い地域に住むことを選ぶ理由がある、という合理的な反論は可能だ。都市環境が提供する快適さと機会が追加コストを相殺すると考えられる。したがって国内の生活費の差を修正するためにPPPを用いて国内格差の推定値を引き下げるのは間違いだろう。しかしこの結論は国家間格差にも同等に（それ以上ではないにせよ）あてはめるべきではないだろうか。たしかに国内に比べれば国家間の移動のほうが一般的に難しい。だから生活費の高い国に住み続ける人は金銭的に得だからそうしているのだ、と単純に言うことはできない。とはいえ、自由な移動の障害は逆方向、つまり貧しい国から豊かな国に移動したい人にとってのほうが概してずっと大きい。この障害が、貧しい国に閉じ込められている人が豊かな国に住む数多い利点の分配を受けることを阻んでいる。よって今住んでいる国のほうが食費と住居費が安い、という理由で彼らの所得を上方修正するのは、少なくとも国内で物価が安い地域に住んでいる人に対してそうするのと同様に不合理である。だから最低限、整合性をとるためには、PPPを国内格差に用いないのであれば、国家間格差にも用いるべきではない。[*8]

一時所得か生涯所得か

次に、二つの人口集団間の所得格差が年齢と完全に相関していることについて考えてみよう。つまり若い人が年齢の高い人より所得が少ないのは、所属するコーホートのせいではなく今いるライフステージのせいであるということだ。この格差は、両者がどのライフステージにいても所得が変わらないのに片方の所得がもう片方より高水準である場合に比べれば、もちろん反対するにはあたらない。格差の指標は生涯所得ではなく一時所得を捉えているため、前者のタイプの格差であろうと後者のタイプの格差であろうと同じ結果が出てしまう。もしコーホート内およびコーホート間の生涯格差と違って、年齢による格差は反対するにあたらないとみなすならば、私たちが懸念すべき国内格差の要素は大きく縮小するはずだ。私たちが懸念すべき国家間格差の要素も影響を受けるだろう。国内で若すぎたり高齢すぎたりして働けない人の割合が高いほど、1人当り一時所得が1人当り生涯所得を小さく見せやすい。多くの貧困国は出生率が高く平均余命が短いため、高齢者の人口割合が低く子供の人口割合が高い。子供の人口割合の違いから、国家間格差が1人当り生涯所得では1人当り一時所得より小さく、成人1人当り一時所得の格差に近くなることがわかる。しかし(平均寿命が短いことによる)高齢者の人口割合の違いはどう考慮すべきだろうか。おそらく1人当り生涯所得の年平均ではなく、1人当り総生涯所得を概算してみるのがいいだろう。ある年齢に達したとき平均的に見て生きていることは、一時所得の格差の推定値で捉えられていない反対すべき経済格差の重要要素であり、国内よりも国家間で重みの増しやすい要素である。

年間所得か1時間当り所得か

第三に、人口集団間の所得格差が労働時間と完全に相関する場合を考えてみよう。パートタイムで働くことを選択している人々とフルタイムで働くことを選択している人々がいて、所得に相応の違いがある場合だ。この格差もまた、二つの集団間にどう測定しても同水準の格差があって、同じ時間働いているのに片方の集団がもう片方の集団の2倍の所得を得ている場合に比べれば、反対すべき度合いは小さいとみなせる。したがって、所得のみよりも所得と余暇の組み合わせ、つまり労働時間当りの所得のほうが、反対すべき格差を捕捉するには適切だろう。その結果、国内では格差のスコアは必然的に小さくなるだろう。国家間では、平均労働時間に確実に違いがあり（例えばアメリカと西ヨーロッパ）、1人当り所得の格差の少なくとも一部はそれによって無効になるだろう。しかし大規模な地下経済が存在する国の平均労働時間については、どうすれば信頼性の高い指標を取得できるだろうか。特に、当然そうすべきだが、余暇が自発的なものかどうかと仕事の強度にしかるべき関心を払うとすれば、推定値はきわめて慎重にならないと出せない。労働時間を考慮すれば反対すべき国内格差が縮小するのは明らかだが、反対すべき国家間格差も縮小するかどうか、仮に縮小するとしても、反対すべき国内格差以上に縮小するかどうかは、そこまで明らかではない。

結果か機会か

最後に第四として、同じ環境で育って同じ学校に通った二つの集団を考えてみよう。ただし片方はコンサルタント職に就いて高収入を得ているが、もう片方は芸術家の道を選び、働く時間は同じでも生活するのがやっとのお金しか稼げていない。このような格差についても、例えば異なる社会的背景のせいで、片方が全生徒に高収入のコンサルタントになれる基礎力をつける学校、もう片方が同じだけ働いてもずっと低い収入しか得られない未来の道路清掃人を世に送り出す学校に通った場合に比べれば、はるかに反対するにはあたらないと私たちは考える。格差の指標には違いが表れなくても、私たちの規範的な評価は大きく異なるだろう。国内の経済格差を生じさせる本人には選ぶことのできない環境の役割を重視しがちな人でも、国家間の格差の要因として個人の選択の重要性は不可避的にもっと低くなることを認識する必要がある。*9 この場合も、反対すべき世界的な格差に占める後者の相対的な割合の評価は、上方修正しなければならないだろう。

政策への含意

この一連の考察から何が導き出されるだろうか。一時所得の格差の指標（第1次所得か可処分所得か、成人1人当りか1人当りか）が役に立たないということではもちろんない。むしろ理に適った目的を定めて政策の指針とするために格差の指標が役立つかどうかは、一部の不遇な人の機会を向上させても正当化できない1人当り生涯可処分所得の格差を追跡できるかどうかにかかっている。*10

これを説明するために、一つだけ例題を挙げよう。国内労働市場の人材不足のセクターに高技能者が入りやすくする移民政策を選ぶべきか、それとも母国で貧困状態にある低技能者が入国しやすくするべきか。自国のジニ係数を改善し、平等主義の国として国際的な評価を上げたいなら、迷う余地はないはずだ。高技能者に門戸を開き、需要が高くて移民を入れなければ所得が高騰するだろう自国の専門職と競争できるようにする一方で、いるだけでジニ係数を引き上げるのみならず国内の下位層の労働者の賃金を低迷させてしまう低技能者は締め出すべきだろう。このような移民政策にはさらに、高給の人材を誘致することで、出身国の格差を縮小させる意図せぬ効果もあるだろう。経済学者が対処すべきなのが国内の一時所得の格差であれば、これが進むべき道だ。

かわりにグローバルで持続的なマキシミンないしレキシミンな機会として理解される平等主義的正義を追求するつもりなら、たとえ国内格差を広げるとしても、母国の貧困から脱出する人々を受け入れるほうが、少なくとも外見上は、頭脳流出に拍車をかけるよりもはるかに立派である。もっと限定的で選択的な移民政策を採用する決定的な理由はあるかもしれないが、しかるべき哲学的な検証を受けた「格差との戦い」という目的から直接導き出される提案にはなりえない。

第5章

なぜ格差が問題なのか？

Why Does Inequality Matter?

T・M・スキャンロン

なぜ格差が問題なのか。言い換えれば、単に貧しい人の暮らし向きを良くしようとするのではなく、ある人々が持っているものと別の人々が持っているものの差を気にする理由は何だろうか。この問いを立てる意図は、格差が貧困より重要だということではない。そうでない場合もある。この数十年で百万人単位の人々が極度の貧困から脱した事実は、富裕国の中の格差が拡大したことよりも重要だ。私が格差に関心を持っているのは貧困より重要だからではなく、こちらのほうが謎が深いからだ。人が裕福になりたがる理由は明らかであり、特に貧困から抜け出したい理由は強固だが、自分と他人の持ち物の差を気にする理由はそれほど明確ではない。これが平等主義を批判する人々がよく言う単なる嫉妬でないのはなぜだろうか。

「優先主義者」と呼ばれる哲学者たちは、貧しい人々の福利を向上させることだけを気にすべきだと考える。[*1] 彼らの考え方では、貧しい人々よりも豊かな者がいる事実は、銀行強盗のウィリー・サットンがなぜ銀行を襲ったかを聞かれて答えたという「そこに金があるから」、それだけの理由で妥当だ。他の哲学者は、持たざる者の自由な選択の結果でない限り、格差そのものが悪いと考える。[*2]

私はいずれの主張にも同意しない。格差に反対する理由は多数あり、それらは、格差が及ぼす影響か、格差を生む制度の不当さに由来していると私は考える。本書の目的にとっては反対理由が多元的であることは重要である。格差への反対理由が異なれば、格差との戦いに求められる政策も異なってくるからだ。本章ではこの多元的な見方をまとめたい。[*3]

格差は必ず反対すべきものというわけではない。スカンジナビア諸国の人々がアメリカの人々より長生きである事実は、この方面に改善点があることを示すが、このような格差があることは問題ではない。女性が男性より長生きである事実も問題のある格差ではないが、もしアメリカの男性が女性より長生きだとしたらそれは憂慮すべきだろう。男の赤ちゃんのほうが良い栄養状態で育てられたり、男性のほうが良い医療を受けていたりする結果かもしれないからだ。

これは、格差を生む制度を理由に格差が反対すべきものとなりうる一つの例だ。集団の各構成員に便益を提供する義務がある個人ないし機関が、特に正当な理由もなく誰かに他の人々より高水準の便益を提供している結果だとしたら、格差は反対すべきものである（Scanlon 2018, chapter 2）。例えば、ある自治体が（正当な理由なく）一部の住民に対して他の住民よりも良い道路舗装、下水設備その他の公衆衛生環境を提供していたら、格差は今言った意味で反対すべきものである。その人々に対して便益を提供する特定の義務があるかどうかが反対の根拠だ。もし私が同等に価値のある慈善事業のうち、一つだけに多く寄付をしたとしても、それは反対すべき格差ではない。どういう場合にそのような義務があるのかについては、私は普遍的な説明を持ちあわせていない。要点は、今取り上げた格差への反対は、この種の義務があるかどうかに依存しているということだ。

格差に対する別の反対理由を説明するために、住民の99％が満足できる程度の同等の所得を得ている二つの社会を想像してほしい。社会Aでは住民の1％が格段に貧しく、社会Bでは1％が格段に裕福で、貧富の差はそれぞれ同程度だ。二つの社会はちょうど鏡に映したような関係にあり、ジニ係数は同じでも、格差の形に対する反対理由は異なる。

社会Aに関して頭に浮かぶのは、この社会で貧しい人間だったらどうだろうということだ。単にお金がないだけでなく、大多数の人よりずっと貧しかったらどうだろうか。アダム・スミスが考察したように（Smith 1910, 351–352）、恥ずかしくて人前に出られないような暮らしぶりと身なりを社会に強いられたら、それは大きな問題になる。お金がないことが恥であるかどうかは、もちろん社会で優勢な態度、つまり貧しいことが劣っているとか、友人や隣人として好ましくないとか、権威ある地位にふさわしくないとみなされているかどうかに左右される（Ci 2014）。そのような態度がある社会では、貧困は人種やジェンダーのように、地位の不平等の一形態であり反対すべきだ（Scanlon 2018, chapter 3）。

この反対理由は社会Bの格差には当てはまらないだろう。なぜなら社会の99％の構成員が金持ちと同じ暮らしをしていないからといって恥ずかしいと感じる理由はなさそうだからだ。その金持ちが政治権力のない少数の芸能人とアスリートにすぎなければ、この格差はたいした問題ではないかもしれないが、金持ちが皆の働く工場を所有していたり政治のプロセスを支配できたりするとしたら話は変わってくる。経済格差は、それによって一部の人々が他の人々の生活に容認できないほどの支配力を持ったり、社会の政治機関の公正さを損なったりするなら問題である。社会Aの格差も、もし99％が政治的プロセスと貧しい人々の機会を支配しているとしたら、同じ意味で問題かもしれない。

機会の平等を妨げる場合も格差は反対すべきものとなる（Scanlon 2018, chapters 4 and 5）。機会の平等には二つの要件がある。プロセスが公正であるためには、個人が有利な立場に選ばれる基準が妥当でなければならない。候補者として合格するために必要な能力を伸ばす機会、能力を伸ばすかどうかを決める機会をすべての個人が持っていなければ、実質的な機会とはいえない。経済格差はこの両方の要件を阻害しうる。例えば大学入学の場合、金持ちが我が子を優先してもらうために入学担当者に賄賂を渡したり、資金調達の必要性から大学側が裕福な家庭の子供を優先的に入学させたりしたら、プロセスの公正性が損なわれる。裕福な家庭の子供のほうが入学に有利な能力を伸ばす機会に恵まれていたら、実質的な機会は損なわれる。

機会の平等が現代のアメリカで実は達成されていないこと、たとえ達成されたとしてもそれだけでは不平等な結果を正当化しないことに留意しておくのは重要である。むしろ機会の平等は、こうした不平等な結果の正当性に必要な一つの条件にすぎない。不平等な結果が正当化されるのは、その不平等な立場に別の正当な理由がある場合だけだ。プロセスの公正さを決める選抜の基準が「妥当」かどうかはこの正当性に依存している。妥当な基準とは、有利な立場に選ばれた人々がその立場を正当化するだけの目的を果たすために備えていなければならない特性をいう。

所得と資産の格差が反対すべきものでありうる理由は、その帰結だけでなく、格差を生み出す制度上のメカニズムが不当だからだ。格差についての議論は、格差を縮小する主な手段としての「再分配」に集中しやすい。しかし所得と資産の格差を考える際、私たちはまず、そもそも何が税引前所得の格差を生み出しているのかに目を向け、再分配的な課税は二次的なものとして扱うべきだ。知的財産法、有限責任会社やさまざまな形態の金融機関を統治している法律、労働組合を結成して団体交渉を行うことを困難にしている法律など、格差を生み出す多くの制度上のメカニズムは、誰の自由も侵害せずに変えられるはずだ。だから前述の二つの社会のケースでは、社会Aの金持ちのお金が何から生じていて、社会Bの貧しい人が貧しいのはなぜかを問うべきである。

この場合、基本的な平等主義の考え方では、AとBいずれにおいても、大規模な経済格差を生み出している制度上のメカニズムは正当化しうるものでなければならない。恣意的なものであってはならない。よく耳にする「1%」への反対は、この格差が機会の平等と政治的公正さにもたらす帰結も一つの理由かもしれないが、このような大規模な占有は正当化できないという感覚の表れでもあるのではないか、と私は考えている。

では、このような差を生み出す制度上のメカニズムはどうすれば正当化できるだろうか。財産権や功績の観念に訴えても正当化できないというのが私の主張だ。財産権は重要だが、これは経済制度の産物なので、経済制度を別の方法で正当化する必要がある（Scanlon 2018, chapter 7）。そして経済的分配に妥当性を与えるような功績の形は、これもまた制度に依存している（Scanlon 2018, chapter 8）。

格差を生む取引は、それを制約すると個人の自由への容認できない介入になるという理由で正当化できる場合がある。例えばロバート・ノージック（Nozick 1974）が想定したように、バスケットボールの試合のチケットにお金を使いたい人たちにダメと言うことによって、ウィルト・チェンバレン選手が金持ちになるのを邪魔することはできなかっただろう。しかしこれが当てはまるのはわずかなケースだけだ。今日ではスポーツ選手の莫大な所得さえ、ノージックが想定したような、ウィルトのプレイを見る喜びのために散財する個人ファンではなく、テレビ放映権や反トラスト法のような制度上のメカニズムに依存している。

格差を生むメカニズムは、GDPの増加につながるという理由だけで、その増分の分配方法と無関係に正当化することはできない。ではこのような制度はどうすれば正当化できるだろうか。唯一正当化できるのは、制度が分け前の小さな人々まで利するものであり、したがってその制度を廃してもその立場の人々の状況は良くならない場合に限る、と私は述べたい。

私たちはこうして、無知のヴェールの向こう側にある合理的選択という観念に訴えるのではなく、直接的な道徳の論証という手段によって、ロールズの格差原理（Rawls 1971）に到達する（この議論の基本要素はロールズが言及しているものだが）。

ここまでは税引前所得の格差について考察してきた。課税を正当化する方法は多数ある。例えば、実質的な機会ができるために必要な、教育などの条件を提供するといった、万人向けの便益の財源を調達するための公正な方法として。格差の悪影響が出ないように格差を縮小する方法として。個人が高所得を必要とする理由を減らして格差拡大を制限する方法として。

まとめると、私は格差に反対すべき六つの理由を明らかにした。そのいくつかは格差の帰結を根拠としている。すなわち身分の不平等、他者による容認できないコントロール、機会の平等への妨害、政治制度の公正さへの妨害だ。格差の由来を理由とした反対もある。それは万人のものであるべき便益の不平等な提供と、十分な正当性なく不平等な所得を生み出す制度に対するものである。

この多元的な見方が持つ含意は次の通りである。

1．複雑な社会では、あるべき格差の度合い（維持すべき「パターン」やジニ係数）など存在しない。容認できるのはこの種の（他にもあるかもしれない）問題にならない程度の格差である。
2．課税の理由は多数あるため、適正な税率は多数の要因に左右される。

3. 「何の平等か」という問いへの答えは一つではない。反対すべき格差の種類は、問題となっている格差への反対理由によって変わってくる。

Ⅲ

政治の次元

Political Dimensions

第6章

資産格差と政治

Wealth Inequality and Politics

ベン・アンセル

経済格差が広がると同時に政治の分極化が進む時代を私たちは生きている。これは単なる偶然だろうか。そうでないとすれば、格差と政治は実際のところどう関係しているのだろうか。また特に資産と住居で広がる格差には、もっと広く議論されている労働所得格差とは別のなんらかの特徴はあるだろうか。というのも、１９９０年代以降の先進工業国全般において、住宅価格は絶対額でも所得との相対額でも上昇したが、それは前例のない規模だっただけでなく、10年前の世界的な信用危機と密接につながっている。この20年間の資産価格の高騰と崩壊と復活、あるいは資産の地域間および世代間の分断の拡大が政治に影響しなかったとすれば、それこそ驚きだろう。ところが私たちは、資産とりわけ住宅資産が政治生活にどのように影響しているかをほとんど知らない。

資産格差が所得格差とは異なり、政治学者が注目すべき重要性を持つのはなぜだろうか。その政治生活への影響が異なるはずだと想定することについては、慎重にならなければならない。結局のところ、資産格差は所得格差から自動的に発生する可能性がある。所得からの貯蓄が積もり積もって資産のストックになるからだ。実際に所得の高い人ほど資産の水準は高くなりがちで、一時的に高いことはよくあるし、生涯では確実に高い。だから例えば投票行動に対する個人レベルの資産の影響と所得の影響を実証的に区別するのは難しい。また所得に比べて資産は、個人レベルでも国民全体でも測定が難しい可能性があることもわかっている。

例えば有権者は自分がどの程度裕福かを普通は知らない。個人年金を持っている自覚もないかもしれない。給与明細書をもらう所得のように資産額がわかる明細書を毎月もらうわけではない。自宅の資産価値はおおよその見当がついているだろうが、自分か隣人が自宅を売却しようとしたときにしか実際の額はわからない。国民全体に関しては、国民経済計算における資産の測定法は、国ごとの資産格差の違いに影響する。例えば、年金を資産に含めるとしたら、デンマーク、スウェーデン、ノルウェーには、格差水準が高いと通常思われているアメリカのような国にそっくりのきわめて大きな資産格差が存在するように見えてしまう。なぜそうなるかというと、スカンジナビア諸国では公的年金の水準が高いが、仮に将来公的年金を受給する権利があっても、その権利は基金に入っている個人退職年金資産と違って現在の資産としてカウントされないからだ。

したがって資産と資産格差が政治にどれだけ重要かを考えようとすると、深刻な測定の問題にぶつかる。金融資産が政治行動に及ぼす影響に関するエビデンスはごくわずかしかない。政治的・社会的選好をたずねる質問を含む調査は、金融資産をたずねる質問を含んでいないのが普通で、仮に含んでいたとしても回答者が金融資産の評価を大きく誤っている可能性があるからだ。

ただし住宅に関する情報は調査に含まれていることが多い。例えば英国世帯パネル調査は、回答者に自宅の資産価値を推定してもらい、購入したときの価格をたずねている。また回答数はきわめて少ないものの、居住地もたずねている。近年、ほとんどの先進工業国が住宅価格に関する比較可能なローカルデータを提供しているため、調査回答者と居住地を照合し、はるかに高い確度で住宅資産格差についての結論を導き出すこともできる。したがって測定上の理由から総資産と政治行動を結びつけるのは難しくても、住宅資産の差による影響についてはかなりのことがわかる。このように住宅資産に注目することは、マシュー・ロンリー（Ronglie 2015）からの重要な反論が示すように、トマ・ピケティ（Piketty 2014）が発見した「資本の復活」が住宅資産の成長によってうまく説明できる事実に呼応している。住宅資産が政治的に重要なのは、目に見えるものであるために、ほとんどの人にとっては資産ポートフォリオで実質的に最大の割合を占めるとともに、思い入れが最も強いからでもある。

住宅資産を政治行動と結びつけるためには、政治行動がどのように組織されるかについて考える必要がある。おおざっぱに言うと、政治的選好は二つの次元で構成されている。第一の経済の次元は誰もがよく知っている。社会保障制度への支持、つまり課税と再分配への支持だ。これは政治経済学者が得意とする領域である。しかし次第に重要性を増してきたように思われる第二の次元は、政治経済学者があまり得意としていない領域だ。すなわち文化の次元、コスモポリタニズムとナショナリズム、あるいはポピュリズムとリベラリズムのどちらを選好するかである。これから見ていくように、資産格差は、両方の次元にまたがる政治的選好と行動の構造に深く結びついている。

資産、特に住宅という形をとった資産が人々の選好にどれだけ影響するかについて、どう考えるべきだろうか。まず予想されるのは、資産が労働所得と同じような役割を果たすはずだということだ。税に対する選好や社会保険への需要が資産と連動して上がったり下がったりするという意味で、高価な住宅を所有している人ほど所得の高い人におおよそ近い行動をとる可能性が高い。多くの国では住宅の価値が上がると、個人が支払う固定資産税は上がりやすい。不動産の価値が上がるほど、例えばイギリスの印紙税のように、住宅を売買する際の税金も高くなる。また人が亡くなると、住宅価格が高いほど子孫が払う遺産税が高くなるのが普通だ。したがって住宅価格が高くなるほど、所得効果で調整しても、増税反対の態度が強くなる可能性がある。公的支出への選好に関しては、人々は生活が苦しいときや定年後に頼れる一種の社会保険として、持ち家を蓄えの代わりにするかもしれない。したがって税と支出の両面で、所有している不動産価値の高さと国家による再分配の縮小を求める気持ちは連動すると予想できる。

実は、所得から資産を抜き出せる調査でわかるのはまさにこれなのだ。回答者が考える自宅の現在価値、購入時の価格、立地を質問している英国世帯パネル調査を使うと、１９９１年から２００８年頃までの期間を調べられる。そこで、個人の持ち家価格の主観的な推定値か、持ち家のある回答者が住む地域の住宅価格の中央値という客観的な指標のどちらかを、個人資産の指標として使うことができる。アンセル（Ansell 2014）は、住宅価格の変化（増減）が社会政策の選好に影響すると思われることを示した。例えば住宅価格の10万ポンドの上昇は、完全雇用政策に対する支持の約10％の低下に連動している。２０００年から２００４年までの全米選挙調査パネルは、持ち家かどうかと居住地についての情報しか提供していない（そのため英国世帯パネル調査と違って主観的な持ち家価格の推定値はわからない）が、住宅価格が上がるか下がるかした大都市統計地域の持ち家所有者と、ソーシャルセキュリティの財源の変更に対する支持を調べると、イギリスの場合と同様のパターンが見られる。この期間に住宅価格が大きく上昇した持ち家所有者は、ソーシャルセキュリティ支出への支持を低下させた。国際比較では、国際社会調査プログラムが参考になる。このプログラムでは２００９年に19ヵ国の国民に調査を行い、明日自宅を売らなければならなかったら純資産はいくら残るかを質問した。この調査によって人々の資産額の指標が得られ、その指標と政府による富裕層から貧困層への所得の再分配に対する支持には強い負の相関があることがわかる。

平均すると住宅価格の上昇は、社会保障制度の需要を下げるらしいということがわかるが、この結果には興味深いねじれがある。この効果は中道右派の有権者に大きく偏っているのだ。左派の有権者は自身の住宅資産に関係なくおおむね高い再分配に好意的だが、右派の人々は増減いずれでも自身の資産の変化に反応するようだ。戦術的な観点からすると、マーガレット・サッチャーやジョージ・W・ブッシュがオーナーシップ社会〔国民が公的サービスに頼らずみずから資産運用したお金で民間サービスを受けるという社会構想〕の重要性を強調したのは、優れた政治戦略だったことになる。住宅価格が上がっている間は、保守派の有権者に社会保障の削減を支持する動機付けができたのだとしたら、持ち家の促進と住宅市場の刺激策は国家規模の縮小計画と一体であったことになる。裏を返せば、住宅市場が活況だった時代は、たとえ再分配が格差縮小に最も効果のある方法に見えても、再分配への支持が下がっていた時代だったのかもしれない。

第一の（物質的な）政治の次元に対する資産効果は、政治経済学者にとっては想定内だ。しかし、資産および格差と第二の（文化的な）次元の変化にはどのようなつながりがあるだろうか。これを考える一つの方法は、再び住宅資産に注目し、住宅資産の価値が主に相対的な立地によって定まるのに留意することだ。つまり住宅価格は地域ごとの相対的な土地需要を反映している。さらにその需要は地元経済の活況ぶりと転居先としての魅力によって生まれる。ブレグジットからドナルド・トランプやマリーヌ・ルペンまで、ポピュリスト政党や主義への支持と「取り残された」地域の関係についてはよく言われてきた。このような取り残された地域は、経済的に衰退しているか住宅市場でステータスが低いとされる地域だ。実際に、直接の物質的な経済効果と主観的なステータス意識がともにポピュリスト運動の支持に影響を与えていることは、多くの研究でわかっている。したがって住宅価格は、ポピュリズム支持と政治的既成勢力および過去数十年間の総意に基づく経済政策に対する態度を地域ごとに相対的に知るうえで、優れた代用データとなる。住宅価格の低下はポピュリズム支持と強い相関がある。率直に言って、自分が住んでいる場所を社会がどう評価しているかの指標として、自分が住んでいる場所に社会が付与する金融価値以上に優れたものがあるだろうか。さらに住宅市場の差には潜在的に因果効果がある。安価な場所から高価な場所に転居するのは難しい。そのため住宅格差は人々を今住んでいるコミュニティに閉じ込める。国を経済的に分離させてしまう。友人や家族とずっと一緒に暮らすので人々が同じコミュニティに閉じこもり、コミュニティ同士は互いに話がかみ合わず、意見が一致しなくなる。つまり住宅の分極化が政治の分極化の土台になっている可能性がある。

このパターンは多数のさまざまな国に見られる。図6・1は2016年のブレグジットを問う国民投票で欧州連合離脱をめぐって投じられた票の全国的なパターンを示す。この図は、イングランドとウェールズにおける、地方自治体レベル（1単位の住民数は平均10万人）で記録された住宅価格の中央値と（欧州連合への）残留支持の2変数の関係を示している。住宅価格は残留支持の強い予測変数であり、票の分散の約半分がこれで説明される。重要なのは、この関係が民族、移民、年齢などの人口動態要素による調整後も、賃金、産業構造などの経済的要素に対しても、イングランドとウェールズの各地域のダミー変数に対しても、頑健であることだ。平均すると、イングランドとウェールズを約10万人単位で見ているが、この結果は地方自治体の中でも同様だ。人口1000人ないし3000人

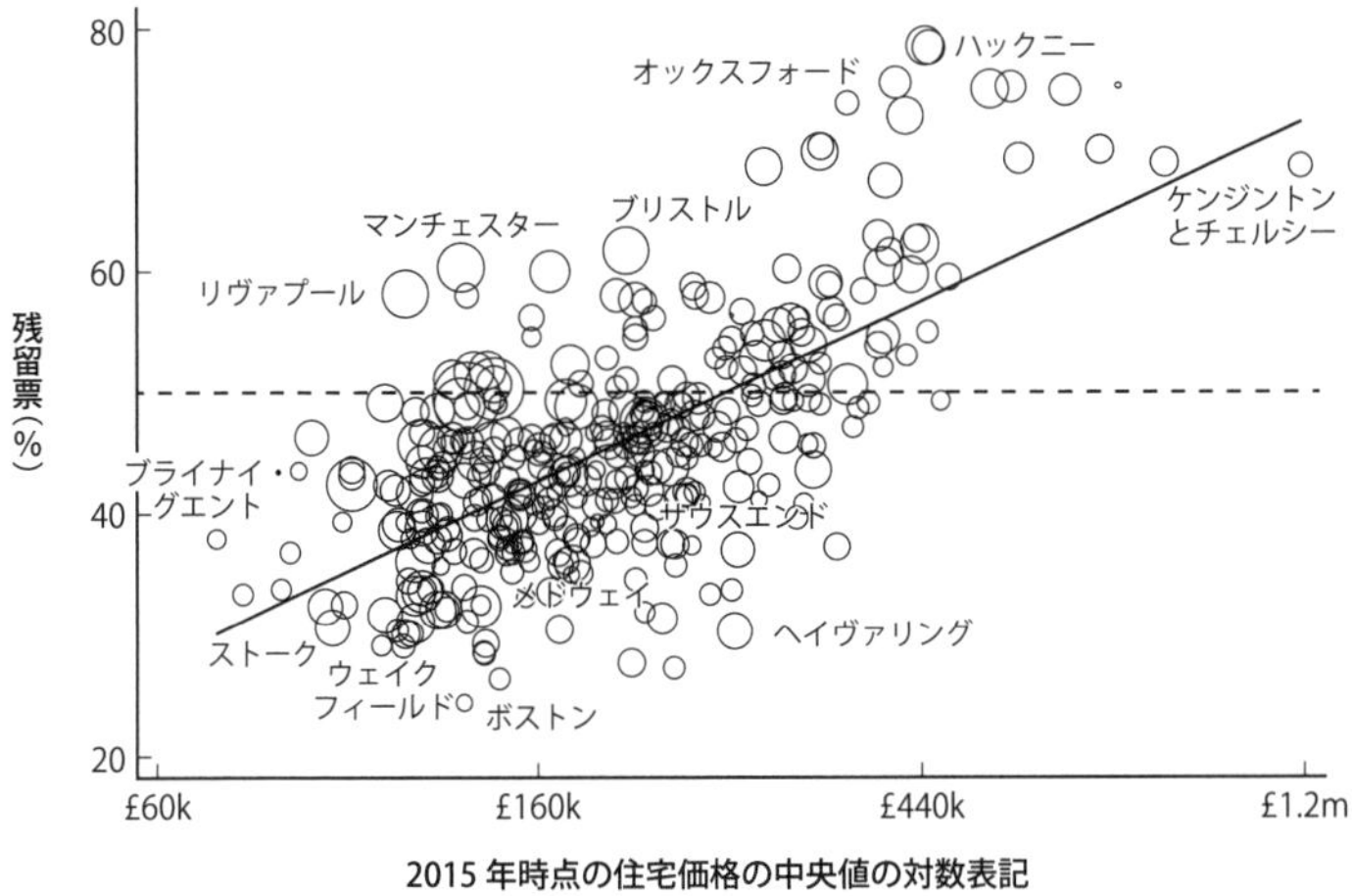

図6.1　2015年の住宅価格と2016年EU離脱をめぐる国民投票で残留（欧州連合に残る）を支持した票

の選挙区を調べ、地方自治体ごとのダミー変数を加えても、関係は同じなのである（Adler and Ansell 2019)。

　分析対象の単位がずっと小さいデンマークの時系列データにも同じパターンが見られる。図6・2は、選挙区レベル（500～1000人）の登記データを用いて、選挙ごとの住宅価格の変化とデンマーク国民党（DPP）支持の関係を調べている（DPP; Ansell et al. 2019)。そこには一貫して負の関係が見られる。住宅価格が上昇するとDPP支持が下がり、このパターンは世界金融危機後は顕著になった。イギリスのケースもデンマークのケースも、少なくとも住宅価格に表れたこのような地域の分断は、ポピュリストの主張に対する支持の差に強く関係しているようだ。

　したがって住宅は政治現象の重要な二つの次元――物質的な次元と集団的アイデンティティに沿った選好と投票――に密接につながってい

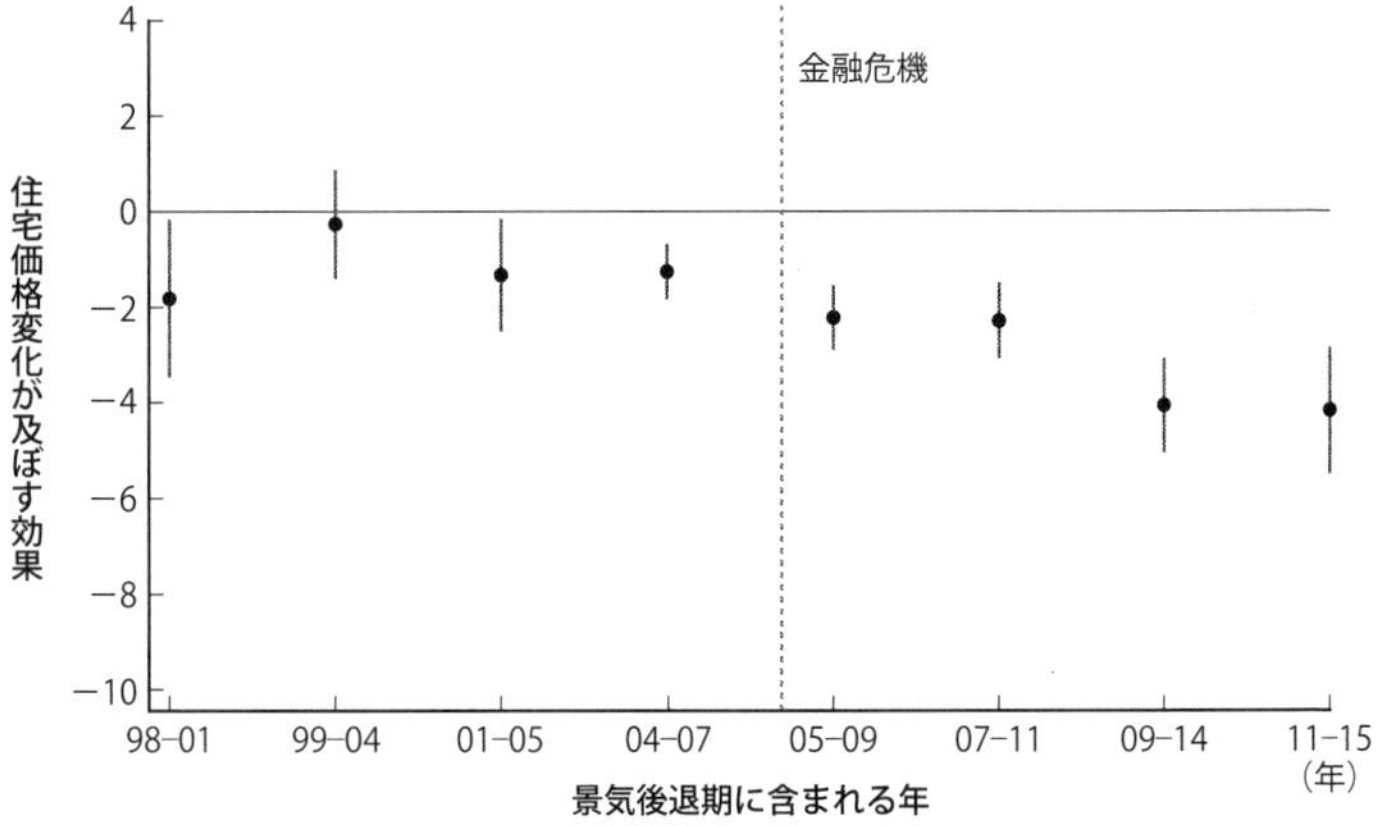

図6.2　住宅価格の変化とデンマーク国民党支持

るように思われる。住宅価格が上がった地域は減税、支出減、反ポピュリズムを選好するようになるのに対して、住宅価格が下がった地域は再分配とポピュリズムを求めるようになる。だとすれば、過去数十年間の住宅バブルとその崩壊が従来の分断を超えて影響し、古くからの政治的対立を分裂させ、新たな対立を活発化させたのは当然といえる。

第7章

格差への対処に必要な政治的条件

The Political Conditions Necessary for Addressing Inequality

シェリ・バーマン

「格差研究の領域における飛躍的進歩」のおかげで、欧米の格差の性質と帰結についてはは以前よりもよくわかっている。例えばアメリカでは、20世紀前半にアメリカ人の1％の最富裕層が、国民所得の約17～20％、国民資産の約45％を握っていた（本書第1章、シャンセルを参照）。1945年以降はこの割合が下がり、1970年代から1980年代にかけてはそれぞれ8％と25％になった。20世紀後半に両者は再び増え始め、現在、所得格差は米国国勢調査局が追跡を始めて以来最大に達しており（Telford 2019）、上位1％が「アメリカの中間所得層全体よりも」多い国民資産を支配している（Tankersley 2019）。

格差の帰結は、社会の「持てる者」と「持たざる者」の隔たりを広げるだけではない。格差拡大は経済成長の減速とも相関している。格差が縮小していた第二次世界大戦後のほうが今日よりも成長が速く、格差水準が高い国々は格差水準の低い国々に比べてここ数十年の成長が遅かった（OECD 2014）。格差拡大は社会移動の減少とも関連している。特にアメリカにおいてその傾向は顕著だ。[*1]

事態をさらに悪化させているのは、格差の負の効果が経済領域にとどまらないことである。次第に不平等になっていく社会の底辺にいる人々は寿命が短くなり、心身に健康問題を抱えることが多く、アルコールその他の依存症になりやすく、破綻したコミュニティで暮らす傾向が高い（Case and Deaton 2020; Wilkinson and Picket 2009; Putnam 2016; US GAO 2019）。格差は民主主義にも影響を与えてきた。分極化を進行させ、公職選挙の立候補者のタイプを決め、政治家が考慮する有権者の選好を偏らせるなどしてきたのである（McCarty, Poole, and Rosenthal 2006; Gilens 2012; Page and Gilens 2017; Schlozman, Verba, and Brady 2012; Phillips 2002; Bartels 2016）。

格差の度合いとその帰結についての理解が進んだが、それに加え、格差を緩和できることもわかっている。西ヨーロッパがアメリカと同水準の貿易と自動化を経験したにもかかわらず、格差がアメリカほど広がらなかったのは、西ヨーロッパでは社会保障制度をはじめ政府が貿易に介入する手段が手厚かったおかげだ（本書第1章、シャンセル：WID.world 2020）。さらに一般的な話をすれば、本書への寄稿からわかるように、近年は格差に対処する政策の検討に学者たちの関心が向けられるようになった（例えばKenworthy 2019; Hacker and Pierson 2017; Baramendi et al. 2015）。

格差とその負の帰結についてわかっていながら、それに対処するもっと持続的な取り組みがなされてこなかったのはなぜだろうか。経済学者や政治経済学者が想定しているように（Alesina et al. 2011; Iversen and Soskice 2001; Rehm 2009, 2011; Meltzer and Richard 1981）、経済的な条件と利益が政策の選好と政治的成果に比較的単純に変換されるのだとすれば、これはまったくもって謎だろう。なぜなら近年栄華を極めてきた比較的少数のエリートを除けば、格差に対処する政策はほとんどの有権者にとって経済的利益になるはずだからだ。ところが残念ながら、重大な苦しみと不正を伴う問題でさえ、変化の要求には直結しない。歴史に名を残す偉大な革命家の一人、レフ・トロツキーがかつて述べた通りだ。「窮乏が存在するだけでは反乱が起きるには不十分だ。もしこれだけで反乱が起きるとしたら、大衆はたえず蜂起しているだろう」（Trotsky 1930：傍点は筆者）

有権者が対処せよと政治家に圧力をかけさえすれば、格差と戦うための持続的なキャンペーンが出てくるだろう。そのような圧力が生じるためには、いくつかの条件が満たされなければならない。自明なのは、自分たちの経済的な不安に政治家が関心を持ち対応してくれると市民が信じることだろう。20世紀後半から21世紀前半にかけての長い間、保守派や時には中道派の政治家までが、「政府は解決をもたらすものではなくむしろ問題である」（ロナルド・レーガンの発言）と言い続けた。さらに最近では「エリート」と「エスタブリッシュメント」が政治権力を使って「人民」の利益を阻害しているとするポピュリストの主張もある。これらのせいで、多くの有権者が自分たちのニーズに応える能力と意欲を政治家が持ち合わせていると思えなくなってしまったのは明らかだ（例：Cramer 2016）。

格差と戦う持続的なキャンペーンに不可欠な政治的条件は、政治家が国民のニーズに応える能力と意欲への信頼に加えてあと二つある。有権者が経済的な問題と利益を最優先し、それをもとに動員されることだ。なぜこれが起きなかったのかを理解するには、政治家と政党の行動を吟味しなければならない。政治家と政党は政治生活を支配する利益とアイデンティティに決定的な影響を及ぼすが、これまで長年にわたって彼らは経済的な利益とアイデンティティを軽く扱ってきた。

格差が広がると、右派政党が経済以外の問題と利益を重視するようになることは、学者たちが証明してきた（Huber 2017; Roemer et al. 2007）。ポピュリスト右派には特にそれが当てはまる。ポピュリスト右派の得票を予測する指標として最も優れているのは、移民に対する考え方、人種不安、国のアイデンティティへの懸念、その他の関連する懸念だ（Dennison and Geddes 2019; Bonikowski, Feinstein, and Bock 2019; Sides, Vavreck, and Tesler 2018; Mutz 2018）。要するに、ポピュリスト政党が最も票を稼ぐのは、これらの問題が得票争いの中心になったときである。彼らが移民や少数民族を悪者に仕立て上げ、犯罪の増加、国家価値の減少その他の問題を彼らのせいにすることにあれだけ時間を費やすのはそのためだ（例：Financial Times 2019; Deutsche Welle 2019）。これに関連して、ポピュリスト政党に投票する人々は経済的な選好では分断されているが、保守的な社会的・文化的選好では結束している。そのため経済問題が得票争いの中心になると、ポピュリストに投票する有権者は分裂するが、社会や文化の問題が中心になると結束する（Ivarsflaten 2008; Kriesi 2014）。ヨーロッパではこのパターンが特にはっきり出ており、ポピュリスト政党が労働者と小規模事業主（経済的な選好が大きく分かれる集団同士）から特に大きな支持を獲得した。ヨーロッパの格差拡大と得票争いの相互作用を研究したある論文は、次のように結論している。「格差は［…］選挙で経済格差への対応に取り組む政党の選出をより困難にすることが多い。格差は再分配を行う階級政治を助長するよりも、民族など経済と無関係なアイデンティティに基づく選挙連合を作ることに注力する政党を成功させやすい。そして勝利した選挙連合がこのような経済と無関係なアイデンティティに基盤を置いていると、階級政治が勝った場合に比べて、民主主義は格差の是正に力を入れない」（Huber 2017, 3）。

アメリカにも特に共和党支持者とトランプ支持者の間に同様の力学が存在するが、ヨーロッパほど目立たない。なぜなら白人労働者は、他の共和党支持者に比べて経済的に左派寄りだからである（Kitschelt and Rehm 2019）。抜け目のない共和党員はこれを理解していて、[*2] 経済的な不満よりも社会的・文化的な不満を前面に押し出しておくのが党に有利だとわかっている。スティーヴ・バノンの悪名高い発言の通りで、民主党がアイデンティティ・ポリティクスに注力する限り「こちらの勝ちだ。左派が人種とアイデンティティに力を入れてくれれば、［…］我々は民主党に圧勝できる」。

では左派はどうだろうか。戦後期の得票争いは、特にヨーロッパでは経済政策の違いを中心に展開したが、20世紀後半になると左派と右派の経済的な差は縮まった。左派が経済的に中道に移り、国家規制の縮小、社会保障の削減、グローバリゼーションの容認などの新自由主義的な政策課題の多くを受け入れたからだ（Berman and Snegovaya 2019）。

この転換によって左派が格差その他の経済問題への不満を動員する力は弱まった。このような不満が爆発した金融危機の最中に、それは特にあらわになった。『エコノミスト』誌が２００９年に書いたように、「左派政党は自由市場の批判派にとって好材料だった経済危機を利用することができなかった」。アメリカでも民主党の世論調査担当者スタンリー・グリーンバーグが同様の考察をしている。「この経済危機と不確実性の時代に、有権者は総じて［…］右翼政党に救いを求める。［…］失業率が高く富裕層がより豊かになるときには、中間層の有権者は自分たちの利益を考えてくれるはずの急進派にどっと流れるだろうと思うところだが」（New York Times 2011）。

左派が経済的な不満を動員できなくなったことに加え、中道右派と経済面で同化したことも、左派政党が社会的・文化的な問題の重視を強めることにつながった。ある学者の一派が指摘したように、経済政策の問題に関して左派と右派が同化するにつれ、競争の場を新しい問題領域に移せば、他党と差別化しやすくなって有権者の無関心から票を逃さずにすむという点で、経済と無関係な問題を政治化することが政党にとって魅力的な生き残り戦略になった（Ward et al. 2015; 以下も参照のこと。Gerring 2001; Rydgren 2013; Schaffner, Macwilliams, and Nteta 2018; Ivarsflaten 2005; Spies 2013; Bonikowski

2017）。左派が経済政策方針を変えるのに伴い、階級はあまり重視されなくなり、高い教育を受けたエリートからリーダーが出てくるようになった（Bovens and Wille 2017; Mudge 2018）。左派と右派の主流政党から似たような経済政策が提案され、左派が伝統的に自認してきた労働者階級のために戦う政党という役割から離れるにつれ、自分の経済的な選好と利益に基づいて投票する人が減ったのは当然といえよう。

極端ではあるがこの力学を知るうえで参考になる例が、20世紀後半のイギリス労働党だ。当時トニー・ブレアが率いていた同党は、テクノクラート的な中道の経済政策方針を採用した（マーガレット・サッチャーが自身の最大の功績を聞かれ、「トニー・ブレア」と答えたと言われていることからもわかる）。労働党の１９９７年の政策綱領はこれを反映し、「長年にわたって我が国を分裂させてきた左派と右派の激しい政争からの決別」を目指すと宣言している。「公共と民間、管理職と労働者、中流階級と労働者階級、これらの対立の多くは現代の世の中においては意味がない。我が国が現状を脱却し前進する時が来た」（Labour Party 1997）。

新しい経済政策の方針に加え、労働党の主張とレトリックも20世紀後半に変化した。戦後の数十年間は「演説でも政策文書でも必ず労働者階級に言及していた」が、20世紀後半になると「階級に触れることはほとんどなくなった」。また、戦後数十年間、労働党の政治家は労働運動の出身者が多かったが、20世紀後半にはほとんどが「高い教育を受けたアッパーミドルクラスの集団」から出るようになった。その結果、１９９０年代後半になると、有権者は次第に労働党が保守党と「同じ経済政策」を掲げ、「同じ人々を代表している」と見るようになった。当然ながら、両党の経済政策が異なっているとか特定の階級とつながっている、と認識する人が減るにつれ、「これらを根拠に投票する人は減った」(Evans and Tilly 2017, 163, 193)。

アメリカの民主党は、労働党ほど経済的に極端な左派だったわけでも階級を重視していたわけでもないが、イギリスほど目立たないものの、同様のトレンドが発生している。20世紀後半に民主党は次第に中道のテクノクラート的な経済政策方針を採用し、社会問題と文化問題を強調するようになった。このトレンドが浮き彫りになったのは２０１６年の大統領選だ。ヒラリー・クリントンはこれまでの立候補者に比べると、経済政策や階級についての発言が少なく、「人種、移民、ジェンダー」についての発言が多かった。トランプもこれらの問題を強調したため、選挙戦ではこれらの問題が焦点となり、両候補の対立を鮮明にし、注目を集めた結果、「投票の行方」を左右した(Sides, Vavreck, and Tesler 2018, 169; 以下も参照のこと。Grossman 2018; Mutz 2018)。

結論

過去数十年間に格差は急拡大し、経済・社会・政治に非常にネガティブな帰結をもたらした。しかし問題を認識することは、それに対処する第一歩にすぎない。政治家は選挙に関係するインセンティブがなければ格差との戦いに注目しないだろう。そして選挙に関係するインセンティブは、有権者が経済的な問題と利益を最優先し、それをもとに動員されなければ発生しないだろう。

右派政党、特にポピュリスト政党には、このような条件が出てくるのを阻止するインセンティブがある。20世紀後半から21世紀初めにかけて、これらの政党が格差と経済階級から政治的な関心を逸らし、社会的・経済的な不満とアイデンティティをもとに有権者を動員しようとしたことに、それが表れている。

一方、左派政党は、特にヨーロッパでは戦後の数十年間、政策綱領で経済問題を強調し、経済的な利益と階級的なアイデンティティに基づいて有権者を動員していた。しかし20世紀後半に伝統的な左派は経済面で中道に移り、次第に社会的・文化的な問題を強調するようになると同時に階級には重きを置かなくなり、有権者は経済的な選好とアイデンティティを投票の理由にしづらくなった。つまり、政治家と政党の行動（特に右派だが、左派も）の積み重ねも、格差と戦う持続的なキャンペーンが生まれにくい条件の形成に加担したのである。

第8章

アメリカで経済格差に取り組む際の政治的な障害

The Political Obstacles to Tackling Economic Inequality in the United States

ノーラン・マッカーティ

本書の第1章で、ルカ・シャンセルは、アメリカの格差政治の全体像を捉えるうえで欠かせない二つの非常に重要な事実を提示している。一つ目は、多様な先進民主主義国で経済格差の水準と進行に大きなばらつきがあることだ。そのばらつきが純粋に社会的・人口動態的・経済的な要因に還元できるとは思われない点が重要である。こうした要因の変化の多くはすべての富裕国に共通して起きているのだ。説明のつかないばらつきがあることから、経済格差の水準とトレンドを決定するうえで政治と政策が重要な役割を果たしている可能性が推測される。

二つ目は、私としては「アメリカ例外論」と呼びたい事実だ。シャンセルが示すように、アメリカの所得格差の水準と進行は1950年代と60年代には他国と似ていたが、70年代以降、アメリカでは他のOECD諸国をはるかに超えるスピードで所得格差が広がり始めた。これは、現代アメリカの政治経済には高い格差水準とトレンドにつながりやすい重要な特徴が存在する可能性を示唆している。『分極化したアメリカ――イデオロギーと不平等な富のダンス』〔未邦訳〕で、キース・プール、ハ

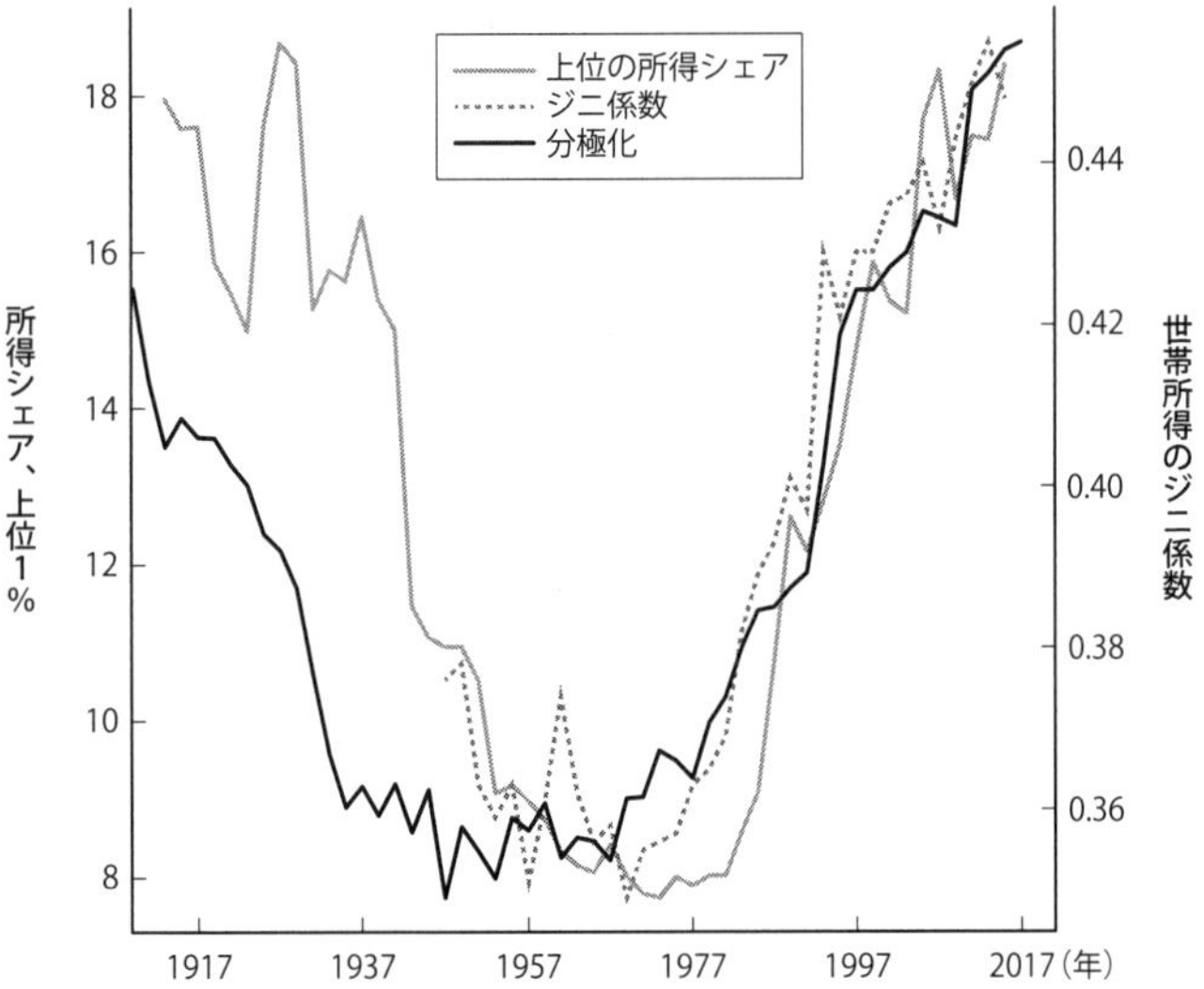

図8.1　政治の分極化と経済格差

注：政治の分極化と経済格差。図は、世帯所得のジニ係数とピケティおよびサエズ（Piketty and Saez 2003, updated）による納税者の上位1％の所得シェアの指標と、マッカーティ、プール、ローゼンソール（McCarty, Poole, and Rosenthal 2016）から引用した米国議会下院における分極化の指標の比較を示す。ジニ係数は格差の指標で0（完全な平等）から1（所得の完全な一極集中）までの幅がある。

ワード・ローゼンソール、私はアメリカで広がる所得格差の背後にある政治的要因のいくつかを考察した（McCarty, Poole, and Rosenthal 2010, chapter 8; Bonica et al. 2013も参照のこと）。私たちの最大の主張は、アメリカの経済格差と政治の分極化の進行には強い相関があるということだ[*1]。図8・1は私たちがこの研究で調査した基本的パターンを示す。実線はアメリカ下院における点呼投票〔議員一人ひとりの名前を呼び、口頭で賛否の意思表示をさせる形式の表決〕の分極化の指標を表している。議会の点呼投票が分極化の指標として有用なのは、きわめて長期にわたる党の対立が合理的に比較可能な形で測定できるからだ。実線は主に民主党議員と共和党議員の投票行動の差で、数字が大きいほど超党派の協力関係が少なく分極化が進んでいることを意味する。*2

点呼投票に基づく分極化の指標には、もちろんイデオロギーの違いと純粋な党派性が複合的に混じっているが、アメリカのエリート政治家のイデオロギー的なパターンについての重要な情報も含まれている。分極化の基本的事実は、それが20世紀初めに顕著で、20世紀半ばに低水準で安定し、過去40年間に急激に進行したことだ。

図8・1に用いた他の指標は、格差の研究者にはもっとなじみがあるものだ。一つはピケティとサエズ（Piketty and Saez 2003, updated）が算出した上位1％の所得シェア、もう一つは米国国勢調査局が算出した世帯所得のジニ係数である。すべての指標が時系列でほぼ同じ動きをしているのがポイントである。

強い因果関係は主張しないが、アメリカで所得格差の大きい期間が政治的分極化の目立つ期間と連動する傾向がある点に注目するのは重要だと私は考えている。政治的分極化が小さい期間は所得格差が小さい期間と連動する傾向がある。

経済格差と分極化の因果関係にはしっかりしたエビデンスがあるが、この因果関係は双方向に作用している。第一に、所得格差には分極化をもたらす効果がある。所得水準の異なる有権者同士で、経済政策の選択肢に対する考え方や国家介入をどれだけ望むかをめぐる違いが生まれ、その違いが時とともに党派的な連帯に結びつく傾向があった。

第二に、同じくらい重要な因果関係が、分極化による政治的麻痺から発生している。多くの拒否権プレイヤーと、上下両院と大統領の間にあるチェック・アンド・バランス〔抑制と均衡〕の上に成り立っているアメリカのような政治システムにおいては特にそうである。政治の分極化が生み出す類いの政治的麻痺は、所得格差の水準を上げやすい経済的・社会的変化への政府の対応をいっそう困難にしかねない。所得格差への政策対応に希望をかけるうえで最も懸念されるのは、経済格差と政治の分極化が正のフィードバックループを形成し、そのループが壊しがたいように思われることだ。

アメリカの政治経済のもう一つの重要な特徴は、問題になっている分極化が党派的に非対称であることだ。経済問題に関して共和党が右寄りになったのと同程度に、民主党が左寄りになっているわけではない。この40年間で、共和党の各コーホートは以前の各コーホートに比べると経済問題に関してより保守的な投票を重ねてきたことが、これらの指標からわかる。民主党のほうはもっとまちまちだ。旧世代のコーホートに比べてよりリベラルか急進的な新世代コーホートもあれば、その逆もある。問題の一部は、民主党の経済政策に関する立場が多様化したところにある。民主党内で、有権者が経済的な競争力を求める有権者から支持される経済寄りの派閥と、中道左派政党の動員の主力になりそうな低所得層と親和性の高い有権者寄りの派閥との間には、大きな対立があった。また当然、経済とは関係なく環境や社会問題を理由に民主党を支持する有権者もいる。そのような有権者の多くは比較的所得が高く、再分配を特に支持しているわけではない。

二つ目の特徴で注目に値するのは、共和党が右傾化したほどには民主党が左傾化しなかった一つの理由に、低所得層の動員のしづらさがある点だ。選挙が地域で管理運営され勝者総取りの選挙制度になっているアメリカでは、これが積年の問題になっている。市民権を持たない住民の数が増えたことから、問題はさらに悪化した。つまり、第3章でダニエル・アレンが指摘するように、ワーキングクラスには政治的権利や市民的権利を持たない人々が非常に多いため、民主党は彼らを選挙で動員することができない。

アメリカに関するこの二つ目の事情は、政治的格差と経済的格差の関係を物語っている。その関係が最も顕著に表れているのは、選挙資金制度への参加の格差だ。関係の劇的な変化を図8・2に示す。実線はアメリカの有権者人口の上位0・1%による国政選挙への献金の推定割合を描いている。点線は献金者の上位400名による国政選挙への献金の推定割合である。

1980年代にも国政選挙への献金の相当な割合、10~15%が上位0・01%から出ていたが、現在その割合は圧倒的で、40%近くに達しようとしている。[*3] 最も裕福なアメリカ人による国政選挙への献金の割合がほぼ4倍に増えたことになる。

しかしこうした数字は氷山の一角にすぎない。同様の偏りが予想される州選挙や地方選挙での献金にこれらの数字には含まれていないからだ。しかも、さらに偏りが大きいと予想される政策提言やロビー活動への支出が含まれていない。

図8・2は富裕層が政治動員に積極的になったことを表しているのではないかと疑問を持つ人もいるかもしれない。しかしエビデンスは逆に、これが資産格差の広がりに付随する結果であることを示している。アダム・ボニカとハワード・ローゼンソール（Bonica and Rosenthal 2015）は、長者番付「フォーブス400」にランキングされたアメリカの最富裕層400名の資産に対する選挙献金の弾力性を推定した。すると富裕層にとって選挙献金は正常財であることがわかった。献金額が資産に正比例して上がっていたのだ。資産に対する選挙献金の弾力性は約1・0である。ほとんどの富裕層ではない人々にとって資産に対する選挙献金の弾力性は0であるため、資産格差はほぼ自動的に図8・

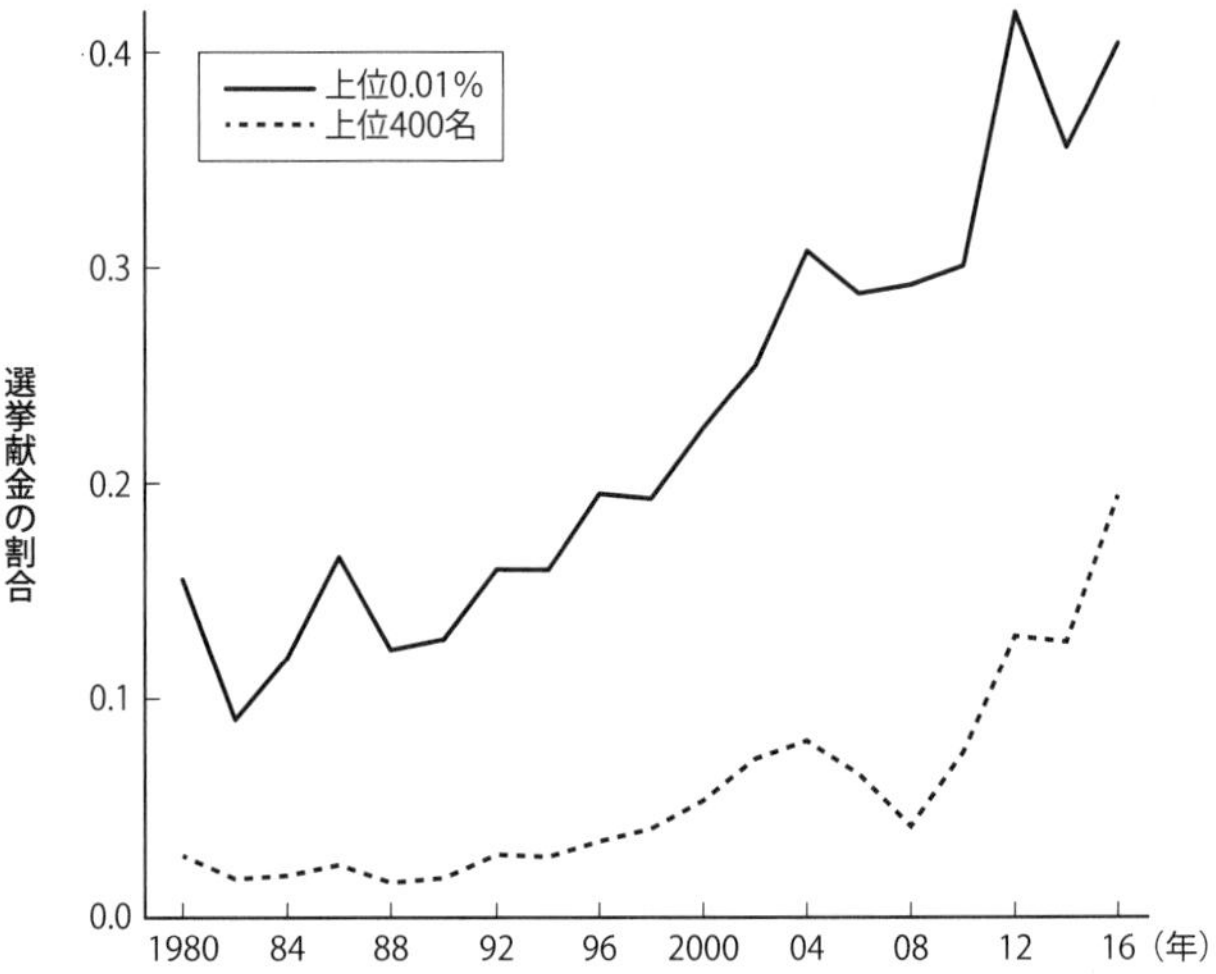

図8.2　国政選挙献金の偏り

注：実線はすべての国政選挙における有権者人口の上位0.01％からの献金の割合を追跡したもの。点線は上位400名の献金者からの献金の割合を示す。
出所：献金データの更新はボニカら（Bonica et al. 2013）による。

2の偏りを生み出している。

したがってアメリカの資産格差と所得格差の主要な影響の一つは、裕福な個人からの候補者支援の割合に大きな変化があったことだ。もちろん、献金の理由はさまざまである。すべてが経済的な動機というわけではない。富裕層からの選挙献金は必ずしも減税や規制緩和を動機としていない。しかも多くの裕福な献金者は政治的には左派で進歩的な大義のために献金している。とはいえ、再分配の拡大や労働組合の強化を支持する最富裕層からの選挙献金はごくわずかだ。つまり多くの左派政治家が持っている献金者基盤は、経済格差を縮小するような政策に対してはよくいっても無関心である。そのような政治家は、格差を拡大する政策を立法化しようとする共和党の動きに抵抗はするかもしれないが、抜本的な改革を推進しそうにはない。

この議論に関して、選挙資金をめぐる一般的な誤解がいくつかあることは指摘しておく価値があるだろう。一つ目は、シチズンズ・ユナイテッド裁判での最高裁の判決が問題の元凶であるという誤解だ。[*4] シチズンズ・ユナイテッド裁判を重視するのが問題である第一の理由は、献金が偏っていくトレンドは2010年にこの判決が出るよりだいぶ前から進行していたことだ。第二に、シチズンズ・ユナイテッド裁判では企業と労働組合の資金を選挙運動の独立支出にすることが争点になっている。図8・2には個人献金者についての情報しか含まれていない。だから問題なのは、シチズンズ・ユナイテッド裁判ではなく、基本的に資産格差に関係する長期的なトレンドであり、特定の選挙資金政策ではない。二つ目は、近年の選挙で小口献金者の数が増えて大口献金者の影響が薄らいだという誤解だ。「影響」についての主張を評価するのは容易ではないが、データを見れば富裕層による献金が小口献金の増加を何倍も圧倒してきたことは明らかだ。

結論すると、所得と格差を扱うには根本的な政治上の障害がある。第一は、分極化した政治システムであり、経済格差と資産格差に対処しうる政策の多くがまさに分極化の原因になっている。つまり、格差に関して前進するために必要な超党派の合意は実現しそうにない。第二は、アメリカの政治システムが超富裕層の献金に依存するようになっていることであり、これが所得と格差を改善するための政策を追求するうえで大きな制約要素になる可能性が高い。

Ⅳ

人的資本の分配

The Distribution of Human Capital

第9章

現代のセーフティネット

A Modern Safety Net

ジェシー・ロススタイン
ローレンス・F・カッツ
マイケル・スタインズ

典型的な労働者の所得の伸びは、1970年代半ばから減速し始め、2世代の間ずっと、ほとんどのアメリカの世帯の生活水準は経済成長に後れを取ってきた（Economic Policy Institute 2019）。生活水準の伸び悩みと格差の拡大は、アメリカ人の生活のあらゆる側面に影響し、アメリカの喫緊の課題だ。労働市場と公的なセーフティネットに関わる政策の再考が求められている。学術界や政策界の同僚たちとの最近の議論で、所得の停滞、格差、貧困という諸問題への政策対応に関して、驚くほど意見が一致していることがわかった＊1。

貧困はアメリカにおいてなかなか根絶できない大きな問題であり、現在のセーフティネット・システムは不十分だ。システム設計の改善には次の四つの原則が反映されていなければならない、と私たちは考えている。（1）すべての子供が、成功するために必要な資源を得るに値する。（2）職は今後もアメリカ社会の根幹であり続けるため、支援を厚くしなければならない。（3）失業によって家族の経済状況が破綻してはならない。（4）職に就けない人々への保障の基盤を強化すべきである。

この四つの前提にそれぞれ必要なプログラムについて、一つずつ取り上げていく。しかしまずは、課税と所得移転プログラムは不平等さを増していく労働市場をもっと人道的にする間接的な取り組みにはなっても、ほとんどの労働者に生活の糧を与えられない労働市場の補完物にはならない点が重要である。繁栄を広く共有する経済を目指すには、賃金の伸びを広く共有する仕組みを取り戻す野心的な政策課題も必要だ。労働市場政策については最後に再び取り上げる。

児童手当

賃金停滞とコスト増のせいで、低中所得の家庭にとって子育てが次第に困難になっている。家庭に対する子育てコストの支援が必要だ。子育てコストの多くが実はリターンの高い投資であることを示すエビデンスが積み上がっている。出産前ケア、医療、栄養価の高い食事、質の高い保育、安全な地域の住宅は子供の発達に長期的に益がある。そして納税者にとっても、将来の納税額が増え、所得移転給付と刑事司法コストが下がるという形で見返りがある。[*2] すべての子供にこれらを提供できない社会は長期的な繁栄を犠牲にしている。

そのような社会は不公平でもある。裕福な家庭は貧しい家庭よりも自分の子供に投資でき、それが世代間格差の主要因になっている（Rothstein 2019）。幼少時における支援を幅広い層が利用できなければ、機会の平等は実現しない。

カナダ、イギリス、オーストラリアなどの他の先進国には、子供のいるすべての家庭に所得支援を行う普遍的なプログラムがある。ところがアメリカでは、親が働いている家庭しか利用できない勤労所得税額控除と児童税額控除が所得支援の主な手段になっている。ここから取りこぼされる子供たちこそ最も支援を必要としていることが多い。

私たちが提案するのは、親が働いているかどうかに関係なく、子供のいるすべての家庭が利用できる一本化された児童手当だ。少なくとも現在の児童税額控除（ＣＴＣ）が提供している年間２０００ドルと同等の額を確保しつつ、子供の数に応じて増やすべきで、幼い子供には割増があってもいいだろう。幼少期に追加的な所得があり、大人になるまでの間に投資額が増していけば、長期的に大きな益があることは、多くの研究で示されている（Hoynes 2016; Hendren and Sprung-Keyser 2020）。今ＣＴＣを満足に受けられていない低所得家庭でも恩恵を得られるよう、手当は完全な給付型にすべきだ。所得が上がれば、現在のＣＴＣより早く対象から外せばよい（例えば、世帯所得分布の90位パーセンタイルに近い年収約10万ドルで）。

児童手当は家族支援システムのほんの一部だ。すべての子供を対象とした教育（幼稚園以前の保育から対象にする）、医療、子育て支援、まともな環境の地域にある一定水準の住宅を提供する、質の高い支援にも取り組まなければならない。

就業者への支援

私たちの二つ目の前提は、働けば生活できるだけの賃金が得られるべきであるということだ。職はほとんどの人にとって生活の根幹であり、当面はそうであり続けるだろうが、低賃金の職しか見つからない人があまりにも多い。ソーシャルセキュリティに次いで2番目に大きな貧困対策プログラムである勤労所得税額控除（ＥＩＴＣ）（Fox 2018）は、仕事からの所得を補完する設計になっている。これはきわめて高い効果を上げてきた。このプログラムがシングルマザーの労働参加を促すうえで重要な役割を果たし、シングルマザーとその子供のためになっていることは、多数のエビデンスが示している（Nichols and Rothstein 2015; Hoynes and Rothstein 2017）。またＥＩＴＣによる所得支援は、家庭の基本的ニーズを満たすだけでなく、子供の長期的な成果の向上にも役立っている（Dahl and Lochner 2012）。

しかし扶養する子供のいない成人を対象としたＥＩＴＣはいまだに貧弱である。働けば生活できるだけの賃金が得られるべきであるという原則は彼らにもあてはまる。すべての成人が十分なＥＩＴＣの恩恵を得られるよう適用条件を拡大すべきである。またアメリカ経済が成長して格差が拡大しても実質ベースで一定のままだったＥＩＴＣ給付の内容も拡大すべきだ。

失業者の保護

アメリカのダイナミックな労働市場は繁栄の源泉となってきたが、ダイナミズムは労働者とその家族にコストを押しつけている。自分にはどうすることもできない事情による失業の脅威は家族の幸福にとって大きなリスクである。失業がその後何年にもわたる所得の減少につながることをエビデンスは示している（Davis and von Wachter 2011）。失業のリスクに対して個人レベルで保険をかけることは不可能に近い。そのため、失業保険は公的セーフティネットの重要な一部である。失業保険プログラムは1935年から基本的に形が変わらず、失業の打撃を大きく軽減している。これについて大掛かりな変更は必要ないが、急激な景気後退に際してもプログラムの財源を十分に確保し、深刻な不況時には職探しが時として非常に長引くことを認識した改革を行うべきだ。

働いていない人のためのセーフティネット

人間社会は生きていくために必要なものがない状態に人を放置してはならない。私たちは失業保険の給付期間を過ぎても仕事がない人への最低限の支援を提供できるし、すべきである。

1990年代の福祉改革は、就労を福祉の条件とすることによって非労働者への支援を実質的に排除したが、十分な就労支援のない就労要件に効果はなく、給付が不要な人の受給を防ぐより受給資格のある困窮家庭の受給を阻むことのほうが多かったのではないか。受給件数は激減したが、それは改革前のシステムで一般に認識されていた不正なインセンティブを取り除いたという理由で正当化できる数を上回っている（Bitler and Hoynes 2016）。働けない人、職が見つからない人は常に存在するだろう。非労働者への支援は必要だ。労働市場が停滞している時と場所においては特にそうだが、市場が活況なときにもだ。

一般扶助プログラムは、困窮者に消費の下限を設けたものにすべきだ。生きていくために必要な給付から人々を締め出す役にしか立たない、わずらわしい就労要件や報告義務をつけてはいけない。一般扶助プログラムは子供への無条件の支援に必要な補完の役割を果たし、就業者支援が始まるとともにに終了させ、労働市場へのスムーズな移行ができるようにするものであることが望ましい。

労働者の交渉力強化

私たちが提言するこの4部からなるプログラム（普遍的な児童手当、すべての低賃金労働者を対象とした就業者支援、頑健な失業保険、失業者が最後に頼れるセーフティネット）は、アメリカの現在のつぎはぎ状態のシステムを抜本的に改善するものだが、これで事足りるわけではない。アメリカの平均的な労働者は、フルタイムの通年雇用で年収が4万ドルに満たない。これは1978年から実質ベースでたった12％の伸びにすぎない（Economic Policy Institute 2019）が、一方で上位1％の所得は同期間に3倍に増えた（Piketty and Saez 2003, updated）。この平均的な労働者に同居する子供がいなければ、アメリカの所得移転策はほとんど役に立たない。真の貧困層をないがしろにせずに中間所得層の労働者に届く所得移転プログラムを設計するのは、まず実現不可能である。平均的な労働者を支援する唯一の方法は、過去2世代の間に中間層の労働者にとって機能しなくなった労働市場のあり方を是正することだ。

そのためにはさまざまな政策が求められる。何よりもまず、活気ある労働市場を維持しなければならない。それがあってはじめて、労働者は劣悪な仕事に「ノー」と言う力を手に入れ、雇用主は労働者の採用とつなぎ留めのために仕事の質を改善するインセンティブを持つからだ。他のメカニズムを通じて労働者の交渉力を取り戻す必要もある。

個人労働者と大きな雇用主が交渉する場合は、通常、力に差があるため、これを解決するにはなんらかの形の団体交渉と労働者の声を代弁できるものがなくてはならない。1970年代以降の賃金の下降トレンドは、労働運動の衰退と密接に相関している。労働組合に加入したり労働組合を結成したりする権利の保護を強化する必要がある。また労働組合の結成率が低い今日の経済でも機能する、新たな交渉の形を模索する必要もある。賃金委員会を活用する最近の提案は、労働者と雇用主の代表をプロセスに参加させて、州、セクター、職種を横断する最低賃金の基準を確立するはずで、さらに検討し試行すべきだ。交渉プロセスを創出する試みは、両者の交渉力を均衡させる政策と一対になっていなければならない。例えば、労働市場で雇用主が過剰な市場支配力を持っている状況に対抗する、反トラスト政策の刷新などだ。

結論

生活水準が伸び悩み、格差が拡大した40年間は、生産性と平均的な労働者の報酬に巨大なギャップを生んだ。それは一夜にして埋まるものではない。今の労働市場を生産性向上の恩恵が広く共有されるような労働市場に変えるには、時間がかかるだろう。私たちが提言する政策変更だけでは不十分かもしれない。テクノロジー、グローバリゼーション、教育や訓練の機会への不平等なアクセスも、労働市場の格差拡大に寄与してきた。

格差要因と非移動性要因に対抗する労働市場政策は、市場の参加条件の公平化に役立つ可能性があるが、労働市場がたとえ理想的な状態であっても、あらゆる所得分布層のニーズを満たすことを労働市場任せにはできない。改善された労働市場政策を補完し、すべてのアメリカ人が右肩上がりの繁栄から確実に恩恵を受けられるようにできるのは、本稿であらましを述べた四つのニーズに対応するセーフティネットの再設計だ。

第10章

教育の未開拓の可能性

Education's Untapped Potential

ターマン・シャンムガラトナム

まず、教育と、平等化機能でより良い社会を作る教育の可能性をめぐって、私が重要と考える二つの問いから話を始めさせていただきたい。

第一に、能力主義のシステムが、子供たちが家庭や社会的背景によって背負う有利や不利を小さくするとはもはや確信できなくなっている。少なくともかつてと同じような効果はない。多くの国で、教育と仕事と生涯所得の到達度が平等になるどころか、社会的背景によってますます二極化していくのを私たちは目にしている。

第二の、きわめて重要な問いは、すでに今日の労働市場のニーズにうまく合っていない現在の教育制度が、どうすれば若者たちを新時代の仕事に備えさせ、希望をかなえる手助けをできるのかである。

技術変化が起きているのは今に始まったことではないが、人工知能（ＡＩ）の能力が向上していくため、テクノロジーが仕事に及ぼす影響の性質と範囲は今までとは違うだろうとわかっている。ＡＩによってどの仕事や人間のタスクがなくなり、どんな代わりの仕事や新しい仕事が生まれるのか、現時点ではまだ確かな予測はできないが、今回の技術変化がこれまでの自動化の波以上に（多くのホワイトカラー職を含む）広範囲の中間層の仕事に影響を及ぼすことは覚悟しなければならない。今日の中等教育以降の教育は学生にそれらの仕事に就く準備をさせている。

こうしたフェーズの変化に私たちは対処しなければならない。変化の一つは、社会的背景が人生の成果をますます左右するようになること、もう一つは、従来よりも強力な形のデジタルオートメーションが仕事に影響を及ぼして、将来はより広い層を不安定にしかねないことだ。この二つが合わされば破壊力は甚大だろう。能力主義そのものへの信頼はもちろん、国家と市場が万人に公平な成功のチャンスを与えてくれるという信頼も揺らぐ。そんな未来は回避しなければならない。

教育投資と教育再編が、これらの課題に立ち向かうための柱でなければならない。アメリカのように分権化された教育制度においては特にだが、教育を苦しめているのはまさに私たちが社会的、経済的な市場に教育を委ねすぎてきたことである。

市場は社会的に中立ではない。市場は独自の「ソーシャルエンジニアリング」を行う。始まりは同類婚、学歴の高い者同士の結婚で、これはほぼどこの国でも増えてきた。続いて、裕福な親は我が子に世間並みをはるかに超える投資を行う。人生で大事な幼児期からだ。この変化はアメリカで研究によって十分に立証されている。高学歴の裕福な親が自分の子供にいかに手をかけて一流のプリスクールに入れ、習い事に潤沢にお金を使い、一緒に時間を過ごすか。

変化は住む場所が社会的に分離する傾向にも表れている。アメリカの事情に関する研究が、居住地域が目に見える形でも目に見えない形でもいかに重要かを明らかにしてきた（Chetty, Hendren, and Katz 2016; Chetty and Hendren 2018）。同じく重要なのは、居住地域が分かれるにつれ学校の違いも大きくなってきたことで、分権化された教育制度では教師が学校ごとに分離するため、生徒が社会的に分離される効果が強まりやすい。別々の育ち方をした子供たちは最終的に就職市場で一緒になるが、一流企業の雇用主は名門大学の卒業生や社会的に恵まれた家庭の子供に偏った採用をする。

それでも教育に平等をもたらす重要な可能性があるのはなぜか

とはいえ、教育がもつ平等化機能としてまだ未開拓の大きな可能性を信じる理由がいくつかある。第一に、妊婦の健康に始まり子供が3歳になるまで続く、質の高い早期介入の普及がまだ達成されていない。そのためには公的資源、高い訓練を受けた専門職、コミュニティの積極的な参加が必要だ。エビデンスが完璧ではないものの、専門家の意見には、この最も早い時期に質の高い介入を行うことが、恵まれない環境に生まれた子供たちの人生のチャンスを増やし、大きな社会的リターンを生む最も効果的な方法だとする指摘が多い（Heckman 2015; Elango et al. 2016; Ferrarello 2017; Felfe and Lalive 2018）。初期介入の普及に機会が潜んでいる。

希望を持つ第二の理由は、居住地域、システム、社会的背景の間に見られる成果の差そのものにある。平準化する余地があるということだからだ。各国の学校システムを見ると、達成水準も社会移動の度合いもさまざまだ。世界中がシステムのベストプラクティスを応用したり吸収したりして、ある程度システムを収斂させる余地は必ずあるに違いない。同様に、社会経済的な大枠が同じ国内でも、育つ場所によって教育の達成度と社会移動の成果が大きく違ってくるということは、政策と制度で差を埋める余地があるということだ。裕福な家庭の子供の達成度が以前に比べて高くなり、彼らと貧困家庭の子供たちの差が広がっているという事実も、裏を返せば可能性の存在を示している。所得と達成度の関係は永久不変ではない。

第三の理由は、さまざまな国における高等教育の多大な非効率性にある。スキルの需要と供給には大きなミスマッチがある。特に幅広い中間層の仕事においてはそれが顕著である。また、学生の能力タイプと高等教育に進む際の進路選択にもミスマッチがある。これらのミスマッチを減らせれば、莫大な人的資本が生まれるはずだ。

第四に、生涯学習のシステムにはまだ大きな投資機会がある。知的専門職だけでなく労働力のすべてのセグメントにいる人々が、キャリアを通じて成長し続けられるように定期的にノウハウやスキルを取り入れることは、まだ当たり前になっていない。賃金分布の上端は伸び続けるのに、ブルーカラーと平均的なホワイトカラーの賃金が中年になると頭打ちになる、よくあるパターンを打開するためにはこれを実現しなければならない。

このようにやるべきことも、教育の可能性を悲観してはならない理由もたくさんある。しかしそのためには、政策をさまざまな面から根本的に再考する必要がある。

どうすれば公立校はパフォーマンスの高いシステムを支えられるか

世界的にトップクラスのパフォーマンスを上げている学校システムに共通する特徴の一つは、うまく機能している公立学校システムが土台にあることだ。経済協力開発機構（ＯＥＣＤ）による生徒の学習到達度調査（ＰＩＳＡ）ランキングでトップかトップに近い国々は、公立校で高い平均点を達成している。シンガポールのように、公立校が最高点を引き上げているケースもある。また、きわめて評価の高い国の教育制度には、教師の質と適正なカリキュラム基準をシステム全体で確保するために政府が調整を行う部分が大きい。他の面では自治権を持っている学校でもそうなのだ。PISAランキングの上位に分権的な学校システムの国は一つもない。分権的な学校システムの国には個別に見れば非常に強い学校はあるかもしれないが、平均点は高くない。

スウェーデンは興味深いケーススタディである。同国は1992年に教育制度を分権化し、学校運営を民間セクターに移管する決定を下した（OECD 2015）。全国バウチャーシステムで可能になった競争と親の選択によって教育水準が上がると期待された。ところが結果は2000年から2012年の間にPISA参加国のどこよりも成績が急降下し、OECDの平均点をはるかに下回ってしまった。その後スウェーデンは学校の説明責任を向上させようとしてきたが、分権化し民間経営の教育制度に移行したことの基本的な教訓は明らかだ。分権化と民営化は社会的分離を拡大し、質のレベルアップはもたらさなかった。

公立校の運営は個別ではなくシステムとして行うという考えを、私たちはおろそかにしてはならない。それが全体の質を上げられる方法だからだ。中央集権的な公立校システムも、統治が悪く資金が乏しければもちろん失敗しうる。しかしうまく統治され十分な資金が充てられた公立校システムは大きな利点をもたらす。それが可能になるのは何よりも、高い採用基準、徹底的な訓練、競争力のある報酬、システム全体にポストが用意されている継続的なキャリア開発を通じた、人的資本（学校システム内の教師と専門職）の育成と配置によってだ。基準の設定や教師の採用競争を学校ごと、学区ごとに任せてしまうと、大きな偏りが生じ、弱い学区や学校に経験の浅い教師が来る。

学校をシステムとして運営すべき二つ目の重要な理由は、一校で生まれたベストプラクティスやイノベーションを他の学校に普及させやすいからだ。民間の学校システムでは、個々の学校が自力で成功するという発想になるため、これが簡単にできない。シンガポールでは、約6年ごとにスクールリーダー〔校長など学校の組織管理者、経営責任者を指す〕をシステム内で異動させることによってベストプラクティスを普及させている。

ただし、公立校システムにおいて総じて見落とされている問題は、すべての生徒が同じ標準的なカリキュラムで学び、同じ最終テストを受けるという形だけの平等主義から脱却する必要性である。このような画一的なやり方が先進国でも発展途上国でも多くの国でいまだに当たり前だが、勉強の苦手な生徒を引き上げるよりも逆にますます落ちこぼれさせる方向に作用している。例えばフランスの学校システムはずっと形こそ平等だったが、むしろ不平等な結果を生んでいる。ブルーカラーの家庭の多くの子供たちが高校を中退する（Aghion and Berner 2018）。大学に進学しても〔高校で科目の試験に合格すれば大学に進める〕、多くが1年後にドロップアウトし、約70%は3年で学業を終えられない〔フランスの大学は3年制〕（Lichfield 2015）。フランスのエマニュエル・マクロン大統領が、技術教育と職業教育への進路を強化し、選抜制の大学入学を導入するなどの教育改革によって、この状況を変えようとしている。平等主義の意味を変えようとする大胆な改革だ。

高等教育を再考する

労働市場で起きているスキルの大きなミスマッチを減らし、さまざまな能力値の若者の可能性をよりよく育てようというのであれば、高等教育を再考しなければならない。

大学プレミアム〔大卒の資格によって賃金が高くなること〕はこれまであまりにも単純化して捉えられ、それに引きずられた政策と政治が多すぎた。高校の卒業生に大学進学を奨励しても、彼らが大学プレミアムを獲得できるわけではない。よく引き合いに出されるプレミアムは平均値だが、その平均値の周囲の分布にもっと目を向けるべきだ。アメリカでは以前から大卒者の下位20％の所得は高卒者に対するプレミアムがきわめて小さかった（Abel and Deitz 2014）。しかもこれは卒業した者の話であり、アメリカで大学に入学した者の40％は6年以内に学位を取得していない（National Center for Education Statistics 2019）。学位を取得した者のうち、かなりの割合（約40％）が大卒の資格の要らない仕事に就いている（Abel, Deitz, and Su 2014）。大卒者の不完全就業はインドなどアジアの一部でも広く見られる。

若者と公共政策にとっての本当の問題は、学業を高校で終えるか大学に進学すべきかではない。高等教育の形こそが問題だ。学問教育か実用教育か、従来型の教育かデュアル／コーオプ教育〔企業での就業経験と学校での授業を組み合わせた教育〕か、2年制か4年制か。スキルプレミアムを保証し、学生がキャリアでスキルの梯子《はしご》を上る手助けになるのはどのような形だろうか。

従来型の学問志向の高等教育モデルを拡大しすぎている国があまりにも多く、実学寄りにバランスを立て直す必要がある。人は実地に何かをすることで自分の能力や興味を発見する、というのが変化の理論だ。これは特定のスキルやハードスキルに学習を集中させるべきだという意味ではない。一生の間ずっと世の中に適応し続けられるような、多彩なソフトスキルとハードスキルを育てなければならないということだ。しかし、従来型の教育やリベラルアーツ教育が創造性、チームワーク、異文化スキルといったソフトスキルを育てる唯一の方法だとは、いや最善の方法だとすら言えない。実用教育の道を通じてこれらのスキルを育てることにも注目してよいし、注目すべきだ。

生涯教育をお題目で終わらせない

生涯学習という言葉はどこでも耳にするようになったが、道のりは遠い。これがうまく機能するためには政労使の三者間のパートナーシップをはじめとする、社会的なパートナーシップが求められる。ただし、企業と労働者のモチベーションとインセンティブは異なることを認識しなければならない。企業は通常、自社のニーズに特化したスキルの訓練に力を入れたがる。労働者には自分のキャリアの発展に役立つスキルを選ぶインセンティブがある。それは必然的に別の雇用主や、場合によっては別のセクターに移る足掛かりになるようなスキルになる。

デンマークでは、ほとんどの訓練を雇用主が支援するが、実施するのは公共機関である。人々は、たとえ雇用主の目先のニーズに合わなくても、自分の希望する講座を受講できる。しかし他の北欧諸国の中には、企業独自の訓練が主流のところもある。この二つのバランスを取らなければならない。ともにレベルアップするとなおよい。

何より、公共政策において労働者の再教育とスキル向上に戦略的フォーカスを当てる必要がある。かつては技術進歩によって、例えば生産性の低い農業の仕事から製造業へ、さらに現代のサービス労働へと、労働者が生産性の低い活動から生産性の高い活動に移動した。アーサー・ルイスが述べた経済発展とはそのようなものだった。ところが今、私たちはいくつかの先進国でルイスが提唱したのとは逆の動きを目にしている。デジタルオートメーションの新しい波が、人々を相対的に生産性の高い製造業の仕事から生産性が低く低賃金のサービス職に追いやっているのだ。そのようなトレンドは回避しなければならない。

ＡＩを含む新テクノロジーを補完する未来のタスクや職、新たな分野の仕事が発生する可能性を予見する、綿密な研究もある。しかし、そんな未来が実現するかどうかは私たちが今何をするかにかかっている。各セクターの新たな仕事の需要を予想し、人々が新しいスキルを伸ばして生産性の高い領域にとどまれるようにするプログラムを選別し共有する産業、政府機関、労働組合、教育機関の連携を作れるかどうかだ。その取り組みをたゆまず進めなければならない。

V

貿易、アウトソーシング、海外投資に対する政策

Policies toward Trade, Outsourcing, and Foreign Investment

第11章

なぜ「チャイナショック」は衝撃だったのか、政策にとって何を意味するのか

Why Was the "China Shock" So Shocking—and What Does This Mean for Policy?

デヴィッド・オーター

中国は1990年代前半から世界の製造業大国として華々しく台頭し始め、2000年代初頭にアメリカとの恒久的な正常貿易関係待遇を獲得し、世界貿易機関に加盟したことでますます勢いをつけた。急増している研究文献によれば、中国の輸出額はこれ以降大きく伸びて、1998年から2007年にかけてアメリカの商品貿易赤字はGDPの2・7%から5・7%になり、アメリカの製造業の総雇用に大きな長引く傷を残した。打撃を受けたのは、まず中国と競争していた製造工場で雇用されていた労働者、そして中国が比較優位にある労働集約性の高い製造業に特化していた地域の労働市場だ（Bernard, Jensen, and Schott 2006; Autor, Dorn, and Hanson 2013; Autor et al. 2014; Ebenstein et al. 2014; Acemoglu et al. 2016; Autor, Dorn, and Hanson 2016; Caliendo, Dvorkin, and Parro 2019）。

まとめて「チャイナショック」と呼ばれるこれらの衝撃の規模と持続期間は、経済学者と政策担当者にとって青天の霹靂《へきれき》であり、当初は貿易学者からいくぶん懐疑的に捉えられていた。*1 しかし、1990年代後半から始まり15年近く続いたアメリカの製造業の急激な凋落が、大恐慌以来類を見な

いものであること、テクノロジーに原因があるわけではなさそうなことは、貿易理論家や生産工学者でなくてもわかる。[*2]

チャイナショックには特に苛烈な部分があったのだろうか。それともチャイナショックにさらされたアメリカ国内の地域に特に弱い部分があったのだろうか。[*3] そして、これらの問いへの答えから、今後、労働市場への衝撃を調整する方法を考えるうえでどんな学びがあるだろうか。[*4]

背景——低下する労働市場の流動性

1980年代前半以降、労働需要を下げる衝撃に対して、低学歴労働者を脆弱にする方向へと変化したアメリカの労働市場の基本的な力学が三つある。

第一は、大学に行かなかった（つまり学歴が高卒以下の）アメリカ人労働者の実質所得と相対所得が、1980年以降横ばいか減少で推移していることだ。この事情は非大卒男性に特に厳しかった。重要なのは、非大卒男性が当時（そして今日に至るまで）アメリカの製造業に占める割合が偏って高かったことだ。1980年にはアメリカの全労働者の22・9％、男性の全労働者の27・2％、非大卒の全労働者の27・4％、非大卒で男性の全労働者の31・2％が製造業で雇用されていた。[*5] チャイナショック以前から労働需要の変化は非大卒労働者に強い逆風となっており、非大卒男性は支配的な賃金トレンドと製造業で働く人数の多さから二重にその影響を受けた。

時を同じくして起きていた第二の根本的な変化は、第二次世界大戦後の30年間にアメリカで優勢だった、地域間の所得水準を収斂させる強い要因が減速したり逆転したりしたことだ（Barro 1992;

Berry and Glaeser 2005; Moretti 2011; Austin, Glaeser, and Summers 2018)。まだほとんど解明が進んでいないが、なんらかの理由から、州間および大都市統計地域間の所得水準の収斂は、１９８０年以降実質的に止まった（Berry and Glaeser 2005; Ganong and Shoag 2017; Austin, Glaeser, and Summers 2018)。戦後40年間は域内の高い失業率が数年以上は続かない傾向があったが（Blanchard and Katz 1992）、１９８０年代半ば以降はかなり長引くようになった（Russ and Shambaugh 2019）。同時に、アメリカの世帯が転居する頻度は距離に関係なく（同じ地域内から郡や州をまたぐものまで）１９８０年から２０１９年にかけてほぼ半減した（Molloy et al. 2016）。裁定取引を弱めるこれらの要因は、域内の労働市場がこの数十年でより地域性を高めた可能性を示唆している。

第三の根本的な変化は、戦後は大卒も非大卒も享受していた強い都市の賃金プレミアムが、１９９０年以降は非大卒労働者にとって頭打ちになったことだ。（少なくとも）１９５０年から１９９０年までは、両者とも人口の密集した都市部では所得が大幅に高かった（Autor 2019）。ところが１９９０年以降、大卒と非大卒で都市の賃金プレミアムは二分し、前者は上がり方が若干急になった一方、後者はかなり緩やかになり、１９９０年から２０１５年にかけてこれまでの上昇角度の3分の2ほど減少した（Baum-Snow, Freedman, and Pavan 2018; Autor 2019）。このパターンは地域間の所得収斂が消えた変化のパターンほど知られていない（まして解明も進んでない）が、おそらく関連があり、非大卒者の賃金低下と、非大卒労働者が享受する都市の賃金プレミアムの急速な縮小はまさに軌を一にしていたことを示唆している。したがって、地域内の労働市場の衰退に直面した学歴の低い労働者にとって、都市の労働市場が逃げ場になった可能性は低く、そのことが、非大卒労働者が高学歴高賃金の地域に移動する流れが減速した（一部の）理由になっているかもしれない（Ganong and

Shoag 2017)。

これらを考え合わせると、1980年以降のアメリカの労働市場はそれ以前の数十年間に比べて流動性がなくなり、硬直化しつつあったことがわかる。この地殻変動がチャイナショックに対する非常な脆弱性を生んだのだ。

運命の逆転――チャイナショックの地理学

第二次世界大戦後からアメリカの製造業の雇用は減少してきた、というのが通念になっているが、この見方は製造業の雇用シェアと製造業の労働者数を混同している。循環的な変動を別にすれば、アメリカの製造業で雇用されている労働者の数は、1945年から1979年にかけてほぼ右肩上がりに伸び、1945年後半の1250万人から1979年後半には1930万人に増えた。アメリカの製造業の雇用者数が減り始めたのは1980年代前半の深刻な景気後退からで、北中西部の重工業が特に打撃を受けた。アメリカの製造業のネットの雇用者数は1979年から1999年にかけての20年間（つまり中国のWTO加盟前）で200万人縮小した。

このように全体では減少したにもかかわらず、労働集約的な製造業の雇用はアメリカの大西洋側南部、東南中部、西南中部の各地域では横ばいか増加で推移した（2000年まで）。労働組合がほとんどなく、賃金と教育水準の低い同地域は、労働集約的な製造業で比較優位性があったのだ[*6]。しかしこれらの地域はやがて、低賃金で労働組合のない、労働集約的な製造業の別の拠点との厳しい競争にさらされることになる。中国だ。

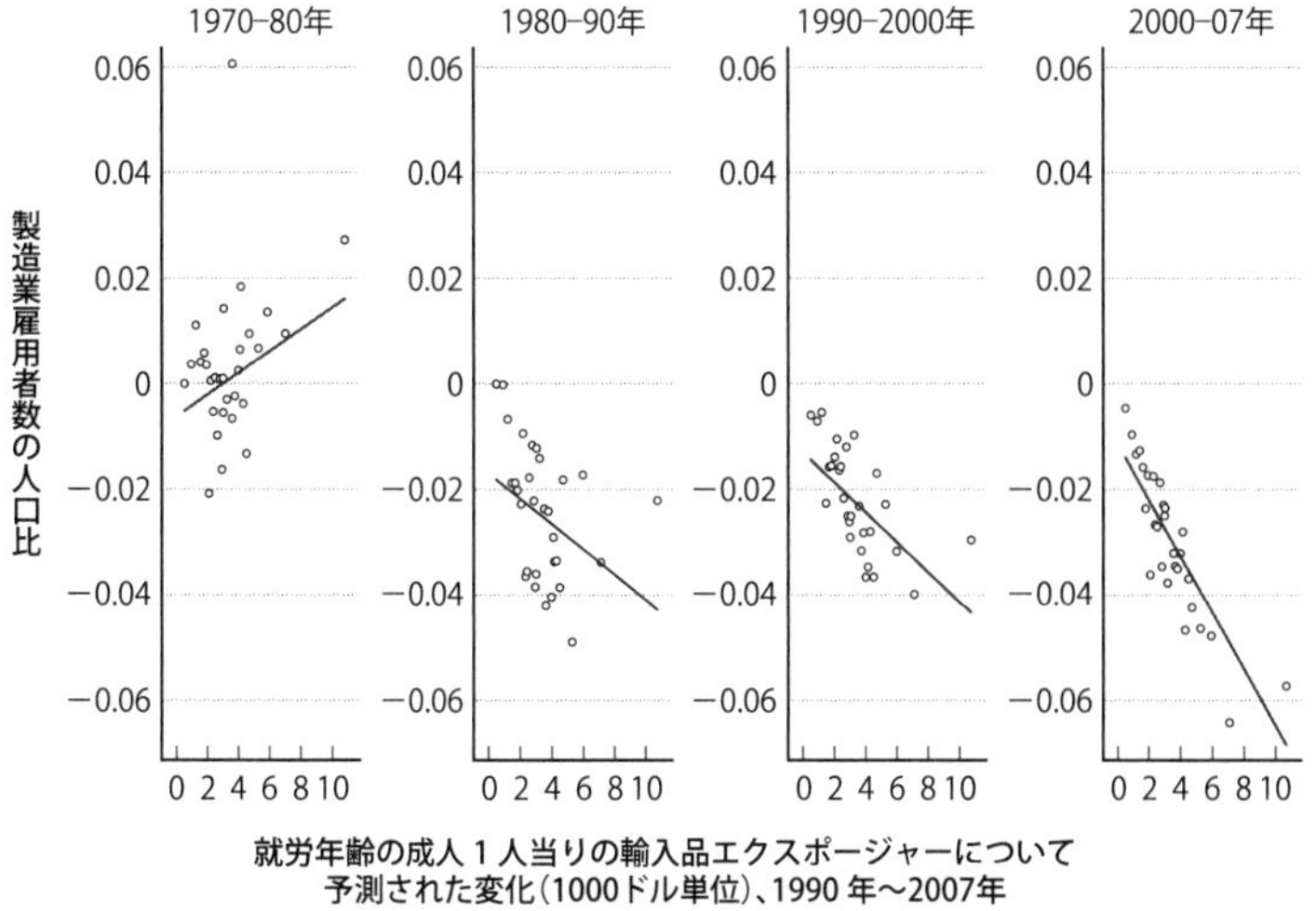

図11.1　1990年から2007年までのチャイナショック・エクスポージャーに対し、製造業で雇用されている非大卒労働者数の人口比の変化を10年ごとに示した通勤圏の水準の区間散布図

注：この図は製造業で雇用されている通勤圏在住の16〜64歳の非大卒成人割合の推定された変化を、1990年から2007年までの労働者1人当りの輸入品エクスポージャーについて予測された変化に対して、10年ごとにプロットしている。区間散布図内の点は10年間が始まる時点の非大卒成人の30分の1を示している。回帰直線は、10年間が始まる時点の通勤圏在住の成人数で加重した722の通勤圏の水準の観測結果と一致している。

中国の台頭の影響を受けた通勤圏（CZ）で2000年以降に製造業の雇用の急減があったことは広く理解されているが、図11・1はこのような最近の雇用喪失の前提として、1970年代に製造業の雇用の顕著な増加があったことを示している。この10年間にアメリカの製造業が南部に移った（Fort, Pierce, and Schott 2018; Russ and Shambaugh 2019）ため、後年チャイナショックの影響を受けた通勤圏の製造業で雇用されていた非大卒成人の割合は、1970年代に相対的にも絶対数でも急増した。しかし増加したのはつかのまだった。製造業で雇用されていた非大卒成人の割合は、チャイナショックの影響を受けた通勤圏において、中国からの輸入品が急増した２０００年から２００７年にかけて大幅に縮小する前、１９８０年代と１９９０年代に特異な減り方をした。

この図には示していないが、１９８０年代に非大卒男性の賃金が全国では急減したのに、後年チャイナショックを受ける通勤圏の非大卒労働者の実質賃金は急上昇した。しかしこの正の賃金トレンドは、１９９０年代に中国の輸入品との競争が増すにつれ緩やかになった。その後、チャイナショックにさらされた通勤圏が輸入品との競争激化の矢面に立った２０００年から２００７年にかけて、トレンドは急激に反転した。

チャイナショックにさらされた通勤圏で製造業の雇用が減少するとともに、非大卒労働者全体の雇用の人口比も低下した。これらの労働者がすぐ他の雇用主に吸収されなかったのはなぜだろうか。それを説明する一つの重要な要素は、同期間に商品貿易赤字が急増したことだ（Autor, Dorn, and Hanson 2013）。アメリカが輸出をはるかに超過して工業製品の輸入を始めたとき、アメリカの製造業の雇用が縮小したのはほぼ必然だった。チャイナショックにさらされた地域の労働市場が一定の雇用を維持するには、失業した製造業の労働者が製造業以外のまったく新しい仕事で即座に職を見つけなければならない。これはすぐにできることではない。学歴の低い成人ではなおさらだ。

要するに、中国の台頭が先触れとなって、アメリカ南部の労働集約性の高い製造業に急激な運命の逆転が起きた。１９９０年代と続く10年間に中国の台頭の影響が最も大きかった地域の労働市場は、それ以前の20年間にアメリカの製造業の南下の恩恵を最も受けた市場だったのだ。

衝撃的ではない結論

アメリカが抱えている労働市場の調整という課題は、貿易調整の問題に先立って起きており、この問題よりも優先すべきものだ。チャイナショックは課題をあらわにしたが原因ではない。しかし、他の選択肢が最も少ない場所を苦しめたのはたしかである。中国の台頭がなかったとしても、こうした地域はいずれ別の低賃金国に労働集約性の高い製造活動を奪われていたに違いない。ただしそのプロセスはもっと緩やかに進み、「ショック」は小さかっただろう。

チャイナショックのスピードと規模、そしてアメリカの労働市場にこのショックを吸収する下地がなかったことがわかった現在、21世紀初めの中国の台頭に対してはショック療法よりも漸進主義のほうが優れた貿易政策になったのではないかと言っても、もはや異端の意見ではないだろう。とはいえアメリカが今後の数十年に新たな貿易のチャイナショックに見舞われる可能性は低い――中国からも他の国からもだ。将来のチャイナショックへの適応に政策の焦点を合わせるのは、終わった戦争を戦うようなものだ。

これから労働市場を待ち受ける課題は、ロボティクスや人工知能など、自動化のペースを加速しそうな新しいテクノロジーから発生する可能性が高いと思われる（Acemoglu and Restrepo 2019, 2020を参照）。このような自動化の影響と、それに伴う労働市場の変化は、地域的な偏りが少なく、チャイナショックに比べれば緩やかだろうが、それでも労働市場の大幅な調整が必要になるだろう。アメリカの労働市場にそのような調整を行う態勢が整っていないことは、チャイナショックが圧倒的なエビデンスになっている。

その調整をどうすれば促進できるだろうか。アメリカにはすでに労働者が非自発的失業に適応しやすくする目的の大規模な公的プログラムがある。解雇された労働者向けの再訓練のインセンティブと失業保険の延長を組み合わせた貿易調整支援（TAA）プログラムだ。TAAはその名の通り、貿易のせいで失業した労働者の支援だけを狙いとしており、そのため（現在の設定では）テクノロジーによる雇用破壊に直面した労働者の支援はできない。もしTAAに効果がないならこの制約は大きな問題ではないが、近年の準実験的分析では効果があることが示されている。準無作為にTAAの支援を割り当てられた労働者は、支援後に丸10年にわたって雇用と所得が大きく向上した（Hyman 2018）。このエビデンスはTAAが模範的なプログラムであることを意味しないが、すでに手段はあることがわかる。[7] これらの手段の適用範囲を広げつつ、同時にその効果を上げるためのイノベーションと評価法に投資すべきだ。また、今では自明のことながら、直近の失業の原因が貿易かテクノロジーかその他の予想外の衝撃かで、労働者が調整支援を利用する条件を決めるべきではない。

とはいえ、たとえチャイナショックの時期にTAAが大幅に強化されていたとしても、製造業の激変や数十年にわたる非大卒労働者の所得と雇用の停滞がもたらしたダメージを埋め合わせることは、おそらくできなかっただろう。こうした事後的な再訓練と再分配のプログラムでは、今回のような集中的な被害やそれに先立つ逆風のトレンドは解消できない。ブランシャールとロドリックが本書の序章で主張している通り、4大卒の資格のない大多数の労働者の機会を取り戻すためにどのように制度を強くするか、労働市場を形成するかを広い視点から分析的に考えるのが私たち経済学者の仕事である。[8] チャイナショックの最も重要な教訓は、この長い時間をかけて悪化してきた問題が、放っておけばおのずと解決するものではないということだろう。

第12章

Trade, Labor Markets, and the China Shock: What Can Be Learned from the German Experience?

貿易、労働市場、チャイナショック
――ドイツの経験から何が学べるか？

クリスチャン・ダストマン

はじめに

貿易は消費者にも生産者にも等しくネットで益を生み、ＧＤＰを増やす（文献は多数あるが、特にRomer and Frankel 1999; Alcala and Ciccone 2004; Samuelson 1962を参照のこと）。しかし貿易には分配効果もある。中国の世界経済への統合に関するエビデンスは、貿易の悪影響は労働者のうち特定の集団に集中していたことを示している。その大部分は輸入品と競争する産業で働く人々だった（アメリカについてはAutor, Dorn, and Hanson 2013; Pierce and Schott 2016、ドイツについてはDauth, Findeisen, and Südekum 2014を参照のこと）。

貿易が労働者に及ぼす分配効果を制限する一つの方法は、輸入品に高い関税をかけて排除することだろう。この「解決策」をたまに政治家が宣伝するが[*1]、多くの経済学者が同意する政策でないのは間違いない。もう一つの方法は、貿易の益は損なわずに、不利益を被る危険にさらされている人々が負の影響をしのぐための備えをしたり、適正な保障を受けられたりするようにはからうことだ。

本章では2番目の点を取り上げる。そうするにあたって、アメリカとは多くの面で異なるドイツの経験に基づく洞察を提示し、労働経済学者の視点からこの課題に取り組む。

対中国貿易とドイツの経験

ここ数十年で中国からの輸入品が大幅に増えてアメリカの労働市場に負の結果をもたらしたが、それは輸入品の影響が最も大きかった労働者に集中していたことを最近の多数の研究が示してきた（Autor, Dorn, and Hanson 2013; Pierce and Schott 2016）。この間アメリカからの輸出も伸びたが、輸出フローの変化ははるかに小さかったため、最も被害の大きかった労働者に対する輸入の負の影響を相殺できなかった。*2 そこで出てくる重要な問いは、他の工業国も同じ経験をしていたのかどうかだ。

世界第四の経済大国であるドイツは興味深い事例である。アメリカに巨額の貿易赤字があり増え続けているのに対して、ドイツは黒字で対中国貿易は比較的バランスが取れていた（Dauth, Findeisen, and Südekum 2017）。世界産業連関表データベースのデータによれば、アメリカの対中国貿易収支が2000年から2014年までに1960億ドル減少したのに対し、ドイツは同期間に約360億ドル増加した（Timmer et al. 2014）。ドイツが「チャイナショック」の影響を受けただけでなく、東欧の新興諸国からの大幅な輸入増と1990年代前半以降これらの国々に製造業がアウトソーシングされる脅威という双子のショックを経験したにもかかわらず、このような結果になったのだ。国連商品貿易統計データベースのデータによれば、中国からの輸入額は1993年の83億4000万ドルから

2015年には1033億3000万ドルに伸び、東欧諸国からの輸入額は1993年の243億2000万ドルから2015年には1885億4000万ドルに増えた（United Nations International Labour Organization 2019; United Nations Statistics Division 2019を参照）。

このような大きな輸入ショックはあったものの、労働市場が全体として負の影響を被ったことを示すエビデンスはほとんどなく、ドイツは中国および東欧との貿易からおおむね益を得たと言うのが妥当だろう（Dauth, Findeisen, and Südekum 2014）。かといって被害者がいなかったわけでないことは、例えばクライン、モーザー、ウルバン（Klein, Moser, and Urban, 2010）、ダウト、フィンドアイゼン、スードクム（Dauth, Findeisen, and Südekum、近刊）などが説明している。しかし、輸入の影響がもっと大きかったアメリカの労働市場の一部の労働者がチャイナショックによって経験したような大きな負の影響は、ドイツの労働市場にはほとんどなかった。しかも、中国だけでなく東欧向けの輸出が伸びた結果、大きな恩恵を受けた労働者もいた。ダウト、フィンドアイゼン、スードクム（Dauth, Findeisen, and Südekum、近刊）は、輸出産業の労働者はもともと就いていた仕事でだけでなく同じ業界の別会社に転職しても得をしたことを発見している。転職という手段は高技能労働者にとって特に重要だった。このような輸出ショックの正の影響が生産チェーンから中間産業まで拡張したことを示す予備的研究において、私たちは確証的なエビデンスを発見している（de Ruijter and Dustmann 2019）。輸出ショックの正の影響がこのように拡大したのは、ドイツをはじめとする国々が中国および東欧への輸出を増やしたためだ。アメリカで対中国貿易の増加により大きな被害を受けた製造業の雇用は、ドイツではネットで恩恵を受けた。国連の国際労働機関（United Nations International Labor Organization 2019）のデータによれば、先進諸国で進んでいるサービス業へのシフトと労働力を節減する技術変化に伴い、製造業の雇用は2000年から2018年にかけてアメリカでは23%超も減少したが、ドイツでは約10%の減少にとどまっている。また、対中国貿易はこれもアメリカとは異なり、ドイツの公的議論では負の要素として認識されていない。*3 こうした違いの理由を理解することが、今後の貿易ショック、技術ショック、移民など、労働市場の将来の課題に備えるうえで重要な鍵かもしれない。

ドイツは何が違うのか？

このように同じ貿易ショックがドイツとアメリカという二つの高度に工業化された開放経済に、一見すると正反対の影響を及ぼし、ドイツが対中国で貿易収支のバランスを維持したのに対して、アメリカは巨額でなおかつ膨らみ続ける貿易赤字を抱えた。

この違いの説明に寄与する要素はおそらく四つある。第一の重要な要素はドイツの産業構造だ。ドイツの産業は、中国の拡大していく産業セクターが求める財の生産と増えていく裕福な消費者向けの高級車で高い競争力を持つとともに、川上の財を中国から輸入して生産コストを下げ競争力を高めることで恩恵を被った。中国の成長が生産チェーンに及ぼした影響から労働市場に起きた変化をアメリカ以外の国で調べた研究はほとんどない。デ・ルージターとダストマン（De Ruijter and Dustmann, 2019）は、中国（および東欧）の需要と生産力が伸びた影響で、製造とサービスの両セクターのドイツ人労働者の労働需要が大幅に増加したことを発見している。貿易フローの直接の変化によって製造セクターの労働者の需要は大幅に増えたが、川上への影響も同じくらい大きかった。サービス労働者への労働需要の変化は製造業の労働者の需要と（絶対値で）同じくらい大きかったが、この影響はほぼすべて川上への影響によるものだ。しかも長らく経済的にドイツより孤立した国だったアメリカとは対照的に、ドイツは近隣諸国やもっと遠い国々との経済統合を進めることで大きな益を得ていることを私たちは発見した。第3国から中国への輸出によってドイツの中間投入財の需要が増え、ドイツの労働者需要の増加を後押しした。

第二に、対中国貿易ショックをドイツは大陸ヨーロッパの近隣工業国とは異なる形で受けた。例えばフランス（Malgouyres 2017）とイタリア（Federico 2014）が受けた負の影響はさらに大きかった。その違いに寄与した重要な要因は、ドイツでは労使関係が政策領域の外に置かれ、柔軟性が高いことにある。労働市場規制がもっと厳格な他のヨーロッパ諸国では、企業が輸出品との競争に苦しんだ（好例はポルトガル、Branstetter et al. 2019を参照）。1990年代後半から2000年代前半にかけて、ドイツの産業はまず東欧、次に中国との貿易がもたらした難局に、賃金の下方調整という方法でより柔軟に対応した。なかでも対象となったのは賃金分布の下位層だ。それが可能だったのは、特に圧力を受けた企業に対して地域規模、産業規模の賃金協定が緩和され、企業単位で雇用主、労働組合、労使協議会の三者間の交渉により新しい協定が取り決められたからという一面もある。これは1990年代半ば以降に賃金分布の下位層で賃金格差が開く原因になった（Dustmann, Ludsteck, and Schoenberg 2009を参照）が、ドイツの産業の競争力を支え、製造業と職を国内に維持する要因ともなった（Dustmann et al. 2014参照。柔軟性を証明したBaumgarten and Lehwald 2019も参照）。

第三に、ドイツの労使関係と職業教育制度が、貿易ショックにアメリカとは異なる対応ができた一助となった可能性が高い。ドイツの対応の違いには二つの大きな要因があったと思われる。すなわち、企業に労働者の雇用を守る態勢と意志があったことと、労働者に技能を学び直したり向上させたりする素地があったことだ。これは、技術と組織の変化が労働者に及ぼした影響に関するバッティスティ、ダストマン、シェーンベルク（Battisti, Dustmann, and Schönberg, 2019）の最近の論文において多少異なる文脈で説明されている。技術と組織の変化は抽象的タスクの職に比べて定型タスクの職に対する企業の需要を減少させ排除するが、そのような職に就いていて影響を受けた労働者は、影響を受けなかった労働者に比べて失業や賃金の伸び悩みの確率が高まるわけではないことを、この論文は示した。むしろ、技術と組織の変化を取り入れる企業は、影響を受けた労働者に再訓練の機会を与えて抽象度の高い職に昇格させることによって、潜在的に有害な影響を抑える重要かつ積極的な役割を果たしている。このように、技術と組織の変化がもたらす有害な影響の軽減に、企業は積極的に貢献しているように思われる。雇用への負の影響は、学歴に関係なく56歳以上の労働者にのみ見られる。注目すべきは、大規模な見習い訓練プログラムを実施し強い労働組合のある企業において、労働者の再訓練の効果が最大である点だ。つまり、企業に労働者の再訓練と技能向上の「技術」がすでに存在するという条件が不可欠であると思われる。この場合で言えば、見習い社員の訓練をする訓練プログラムが整っていることだ。さらに、ドイツの労働組合は再訓練の実施を強く求めるため、労働組合の力が強い企業で労働者を解雇するのは概してコストが高くなる。このことから、重要なポイントが裏づけられる。すなわち、労働者を解雇して技能の高い労働者を採用するという選択肢が高コストであれば、企業にとっては労働者の再訓練に価値があるということだ。

　第四に、もう一つの重要なポイントは、貿易やテクノロジーから生じたショックを吸収する下地が労働者にどれだけできているかだ。職業的な技能の特殊性が高くてごく限定された生産プロセスにのみ合ったものだとしたら（特に現場で覚えるという方法で身につけたとしたら）、労働者にとって再訓練は難しいかもしれない。技能の転換の下地となる補完的な理解が労働者に欠けている可能性があるからだ。例えば、工具製造業で雇用されている労働者が技能を学び直したり向上させたりする際には、支えとなるＩＴ技術や素材の物理的性質に関する知識、生産チェーンへの一般的な洞察があれば役に立つだろう。このように、業務に特化した技能だけを身につけさせる現場教育に対して、職業に特化した基礎知識や学問的な知識をオンザジョブ・トレーニングと組み合わせた職業訓練は、再訓練の可能性を大きく広げる。再訓練への適性をこうして高めておけば、労働者が同じか近い職種で輸入の影響を受けた産業から輸出志向の産業に乗り換えやすくなる。

ドイツの徒弟制度では職業に特化した知識を習得させるが、職場で学ぶ職業に特化した一般的知識と学校で学ぶ抽象的で学問的な技能とを組み合わせて特定の職業に向けた育成を行うため、労働者は将来の衝撃に柔軟に対応しやすいのかもしれない（Dustmann and Schönberg 2012参照）。その職業に特有の生産プロセスを広い視野で理解していることが、新しいテクノロジーを取り入れた技能へのアップグレードに役立っているのだ。したがって、例えば１９９０年代と２０００年代の貿易ショックによって単純な工具の製造は中国や東欧の生産者に委託されるようになっても、精密工具の製造に新たな輸出の機会が開かれた可能性がある。川上の安価な輸入品と新たな輸出市場が生産を支える一方で、労働者は幅広い技能の基礎を備えていたおかげで標準工具の生産から精密工具の生産に容易に移ることができた。

ドイツの徒弟訓練制度のさらに重要な要素は、学問的な才能を育てることだけに力を入れた教育制度では宝の持ち腐れになってしまいかねない、創造的技能や手先の器用さのような持って生まれたさまざまな能力を育てることだ。それによって徒弟訓練制度は、学問偏重の教育制度に比べてはるかに大きな人材プールの生産性を上げ、学業が苦手なために低賃金で不安定な雇用機会しか持てなかったかもしれない労働者にもキャリア機会を与えている。しかも、国レベルでは、非学問的な技能の育成はそのような投入を必要とする財の生産に比較優位を生み出す。したがって、職業に関連する幅広い訓練プログラムと、一生を通じた技能育成の機会および技能の学び直しや向上の可能性が併存していることが、貿易、テクノロジー、移民が労働市場にもたらす衝撃に対して労働者を備えさせるには不可欠な要素であると思われる。

議論と結論

チャイナショックはほぼ収束した。貿易収支は２０１４年前後から均衡し、中国は経済成長の勢いが弱まって国内志向を強めつつある兆しも見える。将来のショックは直近のチャイナショックとはかなり様相が異なる可能性が高く、おそらくは別の地域からもたらされるだろう。すでにインドと東南アジアからの輸出量が大幅に増える一方、12億人超を擁するアフリカの人口は２０５０年までに倍を上回る25億人に達すると国連が予測しており、この地域もやがては経済大国になるだろう。また、将来のショックは今までとはまったく異なる性格のものとなる可能性もある。運輸とグローバルな通信のコストが下がれば、労働力の大移動がこれまで以上に起こりうる。人工知能（ＡＩ）をはじめとする生産の自動化は経済にとってきわめて有望であると同時にきわめて危険でもある。そしてやがて来るる気候変動ショックは、まだ全貌を現していない。将来の経済ショックがチャイナショックと同じ労働者に同じ形で影響を及ぼす可能性は低いだろう。そのため、政策議論を貿易政策だけに絞ったのでは、迫りつつある他の課題を見過ごすおそれがある。それよりも、産業政策、労働市場政策、教育訓練政策をどのように設計すれば、起こりうるさまざまなショックに現代経済が柔軟に適応できるかを議論するほうが有益だろう。これらの政策では労使関係と企業研修の改善に力を入れ、各国の労働者が経済情勢の変化に応じて技能の学び直しと向上ができる柔軟性を持つようにすべきだ。そうすれば、各国は競争力を維持しつつ労働市場の回復力《レジリエンス》を確保できる。

第13章

格差との闘い
――先進国の格差縮小政策を再考する

Combating Inequality: Rethinking Policies to Reduce Inequality in Advanced Economies

キャロライン・フロイント

所得格差に対する国際貿易の影響には明快なわかりやすさがない。グローバルに見ると、貿易主導の成長は平等化の強い要因となってきた。富裕国の所得に、長らく差をつけられていた貧困国の所得が追いつき始めたからだ。しかし同じ要因が、グローバル経済の中で競争力の落ちている先進国の生産労働者に圧力を与えてきた。その結果、国内格差は貿易によって悪化する可能性がある。

特にアメリカとイギリスでは、貧困国からの輸入の急拡大により、失業が一部地域に集中して起きた。安価な輸入品と競争する製造業で多くの労働者が職を失った。同じ業種の企業は一カ所に集まる傾向があるため、失業は一部地域に大きく偏り、労働者が新しい職を探すのを困難にした。地域格差が広がり、一部の人々は置いて行かれたように感じた。

しかしこのような失業がすべての先進国で起きたわけではない。低所得国との貿易拡大が、すべての国で大規模な製造業の喪失と地域格差の広がりにつながったわけではなかった。雇用、賃金、格差にもたらされた結果はさまざまであり、環境と政策が重要であることがうかがえる。先進国の中でも低所得国との貿易の急拡大に最も容易に適応した日本とドイツは、最も負の影響が大きかったアメリカやイギリスとは異なっている。

適応が比較的容易だった国には、次の三つの顕著な特徴がある。（1）貿易が拡大しても貿易黒字を維持した。（2）特に数字と科学に関して、中等教育の質が相対的に高かった。（3）労働者を構造変化に適応させやすくする放出弁が、雇用調整ないし地域雇用創造事業という形で備わっていた。

一方、貿易政策はすべての先進国でほぼ同じであり、変化するグローバル経済に適応できるかどうかは関税などの貿易障壁の有無とはあまり関係ないことがわかる。

貿易の急増がグローバル経済を激変させた

1990年代と2000年代前半は、貿易に異例の変化が起きた時期だ。貿易政策に後にも先にもないような変更が行われた。関税貿易一般協定（GATT）の多角的貿易交渉であるウルグアイ・ラウンドと世界貿易機関（WTO）の設立により、加盟国間の市場アクセスが増加し、より見通しを立てやすい貿易体制ができた。中国が貿易を自由化し、2001年にWTOに加盟した。東欧が多国間貿易に門戸を開き、やがて12ヵ国が欧州連合（EU）に加盟した。北米自由貿易協定（NAFTA）が発効し、アメリカ、カナダ、メキシコ間の貿易が自由化した。他方で、発展途上国の平均関税率は約35％から現在は約10％に下がった。

そしてどうなったか。貿易は所得の2倍の速さで伸びた。それを主に支えたのは発展途上国の急速な成長だ。世界輸出に占める発展途上国のシェアは1990年の15％から2018年には30％近くに

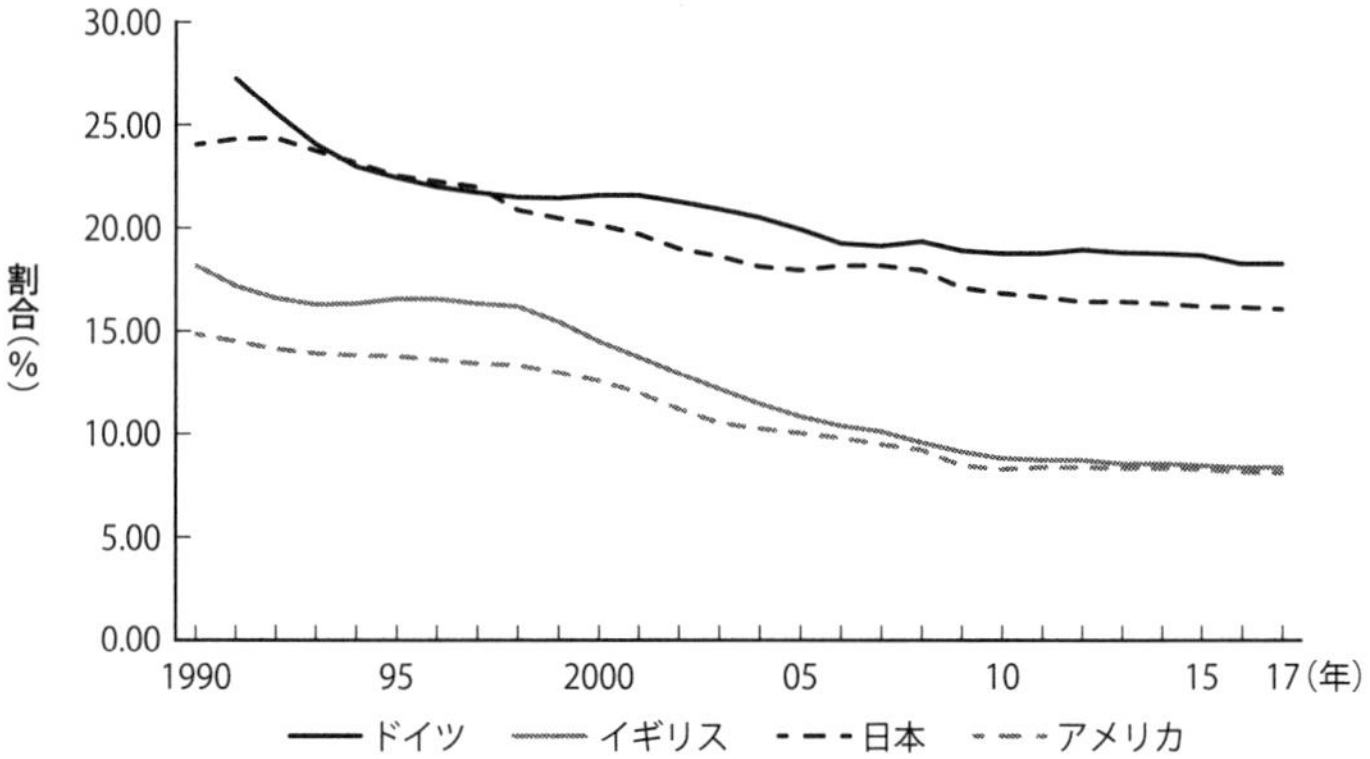

図13.1　雇用に占める製造業の割合（1990〜2017年）

出所：Haver Analytics (2019).

拡大した。発展途上諸国の成長率（購買力平価）は先進諸国の3・4%に対して平均4・6%になった。10億人以上が貧困から脱したのはおおむね貿易が生み出した急成長のおかげだ。世界の貧困国が世界の富裕国にようやく追いついたこの収斂の時期に、グローバル格差は劇的に縮小した。

しかし、グローバル市場における競争の拡大は全員に恩恵をもたらしたわけではない。製造業で成り立っていたアメリカの一部のコミュニティは、職が中国に移ったために苦しんだ（Autor, Dorn, and Hanson 2013）。イギリスの低技能の生産労働者も輸出ショックに負の影響を受けたことをエビデンスが示している（Adem 2018）。いずれの国でも製造業における他国よりも急激な失業の増加、実質賃金の停滞、地域格差の広がり、上位1%の所得シェアの拡大が起きた。

ところが、先進国が皆このような激震に見舞われたわけではない。アメリカとイギリスでは1990年代前半以降、総付加価値額に占める製造業の割合

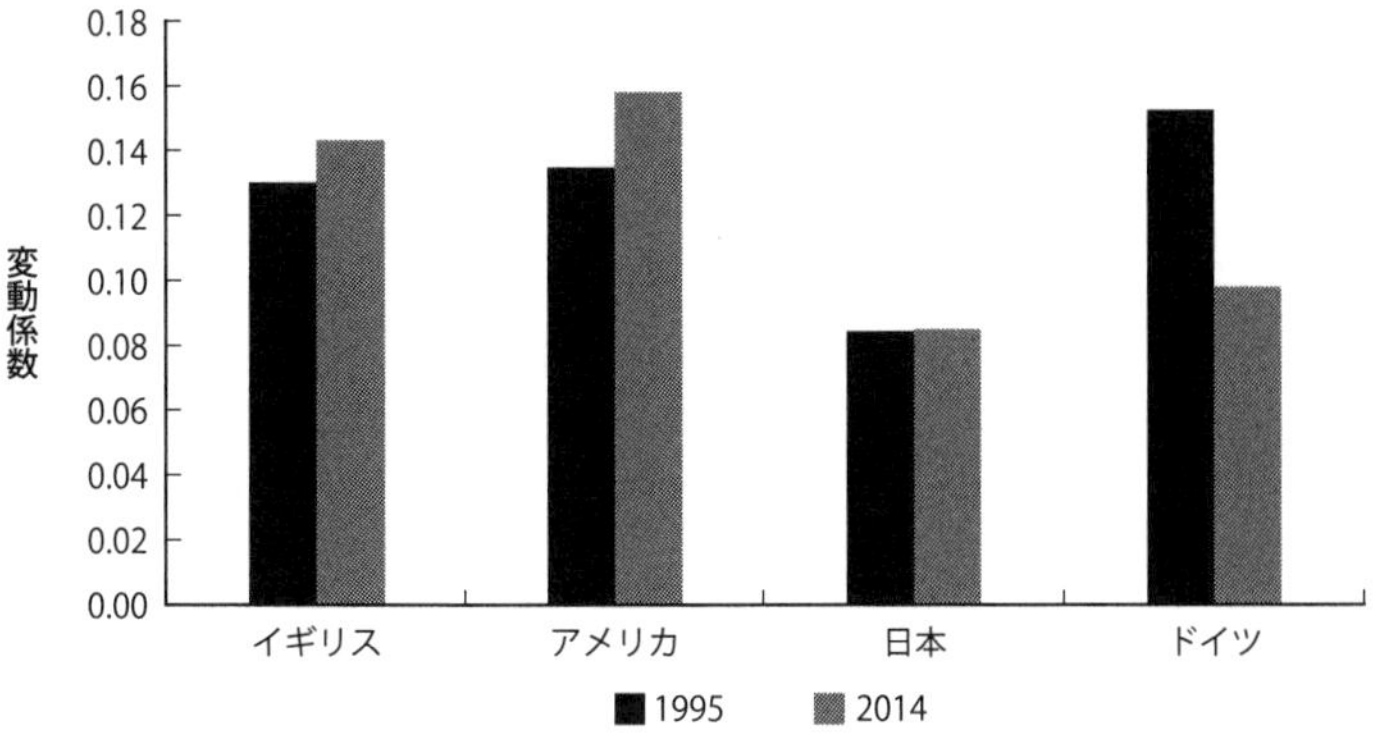

図13.2　地域別可処分所得の変動係数（1995年と2014年）

出所：OECD (2016a).

が約５％減少した。それに対して、日本とドイツではほぼ変化がなかった。４ヵ国とも自動化による生産性の向上とともに製造業の雇用は減少していったが、日本とドイツの生産労働者はアメリカとイギリスの生産労働者ほどの苦境に陥らなかった（図13・1）。

同様に、極端な所得増もすべての富裕国で起きたわけではない。１９９０年以降、アメリカとイギリスでは上位１％の所得シェアが急激に増加した（それぞれ６％と４％）が、ドイツではほとんど横ばいのままで、日本では縮小した。同じ期間にアメリカとイギリスでは地域格差が開いたが、ドイツでは地域間の所得が収斂し、日本では格差が小さく変化がなかった（図13・2）。

結果のばらつきを貿易政策のせいにはできない。アメリカとイギリスの関税は他の先進国と同様だったからだ（図13・3）。現に、イギリスの貿易政策はドイツをはじめとするEU加盟国と同じだった。このような比較的開放的な貿易政策が、資源がその

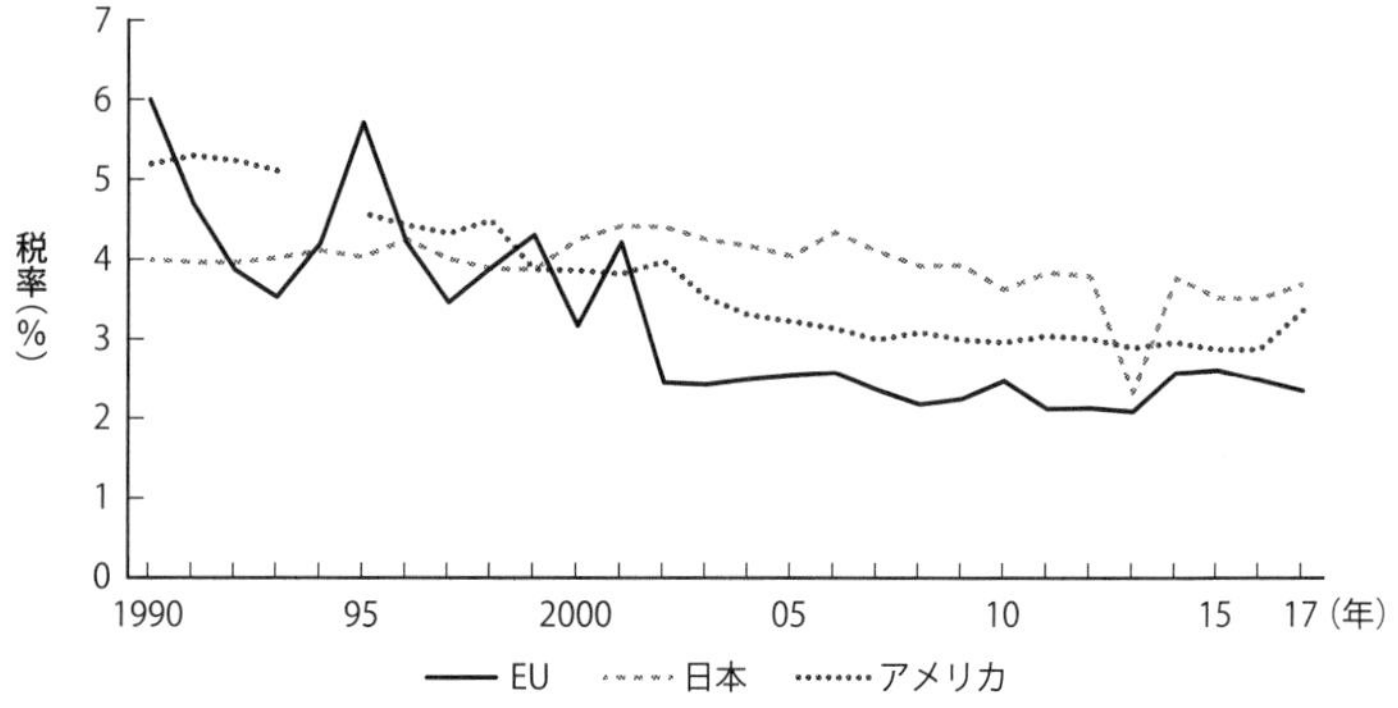

図13.3　平均関税。単純平均、実行税率（1990～2017年）

出所：World Bank, *World Development Indicators* (2019a).

国で最も生産性の高い形で使われる後押しをし、製造業者がより安価な輸入投入財を活用できるようにして、競争を支えている。

同様に、技術的進歩と自動化による変化もすべての国に同じように影響を与えた可能性が高い。したがって、製造業と所得にもたらされた結果は、貿易政策よりも国力や貿易政策以外のマクロ政策および労働政策と強く関連している。

貿易が急成長したこの期間のアメリカとイギリスの決定的な特徴は、貿易赤字が巨額でしかも拡大していたことだ。対照的に、ドイツと日本は大きな貿易黒字を維持していた（図13・4）。英米には投資が流入し、消費と建設の好景気に資金を供給した。グローバル経済が好況に沸いていた2008年以前は、建設と消費のバブルが輸入拡大によるショックをほぼ相殺していた。しかし金融危機によってついに建設資材と消費財の需要が減少した。激化したグローバル競争環境で戦えなくなった製造企業は廃業に追い込まれた。

外国資本の流入も金融セクターの法外な所得を支え

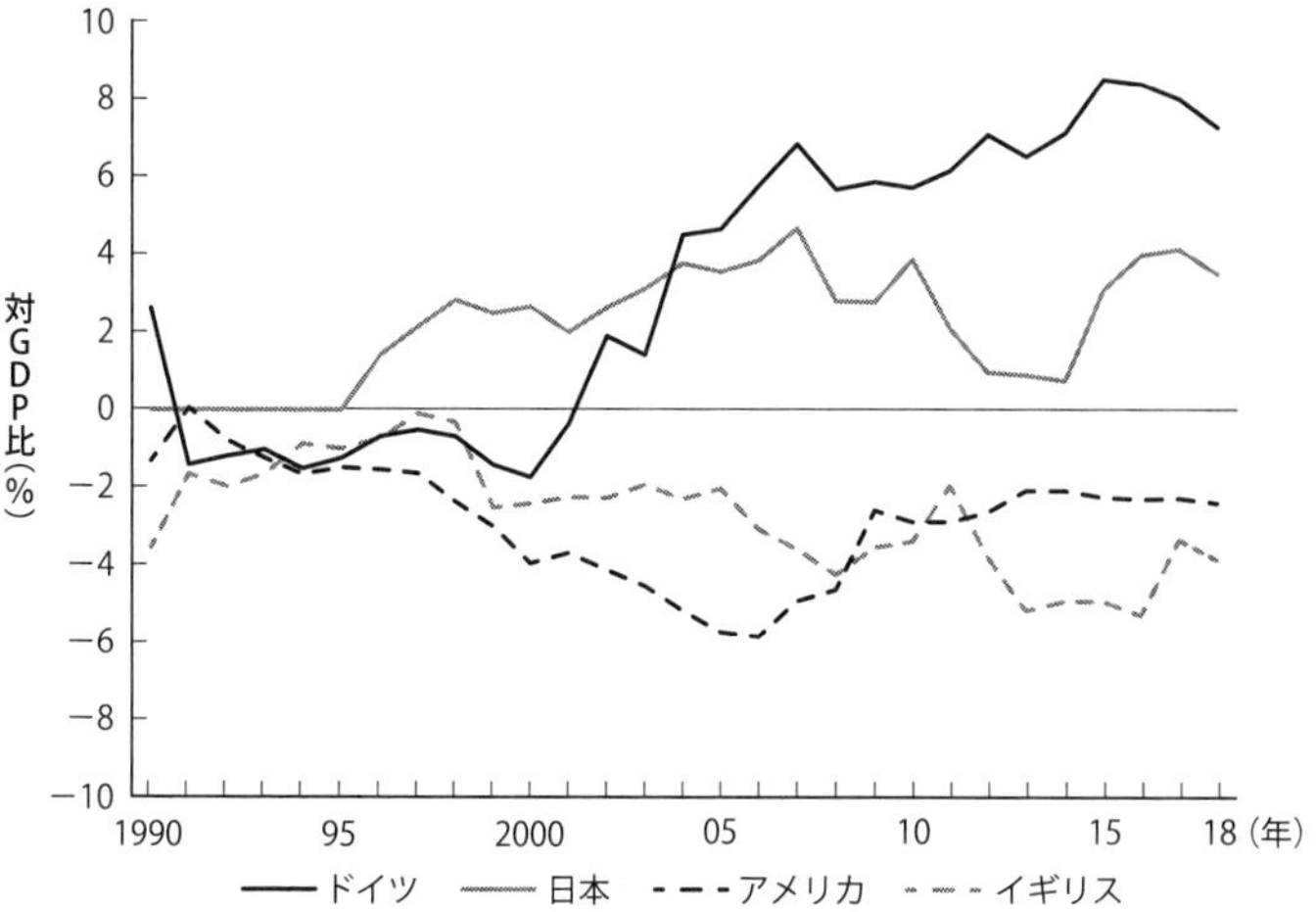

図13.4　経常収支、対GDP比(1990〜2018年)

出所：World Bank, *World Development Indicators* (2019a).

た。イギリスでもアメリカでも、このセクターに富が極端に偏るようになったが、これは他の先進国にはない特徴だった。両国とも億万長者の資産の20%超が金融と不動産によって形成され(ドイツはわずか1%、他の先進ヨーロッパ諸国は3%、日本は4%)、1996年の水準から倍を上回る増え方をした(Freund and Oliver 2016)。所得分布と資産分布の右端に対するグローバリゼーションの影響は資金流入増と密接に結びついていたのだ。

職業準備と労働者支援政策

金融危機、貿易、テクノロジーによるショックが最も大きかった国々は、対処する備えが最も手薄な国々でもあった。雇用には技能労働者、特に科学、技術、工学、数学(STEM)の訓練を受けた者が求められるようになっている(Altonji, Kahn, and Speer

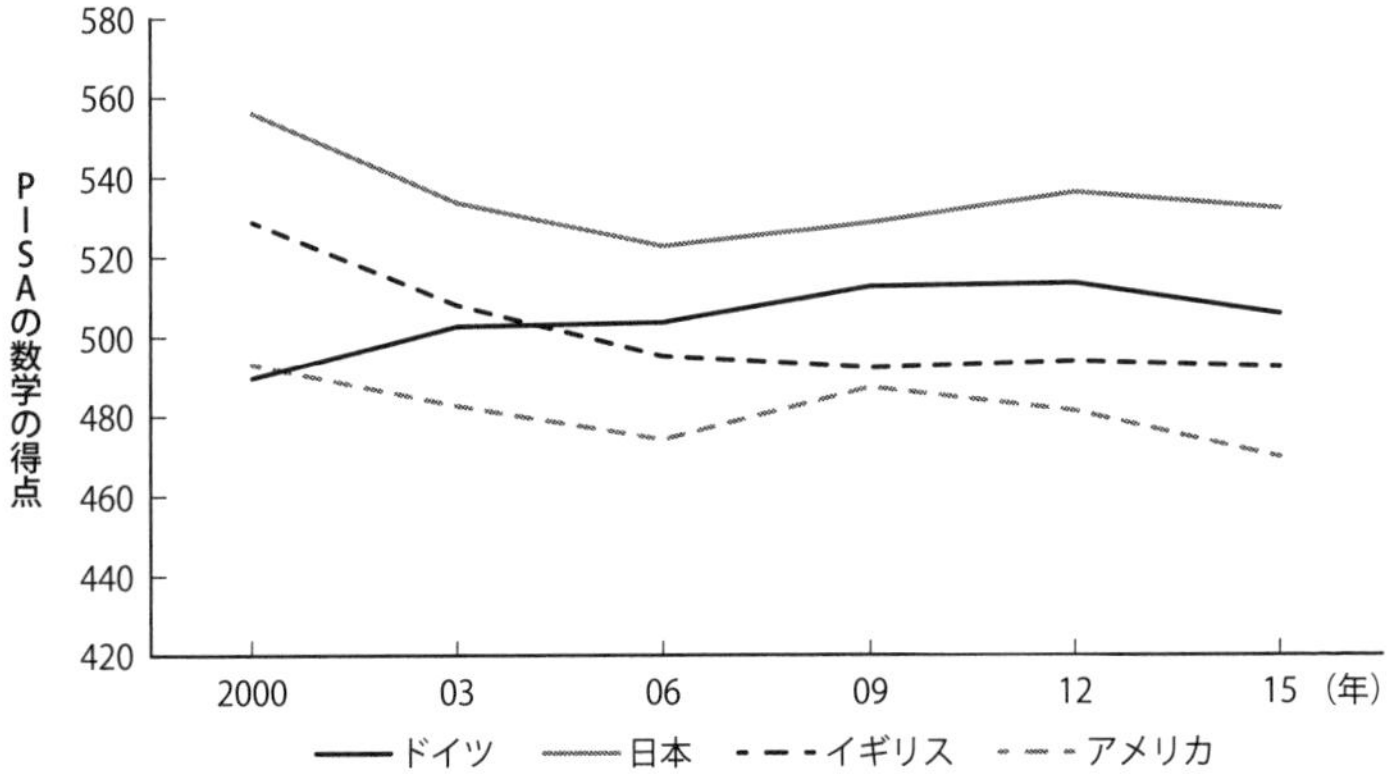

図13.5　PISAの数学リテラシー習熟度における15歳の生徒の平均点、教育制度別（2000〜2015年）。得点は0〜1000点。

出所：OECD (2016b).

2016; Deming and Kahn 2018）が、アメリカとイギリスの教育の質は低く、しかも悪化の一途をたどってきた。この2ヵ国には、生計がリスクにさらされた労働者を支援するしっかりした雇用調整政策も整っていなかった。

貿易とテクノロジーによって最も大きなリスクにさらされているのは高卒以下の低技能労働者だ。アメリカとイギリスの中等教育の質は他国に比べて貧弱である。図13・5は3年ごとに世界中で15歳の集団を対象に実施され、読解力、数学、科学の学力を調べる、国際学習到達度調査（PISA）を受けた生徒の数学の成績を示している。ドイツと日本の生徒はすべての分野、特に数学でアメリカとイギリスの生徒より高い成績を上げた。

アメリカは労働政策に関しても他国とはかけ離れた立ち位置にある（Bown and Freund 2019）。図13・6に示すように、解雇された労働者への打撃を和らげる失業保険のような受動的プログラムは比較的規模が小さい。再訓練、賃金補助、職業紹介サービスのような積極的プログラムもほとんどない。イギリスは多少ましだが他のＯＥＣＤ諸国よりだいぶ見劣りがする。

企業と労働者に最も効果の高いモデルは、シンプルな事業規制および労働規制を労働者保護につなげている。その例がデンマークだ。デンマークは世界銀行の「ビジネスのしやすさリスト（Ease of Doing Business list）」（World Bank 2019b）で4位にランクされている。同国の規制環境は、事業の設立と生産性の高い企業の拡大を促す一方で生産性の低い企業を退出させ、民間セクターの効率性を上げるように設計されている。ＯＥＣＤ諸国の中で最も寛大な労働者保護が、国民に安定した所得と十分な機会を与えている。

それに対して、アメリカでは、頼りになる職業プログラムである貿易調整支援（ＴＡＡ）は、規模が小さすぎて大きなインパクトを与えられなかった。新しい研究では、ＴＡＡに効果があり、訓練を受ける労働者に長期的に正の成果をもたらしうることが示されている（Hyman 2018）が、支援を受けられるのは貿易競争とオフショアリングのせいで失業した労働者のみで、適用手続きが煩雑なため、実際に支援を受けている労働者は少ない。失業の原因を特定するのは単純な話ではない。テクノロジーと貿易と需要は連鎖しているからだ。しかも、小さな町では製造企業の工場閉鎖による雇用への影響はその企業にとどまらない。世界金融危機の余波で２０１０年には２００万人の製造業労働者が失業したが、ＴＡＡの受給資格を認められた労働者はわずか28万人で、訓練を受けたのは9万人にすぎなかった。

またＴＡＡは労働者支援の方法として間違っている。本人のせいではない理由で失業したのである限り、すべての労働者が同様の支援を受けられるべきだ。安価な輸入品のせいで職を失ったのは、繊

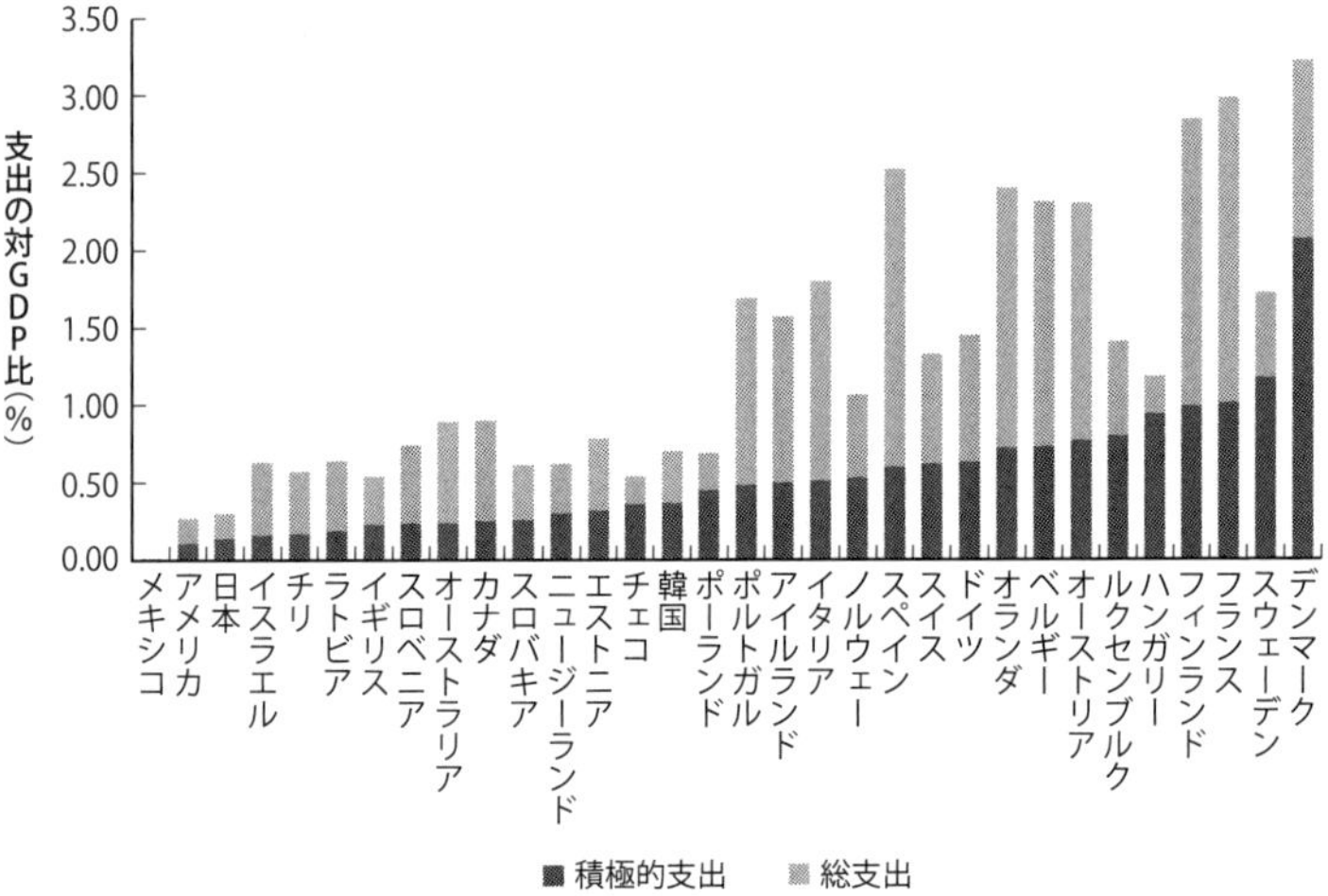

図 13.6　雇用調整政策の対GDP比

出所：OECD (2016b) and Bown and Freund (2019).

維業や家具製造業の労働者だけではない。旅行代理店、炭鉱労働者、小売業の労働者も皆、技術変化や需要の変化によって大量に失業した。雇用調整政策はこのような労働者全員に不可欠だ。最後に、TAA一辺倒の政策は貿易とオフショアリングが失業の主な原因だという言説を定着させてしまう。

経済学者はえてして場所ではなく人に対する支出に注目しがちだが、特に景気後退期には、地域ベースの政策が奏功した事例がある。日本では、積極的な労働市場政策による労働者支援は限定的だが（図13・6）、そのかわり、失業が発生した分野の支援に地域ベースの政策を活用してきた。地方自治体が雇用創出計画の策定を委ねられ、それを支援する政府の助成金を競い合う。特に農業、小売業、サービスセクターでこうしたプログラムにより雇用が増加したことが、エビデンスで示されている（Kazekami 2017）。

アメリカでは、800億ドルの自動車産業救済策が地域ベースの政策のような機能を果たし、比較的成功した。自動車産業が中西部の都市に集まっていたからだ。例えばアメリカのレクリエーション用自動車の2台に1台を生産し2009年に失業率が20％に達したインディアナ州エルクハート郡は、自動車産業救済策によって大きな恩恵を受けた。同郡の失業率は比較的低くしかも下がってきており、現在では3％未満で推移している。

結論として、2000年代初頭の貿易ショックは異例だった。アメリカとイギリスには労働者への影響を悪化させる複合的な要因があった。特に、巨額で増えつつあった貿易赤字、拡大する金融セクター、貧弱な中等教育、しっかりした雇用調整（ないし地域ベースの）政策の不在が多くの労働者を置き去りにした。

今後は、巨額の貿易不均衡の増大を防ぎ、要求水準が高くなっていく労働市場に応じてSTEM教育を向上させ、調整策をいっそう活用することが、労働者を守り職の性質の変化に備えさせるために不可欠になるだろう。

ただし貿易保護政策は答えにはならない。それよりも財政引き締め、貯蓄の奨励、為替レートの過大評価の回避によって、過剰な経常収支赤字を防ぐ政策が軸であることには変わりない。

VI

金融資本の（再）分配

The（Re）distribution of Financial Capital

第14章

（するべきなら）富裕層に増税する方法

How to Increase Taxes on the Rich (If You Must)

N・グレゴリー・マンキュー

まずは議論を巻き起こさない（と願う）主張から始めたい。金持ちも皆が同じではない、ということだ。

この事実を持ち出したのは、格差が大きく、政界の一部では金持ちを悪者扱いすることが流行《はや》り、経済的資源の再分配を増やすためにさまざまな政策が提案される時代に私たちが生きているからだ。この短い章で、再分配を増やすべきかどうかについて意見を述べるつもりはない。これは経済学より政治哲学に関わる難しい問いであり、政治哲学は私の得意分野ではないからだ。それよりも、再分配は今後増える前提で、そのさまざまな方法について論じよう。たくさんの提案を評価するにあたって、金持ちにも違いがあることは頭に入れておく価値がある。

仮に2人の大企業CEOがいるとしよう。それぞれが例えば年収1000万ドル稼いでおり、所得分布の上位0・01％に位置している。しかし所得を除けば2人はまったく異なる人物だ。

片方のサム・スペンドスリフト（仮名）は、稼いだお金をすべて贅沢な暮らしに注ぎ込んでいる。

高級ワインを飲み、フェラーリを運転し、プライベートジェットで豪勢な休暇に出かけていく。政党や大統領立候補者に多額の献金をし、いつかそれが実を結んで大使の地位が手に入ることを期待している。それがうまくいかなければ、莫大な資金を投じてみずからが大統領選に無謀な立候補をする。

もう片方のフラン・フルーガル（仮名）もサムと同じくらい稼いでいるが、その恵まれた境遇への姿勢はサムとは異なる。彼女はつつましい生活をし、所得のほとんどを貯蓄して、莫大な資産を蓄えている。政治に影響を及ぼす機会には手を出さない。そのかわり、目利きの才能を生かして見つけたスタートアップ企業に投資して成功させている。資産の一部は子供たち、孫、甥、姪に遺《のこ》す計画だ。しかし資産のほとんどは母校の大学の基金に譲るつもりでいる。この基金から未来の世代が学費援助を受けるはずだ。

考えてほしい。サム・スペンドスリフトとフラン・フルーガル、どちらのほうが高い税金を払うべきだろうか。

両方に同額の税金を課すべきだという論拠はわかる。何はどうあれ、2人とも所得は同じだ。それぞれがどんなお金の使い方を選択しようと、政府の判断を左右する問題ではないという主張もできるだろう。

しかし私はどちらかといえば、フルーガル氏の税をスペンドスリフト氏より軽くすべきだという考えに傾いている。ピグー流の厚生経済学の考え方だ。フルーガル氏の行動は、親族と寄付金の恩恵を受ける人々に正の外部性を与える。さらに彼女の貯蓄は経済の資本ストックを増やすので、資本利益を減らして労働生産性と実質賃金を増やす。所得分配を気にするのであれば、この金銭的外部性も望ましいものと考えられる。

フルーガル氏がスペンドスリフト氏より高い税を課されるのは私には信じがたい。ところが昨今広く議論されている政策提案の一部はそれを求めている。具体的には、2020年の大統領選の民主党候補になったエリザベス・ウォーレン上院議員とバーニー・サンダース上院議員が提唱する資産税のことだ。資産税が実施の運びになれば、フラン・フルーガルには重税となるが、サム・スペンドスリフトにとってはずっと軽いだろう。

質素倹約な生き方を不利なものにせずに経済的資源を再分配するもっと良い方法がある。なかでもテクノロジー企業の幹部や起業家を経て同じく民主党の予備選に出馬したアンドリュー・ヤンが掲げた政策に私は惹かれる。ヤン氏は付加価値税を立法化し、その税収を使ってすべてのアメリカの成人に月1000ドルのユニバーサル・ベーシックインカムを支給することを提案した。彼はこれを「自由の配当」と呼んだ。

ヤンの提案の仕組みはわかりやすい。付加価値税とは基本的に売上税であり、きわめて効率よく歳入を確保できることが多くのヨーロッパ諸国で証明されてきた。配当はすべての人が対象だから、事務手続きも単純なはずだ。

ユニバーサル・ベーシックインカムというアイデアは新しくはないが、大胆なものだ。もちろん、批判はある。しかし私から見ると、その批判はよく検討すると成り立たない論拠に頼っていることが多い。なぜかを例を使って説明しよう。

社会的セーフティネットの提供を目指すAとB、二つの案があるとする（ここでは単純化して、どちらも均衡予算案と想定する）。

・A案。本当に困っている人を対象に、資産調査を行ったうえで月1000ドルの所得移転を実施する。所得ゼロの人には全額を支給する。受給者に所得があれば1ドルにつき支給額を20セント減らすという形で段階的に減額していく。原資は累進所得税で、年収6万ドル超の所得にはすべて20%の税を課す。

・B案。全員に月1000ドルのユニバーサルな所得移転を行う。原資はすべての所得に対する20%の一律課税である。

セーフティネットAとセーフティネットB、あなたはどちらのある社会で暮らしたいだろうか。この質問をハーヴァード大学の学部生のグループにしたところ、90%がA案を選ぶという結果になった。彼らの論証はだいたい次のようなものだ。A案は最もお金に困っている人々を所得移転給付の対象にしている。そのため、増税は少なくてすむし、税が課されるのは高所得の人のみである。B案はおかしい。ビル・ゲイツやジェフ・ベゾスのような富豪がなぜ政府から給付金をもらうべきなのか。彼らに給付金は必要ないのに、その支払いのために増税しなければならなくなる。

表面上は説得力がありそうな論証だが、難がある。実は二つの政策は同じなのだ。正味の支払額を見てほしい。つまり所得移転を差し引いた税をだ。2案とも、支給される金額は全員同じになる所得ゼロの人はどちらの案でも年に1万2000ドルもらえる。年収6万ドルの人はどちらの案でも1ドルももらえない。年収16万ドルの人はどちらの案でも2万ドル支払う。そして全員が実質的に20%の限界税率の適用を受ける。つまりどちらの案においても、全員が同じ福祉を受け、誰もが同じインセンティブを与えられる。A案とB案の違いは言い方の違いだけである。

この例から二つのことがわかる。第一に、もしあなたがA案のような案に魅力を感じ、A案とB案は同じであると気づいたら、B案のような案に魅力を感じるはずである。ユニバーサル・ベーシックインカムを批判する多くの人々はこの二つの方法が同じであることに気づいていないために、この飛躍ができていない。同じと気づけば、B案は受け入れやすくなる。万人への給付と一律課税のほうが資産調査付きの給付と累進課税より管理事務が楽だとわかれば、むしろB案のほうがよく見える。

この例からわかる第二の点は、税と所得移転に別々に注目することがいかに判断を誤らせるかだ。A案のほうが税が軽く、累進的であり、所得移転も累進的であると言うのは正しい。しかしそれが何だというのだろう。これらが事実だからといって、A案がB案とまったく同じであることに変わりはないのだ。税と所得移転を一緒に考えるだけで、同じであることははっきりする。

私がこの事実を強調するのは、学術論文やメディアの記事が、税で賄う所得移転の分配を考慮せずに税の分配を語っているのをあまりにもよく目にするからだ。そのようなデータの出し方は不完全で欺瞞的でさえある。不完全な報道によって、人はA案を用いる社会のほうがB案を用いる社会よりも進歩的だという結論に誘導されてしまうかもしれない。しかしそれは違う。どちらの政策も機能的には同じだからだ。

最後に、A案とB案いずれのセーフティネットも、ミルトン・フリードマンが1962年に著書『資本主義と自由』で提案した負の所得税の形を変えたものにすぎないことに言及しておくべきだろう。私は40年前の学生時代にこの本を読み、優れた案だと思ったのを覚えている。そう判断したのは私だけではない。1968年に、ジェームズ・トービン、ポール・サミュエルソン、ピーター・ダイアモンド、マーティン・フェルドスタインら錚々たる大家を含む経済学者1000人がこのような案を支持する書簡に署名した。所得ではなく消費への課税に目をつけたアンドリュー・ヤンの案は、フリードマンの案よりさらに優れている。貯蓄と投資へのインセンティブを歪めないからだ。

1000人の経済学者が皆間違うなどありえるだろうか。もちろんありえるが、この件に関しては間違っていないと私は判断している。付加価値税（あるいはひょっとすると炭素税）のような効率的な税を原資としたユニバーサル・ベーシックインカムは、十分に検討の価値がある社会的セーフティネットではないだろうか。

現在の政治環境でこの案が通るとは予測していないが、政治的言説の中で良案がたびたび浮上するのは心強く感じる。そのような案がいつか実際の政策に影響を及ぼす日が来るかもしれない。

第15章

資産税は格差との戦いに役立つか？

Would a Wealth Tax Help Combat Inequality?

ローレンス・H・サマーズ

エマニュエル・サエズとガブリエル・ズックマンがアメリカの優先課題として資産税を提起し、財政についての考え方とより一般的な政策議論に貴重な一石を投じた。広く報道された一連の研究で、両氏はアメリカの資産格差が大きく開いて許容できない水準に達しており、仮に歳入を増やせなくても超富裕層の影響力を抑制するための手段として資産税は望ましく、政治的にも行政的にも実行可能であると主張してきた（Saez and Zucman 2019a, 2019b, 2019c）。両氏の案は２０２０年大統領選の立候補者数名の綱領に採り入れられている。

税の累進性を高めアメリカ社会に対する財界の影響を抑制することに、私もサエズとズックマンと同じ熱意を持っている。しかし本章では、経済の専門家として真面目に検証すると支持できないさまざまな主張を両氏がしていることについて述べたい。税の累進性や政治に対する金銭の役割の縮小に関心を寄せる人々が、経済効率と公正さの向上にも確実な歳入増にも寄与できる既存の税制改革課題に基づいた別の手法ではなく、サエズとズックマンの政策提案に肩入れするのは、大きなリスクになる。

ここからは四つの主張をする。第一に、サエズとズックマンはアメリカの税システムの累進性の低下と資産格差の拡大を誇張しすぎている。これらの問題について方法論をめぐる議論をする余地はおおいにあるが、サエズとズックマンが行っている選択は、すべてイデオロギー上の先入観に沿ったものであることに注意すべきだ。第二に、資産税の実施はアメリカ政治における金銭の役割への主な懸念を解消するどころか、税額控除の手段となる政治献金の増加を促し、アメリカ社会への富裕層の影響を強める可能性が高い。第三に、サエズとズックマンが出した歳入の推定値はきわめて過大だ。アメリカが現実的に採用できる資産税に比べて約2倍も多いだろう。第四に、もっと実現可能性が高く、確実で、歳入の増加幅が大きく、経済効率と両立しやすい、累進的な歳入の増やし方が他にある。最後に、資産税は学問的研究のテーマにどんどん取り上げるべきだが、政治で真剣に検討するには時期尚早であると述べて本章を締めくくりたい。[*1]

資産格差、所得格差、税の累進性に関する事実

資産格差と所得格差の水準とトレンド、および税の累進性についてのサエズとズックマンの推定は、多数の学者によって検証されてきた（Kopczuk 2019; Auten and Splinter 2019; Smith, Zidar, and Zwick 2019）。格差のトレンド推定に着目した点はおおいに評価に値するが、両氏の推定値は拙速に出されている。論文の執筆時点で該当者が確定申告をすませていなかったにもかかわらず、２０１８年の長者番付「フォーブス４００」に掲載された人々の納税額を推定したと彼らが述べているところからそ

れがわかる。

オートゥンとスプリンター（Auten and Splinter 2019a, 2019b）は、例えば利潤所得をより現実的な方法で帰属させるなどして、確定申告データを使って所得分布を測定するサエズとズックマンの手順に改良を加えた。オートゥンらの推定によると、1960年以降の上位1％の所得シェアの増加は11・3％ではなく1・7％となる。またサエズとズックマンは最高限界税率が90％以上だった1964年以前を黄金時代とみなしているが、このような税率はありとあらゆる租税回避行動を誘発し、税収を減少させ、現実とは裏腹の見た目だけ平等な所得分布を生み出す結果をもたらした、という見方が経済学者の間では常識だ。[*2]

資産格差については、サエズとズックマンが用いた手順にスミス、ジダー、ズウィック（Smith, Zidar, and Zwick 2019）が説得力のある批判をしている。スミスらは特に株式非公開企業の扱いと、富裕層が得る利子所得の利率が非常に低いという根拠のあやしい想定（固定所得資産の帰属がきわめて高くなる）に対して疑問を呈している。スミスらの論文は、サエズとズックマンによる上位0・1％の資産シェアの推定値は25％小さく修正すべきで、5000万ドル超を所有している人々の総資産の推定値は44％少なく修正すべきだと示唆している。これに関連して、コプチュク（Kopczuk, 2019）はサエズとズックマンの一連の論文（Saez and Zucman 2019a, 2019b, 2019c, 2019d）と彼ら自身も執筆者に含む過去の論文（Piketty, Saez, and Zucman 2018）の大きな差異を指摘し、資産の集中はまだ解明されていないのだから、資産税による歳入増の可能性は不確実性が高いと警告している。[*3]

このような統計上の問題点と同じくらい重要なのが、概念上の問題点である。過去70年間かけてアメリカ社会が達成した最も重要な進歩の成果は、ソーシャルセキュリティを大きく拡大したことと、それぞれメディケアとメディケイドによって高齢者と貧困者向けの医療に公的資金を導入したことだ。これらはサエズとズックマンの計算ではどのように表れているだろうか。

給与税には上限がありこれまで大きく上がってきたため、ソーシャルセキュリティと医療は、税の累進性を低下させるものとして表れている！　ソーシャルセキュリティという形の積立金は資産と認識されず、メディケアとメディケイドから出る給付は所得と認識されていない。そのためこの期間の大きな進歩の成果は、サエズとズックマンの分析では平等主義に反する失敗として表れてしまうのだ（給与税額を給付額から差し引くか、分析から給与税を除くほうが手順として優れていただろう）。

これを指摘するのは、格差拡大がアメリカの深刻な問題であること、税の累進性を上げるのが望ましいことを否定するのではなく、サエズとズックマンの特定の主張の正確性に疑問を呈するためだ。両氏が出した資産の集中と税の累進性の新しい推定値が、専門家の本格的な査読を経る前に、特に『ニューヨーク・タイムズ』（Leonhardt 2019）で広く報道された。これらの推定値を精査すれば、両氏の非常にドラマチックな主張はかなりトーンダウンするだろうと私は予想する。[*4]

資産と政治的影響力

サエズとズックマンは、彼らにとって富裕層への増税の主目的は歳入を増やすことではなく、富と権力が社会に与える有害な影響を小さくすることだと強調する。両氏は次のように書いている。「しかし［歳入ニーズは］最高限界所得税率の引き上げが望ましいことの根本的な理由ではない。その根本的な正当性は、歳入を獲得することにはない。格差と市場経済に規制をかけることだ。また、寡頭政治から民主主義を守ることだ」

ここには規模の問題がある。私は内部事情に詳しい人に、大統領選でどれだけ献金すれば候補者と個人的に近づきになったり、大使に任命されやすくなったりするのかをたずねたことがある。答えは100万ドル未満だった。同様に、アメリカの二大政党いずれかの個人支援者として上位10名に入るには、2年の選挙サイクルで1000万ドルもかからないだろうという。

資産税をどれだけ課そうが、数十億、いや数億ドルの資産家でも、本人さえ望めばこのレベルのコネを買うのは不可能ではない。税の効果が多少あって献金が減ったとしても、最大の効果は影響力の相場が減ることであって影響力が取り除かれることでないのは、経済学的に考えればわかる。

政治とカネの主要な問題が、資産税で減るかもしれない個人献金でないのはたしかだ。問題なのは候補者への企業献金や、企業のロビー活動である。例えば、ドッド＝フランク法〔金融規制改革法〕が審議されていたとき、金融サービス業界の利益を代弁するロビイストが議員1人につき5人もいた。同じく重要なのは、資産では目立たない多くの人々が共有する商業的利益だ。酪農生産者、生命保険代理店、自動車販売店、不動産仲介業者、コミュニティホスピタル〔地域病院〕を考えてほしい。いずれも特別利益団体として大きな勢力であり、そのことに反論する経済学者はほとんどいないだろう。金融規制が審議されていたときは、ヘッジファンドの大物や大銀行よりコミュニティバンク〔小規模な地域銀行〕のほうがはるかに影響力が強かったと、私は個人的な経験から報告できる。

政治的影響力の抑制手段として資産税を提唱する人々に、例えばどんな問題を解決したいのかとたずねると、嘲笑をこめてコーク兄弟の名前を出されることが一番多い。ばかばかしいことである。コーク兄弟は億万長者だ。6％の資産税を課しても彼らの政治献金能力には何の影響もないだろう。

アナンド・ギリダラダス（Anand Giridharadas 2019）は同じ方向性でもっと説得力のある主張をしている。富裕層が社会に影響を与える方法は政治的プロセスへの献金だけではない。例えば、チャータースクールやエリート大学への資金提供によっても、富裕層にとって脅威となる、社会的課題への適切な公的解決策を求める圧力が和らぐというのだ。これは私から見て合理的な懸念だが、資産税はこのような問題をかえって悪化させる。資産に毎年課税すれば、富裕層が若いうちは慈善基金に拠出するインセンティブが増す。これでは社会に影響を与えるような富裕層の支出に拍車がかかるだろう。財団の年間５％ペイアウトルール〔資産の５％以上を公益活動に拠出すれば免税される〕のようなルールがあればなおさらだ。総合的に捉えれば、これはゲイツ財団のエイズ撲滅活動のように社会にとって望ましいかもしれないが、とはいえ社会に対する富裕層の影響力は増すだろう。

これは現代のアメリカ政治におけるカネの影響が強すぎることを否定するものではない。むしろ、資産税が問題を小さくするのに有益な政策手段ではなく、富裕層が魅力的な条件で資産を貯め込むことができなくなれば、社会的影響力を増すような資産の使い方をする可能性が高いと言っているのだ。

資産税は有効か？

サエズとズックマンは、５０００万ドル超の資産に対して2％、10億ドル超の資産に対して３％の資産税で今後10年間に2兆７５００億ドルの税収が上げられると推定した。さらに税率を３％から６％に上げれば１兆ドル上乗せできると推定した。驚いたことに、この計算のベースになっているのは最富裕層の資産を過大評価した推定値と、税率とは別に想定した15％という租税回避率だ。後者の想定は経済の専門家の常識（税率が上がれば租税回避行動とディスインセンティブ効果が増すと想定する）に反しており、彼らの推定値が恣意的な性質のものであるとわかる。

サリンとサマーズ（Sarin and Summers 2019a, 2019b）は、サエズとズックマンが資産税の税収力を大きく過大評価していることを三つの理由から示唆している。第一に、サエズらは2019年に資産税を完全に施行した場合に獲得できる歳入を推定した後、議会予算局から引用した名目GDPの予測成長率を採用し、この数字が年5・5％ずつ上がると想定した。

現実には、まったく新しい評価手順が必要になる新規の連邦税が数年間の段階的導入を経ずに施行できるとは考えられない。さらにサエズとズックマンが引用した議会予算局の数字は間違っている。議会予算局が想定した本当の成長率は4％だ。

第二に、すでに指摘した通り、サエズとズックマンは課税対象者の資産シェアを大きく過大評価している。スミス、ジダー、ズウィック（Smith, Zidar, and Zwick 2019）の計算では、資産税基盤はサエズらの推定のおよそ半分となる。もしそうであれば、これだけでサエズらの税収の推定値は最低40％減らさなければならない。彼らが資産税は施行できると楽観した理由の一部は、最富裕層の資産の80％が公開市場価値のある流動資産に投資されているという誤った思い込みにある。しかしスミス、ジダー、ズウィック（Smith, Zidar, and Zwick 2019）は正しい割合が50％にすぎないことを証明した。となると資産税の施行は難易度が高くなり、税収力はサエズとズックマンの想定より下がるだろう。

第三に、サエズとズックマンが行った租税回避率15％という推定は、税の施行が厳密に行われ、免除はないという主張だけをエビデンスとしている。[*5] ナターシャ・サリンと私は遺産税の徴収が、サエズらの手法を使って算出した予想税収の約8分の1しかないと指摘している（Sarin and Summers

2019a)。理由は、信託の利用、家族への資産分配、慈善基金への贈与、非流動性資産の不合理な低評価、貸借などさまざまな方法を駆使した租税回避手段があるからだ。かなりの遺産が課税の対象にならないという事実（主な理由は配偶者への贈与と慈善基金への拠出）を考慮して遺産税率を調整しても、遺産税の徴収はサエズとズックマンの手法をもとに予想される額の約40％にしかならない。

これら三つの要素を合わせると、サエズ＝ズックマン案の楽観的な10年分の税収推定は、たとえ資産を貯め込むインセンティブがまったく低下しないと想定しても、彼らが出した推定値より50％低くなると私は考える。インセンティブへの影響を考える場合、債券に投資している億万長者にとって、資産税は200％超の所得税に等しいだろうことは強調しておく価値がある。

この推定値は、資産税の提唱者が加えて提案している法人増税、発生したキャピタル・ゲインへの課税、個人限界税率の引き上げ、規制の大幅強化の結果、資産や所得が大きく減少することも考慮に入れていないため、資産税が施行できるような政治環境での資産税徴収額を過大評価している可能性が高い。

悪用される抜け穴を作らない資産税を立法化するのは、サエズとズックマンのように口で言うのは簡単だが、現実の立法府は実行しない。20年前にヨーロッパで施行された資産税の4分の3以上が非現実的なために廃止されたことは注目に値する。国民のごく一部に資産税を課して、サエズとズックマンが計画したGDPの1％に少しでも近い税収を上げている国など世界のどこにもない。

学術的なモデルにはなかなか収まりにくい考えだが、現金を受け取っていない人に課税するのは現実には非常に難しい。例えば、事業の評価価値に対して事業主に課税することには大きな抵抗があるだろう。どんな評価も恣意的になりやすいのだからなおさらだ。資産税の施行が難しそう、あるいは議会から不公正と見られそうな例として、エアビーアンドビーのような株式非公開企業に莫大な持株を有する人〔社内規定で株式を担保にした借り入れを禁じており、株式の売却ができる市場もない〕、あるいはニューヨーク・タイムズ社のような同族経営の株式公開企業〔資産税を課せばやがてサルツバーガー一族は持ち株を売らざるをえなくなるだろう〕への課税が挙げられる。さらに話を広げると、重い資産税を課せば、ウォルマートのウォルトン家、ビル・ゲイツ、マーク・ザッカーバーグのような創業者が自分の創業した企業の持株を売却して経営から手を引かざるをえなくなるタイミングがずっと早まるだろう。自動車販売店グループのような典型的な同族企業では、資産税がいずれダイベスティチャー〔事業の分割・売却〕を迫るかもしれないという問題もある。

これらの例では説得力がないように見えるかもしれないが、このような考察をすると、なぜアメリカの遺産税からの税収が非常に少ないのかがわかる。遺産税は資産税だ。一世代に一度しか適用されないから、サエズ＝ズックマン案よりも施行しやすいはずである。それでも抜け穴だらけで税収はわずかにすぎない。このことから資産税案についてもおおよその予想がつくと私は考えている。

政治戦略の問題

ここまでの論証がすべて正しいとしても、サエズとズックマン、そして彼らのアドバイスを受ける政治家たちが果たした役割は大きかったかもしれない。資産税が真面目に議論されているという事実が、税制改革に関してオヴァートンの窓〔世論に受け入れられる考え方の範囲〕を広げてくれる。たった数年前でさえ急進的と思われたであろう改革案も、資産税に比べれば穏健に見える。政権発足時の絶好の機会を使って資産税を施行しようとする民主党の大統領は、重大な間違いを犯すことになると私は思っている。第一に、このような案が上院を通過する可能性は、共和党が上院の支配権を手放していなければ特にだが、非常に低い。第二に、たとえ資産税が成立したとしても、必ず憲法上の根拠を問う異議申し立てが行われ、今の最高裁はその申し立てを却下しない公算が大きい（Hemel and Kysar 2019）。施行の可能性が低い案にそれだけの政治的資本を費やす理由がどこにあるだろう。

資産税への一般国民の支持が高いことを示す世論調査はあるが、起業家や経営者一族が経営権の維持に必要な保有株式を手放さざるをえなくなると知っても、この支持が揺るがないかというとどうだろうか。視野を広げて哲学の問題として見ると、人口の0・1％未満への課税を考えるにあたって、どこまでが税でどこからが財産没収になるのかという疑問が生じる。私の予想では、連邦政府が億万長者の資産の4分の1を没収すべきだという考えを、ほとんどのアメリカ人は不公正で好ましくないと考えるだろう。6％の資産税はこの財産没収を4、5年かけて行うだけだ。

このような財産没収案に惹かれている進歩派の学者は、トランプ大統領が資産家ぶりをひけらかしているにもかかわらず低中所得層から票を集められたことをよく考えるべきだ。元民主党上院議員のジョージ・マクガヴァンが、全米自動車労働組合の大会で巨額の遺産に対する遺産税の大型増税を提案し、大ブーイングを浴びて退場させられたことも思い出すべきだ。

非常に楽観的な予想で、資産税がきわめて累進的な方法で上げられる税収は2兆ドルだろう。ナタ―シャ・サリンとジョー・クップファーバーグと私（Sarin, Summers, and Kupferberg 2020）はコンプライアンスの向上、抜け穴と租税回避策の排除、キャピタル・ゲイン税の改正、トランプ政権下で引き下げられた税率を元に戻すことを焦点とした税制改革はきわめて累進的な方法で4兆ドル近くの税収を上げられることを示している。

私たちが支持する税制改革という手法には、資産税という手法よりもはるかに多額の税収を上げられるという利点がある。資産税という手法に、カネが政治に及ぼす悪影響を抑制する効果がどれだけあろうと、ダメージはその倍になる。一方、抜け穴をふさいで租税回避策を攻撃することに焦点を絞れば、経済効率も上がる。例えば、キャピタル・ゲインに他の所得と同じ税率を課せば、所得をキャピタル・ゲインの形に変えようと策を弄するのを思いとどまらせることになるし、納税者が死亡したり慈善基金に株式を寄贈したりする際に発生した利得に課税すれば、投資家が適切と判断するタイミングでの資本の再配分を促す。同様にコンプライアンスを厳しくすれば、所得を海外に迂回させたり所得隠しをしたりするのを思いとどまらせることができる。税制改革という手法のもう一つの利点は、税基盤を広げることによって、税率の引き上げが必要になったときにも実行しやすいことだ。

結論

サエズとズックマンによるアメリカに対する政策提言は、少なくとも近い将来に関しては支持しないし、彼らの計算の一部については大きな疑問を持っているが、両氏が検討し議論すべき新しい分野を開拓したことには賛辞を贈りたい。彼らのおかげで、アメリカの資本主義が新たな金メッキ時代に入ったのではないかという懸念が、今では経済学者の税政策議論の中心になった。資産税は私の目には時期尚早に映るが、アメリカの税制の一部となる日がいつか来るであろうことははっきりと想像できる。その日の訪れが早まったのだとすれば、それはサエズとズックマンの功績である。

第16章

資産に税を課すべきか？

Should We Tax Wealth?

エマニュエル・サエズ

資産税がアメリカの政策議論でにわかに脚光を浴びるようになった。民主党の予備選では2人の有力な大統領候補が資産税を綱領に掲げている。2019年1月に、エリザベス・ウォーレンが世帯純資産5000万ドル超に2％、10億ドル超に3％（後に6％に引き上げ）を課す累進的な年次資産税を提案した。次いでバーニー・サンダースが、資産3200万ドルから1％の限界税率を適用し、100億ドル超に対する8％を上限に、累進的に1％ずつ引き上げていく資産税を提案した。海外の資産税と比較すると主な違いは、2人の提案では免税基準額が高いこと（納税義務が生じるのはアメリカの世帯の0.1％未満）、租税回避を防ぐためにあらゆる資産を対象とした包括的な税基盤であること、脱税を防ぐための積極的な執行策を講じていることだ。政策議論において、アメリカ版資産税は次の3点を根拠に中道左派や急進左派から正当性を認められている。すなわち、（1）富裕層からの税収を増やす、（2）税の累進性を復活させる、（3）資産の集中が進むのを抑制する点だ。これら3点の根拠を議論するにあたっては、資産と資産分布に関するデータを見ることが重要だ。

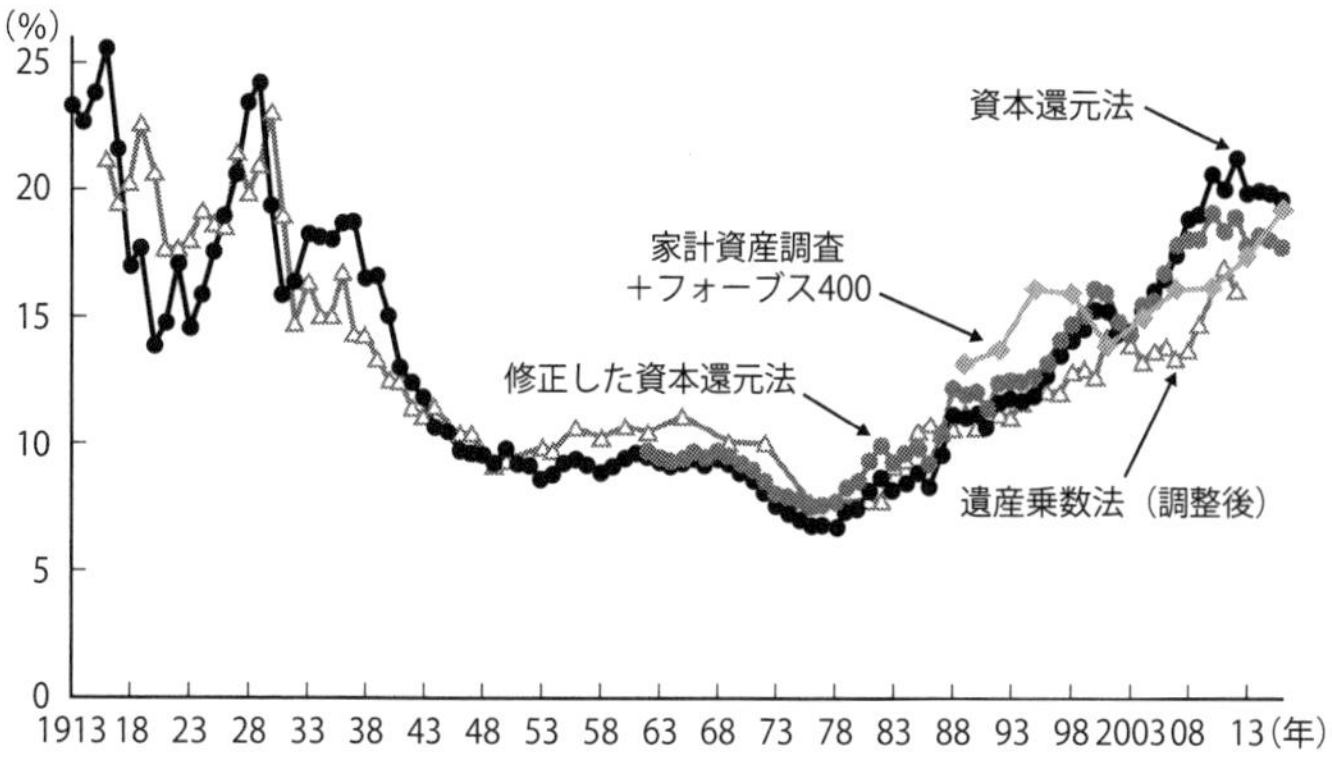

図16.1　上位0.1%の資産シェア（1913〜2016年）

注：図はアメリカにおける世帯課税単位の上位0.1%が保有する資産シェアのさまざまな推定値を示す。(1) 家計資産調査（SCF）〔FRBが実施している家計の資産・負債の保有状況の調査〕とフォーブス400のアメリカ人長者番付を合わせた調査データ。(2) 資本還元法。(3) 資本還元法に金利所得の資本還元とパススルー企業の評価による調整を加えたもの。(4) 遺産乗数法を正確な資産別死亡率で調整。
出所：Saez and Zucman (2019a), figure 2(a).

資産の集中

アメリカの世帯総資産は１９８０年頃は年間国民所得の3倍だった。２０１８年にはおよそ5倍となった。この増加は資本蓄積ではなく主として資産価格の上昇によるものだ。*1 これは資産の比重が大きく増したことを意味する。一方で、資産の集中が進んだことがあらゆる情報源からわかる。図16・1は入手可能な情報源から得た上位０・１％の世帯が保有する資産シェアを示す。ここから、１９７０年代後半以降に資産の集中が劇的に進み、現在では上位０・１％が資産の20%近くを保有していることがわかる。最上位層では、『フォーブス』誌の追跡によれば、アメリカで最も裕福な４００人が所有する資産シェアが、１９８２年の

0・9%から2018年には3・3%へとほぼ4倍になった（図16・3）。アメリカにはまだ資産税がないため、資産の分布とトレンドに関しては所得に比べて不確実性が高い点には注意が必要だ。

税収の可能性

総資産の高さと資産の集中度の高さを考え合わせると、資産税をしっかり執行すれば税収増の可能性は大きい。もし上位0・1%が世帯総資産の20%、つまり国民所得の100%に当たる額を保有しているとすれば、彼らの資産に1%課税すれば国民所得の1%の税収になる。5000万ドル超を保有する世帯資産（世帯の上位およそ0・05%）の潜在的な税基盤は2019年で約10兆ドルだったから、この税基盤に2%の限界税を課していれば年間2000億ドル、GDPの約1%相当の税収になったはずだ。[*2] ズックマン（本書の第29章）は大事な執行の部分を論じており、ヨーロッパの資産税の例に学んで過ちを避けるようしっかり設計し執行した資産税なら、約15%という低い脱税率が実現できることを示している。要するに、財産権が明確で資産評価を仕事にしている巨大な金融セクターを有する先進国では、政府が信頼できる資産評価を入手するか作成することは可能なのだ。

税の累進性

図16・2では、所得グループ別に平均税率と税引前所得を比較している。全政府レベル（連邦政府、州政府、地方政府）の税を総合し、所得については国民経済計算の国民所得と整合する包括的な評価

を行った。アメリカの税制は、上位0・01％より下の所得グループについては緩やかな累進性があるが、最上位層では逆進的になる。特に、2018年の最も裕福な400人に対する税率は他の所得グループより低い23％にすぎなかったと私たちは推定している（Saez and Zucman 2019b, chapter 7）。理由は主に二つある。第一に、個人所得税は実現した所得をもとに課税されるが、億万長者は実現した所得がかなり少額でも多大な経済的利益を手にすることができる。顕著な例がウォーレン・バフェットだ。2015年のバフェットの資産は650億ドルだったので、彼の本当の経済的利益は約30億ドルだったはずだ（資産収益率を控えめに5％と想定）が、バフェットが公表した2015年の個人申告所得額はそれよりはるかに少ないわずか1200万ドルだった。第二に、2018年に法人税の大型減税があったが、億万長者が所有企業の利益に対して源泉課税で払わなければならない主要なバックストップ〔保証策〕としての税は、いまだに法人税である（遺産税も合法的な控除と積極的な租税回避と脱税により、超富裕層に対して非常に軽くなった）。

図16・2はウォーレンが当初提案した資産税（5000万ドル超に2％、10億ドル超に3％）を追加した場合に、所得グループ別の税率にどのような影響があるかも示している（脱税率は15％と想定）。上位0・01％の税率は14％上がる。最も裕福な400人に対する税率は23％から46％に倍増する。したがって資産税のインパクトは大きく、上位層の税の累進性を1980年に観察されて以来の水準に戻していたはずだ。ウォーレンが億万長者を対象に提案した6％を適用すれば、最も裕福な400人の税率はさらに68％に上昇する。サンダース案の資産税では最大75％となり、アメリカの税制が最も累進的だった20世紀半ば頃の実質的な最高税率に並ぶかさらに上回る（Saez and Zucman 2019b）。興味を持った読者には、私たちのウェブサイト（taxjusticenow.org）で、資産税をはじめとするさまざ

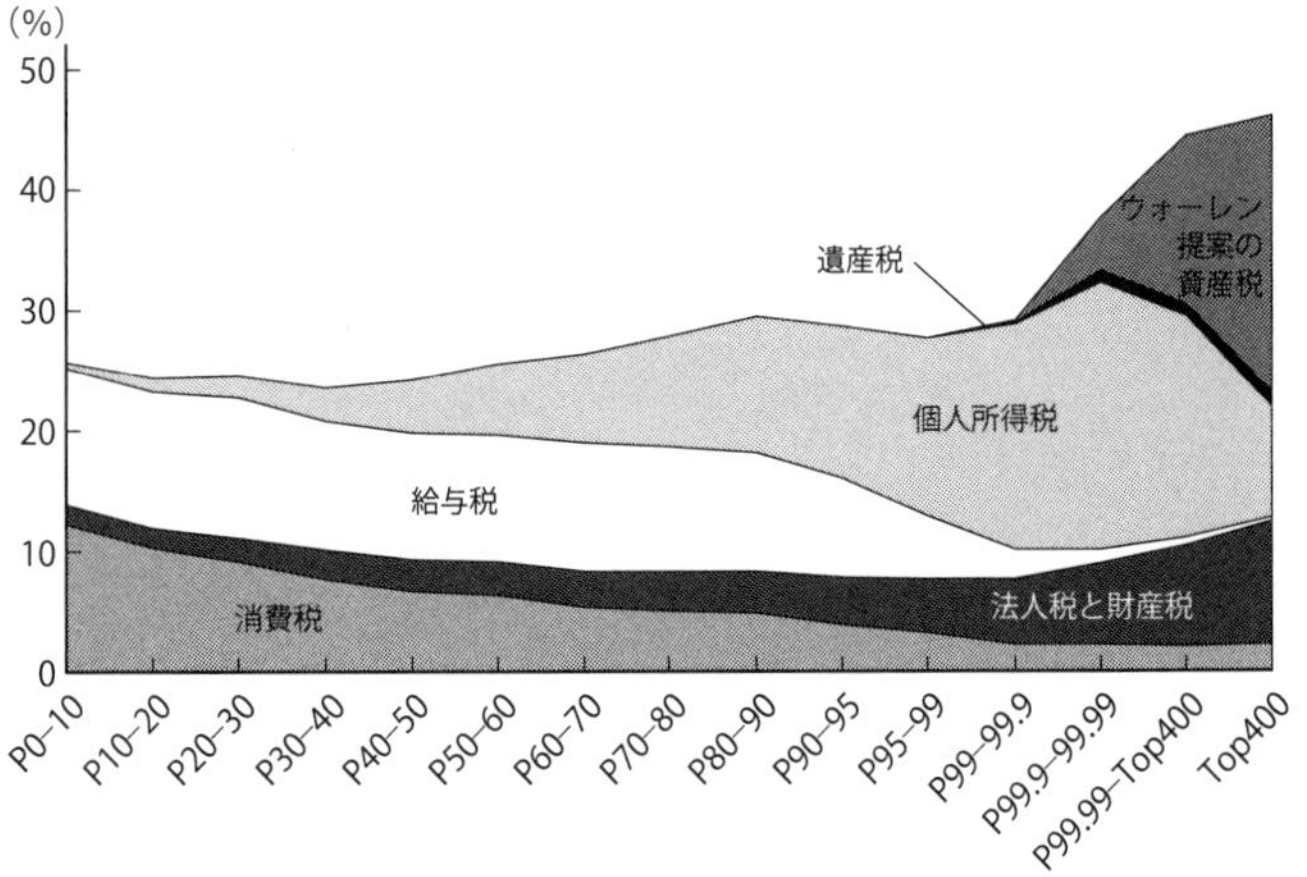

図16.2　アメリカの税の累進性と資産税

注：図は2018年の所得グループ別（P0–10は最下位10%を表す）の平均税率（税額を税引前所得で割ったもの）と税種別構成を示している。連邦税、州税、地方税をすべて含む。図はウォーレン提案の資産税（5000万ドル超に2%、10億ドル超に3%）の効果も示している。出所：Saez and Zucman（2019b）.

まな税が全体の税の累進性にどのような影響を与えるかを、簡単かつインタラクティブに検証していただける。最上位層の税の累進性を取り戻すには資産税が最も効果的な手段であることがわかるだろう。

資産集中の抑制

資産集中をめぐってかねてから懸念されているのは、民主制と政策決定に影響を及ぼすのではないかということだ。歴史を振り返ると、資産集中と寡頭政治（裕福なエリート層が権力を支配することと定義）は互いを養分とし、切っても切れない関係にある[*3]。過度な資産集中は社会契約をむしばむという考え方が、アメリカ合衆国憲法の起草に影響を与えた。今日、アメリカの資産の集中度は高く、億万長者のトランプ大統領は2016年に大統領に選出されるために自分の資産から6600万ドルを使った（Gibson and Smith 2016）。2020年の民主党予備選に立候補したブルームバーグとステイヤーも億万長者で、選挙戦に自分の資産をそれぞれ9億ドルと2億7000万ドル費やした。何億ドルも使ってアメリカの選挙に影響を与えた億万長者は他にもおり、最も有名なのはコーク兄弟やシェルドン・アデルソンである。*4

20世紀前半は、アメリカが世界に先駆けて、非常に累進的な所得税および遺産税と重い法人税を併用していた。これにより所得と資産の集中は持続的に大きく減少したが、20世紀後半に税の累進性がなくなるとそれが逆転した（Saez and Zucman 2019b, chapter 7）。資産集中の問題に対処するうえで、資産税は所得税、遺産税、あるいは法人税よりも効果的な手段となる可能性を秘めている。その名の通り超資産家をターゲットとし、所得フローではなく資産ストックに直接課税されるからだ。したがって、所得税や相続税よりもはるかに早く資産集中を解消できる。

図16・3から、資産集中を減少させる資産税の力がわかる。図は1982年以降に『フォーブス』誌選出のアメリカの最富裕層400人が所有していた総資産の実際のシェアと、もしウォーレン（当初の提案では5000万ドル超の資産に2%、10億ドル超の資産に3%課税）かサンダース案の資産税が1982年から施行されていたら資産シェアがどうなっていたかを示している。計算には既存の個人資産の推移の記録を用い、資産税は毎年資産額に応じた所定のパーセンテージを徴収するため時とともに累積効果があると想定している。数十億単位の資産家はそれでも現れるが、数十億の資産を長く維持する可能性は低い。企業の創業者（アマゾンのジェフ・ベゾスなど）が自社の支配権を長く持ち続けることはできなくなるだろう。

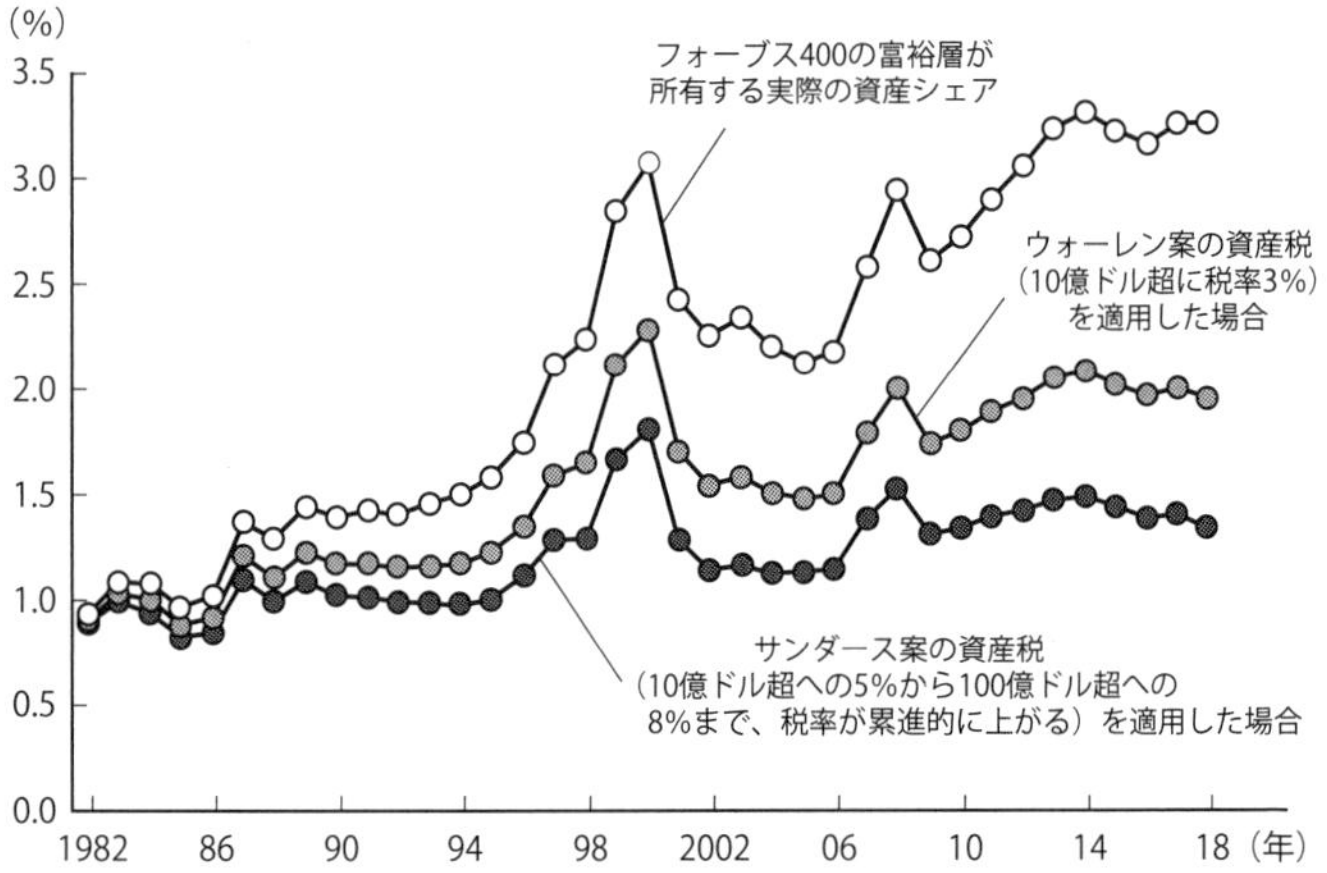

図16.3　トップ資産家に対する資産税の効果

注：図は1982年以降に『フォーブス』誌選出のアメリカの最富裕層400人が所有していた総資産のシェアを示す。また、ウォーレン案またはサンダース案の資産税が1982年から施行されていた場合に彼らの資産シェアがどうなっていたかも示している。
出所：Saez and Zucman (2019a), figure 6.

ウォーレンとサンダースが提案した資産税が1982年から施行されていたら、最富裕層400人の2018年の資産シェアは3・3%ではなく、それぞれ2・0%と1・3%になっていただろう。二人の提案のどちらを実行していたとしても、1982年に比べれば、2018年の最富裕層400人の資産シェアはまだ大きい。億万長者の資産の増加スピードは経済全体の平均資産に比べてあまりに速かったため、億万長者の資産から毎年平均5～6%徴収するサンダース案のような急進的な資産税でさえ、億万長者の資産の増加を食い止めるには不十分なのだ。

その他の経済的効果

累進的な資産税はアメリカ経済を傷つ

けるだろうか。これまで、主に二つの懸念が挙げられてきた。第一に、資産税は最富裕層が所有する資産を減らすことにより、アメリカの資本ストックを減少させうるのではないか。これは資産税による税収の使い方次第だ。税収をインフラ投資や教育投資、あるいは中間層の貯蓄の促進に使えば、最富裕層の資本の低下を相殺できるだろう。第二に、起業意欲を損なうのではないか。金銭的利益への期待は人々が起業する理由の一つにすぎない。資産税が発生するのは事業が成功した後である。だから、教育などの早期介入、移民政策による外国人材の誘致やつなぎ留め、金融機関からの信用力が限られるイノベーターへの育成支援のほうがインパクトが大きい可能性が高く、資産税によるマイナス効果があったとしても相殺できるはずだ（Bell et al. 2019）。

Ⅶ

技術変化のスピードと方向性に影響を与える政策

Policies That Affect the Rate and Direction of Technological Change

第17章

（過度な）自動化を後戻りさせられるか、させるべきか？

Could We and Should We Reverse（Excessive）Automation?

ダロン・アセモグル

この30年間、アメリカ経済における労働需要の伸びは、それ以前の40年間に比べてはるかに弱かった。1947年から1987年にかけて、アメリカの民間企業の人件費（民間の賃金総額、つまり平均賃金に民間雇用者総数を掛けたもの）の伸びは人口の増加より2・5％速かった。それが1990年代に減速し、2000年以降は基本的に横ばいとなった（Acemoglu and Restrepo 2019b）。賃金の伸び悩みは所得分配の大きな変化にも関わっている。この期間には国民所得に占める労働のシェアが急低下しただけでなく、低技能労働者と高技能労働者の格差も広がった（Acemoglu and Autor 2011）。

経済学者が格差の変化を考える際に用いる標準的なフレームワークでは、さまざまな生産要素の相対的な供給とテクノロジーの効果に注目する（例：Tinbergen 1975; Goldin and Katz 2008）。しかしテクノロジーは特殊な形で概念化されている。すなわち「要素拡大的」、つまりテクノロジーが一部の生産要素の生産性（あるいは効果的な供給）を直接的に変えると想定しているのだ。このフレームワークはすっかり普及していて整理しやすいフレームワークではあるが、欠陥が多い。

第一に、標準的なフレームワークは記述的リアリズムに欠ける。あらゆる活動に共通する要素の生産性を上げると考えられるテクノロジーはほとんどない。多くのテクノロジーは特定のタスクを行う労働者の生産性を上げたり、一部のタスクの自動化を可能にしたり（労働ではなく資本によって生産される）、新たなタスクや活動を加えることにより生産を再編したりするものだ。第二に、標準的なフレームワークは、テクノロジーの向上、要素の生産性を上げることによって、あらゆる種類の労働の賃金を総じて上げると示唆する（データはそれとは裏腹に、過去30年間にアメリカ経済においていくつかの種類の労働の実質賃金が大きく下がったことを示している。Acemoglu and Autor 2011を参照）。第三に、標準的なフレームワークはテクノロジーの影響を要素間の代替の弾力性に関連づけている。例えば、国民所得に占める労働のシェアの変化で考えると、資本拡大的なテクノロジーの向上は、資本と労働の代替の弾力性が1未満であれば労働のシェアを増やし、1を超えれば労働のシェアを減らすだろう。このように代替の弾力性が中心的な役割を果たすと考えるのは、新しいテクノロジーが要素の価格と分配に与える影響について私たちが直観的に理解していることと一致しない。さらに重要な点として、代替の弾力性が1に近ければ（これについては多くの推定が示唆している。例えばOberfield and Raval 2014）、労働のシェアと資本のシェアにテクノロジーが与える影響の大きさはごく小さくなってしまう（Acemoglu and Restrepo 2019b）。

アセモグルとレストレポ（Acemoglu and Restrepo 2019a, 2019b）は、タスクを基準とし、さまざまな生産要素にタスクを配分した別の手法を提案した（Acemoglu and Autor 2011; Zeira 1998も参照のこと）。このフレームワークでは、標準的な要素拡大的テクノロジーに加え、二つの非常にタイプの異なる技術変化も考慮している。一つ目は自動化で、これは資本で行うことができるタスクの拡大を意味する。言い換えれば、自動化のテクノロジーはこれまで労働が行っていたタスクを資本に再配分できるのだ。

自動化は常に強力な「離職促進効果」を生む。つまり労働者をそれまで行っていたタスクから追い出す。必ずしも労働需要の低下と直結しないが、その可能性はある。特に自動化はコストも削減するので、正の「生産力効果」を生み出す。生産力効果は離職促進効果を上回る可能性があり、その場合は総労働需要が増加する。ところが生産力効果が離職促進効果より小さいと、総労働需要は雇用と賃金を道連れに減少していく。このような観察から、もし自動化テクノロジーが労働者を使う従来型のテクノロジーよりわずかでも生産性（あるいはコスト効果）が高ければ、労働需要を減少させることが明確にわかる。実は労働者にとって本当の脅威は、一部の論者や技術の専門家が注目する「高度な」テクノロジーではなく、多種多様なタスクを自動化するが生産性は労働者よりほんの少し高いだけの「そこそこのテクノロジー」なのだ。そこそこのテクノロジーは大きな離職促進効果を生むが正の生産力効果を生まないため、必然的に労働需要、雇用、賃金を減少させるだろう。

自動化が総労働需要に及ぼす影響は両義的だが、付加価値に占める労働のシェアへの影響は明白で直接的だ。自動化は労働を資本で代替することによって、付加価値に占める労働のシェアを必ず減らす。このように見ると、もし経済の自動化が着々と進んでいたら、国民所得に占める労働のシェアが右肩下がりに減少していくと予想すべきではないのか。

答えはノーだ。私たちのフレームワークで注目する二つ目のタイプの新テクノロジーが、自動化の影響を相殺するからだ。つまり、経済は新しい労働集約的なタスクを生み出す可能性がある。例えば、設計や工学のタスクはもちろん、製造業にも非製造業にも多数存在する生産に関わらない事務タスクのほとんどは、比較的新しくて19世紀末まで存在していなかった。新しいタスクは自動化とは逆の効果を生む。労働者に、高い生産性の可能性を秘めた新たな雇用機会を提供するのだ。具体的には、自動化の離職促進効果と逆に作用し、労働者を生産プロセスに復帰させる。この「復職促進効果」により、新しい（労働集約的な）タスクは必ず労働需要を増加させ、付加価値に占める労働のシェアを高める。

アセモグルとレストレポ（Acemoglu and Restrepo 2019b）はセクターレベルの付加価値、雇用、労働シェアに観察された変化から、労働需要に及ぼす離職促進効果と復職促進効果の度合いおよび生産力効果の規模を推定する単純な手法を開発した。その推定によれば、１９４７年から１９８７年にかけて、年間約０・48％という急速な離職が起きている。注目すべきは、この離職が同じ規模の復職でほぼ完全に相殺されたことだ。この復職がなければ労働需要の伸びは１９４７年から１９８７年にかけて年間２％に過ぎなかったはずだが、実際は年間２・５％伸びている。

ところが１９８７年以降のパターンはがらりと変わる。離職が加速し、１９８７年から２０１７年にかけて年間約０・７％に増えた。同じ期間に復職は、年間わずか０・35％に減速した。労働需要が減速した理由は離職と復職のこの差でかなり説明できる。さらに大きな原因となったのは過去30年間の生産性向上の減速だ。要するに、民間セクターの労働需要の伸びが著しく減速したのは、生産性向上が大幅に減速したことと、離職が加速し復職が減速するという大きな変化があいまった結果である。

このパターンは何によって説明できるだろうか。おそらく経済学者と識者の間で常識となっている明らかな説明を一つ挙げれば、生産性の減速も離職の原因となった自動化の加速も、外生的な要素が原因であることだ。しかし外生的な変化がなぜこのような形をとるはずだといえるのか。人工知能

（AI）をはじめ、新しい技術プラットフォームを開発する方法は多数ある。しかも過去30年間は抜本的な技術のブレイクスルーが起きた時代と見られることが多い。そのような時代に生産性が減速したのはなぜだろうか。

アセモグルとレストレポ（Acemoglu and Restrepo 2019a）のフレームワークは別の解釈を提示する。自動化の度合いと新しいタスクの創出は、内生的に決まる。経済がこの二つのタイプの技術変化を結びつけて、イノベーション可能性フロンティア上にある一点を選択するからだ。自動化が進めば代償として新しいタスクの創出が減り、逆もまたしかりである。さらに、多くの活動でリターンが減少する場合と同じ一般的な理由から、経済が活動の一つに資源を注ぎ込むほど、新しい（非主流の）テクノロジーの質は下がり、生産性の伸びは小さくなる。そのため自動化に力を入れすぎると、労働者に置き換わる一方で大きな生産性向上を生み出さないそこそこのテクノロジーが出現し、他のタイプのテクノロジーから簡単に得られるはずの果実を取り損ねてしまう。結果として（総要素の）生産性の伸びが減速する。この見方に従えば、政策、制度、その他の市場インセンティブの変化によって自動化に過度に力を入れると、労働者にとっては代償が二重に高くなる。自動化が進み過ぎて復職促進効果が不足するため労働需要が減り、労働需要を押し上げたはずの他のテクノロジーによる潜在的な生産性向上が実現できなくなるのだ。

なぜ私たちは新しいタスクや労働を補完するようなテクノロジーに背を向け、過度な自動化に向かおうとするのだろうか。これには明確な理由が三つある。

第一に、税政策で資本投資に補助金が出されており、この補助金が過去数十年の間に増えていった。投資を増やす際、企業は労働力ではなく機械を選んできた可能性がある（労働者を雇えば課税されるのに対して、労働者を機械に置き換えれば補助金が出るからだ。Acemoglu, Manera, and Restrepo 2020参照)。こうして自動化テクノロジーの採用が偏重されてくれば当然のように、自動化テクノロジーの発明が偏重される。具体的には、幅広い可能性を追求するよりも、自動化拡大という単一の目標に向けてＡＩのような汎用性の高いプラットフォームを開発する誘因があるだろう（Acemoglu and Restrepo 2020a)。

第二に、イノベーションの方向性を支配するようになったアマゾン、フェイスブック、グーグル、ネットフリックスなど多くのテクノロジー企業のビジネスモデルは、他の技術的なアプローチを犠牲にして自動化に力を入れるものであり、労働力を生産プロセスに復帰させるための真剣な努力はこのビジネスモデルには含まれていない。したがって、これら巨大企業が動かせる資金が他のテクノロジー投資を犠牲にして自動化に回されるだけでなく、自動化を最終目標とするイノベーションのエコシステムをビジネス界にも大学にも作り出してしまう。

第三に、政府の研究開発支援はこの数十年間で急激に減少した。政府の資金提供は研究の量だけでなく方向性にも重要な役割を果たす。初期のコンピュータから抗生物質、センサーやインターネットに至るまで、戦後のきわめて革新的で実用性を度外視した研究の多くは、政府の要請に先導され、潤沢な政府支援によって推進された。これらの画期的な研究によってさまざまな新しいタスクが生まれた。政府からの支援が縮小していくにつれ、新しい研究は既存の枠組みの周辺に集まり抵抗が最も少ない道を進みがちになった。それもまた労働を補完するテクノロジーを犠牲にして自動化を目指す強い要因となった可能性がある。

もし均等に分散していた研究活動が自動化に偏り過ぎるという変化が本当にあったとすれば、大きな社会的コストを伴っていたはずだ。まずこのような変化によって、新しいタスクから生まれる潜在的な生産性向上が失われただろう。同じくらい重要なのが、労働需要の減少が経済と分配と社会に大きなコストをもたらすことだ。経済面では、もし賃金と労働者の機会費用に分離を生じさせるような労働市場の不完全性があれば、雇用の減少は歪みを広げ、貴重な経済余剰を浪費してしまう（Acemoglu and Restrepo 2019a）。分配面では、急速な自動化が格差を生む（Acemoglu and Autor 2011; Acemoglu and Restrepo 2020b）。社会面では、自動化の離職促進効果は不満とたくさんの社会問題を生みやすい（Wilson 1996; Autor, Dorn, and Hanson 2019）。

政策に何かできるだろうか。もちろんできることはある。技術変化を社会的により価値の高い活動に方向転換させることだ。政策は技術変化の方向性に大きな影響を与えられるが、そのことにほとんどの経済学者や政策担当者は目を向けない。そこで、別の技術の方向転換の成功事例から話を始めたい。クリーンエネルギーを目指すイノベーションだ。過去40年の間に、低炭素ないし脱炭素のエネルギー源の開発が大成功するとともに、二酸化炭素の隔離や回収・貯留の技術も進歩した。こうした技術が台頭したのには、政府が（特にヨーロッパで）炭素排出への価格付けとクリーンテクノロジーのイノベーション支援の両面でクリーンエネルギーを支援したことが大きい。

この変化は三つの段階を踏んだ変革の成果だった。第1段階として、化石燃料の排出量が増えており、大気中の二酸化炭素濃度の上昇が人類にとって大きな問題であることが広く認知された——アメリカの一般国民と政策担当者に完全に共有されてはいないが。第2段階は測定のフレームワークだ。これにより政策担当者が環境へのダメージを（炭素排出量で）定量化し、技術をクリーンかダーティかに分類できるようになった（SUV用の大型エンジンはクリーンテクノロジーではない、ソーラーパネルはクリーンテクノロジーであるなど）。第3段階で、社会一般の合意と測定フレームワークを利用し、クリーンテクノロジー支援の政策が策定された。技術変化を過度の自動化から方向転換させるためにも同じ3段階が必要だと私は考えている。

第1段階はやはり、自動化は他のテクノロジーによって相殺されなければ大きな社会的コストを生みかねず、今私たちは過度の自動化に向かって進みつつあるという共通認識だろう。第2段階は過度の自動化がもたらす社会的コストを定量化し、テクノロジーを自動化か新しい労働集約的なタスクを創出する別の用途かに分類するための、測定フレームワークの開発となるだろう。第3は前の2段階を現実の政策に落とし込む段階だ。

先に挙げた過度な自動化の原因と考えられるものを踏まえ、これらの一般原則から妥当な政策が導き出されるはずだ。労働者よりも機械を優遇し過ぎる風潮を逆転させることが、明らかに取るべき一つの政策である。これには投資を増やす際に税制に起因する過度の自動化を減らすという静態的な利益があるだけでなく、このような税制を利用するために自動化テクノロジーの供給に邁進するインセンティブも小さくなるだろう。

技術変化の方向づけにおいて政府の支援とリーダーシップが果たす役割を大きくすることが、第2段階の重要な側面である。これにより、巨大テック企業が技術変化の方向づけに振るう支配力を制限し、自動化以外のテクノロジーに有利な環境を作るうえで重要な、新しくて実用性を度外視したプロジェクトに対してもっと潤沢に出資することも可能になる。自動化以外のテクノロジーも必要だという社会のコンセンサスと、自動化テクノロジーと他のテクノロジーを分別する具体的な測定フレームワークが政策の後ろ盾にあれば、政府は労働者を復職させ、雇用を増やして労働者により良い機会を作る新しいタスクの創出を支援するための政策を存分に活用できる（Acemoglu 2019）。

このプロセスには、社会全体と企業社会の両方において、一般的な態度と規範の変化が伴わなければならない。大量の二酸化炭素を排出し続ける世界は容認できないと多くの若者が考えている。それと同じように、生産プロセスの大半を自動化すれば多大な社会的コストが発生すること、テクノロジーを切り拓き生産性を向上させるには別の方法があるのだということも、彼らに理解してもらわなくてはならない。そして彼らの価値観が企業社会によって実践されなければならない。これが困難な課題であるのは、化石燃料一辺倒だった時代からの脱却と同じである。しかしそれは可能だし、実行すべきである。

第18章

イノベーションと格差

Innovation and Inequality

フィリップ・アギオン

過去40年間に、先進諸国では高額所得者とそれ以外の人々の所得格差が加速的に拡大した（例えばDeaton 2013; Piketty 2013を参照）。アギオンら（Aghion et al. 2015）は、その経緯にイノベーションが不可避的な役割を負っていると主張している。

所得の最上位層とそれ以外の格差の拡大にイノベーションが一役買っていることに、なぜ関心を向けるべきなのか。第一に、所得格差の原因とはいっても、他に考えられる諸原因にはない良い点がイノベーションにはある。第一に、内生的成長に関する研究論文が強調し、最近の実証的エビデンスが示す通り（例えばAkcigit et al. 2017を参照）、イノベーションは生産性向上の原動力となる。それに加え、アギオンら（Aghion et al. 2014）が示すように、創造的破壊、つまり新しいテクノロジーが常に古いテクノロジーに取って代わるプロセスの結果として、社会移動を助長する面もイノベーションにはある。

格差とイノベーションの測定

格差の測定法はいろいろある。第一はジニ係数で、国や地域が完全に平等な状態からどれだけ隔たっているかを測るグローバルな指標だ。もう一つの格差の指標に90／10比がある（所得の最上位10％が最下位10％に比べどれだけ稼いでいるかを示す比率）。第二は上位1％ないし0・1％の所得のシェアだ。これは所得分布の最上位層における格差の指標である。第三に、もっと動態的な格差の指標として、親の所得と子供の所得の相関がある。相関が低ければ、それはその国の社会移動の度合いが高いことを示す。

チェティら（Chetty et al. 2014）は、通勤圏間の所得格差と社会移動の情報を用い、社会移動と所得格差の一般的な指標には負の相関があることを発見している。経済協力開発機構（ＯＥＣＤ）も国同士の回帰分析で同様の相関を発見し、「グレート・ギャツビー・カーブ」と呼んだ。チェティら（Chetty et al. 2014）は社会移動と上位1％の格差指標の間にわずかに正の相関があることも発見している。後者の発見は、格差にはまさにイノベーションが関わっていることを示唆する。アメリカで最もイノベーションがさかんな州であるカリフォルニアは、最もイノベーションが少ない州であるアラバマよりも、上位1％の所得シェアがはるかに大きく社会移動の水準がはるかに高いのだ。アメリカの州内における現在のイノベーションの指標として、アギオンら（Aghion et al. 2015）は州の人数当り年間特許申請数と特許引用数を用いている。

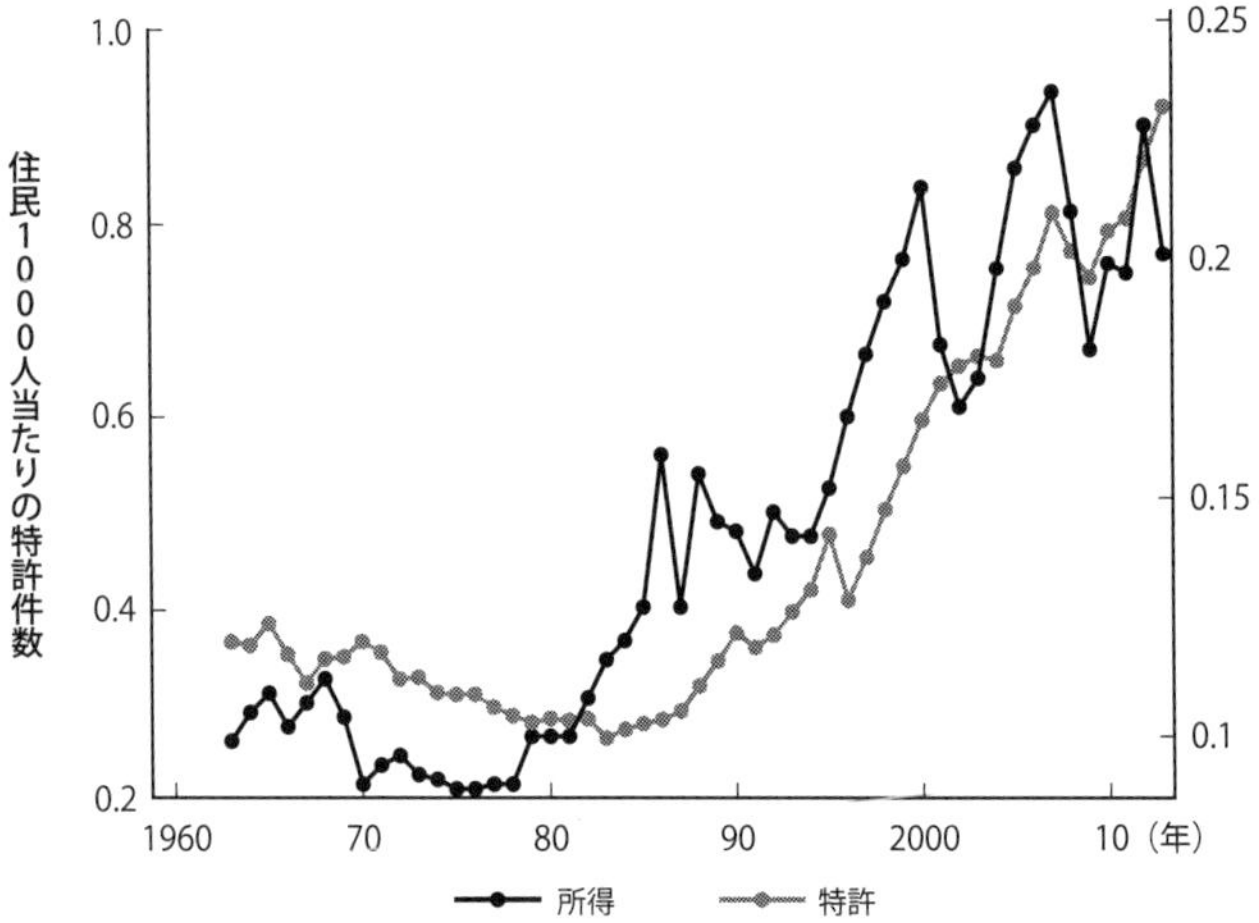

図18.1　上位1％の所得シェアの対数（*y*軸）に対して人数当り特許申請数の対数（*x*軸）をプロットしたもの

注：観測値は1960年から2010年までのアメリカの州レベルで算出。

目を引く三つの事実

アギオンら（Aghion et al. 2015）の第一の発見を図18・1に示す。アメリカの所与の州における所与の年の上位1％の所得シェアには、その州のイノベーション性と大きな正の相関があり、アギオンら（Aghion et al. 2015）はこの相関が所得階層の上位層とそれ以外の層の格差とイノベーションの因果効果を反映していること、これがあらゆるイノベーションの指標にあてはまることを証明している。*1

図18・2はイノベーション性がジニ係数と相関していないことを示す。なぜなら、イノベーションは上位層とそれ以外の所得格差を助長するが、その一方で社会移動を促進するからだ。

実際に、アギオンら（Aghion et al. 2015）はチェティら（Chetty et al. 2014）の社会

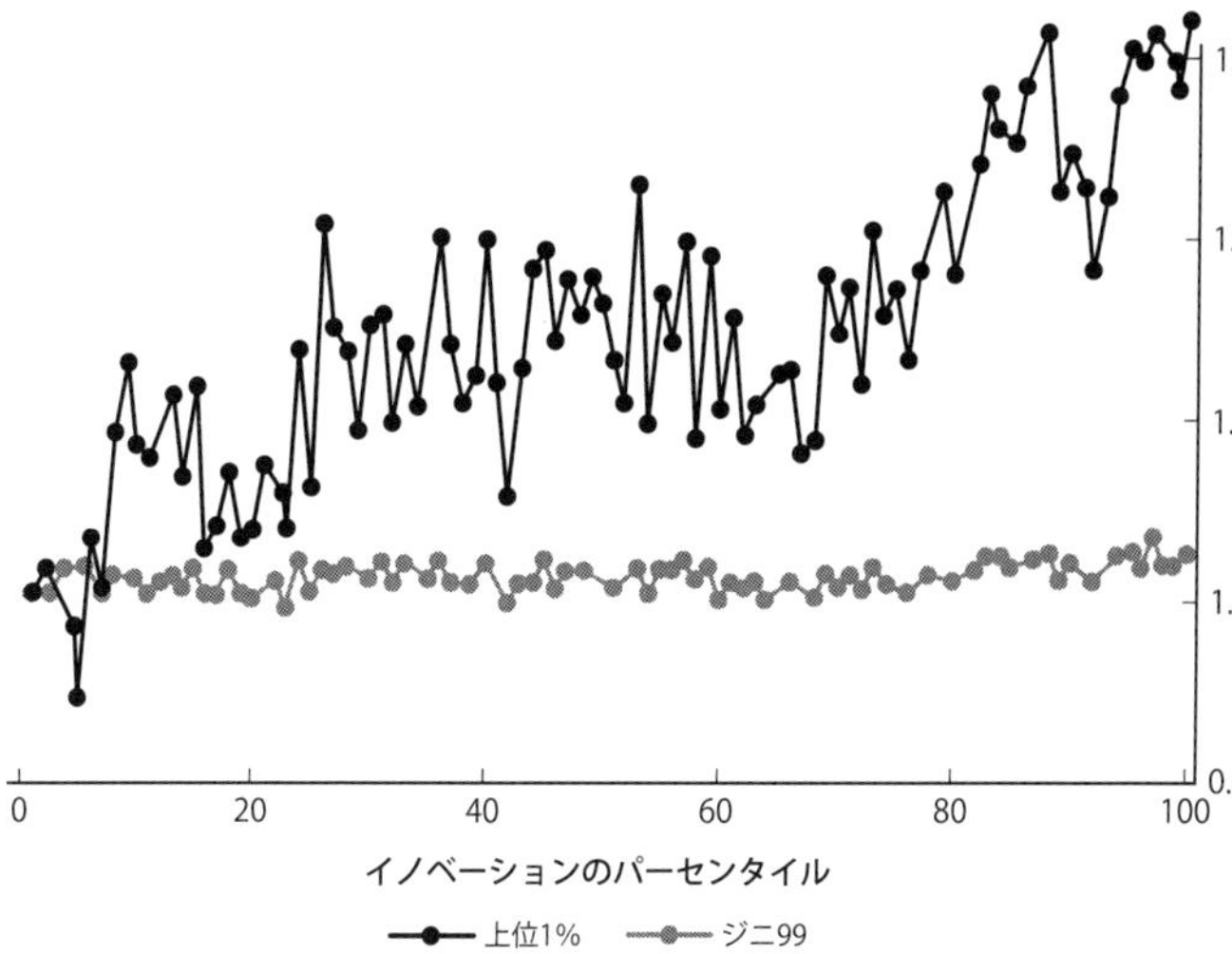

図18.2　上位1%の平均所得シェアと下位99%のジニ係数をそれぞれに対応するイノベーションのパーセンタイルの関数としてプロットしたもの

注：下位99%のジニ係数とは、所得分布の上位1%を取り除いた場合のジニ係数である。イノベーションのパーセンタイルは1975年から2010年までのアメリカの州と年のペアを使って算出。

移動の指標を用い、イノベーション性がアメリカの通勤圏（CZ）間の社会移動とどの程度相関しているかを見た。図18・3は特許件数と社会移動の正の相関を示す。実はアギオンら（Aghion et al. 2015）は社会移動において大きな正の効果を持つのは「新規参入者」のイノベーション（新しいイノベーターによるイノベーション）であり、それに対して既存企業のイノベーションが社会移動に及ぼす効果は大きくないことを証明している。これはイノベーションが創造的破壊に関連している場合に社会移動を促進するという見方とも一致する。

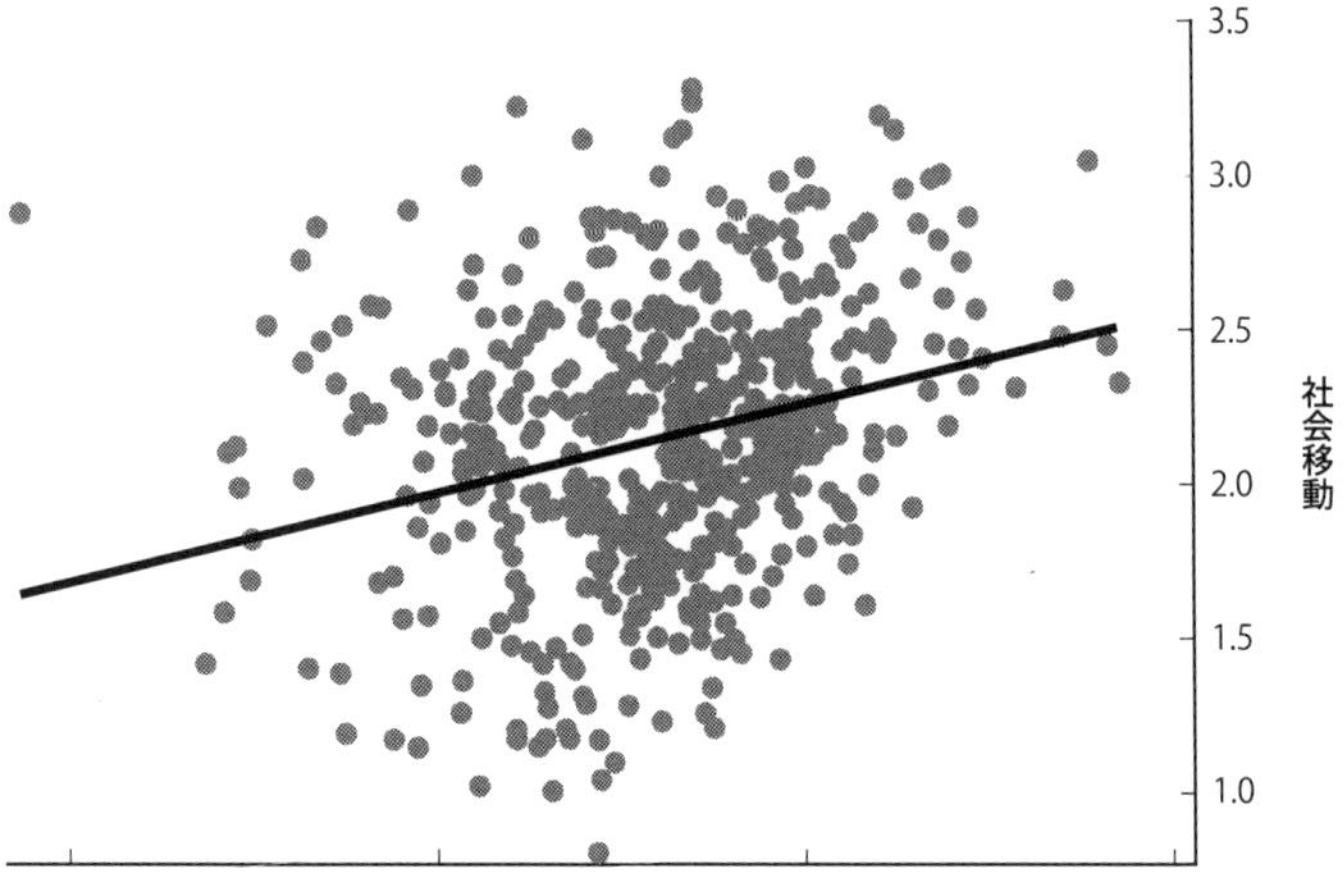

図18.3　社会移動の対数（y軸）に人数当りの特許申請件数の対数（x軸）をプロットしたもの

注：社会移動は1996年（16歳時点）に親が下位20％に属している人が2010年（30歳時点）に所得分布の上位20％に属している可能性で算出。観測値は通勤圏レベルで算出（569の観測値）。特許件数は2006年から2010年までの平均。

ロビイングは上位層とそれ以外の所得格差のきわめて異質な原因である

上位層とそれ以外の所得格差のもう一つの原因は、参入障壁とロビイングである。ロビイングは通常、既存企業が新規参入者を妨害し、それによってレントを保持するのに役立つからだ。ところがロビイングは新規参入と創造的破壊を阻むというまさにその理由から、生産性向上と社会移動を減少させる。

実際、アメリカの州別のロビイングに関するパネルデータを用いれば、イノベーションと同様、ロビイングも所得シェアの上位1％と正の相関があることを示せる。ただしイノベーションと異なるのは、ロビイングには社会移動および新規参入者のイノベーションとは負の相関があることだ。またイノベーションと異なり、ロビイングにはジニ係数（つまり一般的な格差）と大きな正の相関がある。

富裕層を憂慮すべきか

イノベーションは高所得層とそれ以外との所得の格差の原因であるが、社会移動を増加させる長所もあるため、イノベーションと一般的な格差には相関がないと先に述べた。それでは、富裕層（所得の上位層、最富裕層）を気にすべきではないことになるだろうか。答えはノーだ。過去のイノベーションの成功によって裕福になった人々も含め、富裕層はその富を使ってロビイングを行い、新しいイノベーターの市場参入を阻むことができるという事実を私たちは憂慮すべきである。

2000年代半ば以降のアメリカで富が集中しレントが増加すると同時に生産性の伸びが低下したという近年の研究は、後者の懸念がいかに深刻かを示している。アギオンら（Aghion et al. 2019）は特に、アメリカにおける近年の生産性の減速が、FAMANG（Facebook-Amazon-Microsoft-Apple-Netflix-Google）と呼ばれる一部の「スーパースター」企業があまりに突出した存在となり、あまりに多くのセクターや製品ラインに進出したために、他企業の市場参入とイノベーションを阻んできたことと大きく関係していると主張している。

したがって、もし過去10年間にアメリカの平均的な利幅が上がったのだとしたら、それは主に大きな利幅を享受しているスーパースター企業が多くのセクターと製品ラインを席巻してきたからだ。FAMANGはスーパースターではない他企業より「効率的」だ（彼らはネットワークを作ってソーシャル・キャピタルを蓄積するのが得意だが、他の企業には模倣しづらい)。そのため、IT革命によってこれらの企業が拡大できるようになった当初は、アメリカの総生産性は急増した(1995〜2005年の10年間)。ところがこの市場拡大には長期的に他企業のイノベーションと参入を阻む効果があり、2005年以降は全要素生産性(TFP)が低下していった。

アメリカに適切な競争政策が欠けていたこと、特に合併と買収(M&A)のしっかりした規制がなかったことが、ローカル市場と製品ラインへのスーパースター企業の行き過ぎた進出を許し、総生産性の低下が進んだ。

結論

ここまでの議論から二つの教訓が導き出せる。第一に、イノベーションは上位層とそれ以外の所得と資産の格差の原因だが、生産性と社会移動を増加させる。だから資本主義とイノベーションに対する財産権の保護は必要であり、繁栄と社会移動をもたらしうるものとしてイノベーションに報い、これを奨励する必要がある。第二に、かつてイノベーターだった企業の多くが今日では盤石な大企業になっているが、新規参入者のイノベーションを阻むためにレントを使い、やがては生産性と社会移動を損ないかねない力も手にした。したがって資本主義には規制をかける必要がある。ラジャンとジンガレス(Rajan and Zingales 2003)の秀逸な表現を使うなら、「資本家から資本主義を守る必要がある」。

私たちに何ができるだろうか。これは本書に結実したピーターソン国際経済研究所のカンファレンス(2019)「格差との闘え――先進国の格差縮小政策を再考する」のテーマそのものだった。私は複数の手段を同時に活用すべきであると強調したい。累進課税はもちろんだが、ＩＴとデジタル革命、そして新たなスーパースター企業の出現を考慮して競争政策を再考しなければならないし、ロビイング制度の構造と機能や政治家と民間セクターの接点をつぶさに分析する必要がある。

フィリップ・アギオン

第19章

技術変化、所得格差、優良な仕事

Technological Change, Income Inequality, and Good Jobs

ローラ・ダンドレア・タイソン

はじめに

劇的な技術変化が仕事、つまり大部分の人が所得を得る主要な手段を変えつつある。新しいテクノロジーがいかに仕事を変容させ、仕事の量と質を変えるきっかけを作っているかを示す事例が毎日のように出てくる。そうした変化が雇用と賃金と生活水準に及ぼす影響に国民が深い懸念を抱いていることが調査に表れている（Geiger 2019）。その懸念の裏には根本的な疑問がある。それは将来、十分な仕事はあるのだろうか、ということだ。

技術革命の歴史に鑑みればその答えはイエスである可能性が高い（Frey 2019）。技術変化は生産性向上のエンジンとなり、それが労働需要を促進する。生産性向上と雇用増の間に長い目で見たトレードオフ関係があるというエビデンスはない。テクノロジーの変化によって多くの既存の仕事は様変わりするか破壊されるが、新しく生み出される仕事もまた多い。長い目で見れば「技術的失業」は存在しない。とはいえ、技術変化が生産性に恩恵をもたらすまでには何十年もかかる可能性があり、旧来の仕事から新しい仕事への移行が進む間に大勢の人が仕事を失い、それとともに摩擦的失業と構造的失業が発生する。仕事、産業、コミュニティさえも破壊されたまま一生を終える人も多いかもしれない。

技術変化が所得格差を広げやすいことも歴史は教えてくれる。仕事がなくなる人々と新しい仕事に就く人々の所得の差が開くからだ（Autor, Mindell, and Reynolds 2019）。過去50年間の技術変化は労働力を節減するとともに技能偏向的だった。デジタル技術は定型タスクを行う中技能の労働者の需要を減らし、専門的な問題解決タスクを行う高技能の労働者の需要を増やしてきた[*1]（Manyika et al. 2017; Autor 2019, 2010）。技能偏向的に技術が進んでいることは、先進諸国の労働市場の二極化に鮮明に表れている。高技能職と低技能職に比べて中技能職が減り、最大の収入を高技能職が獲得している（図19・1）。所得格差が拡大し、国民所得に占める労働所得のシェアが低下した背景要因は、技能偏向的な技術変化だった（Tyson and Spence 2017; Berger and Woff 2017; Leduc and Liu 2019; IMF 2017）。現在の技術の進み方を考えると、これらのトレンドは当面続きそうだ。

このような条件下では、大事な問いは今後十分な仕事があるかどうかではなく、優良な仕事が十分にあるかどうか、つまり中流の所得、安全な労働条件、法的保護、社会保障と給付（例えば失業給付と障害給付、医療給付、家族給付、年金）、労働者を代表する組織のある仕事だ（OECD 2016）。過去50年間に所得格差が拡大したのは、下位50％の稼ぎ手の税引前所得の伸びが鈍ったことが主な要因だった（Chancel 2019）。教育、医療、優良な仕事に手が届くことが、彼らの所得を上げ、テクノロジーが実現する成長から誰も取りこぼさないための鍵である。

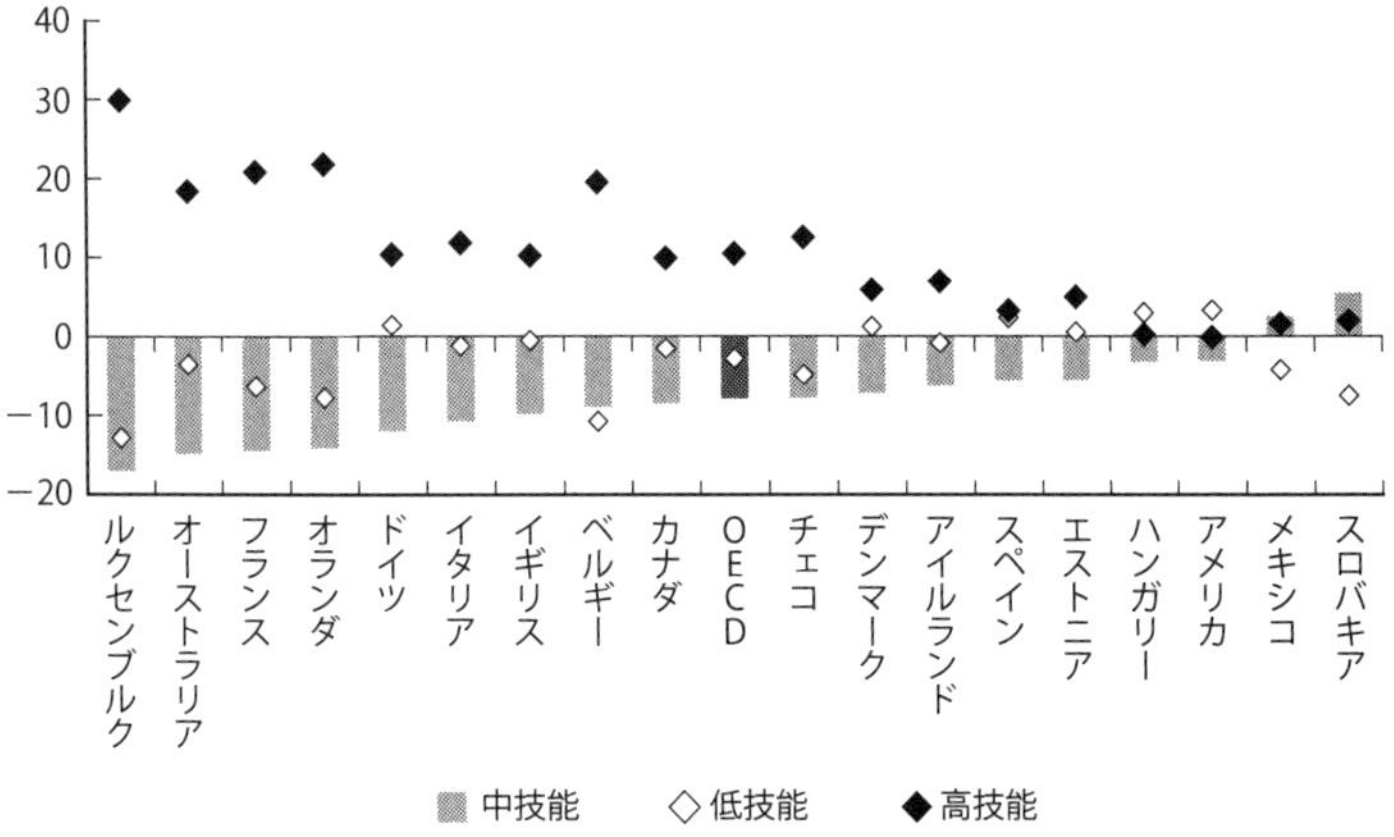

図19.1　1990年代半ばから2010年代半ばにかけてOECD諸国で二極化した仕事。各技能グループ内で就労している成人の割合の変化（%）。就労している成人について個人レベルで出された調査結果

出所：LIS、ECHP、EU-SILCに基づきOECDスタッフが算出。

本章ではこの後、アメリカに優良な仕事を創出する可能性を高めるための４種の政策例を示す。すなわち、技術変化の方向性と普及に影響を与える税政策と研究開発政策、新しい仕事の高技能化に労働者が対応するための訓練政策、非正規雇用において優良な仕事を提供するための労働市場への直接介入、企業の意思決定への労働者の発言権を高めるための施策だ。

技術が進むスピードと方向性に影響を与える政策

税政策

税政策は、新しい生産技術に投資する企業の意思決定に影響を及ぼす。アメリカなどの先進国では、労働に対する実効税率が物理的資本と知識資本に対する実効税率を大きく上回り、労働力を節減する資本使用的な投資を促している。[*2] これによる投資インセンティブの偏りは、給与税など雇用に関連する税を減税すれば軽減できるだろう。法人所得税などの資本に対する税の増税にも同じ効果があるだろう。最近、アメリカの法人税率は大幅に引き下げられた。これを支持する人々は減税によって事業投資が増え、連鎖的に雇用と賃金が増えると主張した。しかしテクノロジーが労働力節減の方向に進むにつれ、物理的資本と技術的資本への事業投資がもたらす雇用効果は減少しており、今回のアメリカの税法に追加的な事業投資と優良な仕事の創出を結びつけるものはない。[*3]

国境を越える資本の移動が増えると、多くの多国籍企業が節税目的で自社の利益を実際の経済活動がないかないに等しい土地に移すことによって「無国籍」にし、納税額をゼロ同然にできるようになった。無国籍の法人所得は税基盤を浸食し、国がインフラや社会保障プログラムの財源とする歳入を増やす力を弱める。また移動できる利益への課税と移動できない労働への課税の差も開いてしまう。[*4] 近著『つくられた格差——不公平税制が生んだ所得の不平等』の中でエマニュエル・サエズとガブリエル・ズックマン（Zucman 2019a）は、無国籍の資本所得が所得格差にもたらす帰結を論じ、このような所得への課税に関する国際協定がない現状における一時しのぎの施策として、国単位の対処法を提案している（Saez and Zucman 2019b）。しかし国境を越える資本の流れの規模を考えると、長期的には国際協定は不可欠だ。

アメリカでは、キャピタル・ゲインに対する税率を個人所得に対する税率まで引き上げ、キャリード・インタレスト〔ファンドマネージャーが受け取る利益分配〕の抜け穴を取り除くことによって、資本所得への税も上げるべきだ。優遇的なキャピタル・ゲイン税率と現行の税法のキャリード・インタレストの取り扱いはともに、労働者と賃金よりも資本と利益に有利なテクノロジー投資を促進してきた。これらはアメリカ経済の「金融化」も煽り、所得格差を拡大させた（Foroohar 2016）。

給与税をはじめとする労働に対する直接税を減税すれば、たとえ資本に対する税を増税して一部は相殺しても、医療、教育、労働者への給付——優良な仕事の重要な構成要素——の財源となる政府歳入が大幅に不足することになる。国税としての炭素税を、政府歳入の減少を相殺するために使うべきだ。*5 優良な仕事の創出を促進するために労働に対する税を下げ、炭素の使用を阻むために炭素に対する税を上げることが、将来の優良な仕事と持続可能な環境を作り出す賢明な策である。

研究開発（R&D）政策

技術変化とその普及は外生的なものではない。経路依存的で内生的なものだ。研究開発に資金を提供する人々や、その結果生まれたテクノロジーに投資して活用する人々のインセンティブに依存している。ダロン・アセモグルが述べているように、経済はさまざまな要素拡大的テクノロジー間のトレードオフを伴う「イノベーションの可能性」フロンティアを持つものとして特徴づけられる。*6 市場インセンティブは、特に大きな市場支配力を持つ企業の投資にバイアスをかけ、優良な仕事という形の社会的便益よりも資本収益を生むイノベーションを偏重させる。その結果が、仕事を創出するイノベーションへの投資を忌避する「コモンズの悲劇」バイアスだ。

アメリカなどの先進工業国では、研究開発が政府の直接出資や税政策を通じて多大な公的支援を受けている。アメリカでは政府（主に連邦政府）が基礎研究開発の主要な出資者だが、研究開発全体では民間企業が最大の出資者（67％）であり最大の従事者（72％）でもある。*7 ほとんどの企業の研究開発は、社会的利益を目指す基礎科学よりも私的利益を目指す製品開発に重点を置いている。[*8] アメリカ企業の事業計画が短期化するにつれ、企業の研究開発は短期的で低リスクの開発に力を入れるようになった（Hourihan and Parks 2019）。

企業の研究開発費は研究開発税額控除で支援され、それを利用できる立場にある企業の研究開発を促進する効果を上げてきており（Hall 2019）、継続すべきだ。しかし研究開発控除の大半は大企業に利用されており、このような企業の多くには世界各地で租税回避策を取った巨額の無国籍所得がある。[*9] 企業の研究開発は五つのセクターに大きく偏り、[*10] その五つが総研究開発の83％を占めるが、五つのセクターの雇用は全体の11％にも満たない。[*11]

連邦政府による国防研究開発への出資は航空、コンピュータ、インターネット産業の開発において主要な要素だったし、連邦政府による医療への出資は医薬・バイオテクノロジーと医療技術産業の開発において主要な要素だった（Mazzucato 2015）。連邦政府による研究開発出資とそれに関連する税インセンティブは、イノベーションの最前線にいる企業を新しいグリーンテクノロジーに向かわせるうえでも重要な役割を果たした。総じて、政府の出資と税インセンティブがテクノロジーの進展を「方向づけ」られることを示す例は多数あるのだ。

医療、教育、テクノロジーなど需要が伸びているセクターで人間の技能を補完するイノベーションへと研究開発を促すために、新たな政府プログラムと税額控除を導入すべきである。連邦政府による医療向け研究開発費の一部を医療提供システムにおける労働増大的なイノベーションの育成に割り当てるのは、一つの選択肢として検討に値する。もう一つの選択肢は、気候変動に適応するための「インテリジェント・インフラストラクチャー」への投資を育成する連邦政府の新しい研究開発プログラムだ。[12] このような投資をすれば、優良な仕事を生み出すと同時に必要な適応策（例えば港湾の改築、洪水予防、地下電力網の敷設による火災予防）に資金が回ることにもなる。

マクロレベルでは、これらは長期的な経済成長の二つの公的基盤であり「公的資本」の二つの重要要素でもある[13]（Council on Foreign Relations 2019）研究開発とインフラへの連邦政府の出資が大幅に増加することは確実だ。[14] こうした投資の社会的利益は政府の長期的な借入費用をはるかに上回る。これらの分野での政府支出は運営費用ではなく投資として扱い、別の資本予算に含めるべきだ。予算規則を変えなければ、これらに対する政府支出は経済のニーズが高まるのとは裏腹に減少し続けるだろう。[15]

労働者の技能育成政策

技能偏向的な技術は中技能の仕事と職業を破壊しているが、それと同等か速いペースで高技能の仕事と職業を増やしている（Manyika et al. 2017）。しかし消えていく仕事に求められる技能と新しい仕事に求められる技能の間には大きなギャップがある。そこで政府は非エリート向けの中等教育の場に照準を合わせた新しい教育および訓練プログラムを導入している。

アメリカでは、コミュニティカレッジが大規模に技能の養成を行う場として最も重要であり、少数民族の低所得家庭から初めて大学に進学する第一世代の学生に職業教育と訓練を行う機関として特に重要な役割を担っている。[16] コミュニティカレッジで学位を取得すれば賃金と雇用にきわめて有利であり、それには劣るものの修了証明書にも見返りがある（Osterman 2019）。市民のために優良な仕事の機会を創出しようとするなら、州はコミュニティカレッジ教育への財政的支援を拡大して低所得の学生に利用しやすくすることを重要な優先課題とすべきだ。13の州（共和党が支配する州も民主党が支配する州も）がなにがしかの形の「無償」コミュニティカレッジ・プログラムを実施しており、同様の法案を成立させようとしている州も九つ以上ある[*17]（Campaign for Free College Tuition n.d.）。

座学とオンザジョブ・ラーニングを組み合わせた職業訓練も、技能育成の重要なモデルだ。労働者は給料の良い仕事に直結した内容で就職しやすい技能中心の教育を受けられ、雇用主側にとっても技能労働者の採用とつなぎ留めにおいて利点がある。ドイツとスイスが職業訓練プログラムの成功例としてよく知られている[*18]。

職業訓練はアメリカで注目を集めている。アメリカ労働省は最近、雇用主、個人、教育者を対象に情報共有と技術支援を行い少額の助成金を通じて職業訓練を奨励するウェブサイトとプログラムを立ち上げた[*19]。いくつかの州では職業訓練施策も始めている。コロラド州はスイスモデルをもとに数業種で職業訓練プログラムを開始した[*20]（Gunn 2018）。現在ではコロラドに続き「スキルフル」ネットワーク（Skillful 2019）に28州が参加し、座学と職場での実習を組み合わせた訓練手法を開発している。プログラムには職業訓練、資格取得プログラム、テクノロジー「ブートキャンプ」、実習クラスなどさまざまな形態があり、大学の学位を持たないアメリカの労働者の70％が技能を身につけることを目標にしている。

生涯学習の手法をさまざまに実験している国もある。シンガポールは26歳以上の国民の継続教育に500シンガポールドルの助成金を支給するスキルズフューチャー制度を制定した。ドイツの連邦労働社会問題省はシンガポールに範をとった「個人学習口座」を検討中だ[*21]。アメリカ版として考えられるのは税優遇のある「生涯学習および訓練口座」の創設だ（Fitzpayne and Pollack 2018）。個人の拠出で賄い一部を政府資金で補塡するもので、個々の労働者が利用し持ち運べるようになっている。[*22] 個人学習口座への政府の出資は、質が保証され、雇用主の意見を反映して作られており、認定資格が取得でき、どこでも通用する技能が身につけられるプログラムに限定すべきである。

非正規雇用に関する労働市場への直接介入

正規のフルタイム雇用に関連する社会保障は「優良な仕事」に不可欠な特徴である。このような特徴の多くが、自営業と従属（クライアントや企業に従属している）雇用、つまりパートタイム雇用、一時雇用、呼び出し雇用、複数の雇用主やプラットフォームを掛け持ちしているなど、各種の「不安定雇用」に従事する労働者にとっては欠けている[*23]（Thelen 2019）。アメリカでは企業の法的義務となっていない寛大な社会保障の利用権が法律で正規のフルタイム雇用者に与えられているヨーロッパにおいてさえ、多くの不安定雇用者や単発の請負仕事をしている人々には保障がないかないに等しい。[*24] アメリカで数の増えている（推定5700万人）ギグワーカーについても事情は同じだ[*25]（Miklusak 2019）。

ヨーロッパではいくつかの国が、ギグワーカーに社会保障の権利を広げるために雇用の中間的なカテゴリーを新たに作った。カリフォルニア州のアプローチはそれとは異なり、最近制定した法律で、企業が自社のために働く人々を従業員ではなく独立契約者に分類するのを難しくした（Tyson 2019）。従業員を保障と給付の対象とすることは連邦法と州法で義務付けられている（最低賃金も含めて保護の対象となる）が、独立契約者は対象になっていない。[*26] これまで独立契約者に分類されていたギグワーカーにこのような福利厚生を提供することにより、労働コストは20～30％増える可能性が高い（Conger and Scheiber 2019）。

転職しても持ち運べる個人社会保障口座（ISA）は、複数の雇用主と不安定雇用関係にある労働者に対して持ち運べる福利厚生を提供する政策として有望だ（Hill 2015; Reder, Steward, and Foster 2019）。ISAは労働者一人ひとりに対して開設され、その労働者を雇用する企業は1社ごとに、労働時間に比例した金額を労働者の福利厚生のために拠出しなければならない。[*27] 労働者が複数の雇用主やプロジェクトのために働いていたり移ったりしても、福利厚生の権利が発生する。また労働者は自分の口座へ税優遇を受けた拠出を行うこともできる。[*28] いくつかの州が現在ポータブル・ベネフィット・システム〔持ち運び可能な福利厚生制度〕を策定中で、一部のプラットフォーム企業は他の規制を阻止するためにこのアプローチを支持している（Maxim and Muro 2018）。

労働者の発言権と労働者の利益

労働組合に加入していたり団体交渉協定の対象であったりする労働者の割合は、アメリカや他の先進工業国で大きく減少してきた（OECD 2019a）。同時に、多くの産業で、製品市場の競争が衰退し、集中が進み、買手独占力（モノプソニー）のエビデンスが増えている。[*29] 買手独占力という条件下では、労働組合が雇用主の支配力への重要な対抗勢力となり、賃上げ、雇用増、より効率的な成果を促進することができる（Council of Economic Advisers 2016）。

この50年間にアメリカで労働組合が衰退した理由は、従業員を独立契約者とする誤った分類がなされたこと、州や企業が労働組合化を阻んだことなどいくつかある。アメリカの連邦法では、独立契約者は労働組合を結成できない。この立場は最近も全国労働関係委員会によって追認された。アメリカの現行法では労働組合のない企業で労使協議会などの労働者の利益を代表する組織の結成も妨げられており、業界レベルや企業レベルで労働者を代弁する新しい形の組織も作れない。[*30]

労使関係と企業統治に関するアメリカのシステムはバランスがとれておらず、雇用主が力を持ちすぎ、労働者に力がなさすぎる。労働者が企業ごと、産業ごと、地域ごとに組織化する力を強め、企業の意思決定について労働者が正当な利害関係者として発言できる労使協議会などの機関を企業が実験的に導入できるよう、アメリカの労働法を変える必要がある。ビジネス・ラウンドテーブル〔財界ロビー団体〕(Business Roundtable 2019) の最近の声明では、アメリカの多くの大手企業のCEOが従業員を利害関係者と明確に認め、従業員に公正な報酬と福利厚生や新たな技能獲得のための訓練と教育を提供すると約束している。ただし声明は労働組合と労働者の発言権については何も述べていない。

VIII

労働市場についての政策、制度、社会規範

Labor Market Policies, Institutions, and Social Norms

第20章

ジェンダー格差

Gender Inequality

マリアンヌ・ベルトラン

所得格差拡大への懸念が深まる中、この格差のトレンドにめずらしく楽観的な材料を与えてくれるのがジェンダーの側面だ。先進国全体で、労働参加と労働所得のジェンダーギャップは縮小しつつある。経済協力開発機構（OECD）加盟国の25〜54歳の労働参加の平均的な男女差は、1990年の30％弱に対して2018年は18％だった。OECD全体でフルタイム労働者の中間所得の平均的なジェンダー格差は1995年の20％弱に対して2017年は13・5％だった。

このように前進しているのは明らかだが、気がかりな領域は残っている。労働参加のジェンダーギャップ縮小の陰には、パートタイム労働の割合が男性に比べて女性のほうがはるかに大きいという事実がある。また、中間所得のジェンダーギャップは縮小しているが、所得分布の上位層の女性の数がなかなか増えない、「ガラスの天井」として知られる現象は存続している。アメリカでは2010年に、フルタイムの通年雇用で働く男性の所得分布の50パーセンタイル以上の所得があるフルタイムの通年雇用の女性の割合は25・6％、90パーセンタイル以上の所得がある女性はわずか2・8％だった

（Bertrand 2018）。

前進を阻んでいるのは何か

第一に挙げられる最も重要な理由は、労働市場において親になることのコストがジェンダー間できわめて不均衡なことだ。労働参加と所得に残るジェンダー格差に子育てが及ぼしている影響については、最近のいくつかの研究が圧倒的なエビデンスを示してきた。これらの研究ではイベントスタディ法を用いて、第1子誕生前後の母親と父親の労働市場参加の推移を記録した。クレヴンら（Kleven et al. 2019）はデンマーク、スウェーデン、アメリカ、イギリス、ドイツ、オーストリアの6ヵ国のエビデンスをまとめている。いずれの国も、総労働所得（雇用形態で条件付けしていない）のトレンドは子供を持つ前は男女で同様だが、子供を持った後ははっきりと分岐する。母親は第1子誕生直後から所得が急激かつ右肩下がりに減少するが、父親の所得は子供の誕生に影響を受けないのだ。定性的なパターンは6ヵ国で同じだが、長期的な母親ペナルティ（子供の誕生から5〜10年の平均年間総労働所得で定義）の大きさはデンマークの21％からドイツの61％まで、国によって非常に異なる。アメリカの長期的な母親ペナルティの推定値は31％だ。

姉妹論文でクレヴン、ランデ、スゴー（Kleven, Landais, and Søgaard 2019）はさらに、１９８０年から２０１３年にかけて所得のジェンダー格差が半減したデンマークのような社会的に進んだ国で、労働所得を完全なジェンダー平等にするうえで残る主な障壁は、実はこの母親ペナルティかもしれないと示唆している。母親ペナルティは１９８０年には所得のジェンダー格差の40％にすぎなかった可能性があるが、2013年にまだ残るジェンダー格差の80%を占めていた。目を引くのは、母親ペナルティの絶対値は2013年と1980年でほぼ同じだったことだ。

第1子誕生後の女性の所得の減少には、外延的な変化（一部の女性は仕事を辞めてしまう）と内包的な変化（労働時間の減少）の両方が反映されている。母親になることは時間給の減少にも結び付く。これは子育てのため融通がききやすい給与の低い仕事に転職することや、長時間労働が評価され休みを取ることへのペナルティが大きい職にとどまって昇進が遅れることによるものだ。母親が職探しをする際は地理的な制約がつきやすいというエビデンスもある。家庭への責任と長距離通勤が両立しにくいためだ。

労働市場におけるジェンダー間にある子育てコストの不均衡は、世界で最もリベラルな社会でさえジェンダー役割に関する規範の影響が残っていることを示している。2012年のピュー・リサーチによる調査では、幼い子供にとって母親がフルタイムで働くのが理想と答えたアメリカ人はわずか16%だったのに対して、母親がパートタイムで働くのが理想と答えた人は42%、母親が働いていないのが理想と答えた人が33%だった。回答者の71%は赤ちゃんが親と絆を深める時間は母親と父親で同等であるのが重要と考えていたが、53%が子供の世話をうまくできるのは母親のほうだと考えており、子供の世話は母親でも父親でも同じようにできると考えていたのは45%、父親のほうが得意だと答えたのは1%にすぎなかった。両性の違いを誇張した誤った思い込み（特に思いやり、共感力、社会的感受性に関する）に縛られたこのような見方は、労働市場のジェンダー平等を推進する道を開くために変えなければならない。その変化を促すうえでは教育者（親と教師）の役割が重要だろう。

それまでの間、政府は母親がキャリアと家族責任を両立しやすい家族政策の設計に努めるべきだ。

マリアンヌ・ベルトラン

寛大な家族政策を増やしても女性にとって必ずしも良い結果にならないことが、今ではよく知られている。職場復帰を保証した産休の長さについては特にそう言える。産休の延長は、女性の労働市場での成果に不利益をもたらす可能性がある。仕事から離れる期間が長引くことから、女性が経験を積めず、出産前のキャリアコースに復帰しづらくなるためだ。また長期産休を義務化すると、女性が母親になったときの（直接・間接の）コストを理由に雇用主が出産年齢の女性の採用を忌避する恐れもある。このような長期産休についての仮説的なマイナス面は、国内における家族政策の寛大さの時系列変化を利用した国のパネルデータ分析で実証的に確認されてきた（Olivetti and Petrongolo 2017）。非技能労働者では長さが中程度の産休の権利（最長約1年）が女性の雇用水準の上昇と関連づけられるが、長い産休の権利はすべての技能レベルで逆効果になっている。しかも高技能労働者の場合、職場復帰を保証した長期産休の権利は労働所得のジェンダーギャップを拡大する。

それとは対照的に、保育と幼児教育への政府支出の水準が高いほど女性の労働参加と所得の両方に明らかにプラス効果があることが、国レベルのエビデンスからわかっている。これは意外ではないだろう。産休の権利と異なり、これらの政策は、若い母親の労働参加と労働経験の蓄積を阻むよりも促進するからだ。保育と幼児教育への政府支出の水準が他の大半の先進国に比べてきわめて低いアメリカの場合、この分野への追加投資は一石二鳥になるかもしれない。女性が職場で能力を存分に発揮する自由度が上がるとともに、世代間社会移動を阻むとされている幼児期の格差もある程度縮小される可能性があるためだ。

家族政策の設計に関して注目に値する最後の側面は、一部のＯＥＣＤ加盟国が最近行っている、子供が生まれた後に母親ではなく父親に休暇を取らせようとする試みだ。スウェーデンやノルウェーなどいくつかの先進国とカナダのケベック州が、父親に有給の育児休暇を保障するための「パパ・クオータ制」を制定した。父親が取得しなければこの休暇は消滅する。「パパ・クオータ制」は育児責任における根本的なジェンダーの不均衡に切り込んでいる点で有望な政策展開だ。プラス面としては、父親たちが割り当てられた休暇を実際に取得している（割り当て分以上に休むことはめったにないにせよ）ことが研究からわかっている。身内の男性や同僚の男性が取得するのを見ていた父親のほうが自分に割り当てられた育児休暇を積極的に取っており、ピア効果が重要な要因であることが示されてきた。父親に割り当てられた育児休暇はまだかなり短い（最長2ヵ月）ため、政策担当者が徐々に期間を延ばしていっても利用されるかどうかは未知数だ。母親の労働成果への影響がプラスかマイナスかは今のところエビデンスが確定していないが、「パパ・クオータ制」はジェンダー役割の変化を早めるために法律をどう設計できるかを示す明確な例となっている。「パパ・クオータ制」政策のさらなる拡大と改革は、ジェンダー平等のいっそうの強化という目標とぴったりと一致しているように思われる。

政府は家族政策の設計の他にも、税法が既婚の母親の、もっと一般的には既婚女性の労働供給にどう影響するかも考慮すべきだ。税の累進性が既婚女性の仕事に与える負の影響については以前から研究されていたが、ビックとフックス＝シューンデルン（Bick and Fuchs-Schuendeln, 2017, 2018）は税法における世帯課税方式の要素が既婚女性の就労意欲を削いでいる可能性があることにも注意を喚起している。特に、世帯課税方式と累進性を組み合わせた税制では、世帯の主要な稼ぎ手（大多数の世帯ではいまだに夫）に対する限界税率が副次的な稼ぎ手（大多数の夫婦では妻）に対する限界税率より低いと指摘している。ビックらは既婚世帯の平均的な税負担を一定にした修正モデルを用い、アメリカやドイツのような国で現行の世帯課税方式をイギリスやスウェーデンのような分離課税方式に置き換えれば、既婚女性の労働供給が大幅に増えると推定した。世帯課税の要素を取り除けば、ヨーロッパの高い平均労働所得税率をアメリカに適用しても、アメリカの既婚女性の労働時間は必ずしも減少しないだろう。

女性が労働市場に進出するのを妨げているもう一つの重要な要素は教育の選択である。ほぼすべての先進世界で、学校教育の履修年数は女性が男性をしのいでいるが、女性は全体として見ると男性とは異なる学問分野に進む。特にＳＴＥＭ（科学、技術、工学、数学）分野で高等教育の学位を修了する傾向がはるかに低い（そして人文科学の学位を取得する傾向が高い）。これが問題なのは、ＳＴＥＭ教育が給与も地位も高い職業につながる道だからで、そのような職業であれば母親が必要とする働き方の柔軟性が比較的高い（Goldin 2014）。将来の仕事がどうなるかは予測しづらいが、当面はＳＴＥＭ分野に進む女性を増やすことを重要な政策目標とすべきだ。

女性が男性ほどＳＴＥＭ教育を受けようとしない理由として最もよく出る説明の一つが、女性は数学が苦手だからというものだが、男女の平均的な数学能力の差は同性間の能力差に比べて小さいことがメタ分析によってわかっている（Hyde 2014）。しかも数学能力の（小さな）男女差は、少なくとも一部は社会によって作られたものだというエビデンスが増えてきている（Guiso et al. 2008; Lippmann and Senik 2018）。ここからも、教育者（親と教師）の役割の重要さがうかがえる。女性と数学にまつわるステレオタイプを強化しないよう気を付けなければならない。

別の最近の研究（Breda and Napp 2019）は、女性が数学関連の分野に進まない理由は言語能力が相対的に高いことかもしれないと示唆している。実は数学の成績の性差は小さいが、読解と言語の能力は女性のほうが高く、その差はいくぶん大きい。ブレダとナップ（Breda and Napp 2019）は、数学の勉強を志すかどうかの男女差は、若者が特定の分野で成功するために必要な能力が自分にあるかどうかよりも、好きかどうかで進学先と職業を決めているという事実によって主に説明できることを示している。もしこれが正しいなら、若い女性（と男性）が進学先について後戻りしにくい決断をする前に、教育の選択が所得と職業に影響するという広い視野を持たせるため、高校での教育とキャリアカウンセリングの役割が重要ということだ。

最後に、株主が経営者に対して、包摂的な組織経営をしていないことへの説明責任を求めるべきだ。今日の最も先進的な社会のジェンダーギャップの多くが女性に対するあからさまな偏見のせいである可能性は低いが、女性に関する暗黙の偏見と間違ったステレオタイプは、特にストレスや時間のプレッシャーの中では知らず知らずのうちに復活しやすい。組織がもっと偏見にとらわれずに採用や昇進を検討するために頼れるバイアス軽減ツールは増えている（Bertrand and Duflo 2017）。そのような包摂的な人事慣行の実施に成功した企業には、多様性が豊かなだけでなく能力の高い人材が集まるはずである。

第21章

所有権による格差の解消策

Ownership Cures for Inequality

リチャード・B・フリーマン

もし財産権に関心のない者たちが全権力をたまたま手にしたら［…］彼らは野心に操られた道具になるか、貧困と依存心から富のために動かされる道具になるだろう。［…］いずれの場合も自由は滅ぼされる。前者では無政府状態から生まれた専制政治によって、後者では腐敗の上に築かれた寡頭政治によって［…］そこでは法は多数のためでなく少数のために作られると言ってよいだろう。

――ジェームズ・マディソン

格差拡大のトレンドを逆転させ、多数のためでなく少数のために法律が作られるポピュリスト専制政治か、腐敗した寡頭政治につながる危険を封じるために、アメリカは、仮に何かができるとすれば、何ができるだろうか。

私が提案するのは二つの政策群だ。一つ目は労働法と労働規制を改革し、労働者が組織化して雇用主と団体交渉を行うことを容易にする。二つ目は税と調達に関する政策で、企業に従業員所有プログラムの策定を促し、労働者が自分を雇用している資本の一部を所有できるようにするとともに、追加的な政策で労働者がそれ以外の資本への投資も増やすようにする。労働と資本の両方の所有権を前提に運用することにより、これらの政策は、やがて来る人工知能（AI）ロボティクスの世界に合わせてアメリカの経済制度を刷新し、マディソンの無政府状態か腐敗かという板挟みの選択を回避できるようにする。

職場での労働者の発言力を強める

アメリカの労働組合の低迷ぶりを考えると、団体行動の法的保護を強化するのは非現実的で時代錯誤だと多くの人の目には映るかもしれない。組合に加入する労働者の割合は50年以上にわたって減少してきた。[*1] 民間セクターの労働者の組合加入率は1950年代には35％前後だったが、米国就業状態調査が労働組合と団体交渉についての質問を開始した1983年に16・5％、2018年には6・4％になった。公共セクターでは1970年代に労働組合加入率が急上昇したが、その後頭打ちとなり減少に転じている。それとともに公共セクターの団体交渉でカバーされる労働者は1983年の45・5％から2018年の37・2％と縮小した。非組合員の労働者に組合費の支払いを求める公共セクターの労働契約を違法とした最高裁（2018）のジャナス判決〔公務員のマーク・ジャナスが組合費の支払いを不服として起こした裁判〕は、公共セクターの組合加入率を今後低下させる可能性が高い。[*2] 2018〜2019年にウエストヴァージニア州、オクラホマ州、アリゾナ州の非組合員の教師たちが報酬の低さと教育への財政支援の貧弱さに対してストライキを行ったときには、教員組合からの助言をほとんど受けずに行動した。保護者、教育委員会、校長の支持を得た彼らは、組合の力なしで要求を勝ち取った。

2020年代初めの現在、この体たらくなのに、アメリカの労働者と民主主義を憂慮する者が労働組合を復活させる方法を模索すべきなのはなぜだろうか。最大の理由は、歴史を通じて組合こそが資本主義経済において格差を制限し、成長する経済の分け前を労働者に保障できる唯一の機関勢力だったからだ。[*3] 組合組織率と格差の逆相関は、組合組織率の異なる国、産業、技能・非技能労働者を比較し、組合組織率の時系列変化を観察することによって見出された、経済学で最大の経験的規則性の一つだ。労働組合は社内の従業員給与の分布を狭める交渉をすることによって企業内の格差を縮小する。また、組合は同じセクター内のほとんどの企業が対象になる協定を交渉することによって、企業間の格差を縮小する。つまり、統一協定を結ぶか、パターン交渉を行い、組合のない企業が自社労働者の組合化を防ぐためには組合の和解案に同調せざるをえないようにするのである。組合がない場合に比べて組合がある場合のほうが賃金分布が平均値近くに集中しているのを見れば、「組合の相場賃金」のほうが組合のない市場賃金よりも、需給を均《なら》す「見えざる手」で決まった価格に近いことがわかる。

実際、1980年代から2010年代にかけての格差拡大は、ほとんどが国内の企業間で起きた。明暗を分けたのは業績で、高収益企業は自社の経済的なレントの一部を社員に分け与え、低収益企業は事業を存続させるために賃金を減らしたのだ。労働組合の衰退は理想的な新古典派の市場を作るよりも、給与の決定に買手独占力（モノプソニー）が働きやすくするきっかけを作ったように思われる。[*4]

団体交渉以外に目を向けると、組合は職場生活のあらゆる面（健康と安全、社会保障と年金、労働時間、差別）で労働者を保護する法律を求める大きな政治勢力となってきた。金融崩壊に抗議した２０１１年のウォール街占拠や気候変動への対応の鈍さに抗議した２０１９年のエクスティンクション・レベリオンのような社会的抗議は、メディアを賑わせはしても政策を動かすことはめったにない。格差を縮めるには市民の抗議運動だけでなく、意思決定者に少数よりも多数を選べと継続的に迫る強い官僚型組織が必要だ――かつての労働組合のような。

とはいえ、労働組合が格差に及ぼす影響だけでは、組合の復活を支援する法律を求める理由として不十分だ。加入率の低下が組合に対する労働者感情の表れだとすれば、組合に有利になるよう法律を変えるのは反民主主義的な行為であり、ほぼ確実に失敗に終わるだろう。しかし組合に対する態度の調査を見ると、格差が拡大し組合が力を失うにつれ、組合を肯定的に捉えるようになったアメリカ人が増えている。２０１９年1月のラスムセン調査では、アメリカの成人の57％が民間セクターの労働組合に賛成し、29％が反対した。２０１９年8月のギャラップ調査は労働組合への賛成率が１９７０年代以来の高さで、反対32％に対して64％だったと報告している。労働組合の衰退に関するピュー・リサーチの質問への回答も同様だ。２０１８年に労働組合の衰退をおおむね良くないことと考える回答者の割合は、おおむね良いことと考える回答者の割合を上回り、２０１５年と１９９４年の数字を超えた。組合支持が増えているのはなぜだろうか。おそらくアメリカ人が、労働組合にどんな欠点があるにせよ、格差に対抗する勢力であることは間違いないと認識しているからだろう。多数の人々を代表する組合以外に、億万長者に立ち向かう者がいるだろうか。

だが、数字の上で労働組合に好意的な態度が見られても、必然的に労働者が職場の選挙で組合代表に投票する、まして組合が法的に労働者の代表となるために必要な過半数を獲得するだろうと読み替えるわけにはいかない。フリーマンとロジャーズ（Freeman and Rogers 1999）が1994年（労働組合への態度が2010年代に比べて好意的ではなかった）の調査で、民間セクターの労働者に全米労働関係委員会（NLRB）の選挙で組合の支持と不支持のどちらに投票するかをたずねたところ、組合のない労働者の32％が組合を支持、労働組合のある労働者の大多数は組合を支持するつもりであると回答し、また組合支持に票を投じると回答した者の大多数が同僚も組合を支持すると思っていたことがわかった。理由は、組合を求める労働者が悪質な労働慣行、低い給与、貧弱な待遇の企業に偏って多いことだ。労働者に選択権があり、組合の結成や加入が労働者の選択だけで決まるならば、民間企業の労働組合加入率が現在の6・4％の2〜3倍は高くなることをこの投票パターンは示唆している。労働組合結成に対する雇用主の強硬な反対は、労働者を説得して組合を拒否させるノウハウを持った組合つぶし専門会社が主導する場合もめずらしくない。これは、労働組合のない一部の職場で実は組合が強く求められていることの十分な証拠だろう。

労働法改革は救いになるか

では、労働者が待望し、国も格差の流れを逆転させるために必要としている代表組織を復活させるために、アメリカに何ができるだろうか。2019年にハーヴァード・ロースクールの労働・労働者生活プログラムは「世界中の思想家、活動家、組合リーダー、労働法の教授、経済学者、社会学者、科学技術者、未来学者、実務家、労働者、学生など多方面にわたる参加者から最高のアイデアを引き出すために」クリーン・スレート・フォー・ワーカー・パワー〔労働者の力を一から考え直す〕・プロジェクトを開始した。労使関係の専門家や法学者のグループが他の参加者らとともに、労働組合と団体交渉を復活させるためにアメリカは労働法をどう刷新できるかを検討した。[*5] クリーン・スレート・フォー・ワーカー・パワー・プロジェクトでは、NLRB法を労働者のためにより有効に機能させ、労働組合の代表権獲得力と雇用主に対する交渉力を強化するための広範囲にわたる政策改革が吟味された。その改革には次のようなものがある。これまで取り残されてきた労働者〔農場労働者や家事サービス労働者、監督者、低位と中位の中間管理職〕に労働法の保護を拡大する。企業が独立契約者の名目で労働者を雇ったり、下請けやフランチャイズに仕事を出したりして法をかいくぐるのを防ぐため、雇用主と被雇用者の定義を厳密化する。法律違反をした企業への罰則を強化する。セカンダリーボイコット〔労働争議の相手と取引のある第三者に対して不買などのボイコットを行うこと〕の範囲を広げるなど、組合や住民組織が企業に組合を受け入れるよう圧力をかけられる方法を拡大する。逆に、経営者が労働者に圧力をかけて組合を拒否させることをできにくくする。理想をいえば、労働者と経営者がこれらの改革案を協議して、経営者が法を遵守したりNLRBが法的な責務の遂行能力を高めたりする際の事務的負担を軽減するような法の変更を検討するのがよい。しかし企業社会の大部分が組合を望まず、大半の共和党員が組合を政敵とみなし民主党員が組合を味方と考える現実の世界では、穏健な改革でさえ政治闘争になりかねない。

クリーン・スレート・フォー・ワーカー・パワー・プロジェクトが検討したアメリカの労使関係制度の変更として最も影響力が大きいのは、アメリカの団体交渉と賃金決定の範囲を広げ、従来のように地元組合が工場や企業と個別の協定を結ぶのではなく、多くのEU諸国のように組合グループと雇用主団体間の高次の協定で同じ市場の多数の企業を網羅することを狙った政策だ。政府機関はそのような取り決めの策定と支援に大きな役割を担う。議会は政府機関に法的権限を与え、協定に参加していない企業に協定を拡張適用したり、産業委員会ないし地域委員会を設立して、特定の領域の労働者全員（例えばある町のビルや住宅の清掃を行う人全員）がカバーされる団体交渉協定がなくても賃金を法的に決定できるようにしたりすることが可能だ。このように賃金決定法を集権化すれば、賃金と労働条件の相場が確立して企業間の賃金と労働条件の格差が縮まるので、企業は組合結成に抵抗する意欲をなくすだろう。どのみち組合か政府機関が定めた賃金と福利厚生を提供せざるを得ないなら、費用をかけてまで組合結成を阻止しようとする理由はないはずだ。

しかしアメリカで政府に賃金決定の主導権を握らせれば、必ず猛反発が起きるだろう。職場の問題をめぐる継続的な政治的対立が引き起こされ、経済合理性より前回の選挙で誰が勝ったかに政策と慣行が左右されるおそれがある。現行の労働法の監督機関である全米労働関係委員会（ＮＬＲＢ）がまさにそうだった。民主党が政権を握っているときのＮＬＲＢは概して労働者と組合の味方をする。共和党政権になるとＮＬＲＢは概して企業と経営者の味方になる。

欧州連合の集権化した交渉協定がうまくいっている一因は、「社会的パートナーシップ」が労働争議の最善の解決策であるという考えのもと、企業が自分たちを代表して交渉に臨む雇用主団体に自発的に参加していることだ。そのような企業は事業の他の次元で競争ができるよう、賃金と労働条件については同一の土俵を求める。アメリカでは雇用主団体の力が弱く、多数の企業が低賃金によって生き残っているため、高次の組織に賃金決定を任せようとする動きは雇用主の強硬な反対に遭うことが予想される。

最後に、次のような鶏と卵の問題がある。すべての企業が同じ統一賃金を支払うため雇用主からの抵抗が弱い集権的な賃金決定システムがない状態で、労働法の変更により組合の強化を試みるのが先か。それとも賃金決定の集権化に追い風となる強い組合運動がない状態で、団体交渉システムの集権化を試みるのが先か。組合が弱く賃金決定がばらばらに行われている状況から、組合が強く賃金決定が集権化されている状況に移行するには、大多数の企業と経営者からの反対に抗して両方を同時に改革する必要があるだろう。歴史を振り返ると、アメリカでも他国でも、組合が成長したのは労働者が自分の経済状態への不満を募らせ、雇用主との「戦争を始める」気運が急激に高まったときだ。大恐慌の際に組合が一気に成長したきっかけは、すわり込みストライキと抗議運動であって、労働者にもっと遵法的に組合を結成させるためにアメリカ政府が策定したワグナー法ではなかった。法改正は労働者が始めた団体行動の後追いで行われたのであり、労働者の行動を促したわけではなかったのだ。

もし私だけに選択権があって皆がそれに従ってくれるなら、アメリカの労働システムを違う形で——ボトムアップ式で改革したい。もっとも、新しい労使関係の構築法を実験的に導入するように労働者と企業の背中を押す法改正は伴うだろうが。労働者と経営者が労働問題を話し合う委員会を企業に設立させ（現行の全国労働関係法8条a3項では、企業の組合支配を防ぐため違法になっている）、労働者が望めば労使協議会の設立を企業に義務付ける。これは多くのヨーロッパ諸国がしてきたことだ。組合が協議会に交渉その他のサービスを提供し、その交渉から自然に集権的な協定ができるだろうと私は期待する。私の改革案はクリーン・スレート・フォー・ワーカー・パワー・プロジェクト案がほぼ確実に引き起こす抵抗は生まないと思うが、とはいえ議会は、経済危機によって労働者が変革を求めて「路上に繰り出す」までは、私が望む労使の合意に基づいた労働システム改革にさえ手をつける気はないだろう。

労働者による資本の所有を増やす

私の二つ目の政策案は、労働者による企業の所有を増やすためのもので、危機ではない時期に実施される可能性はこちらのほうが高いが、組合と団体交渉を復活させる以上に革命的な民主的変化をアメリカ経済に生み出せるのもこちらのほうだ。政治的な立場を問わずほぼ誰もが従業員の自社株所有は「良いこと」と考えているから、所有権政策は実施される可能性が高い。労働者側を見ると、2019年の全国世論調査センターがアメリカ人を対象に行った調査で、労働者の72％が民間の投資家や政府機関が所有する企業よりも従業員が所有する企業で働きたいと答えている。[*6] 企業側を見ると、自社に従業員持ち株制度か利益分配制度がある多くの企業リーダーが従業員の自社株所有に好意的で、それは生産性向上と収益増に効果があると経験上わかっているからだ。労働者が所有権を持てば保守的になるという考えから、従業員にある程度の所有権を持たせることに賛同する人々もいる。進歩派は職場の民主主義を拡大し企業内の給与格差を縮小する手段として、従業員持ち株制度に概して賛同する。

民間企業の年金制度を統制した1974年の従業員退職所得保障法（ERISA）のおかげもあり、アメリカには従業員の自社株所有を拡大する強い基盤がある。ERISAは労働者が信託基金を通じて雇用主企業の株式を集団で所有する従業員持ち株制度（ESOP）を確立し、企業に対してこのような基金の設立に税制上の優遇措置を設けている。今日では、民間セクターの全労働者の約10％がESOP企業に在籍しており、従業員の所有割合はわずかな比率から最大100％までである。

ESOP以外でも、ストックオプションか従業員株式購入制度を通じて自社株を持っている労働者は多い。また、資本を所有してはいないが企業収益から所得を得られる利益分配の権利を持つ労働者はさらに多い。2019年にアメリカの労働者の47%がなんらかの形で勤務先の所有権ないし利益分配を獲得していた。ただし多くは持ち分がわずかで所得に大きな上乗せがあるほどではない。最後に、アメリカの労働者は年金基金を通じて雇用主以外の企業にも相当額の株を持っている。1970年代に年金基金の投資資産の成長があまりに著しかったため、ピーター・ドラッカー（Drucker 1976）が『社会主義』が［…］生産手段の所有であるとするなら［…］アメリカは世界初の真の社会主義国だ」と述べたことは有名である。

社会主義であれ労働者資本主義であれ、このような形態の所有権はいずれも資本からの所得で賃金や給与を補うもので、国民所得の分配が労働から資本に偏るようになった時代には切実に必要とされている。国民所得に資本所得が占める割合がかつてなく大きくなり、しかも資本所得の分配が労働所得に比べて大きく偏っているとなれば、労働者の資本所有と資本所得を増やさない限り、格差縮小への道を探すのはきわめて難しい。

では、従業員の自社株所有を拡大するためにアメリカに何ができるだろうか。

無理のない第一歩は、ESOPという事業形態の持つ力と、従業員と企業オーナーが企業の所有権をESOPその他の所有形態や利益分配形態に移行させる方法について、政府が啓発することだ。マサチューセッツやオハイオなどいくつかの州は、引退する中小企業オーナーが会社を従業員に売却するのを支援し、ESOPのベストプラクティスを普及させる労働者所有推進のためのオフィスやセンターを設立した。[*7] 連邦政府は中小企業庁か商務省内のグループに、これと同じ役割を全国規模で担うよう指示できるはずだ。未来の大統領が自分の政権で企業の従業員所有に向けた経済方針の転換に取り組み、従業員の自社株所有を新しい経済秩序の中核に据えた新法実現へと議会に働きかけもできる。

議会が果たせる役割としては、労働者所有企業への税優遇措置の拡大がある。現状では、自分の会社を従業員に売却するオーナーは、売却によるキャピタル・ゲインに対して税を払わなくてよい。ESOPが会社の株式購入に使う分の利益も非課税になっている。ESOPの賛同者はS法人（法人税を支払わず、利益をオーナー個人のものとして所得税を支払う株式非公開企業）から引退するオーナーへの税の優遇を拡大し、従業員に会社を売却する際はキャピタル・ゲイン税の対象外とすることを支持している。そうすればESOPの数が大幅に増えるという考えからだ。このような政策を検討する際、経済学の観点から肝心なのは減税で得をするのが誰であるかだ。名目上の利益はオーナーのものとなり、短期的には格差が拡大するように思われるが、労働者には低価格で会社を買い取ることができ、後により高い所得と資産を得るという益がある。仕組みを上手に設計すれば、減税の目的は確実に果たせるのだ。

しかし、税制を利用して従業員の自社株所有を推進できるのはESOPだけではない。イギリスは従業員株式購入制度を通じて、労働者が個人として株を購入し保有することに大幅な減税措置を設けており、おかげでイギリス企業ではアメリカ企業よりもはるかに従業員株式購入制度の整備が進んだ。2016年のアメリカ大統領選では、ヒラリー・クリントン陣営が利益分配制度のない企業の制度導入に減税措置を設けると提案した。2020年の大統領選に出馬したサンダース上院議員は、企業の買い取りを望む労働者に「低金利融資、融資保証、専門家による支援」を提供する銀行の設立を提案するとともに、大企業に課税して、労働者が選出した管財人が管理し労働者に配当金を支払う基金に自社株の2%を移すよう促すという提案も行った。[*8]

課税よりも正のインセンティブのほうが効果的（しかも施行しやすい）という考えから、私は従業員の自社株所有ないし利益分配について一定の基準を満たした企業を優遇する政府の調達政策に肩入れしている。現在の調達政策では、中小企業（連邦契約の23%を保証）、障害のある退役軍人、女性がオーナーである企業、経済的ないし社会的に恵まれない人がオーナーである企業を優遇している。そこに従業員所有の企業を加えてもいいのではないだろうか。ただし、優遇の対象は中小企業だけであってはならない。従業員所有または利益分配制度のある企業向けの優遇プログラムは大企業も対象とすべきである。このような所有形態を選択した大企業は多数の労働者を利するからだ。

最後に、労働者がリスクを取りすぎないように、資本の所有を自社以外に多角化すべきである。そのためには、大型改革を行う場合、ＥＳＯＰなどの所有形態において必ず４０１ｋ年金基金も提供させる（ほとんどはそうしている）方法を検討しなければならない。アラスカ州のプロビデント・ファンド〔職員退職積立基金〕などの政府系ファンド（労働者に配当金を支払う信託基金ないしオープンエンド型投資信託を政府が設立する）も、労働者に渡る資本所得を増やす方法として可能性がある。[*9]

このような制度には必ず長所と短所があり、吟味する必要がある。経済学、法学、ビジネスの専門家による調査と、クリーン・スレート・フォー・ワーカー・パワーが労働法の分析を行って提案したものと類似した労働者所有制度や利益分配制度の導入をすでに経験済みか検討中の労働者や企業からのインプットを参考にするとよいだろう。従業員の自社株所有が党派を超えて広く支持されていることを踏まえると、その所有を増やす政策は、アメリカ（およびその他の国々）の労働者の状況を改善し、議論の多い労働法規制の改革につなげる環境を整える第一歩となりうるだろう。

IX

労働市場ツール

Labor Market Tools

第22章

万人への雇用保障

Guaranteeing Employment for All

ウィリアム・ダリティ・ジュニア

連邦雇用保障は、アメリカのすべての成人がまっとうな水準の報酬と安全な労働条件の雇用を見つけられるようにするマクロ経済政策である。最初に明確にしておくと、連邦雇用保障は、所得格差を縮小できるが、資産格差にはほとんど効果がないだろう。所得分布で最低水準の人々の所得を引き上げることによって、所得格差に影響を及ぼすものである。なお、これはアメリカでは長い歴史のある政策だ。非常にアメリカ的な発想ともいえる。連邦政府による雇用保障の代表的な前例には、大恐慌時代の資源保存市民部隊と雇用促進局（WPA）がある。現在提案されているものがこれらの施策と異なるのは、恒久的で普遍的な雇用保障プログラムとなる点だ（Darity 2010; Aja et al. 2013）。

フランクリン・ローズヴェルト大統領の第二権利章典（Roosevelt 1944）には、すべてのアメリカ人は「国の産業、商店、農場、鉱山に有用で報酬のある職」を得る権利と、「家族に十分な衣食と余暇を与えられるだけの所得」を得る権利を持つべきだと述べられている。ハリー・トルーマン大統領が1949年の年頭教書で用いたフェア・ディールという言葉も同じテーマをなぞっている。公民権活動家のバイヤード・ラスティンは、1967年にA・フィリップ・ランドルフ・インスティテュート〔労働運動家で公民権活動家のA・フィリップ・ランドルフの名を冠したアフリカ系アメリカ人労働組合の全国組織〕のために自由予算案を構想したが、これには職の保障のための引当金が含まれていた。マーティン・ルーサー・キング・ジュニアも妻のコレッタ・スコット・キングも連邦雇用保障への支持を表明していた。全米経済協会の前身である黒人経済学者会も1972年に連邦雇用保障を提唱している（Darity and Hamilton 2017）。

黒人として初めて経済学博士号を取得した経済学者のセイディー・モーゼル・アレグザンダーは、1945年にフロリダ農業工科大学で行ったスピーチで、連邦雇用保障には労働市場における人種間の経済格差の是正を促進する意義があると述べた。金融不安定性仮説を紹介した異端の経済学者、ハイマン・ミンスキーは、連邦政府に最後の拠り所となる雇用主の役割を果たさせることを提唱していた（Darity and Hamilton 2017）。ただし、ここで提案する連邦雇用保障は最後の雇用者政策とは種類が異なる。連邦雇用保障で就職するために、民間セクターで就職できなかったことを証明する必要はない。

支持者には他にもバード大学レヴィ経済研究所とミズーリ大学カンザスシティ校にゆかりのある重要な経済学者たちがいる。ランドル・レイ、マシュー・フォーステイター、ステファニー・ケルトン、マイケル・マリー、パブリナ・チェルネヴァらだ。彼らは職の保障に関して外国の前例からの学び、なかでもアルゼンチンの失業世帯主プログラム（Jefes y Jefas program）とインドの農村雇用保障を特に重視してきた（特にTcherneva 2018参照）。さらに、連邦雇用保障には、1978年のハンフリー・ホーキンス法の財源付与のない執行命令という形ですでに法的根拠がある。実質的に、連邦雇用保障はハンフリー・ホーキンス法を財源付与のある執行命令にするはずだ。

連邦雇用保障は――1944年に宣言した経済権利章典でのローズヴェルト大統領の言葉を借りれば――「有用で報酬のある職」と、「家族に十分な衣食と余暇を与えられるだけの所得」を得る普遍的な権利を確立するだろう。ここで提案する具体的な職の保障の形とは、「全国投資雇用部隊」(NIEC :National Investment Employment Corps)を創設し、すべてのアメリカの成人に公共セクターでの雇用を保障するものだ。連邦政府が財源を負担し運営するプロジェクトである。先述したように、利用者に現在の雇用状況に関係なくいつでもこの制度で就職する選択肢があるという点で、最後の雇用者政策とは厳密には異なる。恒久的な選択肢あるいは民間セクターの雇用の恒久的な代替物であり、連邦政府による大規模な直接雇用プログラムとなる。

報酬は貧困に陥らない賃金(最低賃金の職でも約2万5000ドル)と医療保険を含め、連邦政府職員と同等の福利厚生からなる。また、プログラムには作業安全条項と昇進の機会も盛り込む。

この公的雇用プログラムを通じた連邦雇用保障により、国は社会の物理的・人的インフラのニーズに直接対応できるようになる。人的インフラの次元には保育と介護の専門職化がある。これは、アメリカ経済では女性労働者にとって特に重要だろう。高齢者介護と育児の負担は彼女らに偏って大きいからだ。

既存の連邦雇用プログラムで雇われた教師助手と連邦雇用保障で就職した職員がチームとなって、一緒に学校設備の改修にあたることもできるだろう。アメリカの郵便システムは人員が一気に増えて活気づくかもしれない。アメリカ経済の「ソーラー化」つまりグリーン化は、NIEC職員が担うかもしれない。想像力を働かせれば、個々人の技能と才能を本人がやりがいを感じるような仕事とマッチングできるはずだ。例えば1930年代、人々は雇用促進局から壁画家、俳優、作家として雇用された。実は私たちが今日読むことができる奴隷体験記は、この時代に雇用促進局の職員が収集したものである。

また、「常勤」職員を流動型ないし循環型雇用の職員と組ませてプログラムを実施してもよい。連邦雇用保障は自動安定装置として機能するだろう。つまり、景気下降期に拡大し、景気上昇期に収縮して、景気循環に対するアコーディオン効果を発揮するはずだ。景気後退期にも家計所得の維持を助けることができるため、不況の影響をやわらげ、ある程度遮断してくれるだろう。

この種のプログラムの効果は、報酬と仕事の質に下限を設けることにあるだろう。これは最低賃金法や生活賃金法のみに頼るのとはいくぶん異なるはずだ。最低賃金によって助かるのは実際に仕事に就いている人だけであるし、たとえ仕事に就いていても、最低賃金法は福利厚生の資格が発生する労働時間までは保証してくれない。

連邦雇用保障の重要な目標は劣悪な仕事の一掃だ。雇用保障の前提は、誰もが劣悪な仕事（低賃金、不確実な労働時間、福利厚生の乏しさまたは欠如、危険な作業状況といった悪条件の仕事）を辞める現実的な選択肢を持つべきであるということだ。

勤労所得税額控除（EITC）やユニバーサル・ベーシックインカムは、実際、民間セクターで劣悪な仕事が作られ続けるのを助長し*かねない*。もっとも、連邦雇用保障が実現しても、貧困線を上回る所得ゆえに制限が発生し家族が困窮する場合の対策として、EITCはなんらかの形で残す必要があるかもしれない。しかし一般的に、貧困対策は所得支援のメカニズムが作動する前に人々が貧困状態にあることを条件にしている。それに対して、連邦雇用保障は人々がそもそも貧困に陥らないようにすべきだという考えに基づいたものである。

加えて、連邦雇用保障は完全雇用プログラムと貧困対策プログラムの二役を担えるため、貧困対策支出は現在の水準から大幅に下げることが可能である。それどころか、いずれ連邦雇用保障は実質的に税収中立となるかもしれない。入手可能な最も優れた推定値は、プログラムの年間コストの上限を1兆5000億ドルから2兆ドル近辺と示唆している（Paul et al. 2018）。NIECによって職を得る失業者や不完全雇用者の数が多く、この水準の連邦雇用保障費に達する場合、金額的には貧困対策プログラムのコストとほぼ同じになるだろう（Paul et al. 2018）。

最後に、連邦雇用保障は、ユニバーサル・ベーシックインカムのような純粋な所得移転プログラムに比べてインフレ圧力は小さいだろう。公的雇用制度に関わる財とサービスの生産が実際に行われるからだ。すでに述べたように、連邦雇用保障は所得分布の下位層を引き上げることによって所得格差に対処する。差別による排除や不当な低賃金に甘んじてきた集団にまっとうな雇用を保障するものだ。

その集団には、人種、退役軍人としての資格の有無、ジェンダー、障害、犯罪歴を理由に排除される人々が含まれる。連邦雇用保障では実質的にあらゆるカテゴリーの個人に雇用を保障する。どんな人でも必ず職が得られる。したがって、連邦準備制度は物価安定と完全雇用というデュアル・マンデート〔二つの責務〕を今までほど重視せずにすむ。連邦雇用保障が完全雇用を維持するから、FRBは必要な際にインフレとの戦いにもっと集中できるようになる。

連邦雇用保障は多大な政治的支持を受けてきただけに、大統領選もたけなわの今〔原著の元になったシンポジウムは2019年〕、この政策にほとんど注目が集まっていないのは不可解だ。実際、2019年10月の全国世論調査（The Hill 2019）では、投票資格のあるアメリカ人有権者の70％が連邦政府による万人への職の保障に賛成していることがわかっている。これを見ると、連邦雇用保障に熱い支持を表明する候補者が有利であってもおかしくない。ところが逆の結果になっている。

本稿で提案した連邦雇用保障の最後の利点は、経済学者が自然失業率（あるいはインフレを加速させない失業率）の決定にもう頭を悩ませなくてよくなり、心が軽くなることである。連邦雇用保障のおかげでフィリップス曲線は失業率ゼロのところで垂直になるはずだからだ。

第23章

仕事を底上げする

Making Work Work

デヴィッド・T・エルウッド

二つのグラフが私の頭を離れない。怒り、絶望、党派意識、人種憎悪、移民への怒り、エリート（たぶん特に経済学者）への徹底した侮蔑——今のアメリカで目にするものの多くが、これらのグラフだけで説明できるように思われる。

一つ目のグラフは、実は男女別に作成された2枚1組のグラフで、通年雇用でフルタイムの「働き盛りの」男性（図23・1A）と女性（図23・1B）の所得を追跡している。1961年を基準年に設定し、所得グループ別に1961年と比較した実質所得の変化をパーセンテージで表した。皆が運命共同体であれば、グラフの線は一緒に上下するはずだ。実際、しばらくはそうなっている。まず男性を見ると、1960年代から1970年代前半にかけて、各所得グループの実質所得は約30％増加した。しかしその後、賃金は分岐し始める。2018年になっても、中間所得の男性は45年前の中間所得の男性に比べてまったく所得が増えていない！　他方、75パーセンタイルと90パーセンタイルの労働者の所得は21世紀に入っても増え続け、それに対して25パーセンタイルと10パーセンタイルの常勤雇用

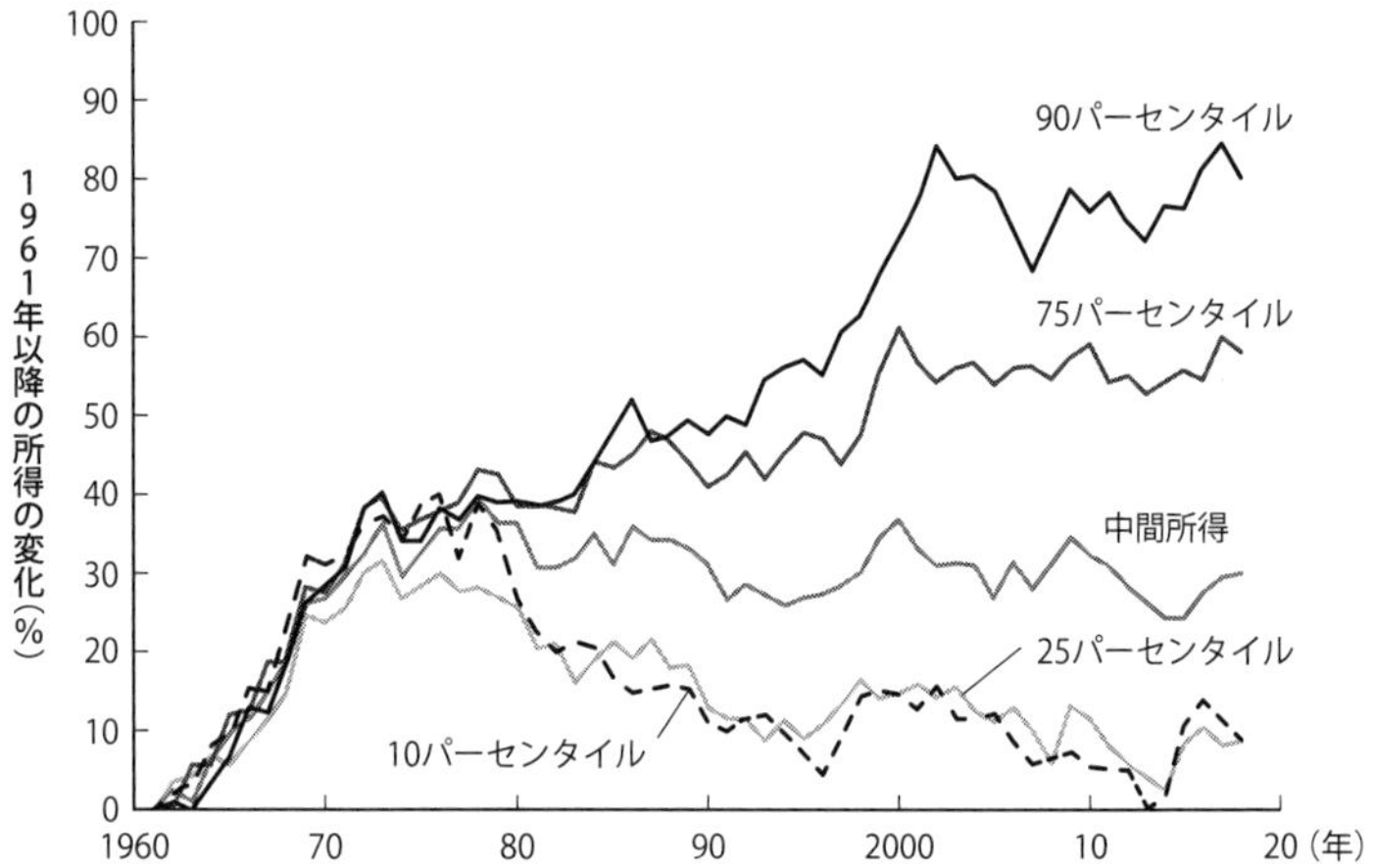

図23.1A　通年フルタイム雇用の25〜54歳の男性労働者の実質賃金および給与所得の分布、基準とした1961年と2018年の比較

出所：就業状態調査のデータをもとに筆者が作成。所得は現行の手法に合わせ、労働統計局の都市消費者物価指数CPI-U-RSを用いて物価上昇分を除去している。

男性の所得は1960年代の水準に下がった。はるかに低い水準からスタートした女性はと言えば、中間以下の層は所得の伸びが緩やかで男性とかなり近いが、上位層は男性以上に急激に伸びている。*1

多くの労働者の所得の伸びが緩やかで時にがくんと下がってきたことの帰結は、ラジ・チェティらが作成したグラフに鮮明に表れている（図23・2）。このグラフは「アメリカンドリーム」の核心にある考え、つまり子供が自分の親より所得が増えたかを表している。チェティら（Chetty et al. 2017）は、1940年代前半に生まれた子供たち（1960年代と1970年代前半に成人した）は親より所得が増える可能性が90%あったことを示している。それに対して、1980年代に生まれた子

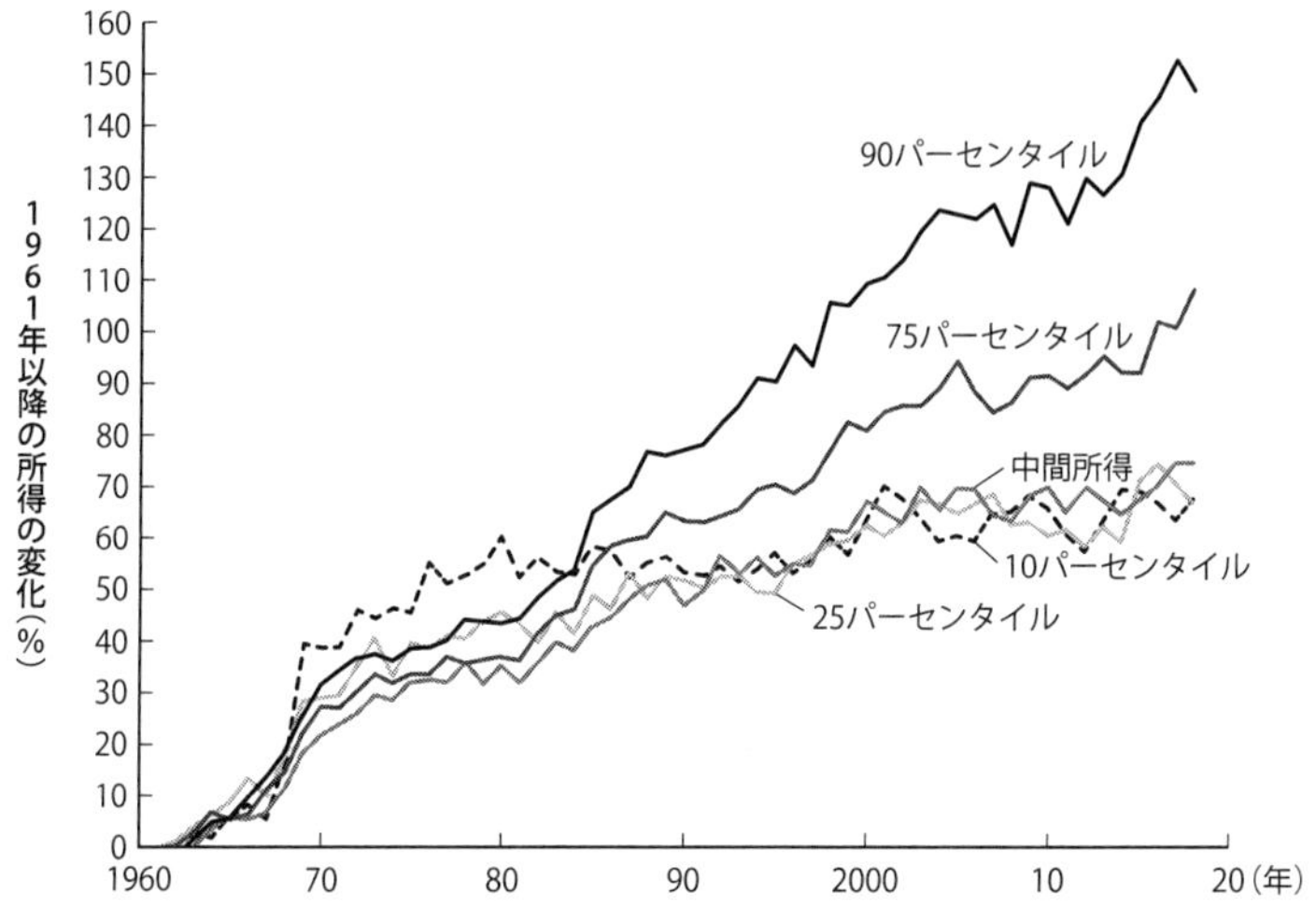

図23.1B　通年フルタイム雇用の25～54歳の女性労働者の実質賃金および給与所得の分布、基準とした1961年と2018年の比較

出所：就業状態調査のデータをもとに筆者が作成。所得はCPI-U-RSを用いて物価上昇分を除去している。

供たち（現在大人になった）が親より豊かになる可能性はほぼ半々だ。しかも息子だけを取り上げて父親と比較すると、過半数は父親が同じ年齢だったときよりも低所得だった。

かつては一生懸命働けば報われるとされていた。貿易、移民、テクノロジーは短期的には混乱を生じさせるが、いずれほぼ全員がその恩恵にあずかる、とエリートたちはうわべでは約束していた。社会の上層部にいる人々の報酬は急騰したが、非常に多くの人々、特に男性は、40、50年経っても取り残されたままだ。そして多くの国民が、悪いのは移民、有色人種、自由貿易、共和党、民主党、政府、企業、エリートだと思っている。

本書の元となった錚々たる顔ぶれ

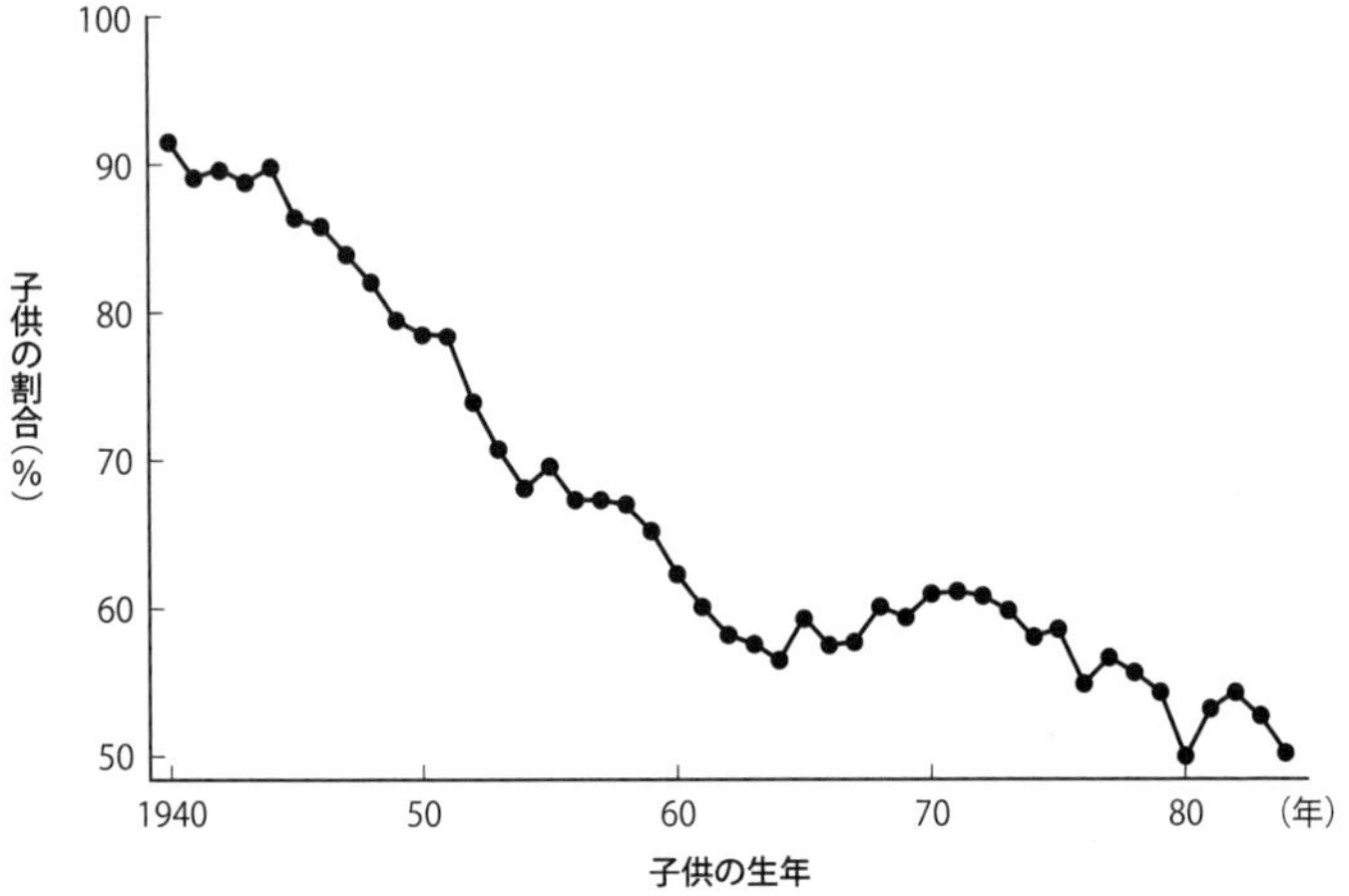

図23.2　30歳時点の親よりも所得が多い子供の割合(%)

出所：Chetty et al. (2017).

が集まったカンファレンスで、他の参加者は格差の急拡大に関してさまざまな見立てをした。提案された解決策は、ユニバーサル・ベーシックインカム、教育と訓練の変革、大規模な公的雇用プログラム、労使関係の再編など、大掛かりで体系的なものが多い。価値がある重要な提案ばかりだが、政治的に実現可能か、変革の規模とスピードは格差に実際に変化をもたらすのに十分か、という部分でつまずいている。その間にも例の二つのグラフは私たちにつきまとう。

この小論では、仕事と密接に結びついた確実で即効性のある解決策をどこに求めればよいのか、に主に注目する。ほとんどの国で、そして間違いなくアメリカでは、仕事が自分という人間と生活を支えるよすがだと人々が考えている。仕事と仕事の金銭的・個人的な報酬およびコストには、尊厳、意味、所属感についてのメッセージが乗っている。

今後に向けて、三つのアイデアを提案させていただきたい。

・まず、「仕事に見合う報酬」は格差との闘いに不可欠な戦略である。

・次に、従来の「仕事に見合う報酬」戦略から一歩進んで「劣悪な仕事」を「優良な仕事」に変えることにもっと注目しなければならない。

・最後に、低技能職の市場はうまく機能していないように思われ、おそらくは今後さらに悪化していく。この市場の欠陥を理解し是正することが、恒久的に格差を縮小し、機会を広げ、国にとっては一層の繁栄を実現するために不可欠なのではないか。

仕事に見合う報酬

「仕事に見合う報酬」とは、すべての有給の仕事で必ず妥当な水準の報酬を得られるようにするための戦略をいう。どれくらいが妥当かはもちろん人によるが、賃金と所得分布の下位層にとって仕事をもっと金銭的に報われるものにすることができるきわめて現実的な戦略は多数ある。

経済学者に人気の高い戦略は賃金や所得への補助だ。アメリカでは、これはおおむね勤労所得税額控除（EITC）の形を取ってきた。EITCは税制を通じて実施される所得補助である。低所得労働者は一定の上限まで所得1ドルにつき全額給付の税額控除が受けられ、内容は家族の状況によって異なる。子供が2人いて2019年の所得が1万4570ドル以下の申告者ならば、40％の所得増に等しい控除が受けられる。[*2] しかも給付型であるため、納税額がゼロかゼロに等しい人でも全額支給される。

ＥＩＴＣが労働報酬を増やしながら、雇用主にとっては労働者を雇うコストを上げない、むしろ下げうる点を経済学者は評価している。二大政党の政治家たちがこの制度を支持しているのも、まさにＥＩＴＣが働く尊さを認め、働いている低所得者とその家族に報いているからだ。ユニバーサル・ベーシックインカムとは違い、お金は働く人のみに支給され、低賃金職で働けば働くほど、一定の上限までは支給額が増える。社会学者のジェニファー・サイクスら（Sykes et al. 2015）は、低所得者自身も他の公的扶助よりＥＩＴＣをずっと好むと報告している。不名誉な烙印を押されたりストレスの多い申請手続きに悩まされたりすることなく、税制の中で処理され、給付を受けられるからだ。受給者に一切干渉しないＥＩＴＣの効果は、あらゆる雇用プログラムや訓練プログラムを合わせた効果よりもはるかに大きい。

仕事に見合う報酬を実現するもう一つの戦略は、最低賃金の引き上げである。こちらは賛否が大きく分かれる。というのも最低賃金法は、労働市場にもっと直接的に干渉し、雇用主に支払い増を迫るからだ。アメリカでは政治的に非常に人気が高い。例えば、ピュー・リサーチ・センターが２０１９年の春に実施した世論調査では、アメリカ人の3分の2が最低賃金を時給15ドルに引き上げることに賛成している（David and Hartig 2019）。多くの経済学者は最低賃金を引き上げた結果、雇用が減る可能性を懸念してきた。しかし、低賃の金労働市場において、買手独占力（モノプソニー）（雇用主に大きな市場支配力がある状況）がこれまで認識されていた以上に蔓延していることを示唆する研究論文が増えている（Council of Economic Advisers 2016）。市場に買手独占力が存在する場合、最低賃金はむしろ雇用を増やす可能性がある。最低賃金の引き上げで雇用も増えるなら、きわめて魅力的な戦略になりうる。

最後に、仕事に見合う報酬をめぐる議論においては賃金だけでなく福利厚生も焦点になってきている。論者の中でもローラ・タイソン（本書の第19章）が福利厚生を多数取り上げている。働く人々が保育、産休、病気休暇、医療、年金その他の支援を受ける可能性を広げることも、仕事に見合う報酬の一部になる。

まとめると、政治的に支持されやすく、経済的に健全で、即効性があり、すでに実用段階にある方法で格差を本当に改善したいなら、仕事に見合う報酬から手をつけるべきなのだ。

「劣悪な仕事」を「優良な仕事」に変える

ロボットの能力や自動運転車がさかんに喧伝されているが、いずれ人間の仕事が不足するかどうかは非常に疑わしいと私は思っている。孫と年老いた親を持つ者として、子育てや介護をロボットやコンピュータ画面に安心して任せられる未来など想像できない。しかし「優良な仕事」は、今現在すでに不足しており、今後も不足するだろう。賃金は明らかに優良な仕事の一つの要素だが、労働時間が予測を立てやすく比較的安定しているか、仕事で学び成長できるか、キャリアパスを形成する職務階梯があるか、尊厳のある扱いを受けられるか、社会から価値を認められる仕事か、といった問題も優良な仕事の要素である。

皮肉にも、アメリカで最も低賃金で不安定な仕事の一部は、ほぼ間違いなく最も重要な仕事だ。例えば保育士や介護士は明らかにそうで、彼らは私たちの子供と孫を世話してくれており、高齢化が進む今の社会では私たち自身もお世話になる。彼らは保育や介護のプロでこの仕事を愛しているが、搾取されていることが多い。給与が安く、働く時間の予測が立ちにくく、昇進の道筋が往々にして不明確である。最悪なのはおそらく、彼らのような労働者が見えない存在のように扱われがちなことだ。

このような労働者を低い地位と貧困に追いやるのが問題なのは、人道的な見地からだけではない。私たち全員が非常に損をすることにもなるからだ。1982年に会計検査院が、5万3000人の軍関係者の扶養家族向け保育所に関する報告書で「現在利用されている多くの保育所」が「安全でもなければ適格でもない」と言い切った（General Accounting Office 1982）。我が子の安全と発達に懸念を持っている親には配置や異動を頼みにくいため、アメリカ軍は長い年月をかけて抜本的な改善に取り組んだ。保育所長に高い基準を設け、施設を改善し、親が長期に不在でしかも危険な場所にいることの多い子供たちと接するという他にはない難しい対応をする訓練を保育士に行い、訓練した保育士を引き留めるために給与を大幅に引き上げたのである。現在、米軍の保育は「最高水準」とみなされている（Lucas 2001）。

このような解決策には当然、リソースがかかる。しかしこの改革には軍の能力向上、軍人の状況改善、子供たちの環境改善、保育士の状況改善という四つの利益《ウィン》があり、価値の高い投資だったのは確かなように思われる。長々と述べたが、保育士以外にも多数ある、私たちの生活になくてはならない「劣悪な仕事」にウィン・ウィン戦略が適用できる可能性を、この事例は教えてくれる。ユニバーサル・ベーシックインカムの提唱者が求める財源のほんの一部を「劣悪な仕事」を優良な仕事に変えるウィン・ウィン戦略に投資すれば、はるかに有意義な結果になるかもしれない。

機能不全の低技能労働市場

本章の最後の節は短く推論に基づくものである。私は長年のうちに、他の経済学者と同じく、「低技能」労働市場は市場の失敗の典型例であると考えるようになった。買手独占力のエビデンスが増えていることについてはすでに述べた。これは労働の人為的な低価格化につながる。労働市場が正常に機能するためには情報が不可欠だ――製品市場以上に、である。情報は雇う側と雇われる側の双方にとって重要で、雇用主は求人の応募者がさまざまな業務をどの程度うまくこなしてくれそうかを知る必要があるし、労働者は仕事の内容、待遇、将来性について知らなくてはならない。

労働市場の上層部では情報は豊富で、ますます豊富になりつつある。雇用主はレファレンスチェックを行い、独自のネットワークを使って過去の実績を知り、面接を実施し、多数の人材採用サービスを利用できる。労働者は自分のソーシャルネットワークや企業の格付けサイトを利用できる。リンクトインのような新しいプラットフォームのおかげで、雇用する側もされる側も採用の機会を探し、ふさわしい出会いを見つけることができる。離職しても労働者にとってキャリアアップが早まったり、ずっと満足度の高い仕事が見つかったりすることが多い。

ところが労働市場の下層部には信頼のおける情報がほとんどない場合が多い。応募者がそれまで勤務していた大規模小売店やファストフード店に電話して本人の働きぶりを知ろうとする雇用主はいないだろう。仕事は不確実だ。大手ディスカウント店であっても、労働者がたった3日休んだだけで（例えばトラックを借りた弟が返すときにガソリンが空だと言い忘れたために）、長年堅実に働いてきても即解雇することがある。将来性のある仕事か、昇進制度がどうなっているのかについてさえ、ほとんど情報がない。離職は成功への足掛かりではなく、労働市場情報が再び失われ、労働者がますます不安定になるきっかけでしかない。

状況はおそらくさらに悪くなっている。大企業はかつては守衛から重役まで今と比べて多種多様なタイプの労働者を雇用していた。メール室で働き始めてCEOに出世することも理論上は可能だった。情報が社内にあったからだ。しかし今は、低技能職は外注されるようになってきている。ラリー・カッツとアラン・クルーガーは「派遣社員」や「独立契約者ないしフリーランサー」と定義されるこのような代替的労働力の増加を立証している（Katz and Krueger 2019）。

したがって、労働者と仕事の情報がどんどん明確化していく労働市場の上層部では、機会は増える。労働者と雇用主には自分に投資して魅力を高め、高度に差別化された能力を活用する大きなインセンティブがある。他方、情報が欠落している下層部では、労働者も仕事もコモディティ化し、定型化し、取り換えがきくようになる。情報の欠如によって職務階梯は消え失せ、自分に投資しようというインセンティブは削がれ、雇用主にとっては将来性のある仕事や学べる環境を提供する見返りが減るかもしれない。報酬と地位の低さゆえにサービスやパフォーマンスが貧弱になり、それが低賃金を正当化するという悪夢のような均衡に市場が落ち着きかねない。

だが、希望の光はある。この層向けの教育機関はばらつきが大きく、コミュニティカレッジは卒業率がきわめて低くて就職や高等教育に直接つながりにくいものの、わずかながら成功への道を提供しているところがある。いわゆる業種別（つまり産業に特化した）訓練も有望な成果を上げている。低賃金市場で雇う側と雇われる側に良質な情報を提供する方法を模索している起業家たちもいる。足りないのは、低技能市場の包括的で一貫性のある調査と、その機能向上のための戦略だ。

広がる格差の中心には、仕事とその金銭的、個人的、社会的な報酬がある。仕事に見合う報酬を実現する方法は短期間で見つけられる。その作業を発展させれば「劣悪な」仕事を優良な仕事に変える方法を探せるし、なぜ低技能労働市場が情報と機会の制約という問題によって機能不全に陥っているのかについて理解を深めれば、長期的な解決策の手がかりが見つかるかもしれない。

第24章

労働市場における効果的な政策手段を設計する際の法的執行力の重要性

The Importance of Enforcement in Designing Effective Labor Market Tools

ハイディ・シアホルツ

労働者と雇用の保護に関して時として見過ごされるが重要な要素は、法的執行力である。どれほど完璧に設計された保護も、執行が緩いために雇用主が遵守するインセンティブが小さければ、効果がないだろう。

この議論に関心を持っていただくために、まず労働者保護が侵害された事例とそのような侵害がどれほど一般的に行われているかについてわかっていることを示そう。データはこの種の侵害がきわめてよくあることを示している。なぜそれほどはびこっているのか、考えられる理由を考察する。最後に、雇用主に責任を回避するより労働者保護を遵守するインセンティブを与えるような、より効力のある執行制度とはどのようなものかを述べる。本論では賃金と労働時間に関する法の侵害、いわゆる「給料窃盗」を取り上げる。しかし安全衛生基準、採用差別からの保護、労働法にもおおむねあてはまる内容である。

次に挙げるのは典型的な賃金と労働時間に関する侵害の例である。

・給与が最低賃金未満である。これには雇用主が労働者を独立契約者として誤分類し、最低賃金などの賃金や労働時間に関する法の遵守を怠るケースも含まれる。
・働いた時間に対して給与が全額支払われない。例えば遅いシフトのコンビニ店員に上司が「タイムレコーダーを押してから掃除して」と言うケース。これは給料窃盗に当たる。
・週40時間超働いて残業の資格があるのに、通常賃金の1・5倍を支払ってもらえない。
・労働者の賃金からの違法な天引き。例えば、連邦法では制服代を天引きして結果的に最低賃金を割ったとしたら違法になる。これも給料窃盗の一種である。
・雇用主か上司によるチップの窃盗。チップは法的には上司や雇用主ではなく労働者の財産である。チップが本来の持ち主以外の懐におさまったとしたら、それは給料窃盗である。

このような違法行為はどれだけ多く行われているだろうか。実証研究はあまり多くないが、入手可能なものを見ると問題は蔓延している。例えば、シカゴ、ロサンゼルス、ニューヨークの低賃金業界で働く4300人への調査では、対象となった労働者の3分の2が所与の週に1件以上、賃金に関して違法な侵害を受けていることがわかった。平均すると被害は所得の15%にも達していた。つまり調査対象の全労働者（賃金関連の違法な侵害を受けていない人も含め）で平均すると、これらの都市の低賃金労働者は所得の約10%を給料窃盗によって失っていると報告していたのだ（Bernhardt et al. 2009）。もう一つの研究は労働統計局（BLS）の就業状態調査のデータを参照して、最低賃金の資格のある労働者がもらっている賃金とその労働者が本来もらえるはずの賃金を比較し、最低賃金法の違反によって労働者から奪われた賃金だけでも合計すると１５０億ドルを超えることを発見した（Cooper and Kroeger 2017）。

既存の研究に基づいて推定を行うと、あらゆる形態の給料窃盗を総合すれば、低賃金労働者は、概算で年間およそ５００億ドル失っていることになる（McNicholas, Mokhiber, and Chaikof 2017）。他方ＦＢＩによれば、強盗、侵入強盗、窃盗、車上荒らしによる総被害額は年間１３０億ドルだ（Cooper and Kroeger 2017）。連邦政府、州政府、地方政府は莫大な資源を投じて窃盗犯罪と戦っている。この後論じるように、給料窃盗は窃盗犯罪より被害額がはるかに大きいにもかかわらず、議員たちは給料窃盗との戦いにはあきれるほどわずかな資源しか割いていない。

いったいなぜ、給料窃盗がこれほどはびこっているのだろうか。一つの理由は、雇用主に対する労働者の交渉力が相対的に弱まったことだ。この雇用主の違法行為が「競争によって排除」されていないという事実は、労働者がさまざまな理由から違法な仕事を辞められず、法を守らせるうえで、退職が実質的な効果を持っていないことを裏付けている。また、職場における保護の侵害と戦うことに特化した政府の資源が足りていない。例えば、アメリカの労働者の数は増えてきたのに、同じ期間に労働者保護の執行に割かれる連邦政府の資源は減少してきた。１９７８年には賃金および労働時間を担当する調査官１人当りの労働者数は６万９０００人だったが、現在その比率は１人対17万５０００人になっている（Hamaji et al. 2019）。これは違反者が検挙される確率がきわめて低いことを意味する。しかも仮に検挙されても罰金は驚くほど安く、違反が発覚した雇用主からの罰金の回収に問題があることも研究で十分に立証されている（Cho, Koonse, and Mischel 2013）。検挙される可能性がごく低く、罰金がきわめて安いうえに罰金の支払いからも逃れやすいとなれば、企業が法を遵守する金銭的なインセンティブはないに等しい。要するに、アメリカの労働者保護制度は執行をほとんど経営者の良心に依存しているのだ。

法を守らせるための政府の資源が減少していく一方で、雇用主が職場における労働者の権利を侵害した場合に訴訟を起こす権利を契約書で従業員に放棄させる企業が増えている。強制仲裁という手口だ。これは企業が従業員に自社との法的争いを仲裁によって解決することに同意させる、問題視されている慣行である。強制仲裁では、雇用主が労働者に対して、もし雇用主が労働者の権利を侵害した場合、例えば法的に支払うべき賃金を支払わなかったり、安全規制を守らなかったり、セクシャルハラスメントを行ったり、人種や性別による差別をしたりした場合に、法廷に持ち込むことはできないと書かれた契約書に同意を求める。かわりに、争いは民間の仲裁機関によって解決されなければならない。雇用主が仲裁機関を選ぶ可能性があり、仲裁機関は雇用主に有利な裁定をすれば今後もその雇用主から仕事をもらえる可能性が高いとわかっている。このような状況では当然、結果は裁判に持ち込むよりも労働者にとってずっと不利になる。強制仲裁では裁判に比べて従業員側が勝つ見込みは薄く、得るものがはるかに少ない（Stone and Colvin 2015）。ところが強制仲裁は横行しているばかりか増えている。調査データによると現在、民間セクターの労働組合未加入の従業員の半数超が強制仲裁に同意させられている――25年前の8％未満から大幅に増加した（Colvin 2018）。単純な外挿を用いると、5年後には民間セクターの労働組合未加入の従業員の80％超が強制仲裁に同意させられているだろうと私は予測している（Hamaji et al. 2019）。

さらに、先日の最高裁判決は、クラスアクションとコレクティブアクション〔ともに集団訴訟だが、後者の場合は対象となる労働者一人ひとりの同意が必要〕の権利を放棄させる強制仲裁契約にゴーサインを与えた（McNicholas 2018）。なぜこれが問題か。クラスアクションは民間の法執行力に不可欠な要素である。通常は裁判費用のほうが失った賃金より高くつくため、個人で訴訟を起こすのは低賃金どころか中間賃金の労働者にとってさえ非現実的だからだ。クラスアクションとコレクティブアクションのおかげで労働者は要求をまとめることができ、費用対効果が高くなるので訴訟が手に届きやすくなる。アメリカの法執行の枠組みにおいてクラスアクションによる訴訟がいかに重要かを裏付けるように、２０１５年と２０１６年に行われた賃金と労働時間をめぐる民間集団訴訟の和解金の上位10件だけで、州と連邦政府の機関による執行で取り戻された賃金の総額を上回った（McNicholas, Mokhiber, and Chaikof 2017）。クラスアクションとコレクティブアクションの権利放棄を含む強制仲裁は、低賃金労働者から有効な救済手段を実質的に取り上げてしまう。法執行のための政府資金が貧弱であることを踏まえると、強制仲裁に集団訴訟の権利放棄が組み合わされれば、企業に法を遵守させるわずかに残っていた金銭的なインセンティブも取り除かれるに等しい。

法律違反が横行しているもう一つの原因は職場の「断裂（fissuring）」だ。これはブランダイス大学ヘラー社会政策経営大学院のデヴィッド・ワイル教授の造語で、「国内アウトソーシング」とも呼ばれる（Weil 2014）。この現象を説明するために彼は次のような例を使う。かつてホテルで働く人は基本的に全員が建物の正面に名前が掲げられている企業の社員だったが、１９８０年代頃から雇用主が労働集約的な業務を中心に多くのサービスを外注し始めた。その結果、ホテルは客室係、清掃員、庭師、洗濯係、人事担当者を雇用するかわりにこれらのサービスを外注するようになっている。つまり、かつては中心にいる企業（ホテル）がすべての労働者の賃金を決めていたのが、今ではホテルを取り巻く多数の企業が賃金を決定しており、しかも皆が契約を取るために価格競争をしている。外注先の大半にとって主要なコストは労働者であるため、労働コストを切り詰める大きな圧力を受けている。コスト削減手段の一つが労働法違反や雇用法違反というわけだ。

労働者保護違反が横行する最後の理由は労働組合の衰退である。組合に加入している労働者は給料窃盗などの違法な被害に遭いにくい。労働者が権利を主張するにあたって組合が支援と手段を提供し代理を務めるとともに、報復解雇から守ってくれるからだ。しかし過去40年間に、団体交渉協定の対象となる労働者の割合は、25％超から12％未満へと半分以上も減少した（Shierholz 2019）。権利侵害と戦う際に労働組合の保護を受けられる労働者が減っているのだ。

雇用主に法律違反をするよりも労働者保護を遵守させるインセンティブを与えるような法執行制度を実現するには、何をすべきだろうか。その第一歩は、州政府と連邦政府がともに、労働者保護を執行させるための資源配分を増やすことだろう。調査官の数を増やすといった変更は当然（非常に大切だが、取れる重要な施策は他にもある。例えば、労働者の権利侵害が最も起こりやすいのに往々にして報告されづらい業界を調査のターゲットとした戦略的な取り締まりを行い、業界特有の力学を計算に入れて、多数の雇用主から一気にコンプライアンス行動を引き出す波及効果を狙えば、執行にかける費用を効率良く使える（Weil 2018）。さらに、州の司法長官府の中には労働担当部門を設け、その権限を使って労働者に不正を行っている企業を調査し提訴して、州法の執行に取り組んでいるところがある（Gerstein and von Wilpert 2018）。また、エビデンスを見ると、企業の法律違反が発覚したら公表することも重要である。企業の社会的に望ましくない行為を公表することで、そのような行為に関わらないインセンティブが増す可能性があるからだ。例えば、安全衛生規制に違反しているとわかった職場について労働安全衛生局がプレスリリースを発行し始めたところ、この広報活動によって他社、の職場におけるコンプライアンスが大幅に改善し、労災が減ったことが最近の研究で明らかになった（Johnson 2019）。

強制仲裁、また労使関連のクラスアクションおよびコレクティブアクションの権利を放棄させることは禁止しなければならない。雇用主が労働者に法廷という法執行の重要な場の利用権を放棄する契約をさせるのを合法とすべきではない。強制仲裁や、クラスアクションおよびコレクティブアクションの権利を放棄させる行為の禁止は、連邦法を制定すれば可能なはずだ。それまでの間は、州が「内部告発による法執行」法を制定できるし、現に制定されている。これは州が仲裁に同意していないことを踏まえ、強制仲裁に同意させられた労働者が州の代理として違法な雇用主に訴訟を起こせるというものだ（Hamaji et al. 2019）。

職場の断裂が給料窃盗に与える影響に対しては、強力な共同使用者基準によって対抗できる。雇用主がさまざまな業務を委託業者や再委託業者にアウトソースするうちに、発注元の企業が労働基準違反の責任を逃れられるようになってきた。一つの解決策が、労働者の仕事の契約条件（給料、スケジュール、職務など）に支配力を持つすべての企業をその労働者の雇用主、つまり「共同使用者」とみなすことだろう。例えば、発注元の企業が委託業者とともに法的に共同使用者になれば、委託業者に対して労働コストを切り詰めるよう圧力をかけておきながら法律違反への責任を負わずに済ませることはできなくなる。積極的に委託業者にコンプライアンスを徹底させるインセンティブもできる。

法執行力を高めるもう一つの方法は、労働組合化を後押しする法律を制定し、職場における労働者の権利侵害に対して組合の保護を受けられる労働者を増やすことだ。労働組合の衰退が「自然」現象ではなかったことをここで指摘しておくのは重要だろう。労働組合への加入を希望する人は40年前よりも増えており（Shierholz 2019）、労働者が労働組合を求めていないわけではない。また、組合加入者数の減少については、産業構成の変化よりもセクター内の労働組合化の減少のほうがはるかに重要で（Nunn, O'Donnell, and Shambaugh 2019）、衰退の原因はサービス業への移行ではなかった。労働組合化が減少したのは主に雇用主が労働組合の結成に激しく抵抗することが増え、労働法がそれに応じて進化してこなかった結果である（Bronfenbrenner 2009）。これは是正しなければならない。

法執行力を高める比較的簡単なもう一つの手段は、一部の州がしているように、すべての雇用主が労働者に給与明細書を出すよう連邦法で求めることだろう。特に労働者の法的な雇用主の社名、基礎賃金、実労働時間、給与控除額が明記されたものだ。労働者に対して雇用条件を書面で提供することを雇用主に求めれば（ほとんどの企業は現在そうしていない）、簡単に隠蔽できるがゆえのコンプライアンス違反を減らす一助となる。権利侵害があった際に労働者が訴えを起こすのに必要な記録にもなる。

最後に、連邦政府は毎年何千億ドルも費やして、州間高速道路の建設から国立公園での店舗営業まで、ありとあらゆるものを発注していることを指摘しておきたい。労働省連邦契約遵守局の推定によれば、アメリカの全労働者の約4分の1が政府から1件以上受注している企業で働いている（US Department of Labor 2016）。常習的に労働者の権利を侵害している請負業者に納税者のお金が使われないようにする有効なシステムは、今のところ存在しない。法律で、連邦政府からの契約を獲得しようとする企業に過去に行った労働者の権利侵害を情報開示させ、開示内容を独立機関が確認し、新規発注の際にはそのような権利侵害を考慮するようにすべきだ。つまり、政府調達を法執行の手段として活用するのである。

本章で述べた労働者保護違反の横行は、アメリカの法執行制度にあまりにも穴が多いことの表れだ。労働者保護策をいくら完璧に設計しても、雇用主に遵守するインセンティブがほとんどなければ効果はないだろう。アメリカの格差拡大を止め、縮小に転じさせるための労働市場における政策手段の枠組みを考える際には、取り締まりへの政府の資源配分を増やす、強制仲裁を禁止する、共同使用者基準を強化する、労働組合化を促進する法律を制定する、法執行に政府調達を活用するといった施策を通じた、法執行力の強化を優先すべきである。

X

社会的セーフティネット

Social Safety Net

第25章

社会的セーフティネットの向上を基盤にミクロとマクロのレジリエンスを高める

Enhancing Micro and Macro Resilience by Building on the Improvements in the Social Safety Net

ジェイソン・ファーマン

アメリカは50年間で社会的セーフティネットを大きく拡大してきた。おかげで、今では社会福祉によって貧困から脱出する人々がかつてないほど増えた。社会的セーフティネットの拡大がおおむね政治的に抵抗が少なかったのは、それがたいてい就労を求めるものであるか子供向けのプログラムだったからだ。幸い、子供と就労に焦点を合わせることには多大な経済的利点がある。制度にまだ不足している最大のプログラムは政治的に共感されにくい集団向けのもので、そのため進めるには政治的な障害がある。しかし、その障害を乗り越えれば大きな益がもたらされるはずだ。それによって、現行制度の欠陥からこぼれ落ちてしまう人々が直接的に救われるだけでなく、財政の自動安定装置を強化することによる波及効果もあり、マクロ経済の安定化がもたらされる。

社会的セーフティネットの拡大は、固定基準で見た補完的貧困値（ＳＰＭ）を使うことによって理解できる。ＳＰＭは税と社会移転（現物給付を含む）をすべて考慮した貧困率を示すものだ。[*1] 社会的セーフティネットが拡大した影響はきわめて大きく、ＳＰＭは１９６０年代後半以降、約10パーセン

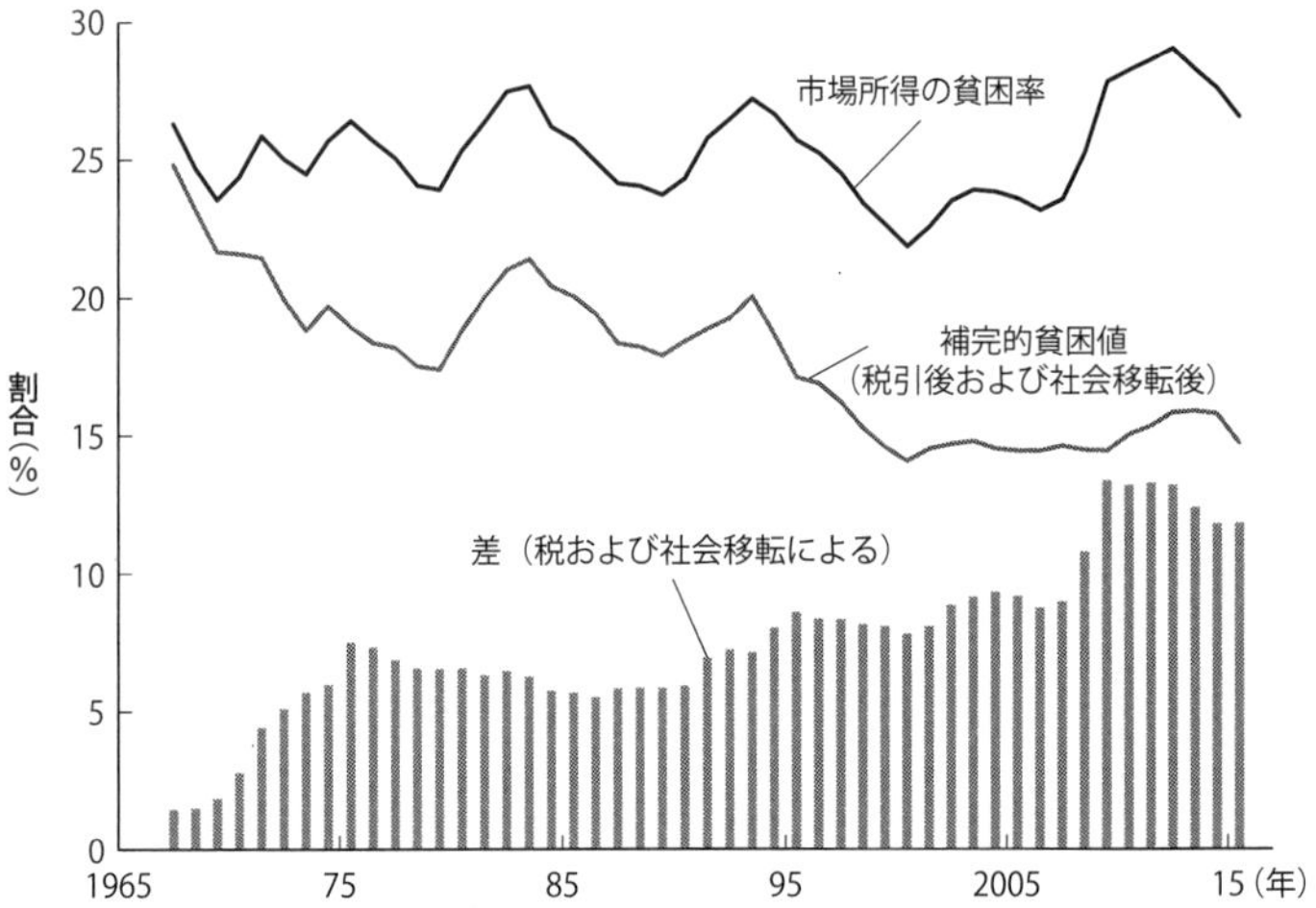

図25.1　市場所得の貧困率と税引後および社会移転後の貧困率のトレンド（1967〜2015年）

出所：ワイマーら（Wimer et al. 2013）に基づく。2016年11月に更新、ファーマン（Furman. 2017）にて報告。

テージポイント低下した（図25・1）。一方で、市場所得の貧困率は基本的に変化がなく、よく知られているように所得分布の下位層の実質賃金が伸びなかったことと、技能の低い男性たちが労働力から撤退したことを反映している。

1965年には、税引後および社会移転後の貧困率は市場所得の貧困率とほぼ一致していた。なぜなら社会移転によって貧困線から引き上げられた人々もいるが、多くの人は課税によって貧困線を下回っていたからだ。1965年には、貧困線より少しだけ多い所得のある4人世帯が税によって実質的に貧困に陥っていた。この状況は時とともに大幅に改善され、現在では市場所得で貧困にある人々の半数近くが、他の要素をすべて一定として、社会的セーフティネットによって貧困線から引き上げられている。これは児童税額控除、勤労所得税額控除（ＥＩＴＣ）、メディケイド、また以前はフードスタンプ・プログラムと呼ばれていた栄養補給支援事業（ＳＮＡＰ）の創設や拡大によるものだ。

公的プログラムで最も拡大が著しかったのは、子供を対象とするプログラム（例えば児童医療保険プログラム、通称ＣＨＩＰ）や就労と子供の両方を対象とするプログラム（例えばＥＩＴＣ）である。なかでも最大だったのは所得のある人のみ利用できるＥＩＴＣで、１９７５年に創設されてから数十年間で複数回にわたって拡大された。最近では２００９年に米国再生・再投資法の一環として拡大され、改善内容は２０１０年と２０１３年に延長された。このような就労重視の強まりは、１９９６年以降ＥＩＴＣが低所得世帯に対する支援として従来型の現金福祉給付を上回ってきたことにも表れている。２０１９年度には、ＥＩＴＣの給付部分と児童税額控除（こちらも所得のある人のみ利用できる）の給付部分の合計が、従来型の現金福祉給付プログラムである貧困家族一時扶助（ＴＡＮＦ）への連邦支出の６倍弱に当たる約８８０億ドルに達した。

その結果、アメリカで子供のいる世帯が税によって実質的に貧困化することはなくなった。しかし、年収約１万４０００ドルでプログラムの対象となる子供のいない単身者が税の支払いによって貧困線以下に陥る状況は今も続いている。プログラム対象の子供がいないこのような労働者は、現在の社会的セーフティネットの大きな穴に当たる人々である。この穴は、彼らに対して貧弱な現在のＥＩＴＣを拡大する小さな改革を行うか、ＥＩＴＣに含まれる二つの要素を分離して児童手当と低所得労働者向けの税額控除という別々のプログラムにするもっと大きな改革を行うことで埋められるはずだ。子供たちへの投資を増やせば大きなリターンが期待でき、現在価値で投資以上の成果を上げる可能性さ

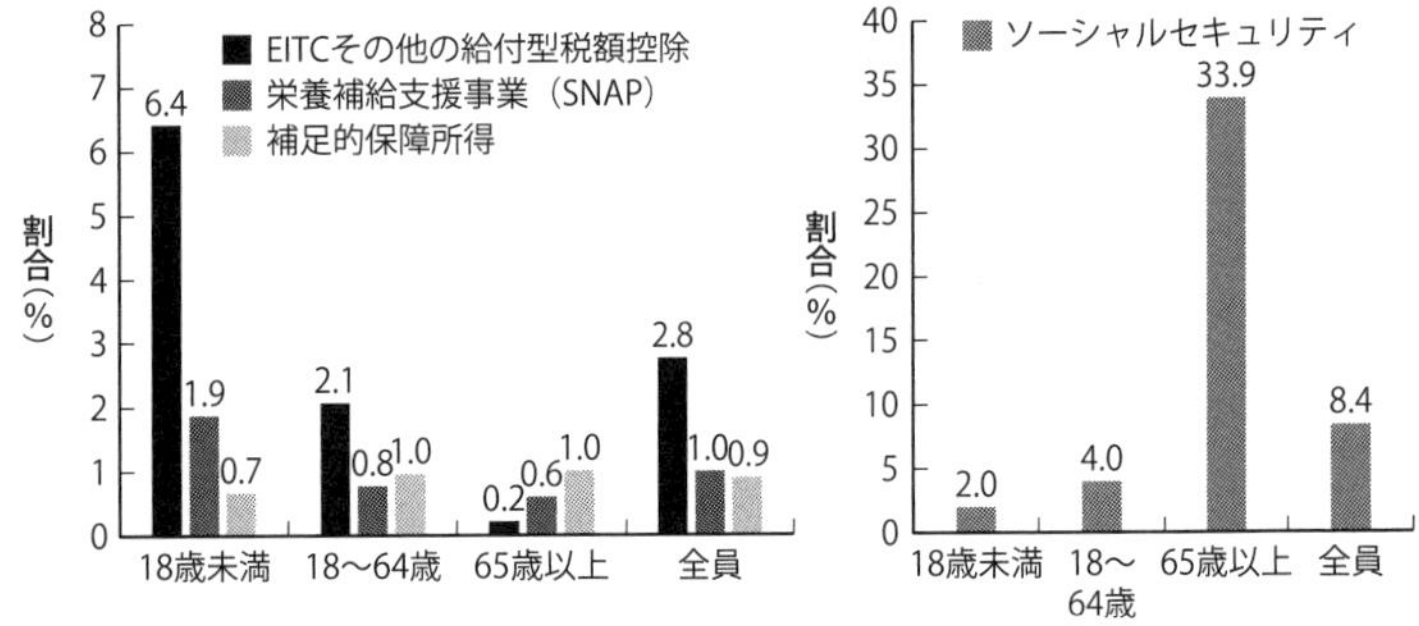

図25.2　プログラム別の貧困率の低下（2018年）

出所：Fox (2019).

えある（Hendren and Sprung-Keyser、近刊）。

社会的セーフティネットのインパクトを理解する一つの方法は、所得に対する給付金の寄与を「ないものとして」、各種プログラムが存在しなければ貧困率がどうなるかを検証することだ。2018年に各種プログラムによって貧困から脱した人々の割合を図25・2に示す。貧困率に最も大きな影響を及ぼしているのはソーシャルセキュリティ給付で、特に65歳以上に関しては3分の1がその支給によって貧困から脱していた。子供では給付型の税控除のインパクトが最も大きく、子供の貧困率を6％超下げている。

社会的セーフティネットの拡大は景気循環による貧困も減らしてきた。例えば大恐慌以来で最悪となった不況のさなかの2007年から2010年にかけて、市場所得の貧困率は4・8％上昇したが、既存の社会的セーフティネットと米国再生・再投資法による一時的な制度拡大のおかげで、税引後および社会移転後の貧困率の上昇は0・4％にとどまった（Furman 2017）。総合的に見て、ロールズの格差原理（Rawls 1971）のような基準で判断するなら、セーフティネットの拡大は財政制度の全体的な公平性が大きく改善されたことを表している。

これらの推定値は所得を所与のものとして税と社会移転を足したり引いたりした、単純な機械的作業による反事実に基づいている。行動が変化した場合、税と社会移転の欠如が市場所得にどう影響するかは反映されていない。ベン＝シャロム、モフィット、ショルツ（Ben-Shalom, Moffitt, and Sholz 2012）は多岐にわたる研究を検証し、貧困対策プログラムの労働供給インセンティブが全体的な貧困率に及ぼす効果は「基本的にゼロ」である——少なくとも短期的には——と結論した。ベン＝シャロムらはプログラム一つひとつを検証し、ＴＡＮＦは就労意欲に有意な変化を起こさず、障害年金、メディケア、失業保険が就労意欲にマイナス効果を及ぼして、これらのプログラムの推定上の静態的な貧困削減効果を減少させる可能性は8分の1以下であるとした。ＥＩＴＣなど他のプログラムは就労意欲を高める。

このプログラムごとのエビデンス評価は、社会的セーフティネットの拡大は就労の減少ひいては市場所得の減少につながってきたという考えが大きなトレンドとは食い違っている事実と合致する。社会的セーフティネットは全体的に拡大したが、手厚くなったのは労働参加が増えた集団（例えば働き盛りの女性）に対してであり、労働参加が減った集団に関しては縮小した（例えば働き盛りの男性で、彼らの現金給付の受給率は1975年の20％から2018年には9％に低下した）。*2

従来の経済学の論文は、セーフティネットの短期的な効果すなわち、支援を提供すると就労意欲が低下するというトレードオフに注目してきた。しかし、きわめて重要な新しい視点を加えた論文が急速に増えてきている。それは、給付を受ける世帯の子供たちに対する社会保障プログラムの長期的な効果だ。このような論文は、プリスクール、メディケイド、ＳＮＡＰ、ＥＩＴＣ、ハウジング・バウチャー〔住居費補助〕などのプログラムが受給世帯の子供たちに所得増、健康の増進、大学卒業の可能性の向上、犯罪の可能性の低下といった長期的なメリットをもたらしうることを発見している（展望はFurman 2017; Hoynes and Schanzenbach 2018; Hendren and Sprung-Keyser〔近刊〕を参照のこと）。

ミクロ経済レベルで家族のリスクをさらに下げうる手段は、自動安定装置のシステムを改善し、マクロ経済のリスクを下げる一助にもなるだろう。これが特に重要なのは、今後の景気後退において金利の実効下限に抵触する可能性が高い伝統的な金融政策には制約があり、財政政策の必要性とメリットが大きくなるためだ。

図25・3に示す通り、アメリカの自動安定装置は比較的弱い。それは、自動安定装置の規模を決定する最も重要な要素が政府の大きさであり、次に重要な決定要素が財政制度の累進性だからだ。アメリカは他の先進国に比べて政府が小さく累進性が低い。その結果、自動安定装置が他国よりも小さいのである。

規模に関係なく、自動安定装置の有効性はその設計にかかっている。例えば、限界消費性向が高くて打撃を受けた際に消費を平準化する力が弱い低所得世帯への社会移転は、他の政策よりも乗数効果が高いだろう。

財政制度を拡大するか累進性を高めるかすれば自動安定装置は大きくなるが、それに合意を得られない場合は、現行システムに臨時費を増やすことによって自動安定装置を改善できるだろう。例えば、失業保険の最適な期間は好況期より不況期の方が長い。モラルハザードに対して消費の平準化の重要性が相対的に上がるからだ（Baily 1978; Chetty 2006）。だから純粋にミクロ経済学的な理由からも、失業率が高い州や上がっている州では自動的に失業保険を拡大し延長する仕組みを作るのが理に適って

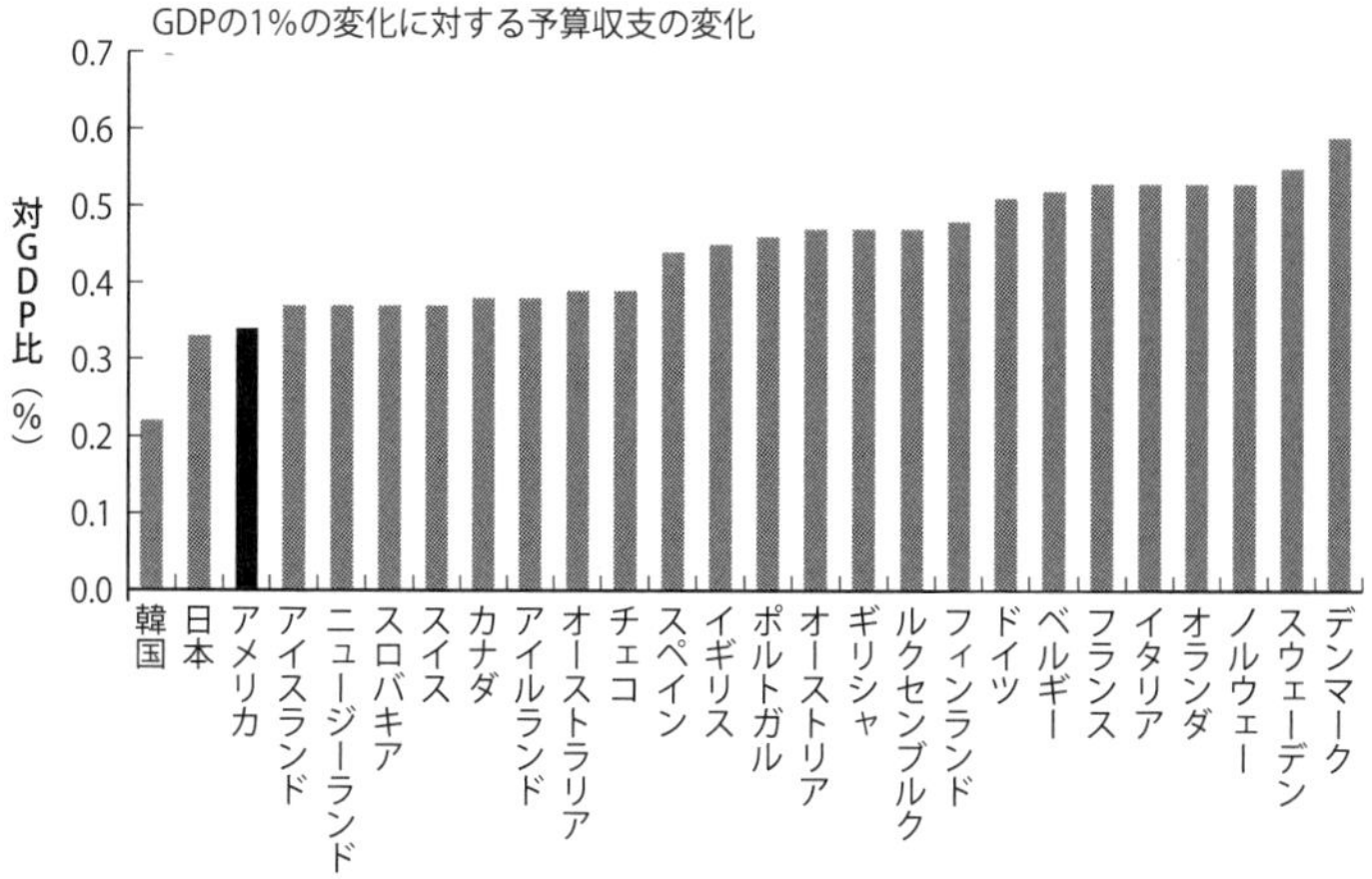

図25.3　経済協力開発機構（OECD）加盟の先進諸国の自動安定装置

出所：International Monetary Fund (2015).

いる（Chodorow-Reich and Coglianese 2019）。同様に、不況の州にメディケイドの支援を拡大すれば危機時のメディケイドの削減を抑えられる。これは財政の負の外部性を防ぐとともに、他州への負の波及効果を防ぐ。なぜなら不況の州がメディケイドへの支出を削減すれば、メディケイドへの連邦政府の補助金が削減され、結果として他の州にもその影響が及ぶからだ。(Fiedler, Furman, and Powell 2019)。このような政策はすべて財政中立的な設計が可能で、なおかつミクロ経済学的にもマクロ経済学的にもセーフティネットを向上させることができる。政策担当者が景気循環の波にかかわらずこれらのプログラムを平均的に増やしたいと考えるなら、予算増になる政策設計が望ましいだろう。

　過去50年間、貧困の削減は基本的に市場所得の向上ではなく、社会的セーフティネットに頼って進んできた。今後50年で貧困を大きく改善するためには、社会的セーフティネットの構築を続けるべきだが、それだけでは不十分かもしれない。市場所得を上げることもおそらく必要だろう。上手に設計したセーフティネットの拡大は、実はこの両面で寄与できる。セーフティネットの拡大には、子供たちにもたらす長期的な益と景気循環の改善を通じてGDPの平均水準を引き上げる潜在力があり、その過程で所得分布の下位層にいる労働者の賃金も上げられるのだ。

第26章

子供のいる世帯向けの社会的セーフティネット
——何が有効か、さらに効果を上げるにはどうするか？

The Social Safety Net for Families with Children: What Is Working and How to Do More

ヒラリー・ホインズ

2018年には、子供の14・5％が連邦政府が定めた貧困線未満の所得の世帯で暮らしていた（Fox 2019）。この点でアメリカは、1人当り所得が同等以下であっても、貧困度が低い他の先進国に比べ際立っている。低技能労働者の賃金停滞（Autor 2014）だけをとっても、子供の貧困率に上昇圧力を与えている。他方、社会的セーフティネットプログラムは、このような労働市場からの圧力に対抗する一助となりうる。アメリカの社会的セーフティネットの発展と労働市場要因の実質的な影響はどれだけあるのだろうか。社会的セーフティネットをどのように変えれば、子供の貧困をもっと減らせるだろうか。

本章では、子供の貧困と可能性のある政策変更を四つの部分に分けて論じる。第一に、子供のいる世帯向けの社会的セーフティネットの現状と、子供の貧困の削減に及ぼす効果を概説する。第二に、社会的セーフティネットがどのように変化してきたかをざっと振り返り、福祉改革の実質的な影響と主に就労を条件とした社会的セーフティネットの台頭について述べる。ここから、現在のアメリカの政策の何が奏功し、何が不足しているかを明らかにする。第三に、子供の貧困を大きく削減しうる政策変更案を二つ提示する。最後に、子供への社会的セーフティネット支出が、子供たちの人生の軌道を変えることによって長期的に多大な益を生むと証明した新しい研究を紹介する。

本論に入る前に、前置きとして私が子供の貧困に注目する理由をお伝えしておくのが有益だろう。第一の理由は、アメリカでは全年齢層の中で子供の貧困率が最も高いことである。第二の理由はさらに重要だ。子供の貧困に対する懸念は、世代間移動にまつわる問題、この年齢での低所得が公共と民間にもたらすコスト、この集団への支出と投資を増やすことにより生じうるリターンに関わっている。第三の理由は、子供のいる世帯向けのアメリカのセーフティネット政策がこの数十年で劇的に変化したことだ。

子供のいる世帯向けの社会的セーフティネット：現在の政策と近年の変化

図26・1は、アメリカの現行の社会的セーフティネットが貧困削減に及ぼす効果の一覧である。労働供給その他の行動は変化させずにプログラムを一つずつ取り除いた静的計算で、子供向けのプログラムがすべてある状態を基準としている。基準の子供の貧困率（2015年）は13％としている。[*1] 図26・1からは、アメリカで最大の子供の貧困対策プログラムが税額控除（勤労所得税額控除［EITC］と児童税額控除［CTC］の給付部分）であることがわかる。これらのプログラムがなかったら子供の貧困率は5・9パーセンテージポイント高い18・9％になっていたはずだ。2番目に大きい子供の貧困対策プログラムはフードスタンプ（現在の名称は栄養補給支援事業［SNAP］）で、これがなければ

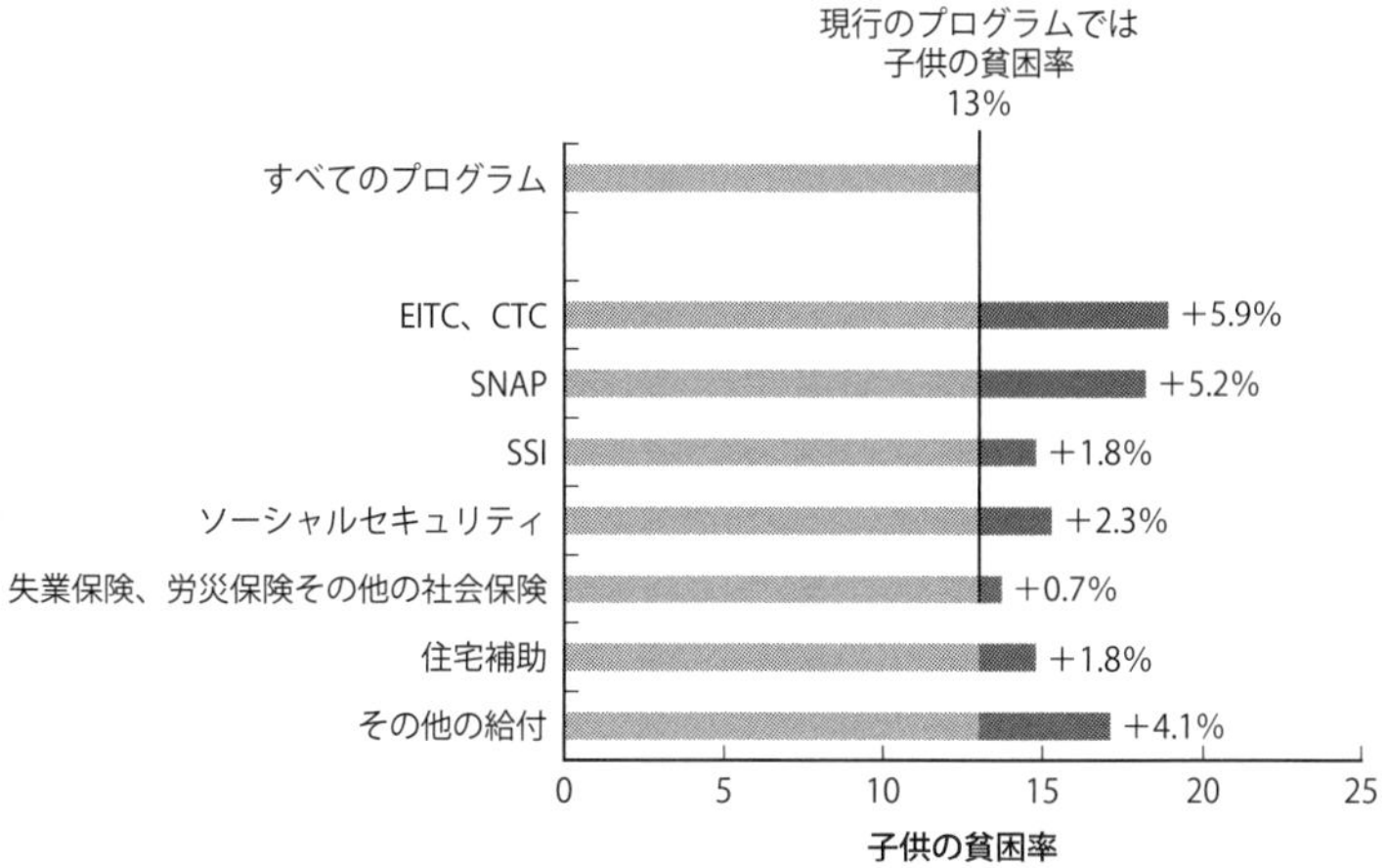

図26.1　子供の貧困に対する社会的セーフティネットの効果（2015年）

出所：National Academies of Sciences, Engineering, and Medicine (2019).

貧困率は５・２パーセンテージポイント上がっていただろう。他のプログラムの効果はそれほど大きくなく、補足的保障所得（ＳＳＩ）プログラムを通じて支給される障害給付がなければ子供の貧困率は１・８パーセンテージポイント、ソーシャルセキュリティ給付がなかった場合は２・３パーセンテージポイント上がっていたはずだ。さらに影響が小さいのは住宅給付その他のプログラムで、現金福祉給付（貧困家族一時扶助［ＴＡＮＦ］）による貧困率の低下はほとんど見られない。子供の極度の貧困率（税引後および社会移転後の所得が貧困線の50％未満）を見た場合、現金福祉給付ではＳＮＡＰが最も重要なプログラムとなる。

図26・2は１９６７年から２０１６年までの子供の貧困のトレンドを、市場所得の貧困率（税引前・社会移転前）と税引後および社会移転後の貧困率（補完的貧困値［ＳＰＭ］）

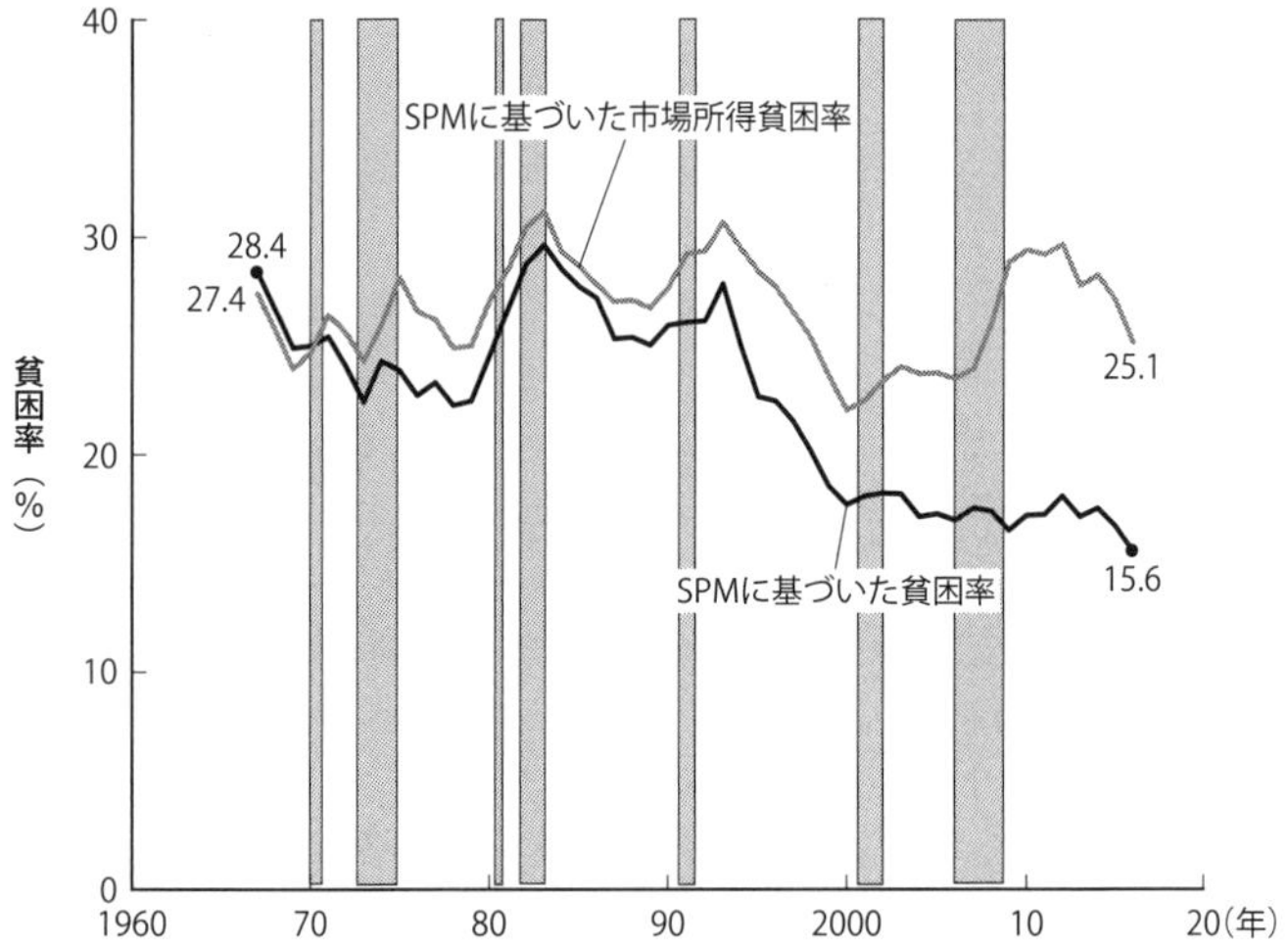

図26.2　税および社会移転を適用する前と後の子供の貧困率（1967〜2016年）

出所：National Academies of Sciences, Engineering, and Medicine (2019).

を別々にプロットして示している。この図から、ＳＰＭの子供の貧困は１９９０年代前半から２０００年頃にかけて大きく減少し、それ以降は比較的一定だったことがわかる。それに対して、市場所得の貧困はきわめて景気循環性が強く、世界金融危機後の大不況の間に大幅に増えた。この二つのグラフ線の対比から、アメリカの税と社会移転プログラムの「セーフティネット」的性格がはっきりと浮かび上がってくる。１９９０年代に子供の貧困は減少したとはいえ、貧困率は絶対値でも他の富裕国の貧困率と比べても高止まりしている。

　この間、社会的セーフティネットはどのように変化したのだろうか。図26・３は１９９０～２０１５年の下位集団別の社会的セーフティネット支出の割合をプロットしている。[*2] 図26・３ａはＳＰＭの

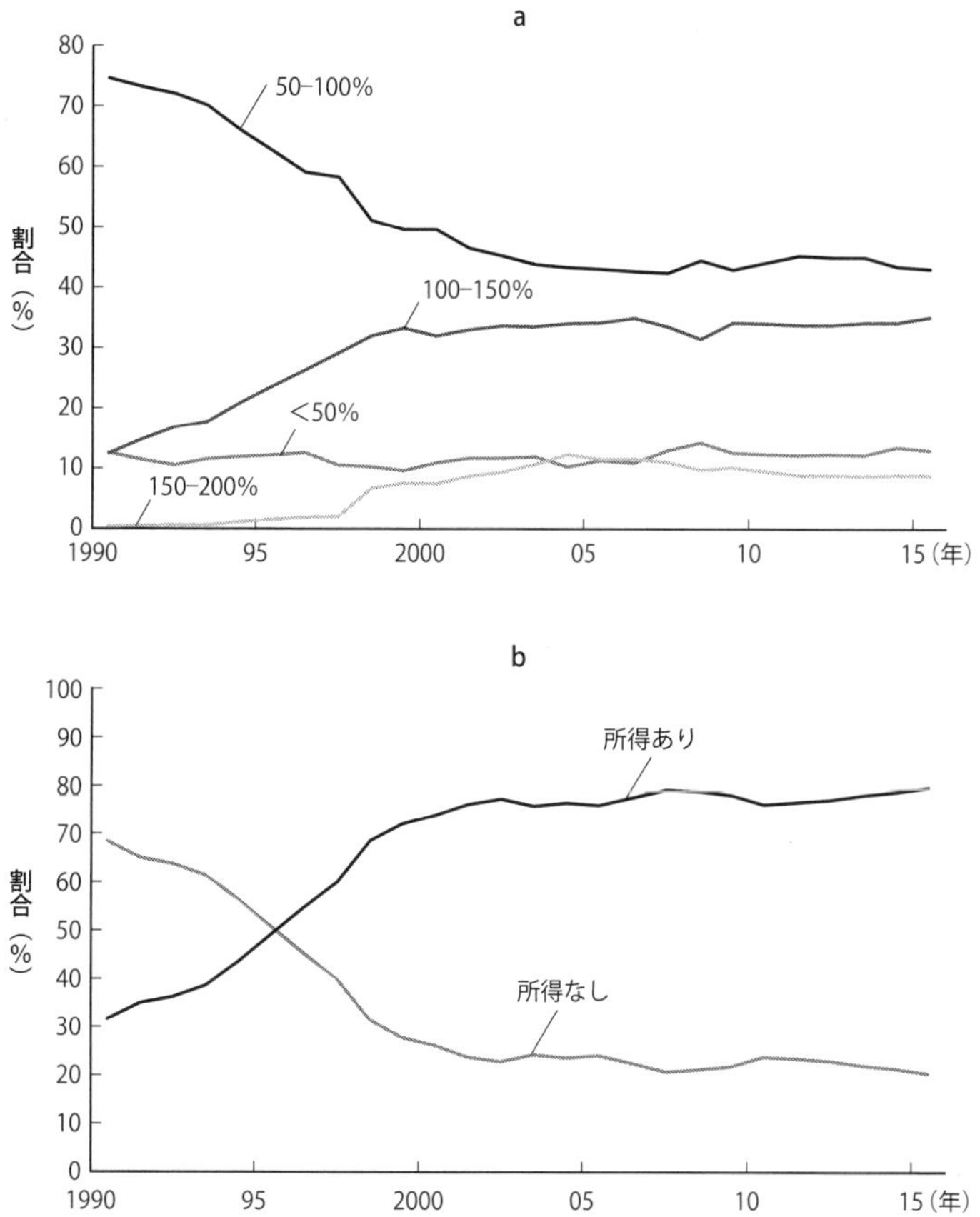

図26.3　下位集団別の子供に対する州および連邦政府の支出割合のトレンド。aはSPMの貧困基準に対する所得。bは所得の有無

出所：Hoynes and Schanzenbach (2018).

貧困基準に対する比率で税引後および社会移転後所得を4階級（50％未満、50～99％、100～149％、150～199％）に分け、総支出を割り当てている。図26・3bは所得のある世帯と所得のない世帯に分けてセーフティネット支出を割り当てている。二つのグラフはアメリカで貧困世帯に対する政策が劇的に変化したことを表している。第一に、子供のいる世帯向けのセーフティネットはほぼ完全に就労を条件とした支援に移行した。1990年には子供を対象とした社会的セーフティネットの70％が所得のない世帯に支給されていた。2015年にはこれが完全に逆転し、所得のない世帯の子供に使われる支出は30％未満になっている。第二に、第一と関連するが、この25年間の社会的セーフティネットの拡大分は基本的にすべて、恵まれない人々の中では比較的恵まれた層に向けられたものだった。それに対して、最も所得の低い層に支給される割合は減ってきている。これは福祉改革の結果、失業者への現金補助が減少したためだ。さらに、社会的セーフティネットの拡大は主として就労を条件とした給付（税額控除）かメディケイド（図26・3には含まれていない）という形をとってきた。

この変化は、負の（労働市場その他の）衝撃からの保護が減少したことを意味する。これは研究によっても裏づけられている。世界金融危機後の大不況について調査した複数の研究が、社会的セーフティネットは貧困線近辺の所得がある人々の保護には有効に機能した（図26・2が示す通り）が、貧困線以下の人々の所得は過去の不況の体験から私たちが予想する以上に変動した（Bitler and Hoynes 2015; Bitler, Hoynes, and Kuka 2017）ことを示した。これは現金補助の減少と直接的に関連している（Bitler and Hoynes 2016）。

子供の貧困を削減するための政策

子供の貧困および極度の貧困を減らすために私たちに何ができるだろうか。表26・1に貧困および極度の貧困の50％削減を実現する二つの政策パッケージをまとめた。推定値は私が参加した全米科学・工学・医学アカデミー報告書作成委員会の報告書（National Academies of Sciences, Engineering, and Medicine 2019）に基づいている。シミュレーションは、アーバン・インスティテュートのTRIM3モデルをもとにし、報告書の推定値に基づき労働供給の行動反応（ポジティブな場合もネガティブな場合もある）で調整した。表には政策変更の内容と総費用および労働者数の変化を記した。シミュレーションは貧困削減50％を達成する方法を二つ説明している。1列目はEITC、SNAP、ハウジング・バウチャー、子育てに関する税優遇措置など既存の政策の拡大である。2列目にもこれらの拡大（EITC、子育てに関する税優遇措置など）の一部を入れているが、新たな政策である児童手当も導入している。児童手当は世帯に年2700ドルを支給し、所得のない世帯も対象とする。基本的に現行の児童税額控除を拡張したものだが、世帯年収約40万ドルを上限に子供1人当り2000ドルを支給する現在の児童税額控除は最低所得の世帯（所得のない世帯を含む）を対象にしていない。

これら二つの政策群を合わせると子供の貧困と極度の貧困の50％削減が達成される。政策では就労を促進するプログラム（EITCと家族扶養控除）と就労意欲を減退させるプログラム（SNAP、ハウジング・バウチャー、児童手当）を組み合わせている。しかし総合すると、政策の拡大はネットで就労を増加させる（新規労働者数40万～60万人）。拡大の費用は年間900億～1000億ドルである。

表26.1　100%および50%の子供の貧困の50%削減目標を達成するための政策パッケージ

	既存の政策のみを利用	児童手当を導入
EITCの拡大（40%拡大）	○	○
家族扶養控除の拡大	○	○
最低賃金の引き上げ		○
ハウジング・バウチャー・プログラムの拡大（受給資格を70%に拡張）	○	
SNAP給付額の拡大（35%拡大）	○	
児童手当の開始（子供1人につき月額225ドル）		○
養育費保証の開始		○
1996年の移民受給資格制限の廃止		○
貧困の子供の数の減少割合	−50.7%	−52.3%
極度の貧困の子供の数の減少割合	−51.7%	−55.1%
低所得労働者の数の変化	+404,000	+611,000
年間費用（単位：10億）	$90.7	$108.8

注：過少報告で調整、労働供給の行動変化を含む。
出所：National Academies of Sciences, Engineering, and Medicine (2019).

投資としての社会的セーフティネット

このように、子供の貧困を減らして就労を増やすために活用できる政策はある。子供の貧困を減らすための支出がもたらす益は一定期間にとどまらないことを指摘しておくのは重要だ。最近の研究が、子供が幼い時期の社会的セーフティネットに支出を増やせば、長期的に個人にも社会にもリターンがもたらされることを立証している。子供が幼い時期の支出を増やすと成人してからの経済的成果と健康上の成果が増大するというエビデンスが、メディケイド、ＥＩＴＣ、ＳＮＡＰから多数得られている（Hoynes and Schanzenbach 2018）。例えば、子供が幼いときに公的医療保険がもっと利用できれば、教育を受ける年数と将来の所得が増え、成人してからの死亡率が下がる。子供のときにＳＮＡＰが利用できれば、教育の修了率と成人後の健康が向上し、死亡率が下がり、アフリカ系アメリカ人男性の場合は収監率が下がる（Hoynes, Schanzenbach, and Almond 2016; Bailey et al. 2020）。こうした長期的なメリットは勤労所得税額控除と現金福祉給付にも見られる。課題は、こうしたプログラムのコストは現時点で見えていても、便益が実現するには数十年かかることだ（また便益の推定には因果関係の証明が必要である）。

まとめると、アメリカの社会的セーフティネットが子供の貧困および極度の貧困を削減するためにはもっとすべきことがある。貧困の削減は可能であり、既存のプログラムと政策を拡張すればその目標は達成できる。加えて、子供に対する社会的セーフティネット支出（メディケイド、ＳＮＡＰ、ＥＩＴＣ、現金福祉給付）が今ある子供の貧困を減らすだけでなく、長期的に成人の人的資本の増大と健康の増進にもつながることを示すエビデンスも増えている。したがって、貧困の削減への支出をいま増やすことが、次世代の益（個人と社会の両方にとって）になるのだ。

XI

累進税制

Progressive Taxation

第27章

再分配政策を支援する税制についての考察

Reflections on Taxation in Support of Redistributive Policies

ヴォイチェフ・コプチュク

税政策の基本的役割は、歳出の財源となる歳入を増やすことである。自明の理に思われるかもしれないが、昨今は従来とは異なる、是正手段としての税の役割をめぐる議論が多い。本章では、アメリカの政策担当者が社会保障制度拡大の財源を作るための政策手段を検討する際、課税の歳入調達機能に注目する意味（と私が考えること）について論じる。

支出と課税の境界線は必ずしも明確ではない。勤労所得税額控除は税法によって運用されているが社会移転プログラムの一形態であり、「租税支出」には経済的に直接支出に近い（時には等しい）さまざまな減税措置が含まれる。アメリカは租税支出に強く依存する国だ。例えば、事業主が折半負担する医療保険への税制優遇は表向きは減税措置だが、直接的な補助金に似た医療支出への補助金である。

このような問題があるので、税の支出的な側面を考えずに税法の累進性だけを見るのは不十分で、誤解につながる可能性がある。まして、個々の課税手段の累進性に注目するのはあまり感心しない。例えば、炭素税は単体ではわずかに逆進的になりそうだが、炭素配当金と組み合わせれば累進的になる。炭素税の逆進性を相殺するために所得税を変更して補償すれば、さらに累進的になるかもしれない。こうした理由から、私（と多くの経済学者）は税と社会移転制度の累進性について、個々の累進性を考慮するのではなく全体で考えるようにしている。

これを念頭に、高い累進性をもたせた望ましい支出の方法があるはずだということを前提としたい。特に私が魅力を感じるのは子供たちへの投資、特に幼児期の介入、最も困窮している人々への直接的な移転（支援に条件をつけないのが望ましい）、ソーシャルセキュリティとメディケアの財源に迫りつつある問題への対応だ。このような累進的な形の支出には財源が必要である。

他国の税

財源の調達法を考える一つの方法は、まだ存在していない税の考案だ。もう一つは、アメリカよりも歳入が多く累進的な支出を行っている国を参考にする方法だ。どちらの方法を取っても同じ答えに行きつく。付加価値税（ＶＡＴ）である。

経済協力開発機構（OECD 2019）の２０１６年のデータを使おう（図27・1）。アメリカの税収がＯＥＣＤ諸国平均の対ＧＤＰ比34％よりも少ない25・9％（全レベルの政府［連邦政府、州政府、地方政府］の合計）であることについては誰も驚かないだろう。隣国のカナダの税収は32・7％だ。ＯＥＣＤとの8・1％の差、カナダとの6・8％の差は何だろうか。見て見ぬふりをされてきた不都合な事実はＶＡＴだ。ＯＥＣＤ諸国はこの税を使って対ＧＤＰ比平均6・8％の歳入を得ている。カナダはＶＡＴへの依存度がＯＥＣＤよりは低く4・4％である。デンマーク、ニュージーランド、ハ

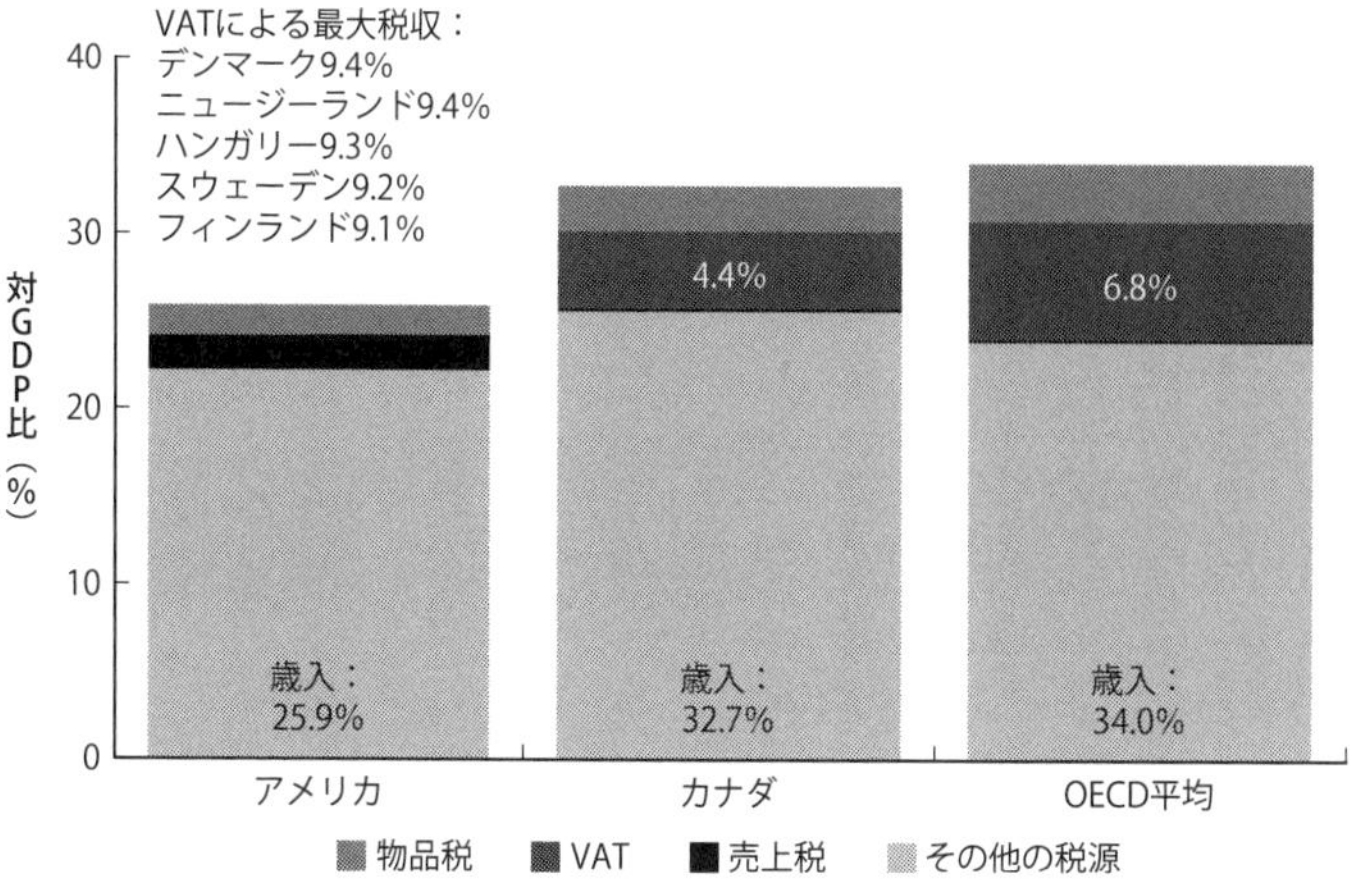

図27.1　VAT、売上税、物品税の役割

出所：OECD（2019）の2016年のデータ。

ンガリー、スウェーデン、フィンランドなどは9％超を徴収している。

このこと自体が興味深いのはVATがあまり累進性の高い課税手段ではないからだ。VATは消費に対する税で、ほとんどが単一の税率であるが、一部の物品への優遇税率と免税が併用されることが多い。消費に対する一律課税は税基盤が包括的で、非常に長期で見るなら累進的でも逆進的でもないかもしれない（短期的に見ると消費税は所得税に比べて累進性が低い。消費性向は所得によって異なるからだ）。しかし実際の運用では、行政上の理由や政策上の理由から一部の消費形態を除外することが多い。（程度はさまざまだが）医療、教育、住宅消費の一部、慈善が対象となりがちで、いずれも逆進性が上がりやすい。このような免税は不可避なわけではない――ニュージーランドは消費の90％超にVATを通じて法定税率を課している（OECD 2018, table 2.A.7）――が、ごく一般的だ（平均

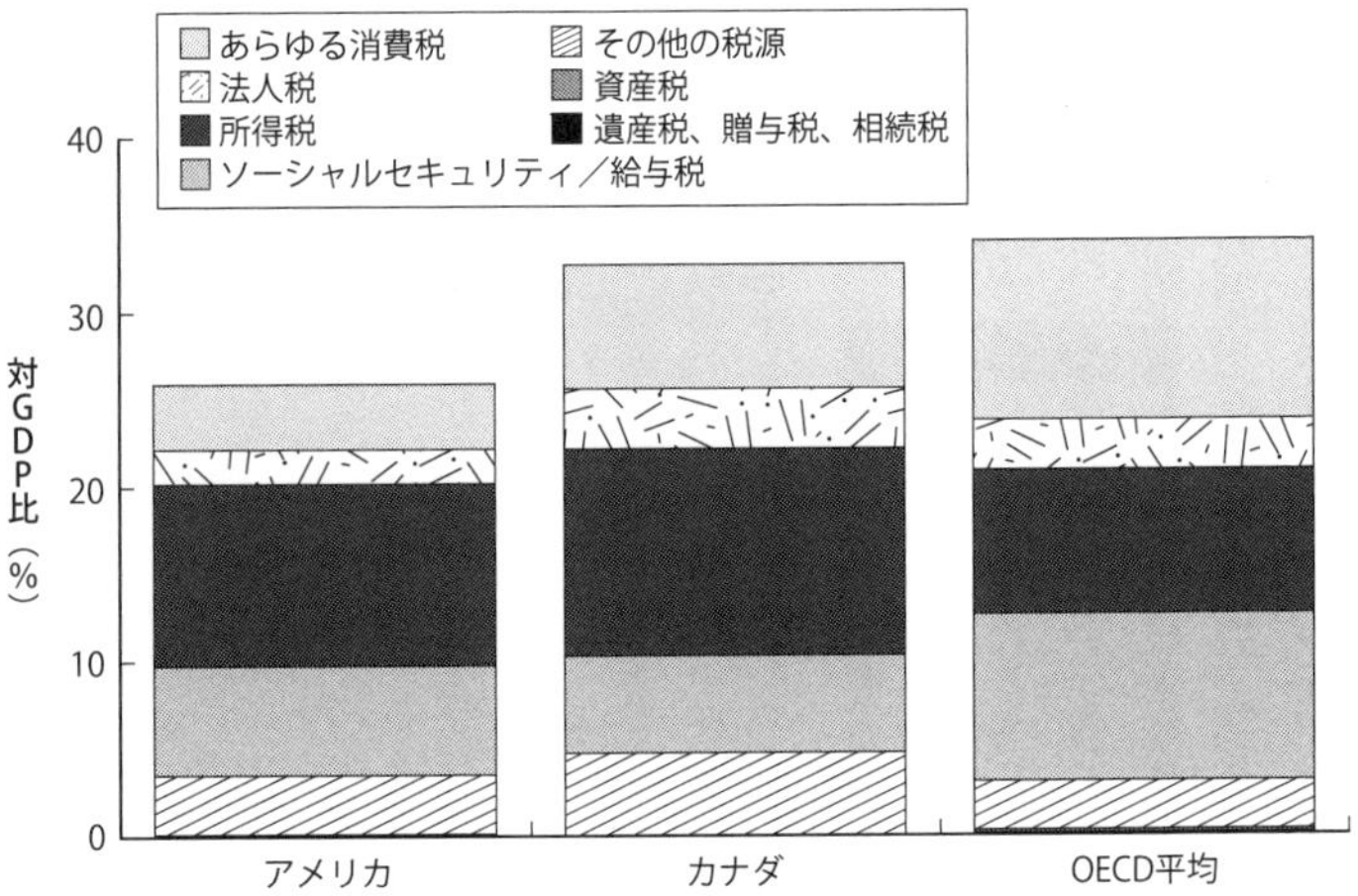

図27.2　対GDP比で見た税収の構成

出所：OECD (2019) の2016年のデータ。

的なＯＥＣＤ加盟国の実際の税収は、包括的な消費税を法定税率で徴収すると仮定した額の55％である）。必需品の免税によって部分的に埋め合わされるかもしれないが、税基盤と税収には明らかにトレードオフ関係がある。結局のところＶＡＴにはせいぜい多少の累進性しかもたせられないが、それでもアメリカよりはるかに累進的な支出パターンの国々はＶＡＴに大きく依存している。

ＶＡＴに期待できないとしても、税システムにもっと累進性の高い要素が他にあるのではないか。図27・2に示すように、アメリカは個人所得税と法人税からの税収がＯＥＣＤ平均に比べて多く、カナダより少しだけ少ない。つまりこれらの税によって税収を増やせる可能性があるということだ。その利点について今から述べたい。とはいえ、アメリカの個人所得税と法人税への依存度が他国とかけ離れているわけではなく、２０１７年の税制改革後の減税によってもこのパターンは変わらないだろう。[*1]

消費税と所得税に次いで3番目に大きな税分類は給与税で、これは主に社会保険プログラムの税源となっている。OECD平均に比べると、アメリカの給与税への依存度は低く、カナダよりは若干高い。給与税は消費税に非常に近い――実際、どちらも所得と消費の現在価値に対して課されるので理論上の類似性があり、追加的な考慮事項がなければ両者は等しいはずである。ただしここでいう「追加的な考慮事項」がくせものだ。消費に対する新税は既存の資産から行う消費に対して課されるので、実質的には資産に対する一度限りの税である。消費に対する税は超過利益から行う消費に対して課されるが、給与税はそうではない。この二つの事実からすると、給与税は消費税より累進性がさらに低いことになるが、アメリカよりはるかに累進的な政策を取っている国々はこの課税形態に大きく依存している。

最後に、アメリカの政治課題として新たに登場した資産税は、どの国でも存在感は実質的に無に等しい。

もちろん、再分配政策を追求するために税法のすべての条項を累進的にする必要は必ずしもない。実のところ、アメリカよりはるかに再分配的な政策を追求している国々が、累進性があまり高くない手段を通じ、すべての個人に対する課税を含む非常に広範な税基盤に頼ってそれを実現していることを、本論で明確にしたいと私は願っている。アメリカはすでに給与税にしかるべき程度依存しているので、他国に見られるパターンと足並みを揃えるための大きな歳入源としては、あとはVATを残すのみだ。

VATと給与税が歳入源としてなぜそれほど重要なのか。経済学者（一部の有名な例外は除いて）は伝統的に行政上の問題はさほど心配してこなかったが、この二つの歳入源の利点はまさに行政管理にある。企業を関与させ、事業主と従業員あるいは企業同士の当事者間取引を活用することによって、おのずと優れた情報申告体制ができる条件が備わり、脱税が難しくなる。しかも課税対象が明確に定義され、広範であるので、租税回避の機会も減る。

アメリカの既存の税を修正する

私の考えでは、政府支出を大きく増やすための財源調達手段を検討するにあたって、アメリカの税政策パズルを完成させる最後のピースがＶＡＴである。もちろん、検討に値する改革はこれだけではない。資産ピラミッドの頂点にいる人々と一般社会の格差に政治的な関心が集まっていることを踏まえて考えた場合、どのような選択肢があるだろうか。

２０１７年の税制改革法には疑問符のつく条項が多数あった。なかでもコストが高くつき、逆進的で、経済的な正当性がほとんどなかったものを指摘すると、適用資格のあるパススルー企業〔法人格を持たず、事業体の出資者である構成員に法人税ではなく所得税が課される〕向けの20％の所得税控除だ。この条項一つの廃止だけでも、すぐに達成することが可能な税制変更の目標にしてよいはずだ。最も言語道断な税の抜け穴をふさぎ、限界税率を調整する以外に、大きな改革方針として他に何があるだろうか。

資産税は経済的にも行政上も良い案とは思えない。他国の実績を見ればなおさら、この税が歳入を増やす可能性について私は懐疑的だ。政治権力、名門一族の富、独占力、その他のレントの源泉に対処する手段としてベストであるという〔良いとさえ〕確信も持てない。今挙げたケースにはそれぞれ、政治改革、遺産税、反トラスト政策、資本課税という直接的な手段が別にある。これらの課題については別の論文で詳しく論じた（Kopczuk 2019）。

資産税の妥当性に私は懐疑的だが、遺産贈与税の制度は格差の世代間継承に制限をかけるために重要だ。概して、既存の遺産贈与税制度の弱点は次の四つの問題から生じている。第一に、資産評価は難しく不確実である。*2 第二に、所得税、特にキャピタル・ゲイン税との関係に大きな問題がある。第三に、慈善寄付金の扱いが租税回避の機会を生んでしまう。第四に、贈与税と遺産税は統合されているが、非常に不完全な形になっている。

遺産税は大きな歳入源ではなく、今後もそうなりそうにない。それでも、税制のこの部分をもっとうまく機能させたいなら、資産評価の問題および、贈与税と遺産税の統合の改善に取り組むのは重要課題だ。

一方、キャピタル・ゲイン税と慈善寄付金に関する問題は、遺産贈与税の領域とはまったく別の話になる。私の考えでは、この二つはアメリカの既存の個人所得税制における最大の弱点だ。現在施行されているキャピタル・ゲイン税の根本的な問題は、利得の実現が課税の根拠になっている点にある。つまり資産が売却されたときにキャピタル・ゲインに課税されるのだ。この課税繰り延べのせいで、発生した利益に課税される他の形態の資本所得との間に差が生じ、所得を税制上有利な形にしておくのが得になってしまう。

課税繰り延べの中でも特に有害なのは、死亡時の課税資産のステップアップ〔相続時の資産に対して課税されるだけで、所有する資本からそれまでに得てきた利益には課税されない〕だ。納税者が死亡するまで資産を保持することで、キャピタル・ゲイン税そのものが避けられるからだ（詳細についてはKopczuk 2017を参照のこと）。この政策には合理性がなく――実のところ、この政策は先の見通しをあまり立てずに導入されたもので、実質的に行政上の過ちが起源と思われる（Zelenak 2018）――自明の代替策がある。死亡時のキャピタル・ゲインのみなし譲渡か、取得原価の継承だ。ステップアップが可能だとキャピタル・ゲインの税収最大化率が本来よりも低くなる。キャピタル・ゲインの税率を個人所得税率と同等にするかせめてもっと近づけることに関して議論が紛糾する一つの理由はここにある。キャピタル・ゲイン課税を改善するためには、ステップアップの廃止が明らかに最初の一歩だ。

もう一つの方向性は課税繰り延べの利点を減らすことだ。自然な利得の実現（例えば同種資産の交換）が発生する場合にさえ課税を繰り延べる方法はあり、経済に何の益ももたらさない。別個では比較的容易に発生主義で課税できる資産もある。そのような課税が難しく利得の実現に課税する理由は二つある。資産評価と流動性の欠如だ。わかりきったことだが、公的に取引された資産は発生した利益に課税できる（時価評価）。通常の資産評価が簡単にできるからだ。通常の評価が可能な資産にも発生主義の課税を拡張することが無理のない改革の方向性だろう。資産評価が不可能だったり流動性に問題があったりする場合は、二つの代替策がある。一つは、観念上の納税義務を発生させ、利得の実現時に確定させることだ。もう一つは、課税繰り延べの利点を排除する「遡及的なキャピタル・ゲイン課税」（Auerbach 1991）という形態の実施だ。

既存のキャピタル・ゲイン税の規定は慈善寄付金にも関係している。価値の上がったキャピタル・ゲインを慈善事業に贈与することには、税制上二つの利点がある。第一に、それはキャピタル・ゲインへの課税を逃れる方法となる。第二に、税制上所得と認められないにもかかわらず、個人所得税で慈善寄付金控除の申告に利用できる。これは何のメリットももたらさない愚かな政策だ。

しかし、この問題以外にも、慈善寄付金の扱いには多数の疑問点がある。税制面では、慈善寄付金によって個人所得税と遺産税に控除が発生する。控除の価値は限界税率の関数なので、高所得の納税者ほど慈善寄付金に対して受け取る租税補助金の増分が大きくなる。公益への寄付に対する補助金がなぜ寄付する者によって左右されるのか、理解しがたい（Schizer 2015）。補助金を出すにしても、所得控除を税額控除に置き換える制度にしたほうが合理性がある。もっとも、これで慈善寄付金の税にまつわる問題がなくなるわけではない。所得税と遺産税の節税対策には、税制上有利になるように慈善事業への寄付を組み入れるものがある（残余公益信託など）。多くの慈善寄付金は寄付者に利益があるため、公益と私益の境界線があいまいだ——慈善団体の将来の方向性に影響力を行使できる権限を伴う（理事就任など）寄付、財団を支配することによる非金銭的な便益、名声や我が子への恩恵が得られるかもしれない大学への寄付、周辺の土地が利益を受けるかもしれない保全地役権などがこれに該当する。裕福な寄付者が肩入れする特定の慈善事業（たとえそれが望ましいものだとしても）に社会が希少な補助金を使うべき理由もよくわからない。最後に、慈善団体の話にとどまらず、一般的な免税事業者のエコシステムの話になるが、免税事業者の存在は、裁定機会（例えばキャリード・インタレストという文脈で）と潜在的な租税対応（例えば事業体レベルの法人税がある一つの理由は、それがなければ課税対象にならない投資家に確実に課税するためである）を生み出す。アメリカで慈善団体を具体的にどのように改革すべきかについての答えを私は持たないが、公共政策のこの重要な側面はもっと早く再考されてよかった課題である。

結論

再分配政策の財源調達は、他の国々では給与税とVATという、累進性があまり高くない税に強く依存して行われている。アメリカにはVATがないが、これを導入しない限り政府支出を大きく増やすことは想像しがたい。既存の税の税率も多少変更する余地があるのは明らかだ。しかし私がもっと魅力的だと考えるのは、歳入を増やすと同時にアメリカの税制をより公正で筋の通ったものにする、既存の税への変更である。その変更とは主として、キャピタル・ゲインへの課税方法を改革して課税繰り延べの可能性を減らすことと、慈善寄付金の扱いを変えることだ。

第28章

私たちはなぜ再分配の増加を支持しないのか?——経済学的調査からの新しい説明

Why Do We Not Support More Redistribution? New Explanations from Economics Research

ステファニー・スタンチェヴァ

格差が拡大しても伸びない再分配への支持

国民の情報や考え方と、国民の生活を根底から変えうる再分配的で累進的な政策への政治的支持のつながりを理解するのは、重要であるとともに難しい。格差が拡大し政治の分極化が進むなかで、国民の(誤った)認識、公正さに対する考え方、経済状況を明らかにすることは、今アメリカの民主主義をぐらつかせている諸問題に対処するうえで大切な第一歩である。核心にある謎は、なぜ多くの有権者がより累進性の高い所得税、資本所得や遺産への税、あるいはより寛大な社会移転プログラムなど、自身の利益になるはずの再分配政策に反対票を投じているように見えるのか、なぜ有権者はこの数十年間、格差の急激な拡大に寄与した政策を許容してきたのかである(Bartels 2008)。

中位投票者モデルでは、中間所得と平均所得の差で表される格差が拡大すると再分配への支持が高まり、政策担当者が中位投票者の選好に応えるため実際の再分配が増えるはずだ、と予測する

(Meltzer and Richard 1981)。ところが、クジエンコら(Kuziemko et al. 2015)が総合的社会調査を用いて示したように、1970年代以降アメリカにおいて再分配への支持は、所得が平均以下と答えた人々の間でさえまったく増えていない。

革新的な新しい研究ツール

こうした疑問に答えるための有望な方法が、私が開発し長年にわたって提唱してきた手法を用いた大規模なオンライン調査と実験で、これにより他のデータセットではわからなかった事実が明らかになる。ここで私が指針とする原則は、理想や希望的観測の入り込まない厳密な研究手法として調査とオンライン実験を活用し、人々の声にもっと耳を傾ける必要があることだ。調査とは、観察データから間接的に答えを推測しようとするのではなく、人々に直接答えをたずねることを意味している。実験とは、認識や情報の一部をコントロールして、政策成果や態度に与える影響を見ることを意味している。

調査は政治学と社会学で長年使われてきた。また、「伝統的な」調査は所得、人口動態、あるいはプログラムの受給資格といった有形情報を収集するために使われていた。このような情報は、今では、質の高い私が考案し実施しているオンライン調査と実験は、過去の調査方法に多くの重要な改善を加えたものだ。すなわち新たな設計手法と大規模な拡散手法を活用し、定量的で計量経済学と機械学習を用いて厳密な分析が行えるように調整してあり、入念に設計され回答者が直観的かつ双方向的に答えられる質問を提示している。おかげで短期間に多数の人々にリーチでき、リーチしづらい下位集団（マイノリティ、若者、特定地域の住民など）をターゲットにしたり、その国を代表するような膨大な数のサンプルを1ヵ国ないし数ヵ国で収集したりすることが可能になった。このような調査の最も価値ある貢献は、他のタイプのデータでは、たとえ質の高い行政データセットや「ビッグデータ」であっても見えなかった3種の無形情報が明らかになることだ。

認識

その無形情報の一つ目は認識である。人々は自分、他者、経済システム、経済政策についてどのような認識を持っているだろうか。誤った認識は、特定の政策に対する賛成・反対の投票を誤らせ、人々を誤った情報に惑わされやすくし、民主主義を損ないかねない。誤った認識を発見することは、それを修正し、しっかりと知識を備えた市民を作るための第一歩だ。例えばカプラン（Caplan 2007）は次のように書いている。「健全な経済政策に対する最大の障害は、強固な特別利益団体や猛烈なロビイングではなく、ごく普通の有権者が持つよくある誤った認識、不合理な思い込み、個人的な偏見である」

公正観

人々はどの政策を支持するかを決める際、公正さ、平等、正義についての見方を勘案する。これらは私たちが今まで理解してきたよりもはるかに複雑で、状況に左右されるものだ。公正観は知識の差以上に重要で、またそれと相関している可能性がある。こうした見方とその相互関係を理解することは、不公正あるいは不当だという感情から起こるポピュリズムへの危険な傾倒を防ぐ鍵だ。

個々人の経済状況

経済状況については行政の記録から多くのことがわかるが、それでもまだ知りえないことはたくさんある。それを明らかにする最も直接的な方法は、人々にたずねることかもしれない。人々は経済政策にどれくらいの幅で順応するだろうか。人々は政策から厳密にどれくらい便益や損害を受けるのだろうか。エンリック（Enrick 1963）は次のように書いている。「誰もが税金を『意識して』いる。特に1963年というこの年はそうだ。公共セクターが重要性を増しているにもかかわらず、この意識の大きさはめったに研究されてこなかった。我々が税意識についていかに無知かを考えると、租税大系の変更が個人の行動に与える影響を積極的に予測しようとする経済学者がいることには驚く。人々の税意識を知らなければ、税負担の変化が人々の行動にどれだけ影響するかなどどうして知ることができようか」。政策担当者は往々にして、データが限られ具体的な状況が不明確なまま動かざるをえない。そのために政策の効果が上がらなかったり、悪くすれば弱い集団を苦しめたりする可能性がある。

調査結果

このようなタイプの調査とオンライン上の実験から、人々が再分配を支持したり反対したりする理由への問いに対して興味深い答えがすでにもたらされている。

再分配が支持されない原因は、格差の水準や拡大に関する情報がないことではないようだ。クジエンコら（Kuziemko et al. 2015）が一連の無作為オンライン調査実験を使い、アメリカの格差に関して回答者の特性に合わせて個別化した情報、例えば人々がアメリカの所得分布のどこに位置しているか、もし経済成長が平等に分配されていれば所得分布のどこに位置したはずか、などを見せている。この情報を目にすると格差に対する回答者の懸念は強くなったが、より累進的な政策を支持するかどうかにはわずかな影響しかないことがわかっている。

政策に関する個別化した情報の中でも効果を上げる種類のものがあることは注目に値する。例えば、遺産税の対象となる遺産が全体に占める割合を回答者は非常に過大評価している。本当の割合はごく小さいという情報を教えると、遺産税への支持は大幅に上がる。

政府への信頼（あるいは信頼の欠如）も再分配への支持を促進する重要な要素だ。格差についてのネガティブな情報（格差は大きく、以前よりも拡大した）に接したとき、回答者は政府への信頼が低下したと答える傾向がある。この答えは、格差をこれほど悪化させたのが政治家であるならその是正を任せるべきではないという考えから発している可能性がある。本章で取り上げたすべての調査で、アメリカにおける政府への信頼は総じて極端に低い。回答者の89％が「ワシントンにいる政治家たちは自分たちと選挙資金の最大献金者を豊かにするために働いており、大多数の国民のために働いていない」に同意している。また、回答者にまず政府について気に入らない点を考えさせると（ロビイストや金融機関救済についての意見をたずねるなど）、この実験に反応して政府への信頼が低下する。ほとんどの再分配政策への支持はこれによって大幅に減少し、政府の政策よりも優れた格差縮小の手段として「民間の慈善事業」の支持が増える。

格差への懸念と具体的な公共政策手段が結びつけられるかどうかも重要である。バーテルズ（Bartels 2008）が提起したこの考えも実験によって調査できる。ある実験では、回答者に貧困線以下の世帯の予算制約と支出を見せた。実験は双方向的なもので、例に出された世帯の家族構成は回答者の家族構成と同じになるようカスタマイズされた。そのため、回答者は各政府プログラム（例えば最低賃金やフードスタンプ）によってその世帯の予算制約がどれだけ緩和されるかを、実感をもって見ることができた。このような実験は取り上げられた政策への支持を高めたが、取り上げられなかった再分配政策への支持は変わらなかった。これまでの調査結果と合わせると、政府への信頼がこれだけ低い時代に所与の政策に対する人々の見方を変える唯一の方法は、具体的な世帯へのインパクトを明示的に教えることであるのがわかる。

四つ目の発見は、ジョン・スタインベックによる1966年の推測は、少なくとも部分的に正しかったように思われることだ。彼はアメリカ人が再分配をあまり支持しないのは、ワーキングプアが自分たちを「一時的に金に困っている億万長者」だと認識しているからだ、と述べた。機会が比較的平等に分配されていて、社会的地位の階段を上るチャンスが誰にでもあると思えば、人々は高水準の格差を容認するようなのだ。アレジーナ、スタンチェヴァ、テソ（Alesina, Stantcheva, and Teso 2018）は、5ヵ国において、世代間移動についての考えが楽観的なほど再分配への支持が低下したが、社会移動についての考えと現実は一致していないことを示している。アメリカの回答者は概して「アメリカンドリーム」、つまり貧困から身を起こして富裕層になれる可能性について楽観的すぎる。対照的にヨーロッパ人は、貧困から抜けだせない可能性について悲観的すぎる。また、政治的な二極化も際立っている。社会移動について悲観的な情報を見せられても、右派の回答者は再分配政策の増加を支持したがらない。彼らは政府を「解決策」ではなく「問題」だと見ているためだ。

さらにアメリカ国内では、全国的な世代間移動についての認識に地理的なばらつきがあり、その認識は実際の州の社会移動水準とは負の相関がある。例えば南部の実際の世代間移動率はアメリカで最低だが、その事実とは裏腹に、南部の回答者は最も楽観的な認識を持っている。

寛容さは民族、国籍、宗教の壁を越えづらく、人々が自分とは異なる人々への再分配を嫌がるのもたしかなようだ。壁の向こうにいる集団の一つが移民である。アレジーナ、ミラノ、スタンチェヴァ(Alesina, Miano, and Stantcheva 2018)はフランス、ドイツ、イタリア、スウェーデン、イギリス、アメリカの6ヵ国で行った大規模な調査実験を用いて、再分配についての質問をする前に無作為な方法で移民について考えさせるだけで(何の情報も与えずに移民に関する質問をした)再分配への支持が低下することを示している。しかし重要なのは、移民の数、社会的・経済的特性、政府移転への依存度について、人々が非常に強いバイアスを持っているように思われる点だ。サンプルとなった国すべてにおいて、回答者は移民が実際よりも数が多く、教育程度が低く、失業率が高く、政府移転に依存し、再分配によって恩恵を受ける可能性が高いと考えている。また、実際よりもイスラム教徒の移民が多くキリスト教徒の移民が少ないとも考えている。しかもこの例では、事実情報を与えても人々への説得力がないようだ。ある下位集団の人々に移民の実際の割合と出身国についての情報を示しても、移民問題が彼らの意識の中で大きくなり、再分配への支持がさらに低下するだけである。懸命に働いている移民の生活ぶりを具体的なエピソードとして語ると多少改善する。結局のところ、移民に関しては、厳然たる事実よりナラティブのほうが人々の見方を変える力があるようだ。

何ができるのか？――経済学者の役割

まず明確にしておきたい大事なことは、何を目標とするかである。目指すべきは、市民に政策と経済環境を理解するベストな手段を提供し、政策の選択と投票をする際に自身にとってより良い意思決定ができるようにすることだ、と私は強く確信している。人々を一定の方向に促すことが目標であってはならない。むしろ、自分の頭で考える手段を提供するのが目標だ。経済教育の質を上げ、対象を広げ、早期化するのが進むべき道だと私は考える。経済政策の問題に関し、若者を含めもっと広く一般向けのアウトリーチ〔対象者に積極的に働きかける活動〕と教育が必要である。これは時間のかかる困難な取り組みであり、簡単にできることではない。

克服しなければならない課題は主に二つある。第一に、本章で紹介した新しい研究のエビデンスから、事実や情報のみでは誤った認識を訂正したり理解を向上させたりする効果が必ずしもないことは明らかだ。ナラティブも場合によっては強い影響力を持っている。そこで、教育では事実を教えるにとどまらず、バランスのとれた理解できる形で作用、メカニズム、因果関係を説明するようにしなくてはならない（Stantcheva 2019）。

第二に、「専門家」への不信感は高まる一方のようである。経済学者も例外ではない。多くの科学者が一般の人々に声を届けるのに苦労している。気候変動しかり、ワクチンや進化論しかり。経済学者の立場はそれ以上に厳しいかもしれない。私たちには火急の問題に答えるための完璧な実証的エビデンスや無作為実験が常に手元にあるとは限らないからだ。バイアスや党派性を疑われるリスクも高い。これは私たちの落ち度とばかりはいえず、経済学界を代表しているとはいいがたいテレビの「タレント経済学者」のほうが厳密な研究者よりメディアの注目を集めやすい。優れた経済ジャーナリズムの例もあるにはあるが、メディアは単純なメッセージを取り上げがちで、それは学術界の経済学者が取る繊細な見方とはおよそかけ離れたミスリーディングなものであったりする。とはいえ、私たちの責任は大きい。私たちが広く一般社会に働きかけてこなかったために、党派性の強い自称専門家たちに発言の場を明け渡してしまった。私たちの研究成果がイデオロギーや政見に歪められるのを許してきたがために、すべての経済学者に負の外部性を与え、経済学者の今後の信頼性まで損なっている。

第29章

資産税に効果はあるか？

Can a Wealth Tax Work?

ガブリエル・ズックマン

アメリカの有権者の間には累進課税を求める声がある。ギャラップ社の調査によれば、アメリカ人の62％が高所得者の納税額が少なすぎると答えている（Levitz 2019）。2人の有力な大統領候補、エリザベス・ウォーレン上院議員とバーニー・サンダース上院議員は連邦資産税の創設を提案した。多数の調査を見ると、この案は有権者に広く支持されたようだ。[*1]

資産税というアイデアの求心力と人気ぶりから、はたして実行可能なのかという疑問が浮上している。よく持ち出される反対意見は、ヨーロッパでは資産税がうまくいかなかったというものだ。フランス、ドイツ、スウェーデンには累進的な資産税があったが廃止された。3ヵ国ともこの税は保守政権によって廃止されたのだが（ドイツでは1995年にヘルムート・コールの保守政権、スウェーデンでは2007年に中道右派の連立政権、フランスでは2017年にエマニュエル・マクロンの中道右派政権によって）、ヨーロッパの資産税が廃止されたのは累進課税にそもそも無理があるからだと解釈されることが多い。

しかしこの解釈は、ヨーロッパの歴史への表層的な理解に基づいたものである。税そのものに失敗や成功の要因が内在するわけではなく、成否は政府の選択にかかっている。ヨーロッパの政府は選択ミスを重ねた。租税回避や脱税を許し、何十年も前に創設された税の現代化を怠った。現在のアメリカの事情を踏まえて累進課税を議論すれば、ヨーロッパで資産税を失敗に終わらせた主な陥穽を回避できるはずだ（Saez and Zucman 201a）。

それを理解するためには、資産税がヨーロッパでどのように課されたのか（ノルウェー、スイス、スペインなど一部の国では今でも課されている）、その実態に切り込む必要がある。国によってやり方に違いはあるが、共通するのは三つの特徴的な（しかし予防可能な）欠陥である。

一つ目は、租税競争を容認する選択をしたことだ。ヨーロッパでは、裕福な納税者は国外に移住すれば納税を回避できる。パリ在住の人が税を払いたくない場合、税務上の居住地をブリュッセルに移せばすぐにフランスで納税しなくてもよくなる。たった90分電車に乗れば今まで通り友人にもビジネスパートナーにも会えるわけだ。欧州連合は租税競争をまったく規制してこなかった。税政策を共通化するためには加盟国すべての合意が必要になる。だから実情を見ると、共通の税政策など存在しない。しかも個々の加盟国は外国に住む自国民に課税しようとしない。原理上は、フランスは外国在留のフランス人にせめて数年間は課税を継続してもいいのに――フランスのインフラ、市場、学校のおかげで巨万の富を築いておきながら、外国に移住すればまったく税金を払わなくてすむシステムに正当性があるとは考えがたいのだから――他のヨーロッパ諸国と同様、フランスはそうしようとはしない。

アメリカでは事情は逆で、国外に移住しても納税義務がなくなることはない。アメリカ国民はどこに住もうとアメリカの課税対象になる。IRS〔内国歳入庁〕から逃れる唯一の方法は国籍を放棄することだが、そうすると現在は未実現のキャピタル・ゲインに対して国外転出時課税が生じ、もし資産税が存在する場合はストック資産自体に対して国外転出時課税が発生するため、実際は国籍放棄が高くつくことになる。ヨーロッパは租税競争を受け入れているが、アメリカは拒んでいるのだ。

ヨーロッパの資産税が失敗したのはひとえに租税競争のせいだといってよい。スウェーデンの場合、同国で最も裕福な人物（イケアの創業者、イングヴァル・カンプラード）は資産税から逃れるためにスイスに移住し、スウェーデンに帰国したのは資産税が2007年に廃止された後のことだった。フランスでも富裕層の国外流出の脅威を主要な論点の一つとしてマクロン政権が主張し、2018年の資産税の廃止に至っている。

ヨーロッパで資産税を失敗させた二つ目の陥穽は、ヨーロッパ諸国の政府がタックスヘイブンへの資産隠しと戦う際の弱さだった。2018年までスイスの銀行（その他の秘密へイブン）とヨーロッパの税当局の間には情報交換がなかった。情報交換がなければ、資産を隠して株や債権のポートフォリオへの課税を逃れるのはいとも簡単だ。オフショア銀行からのリーク（HSBCスイスからの「スイスリークス」とパナマ文書）によれば、スカンジナビア諸国の最富裕層は、2007年に払うべき税の20%弱を秘密のオフショア口座によって脱税していた（Alstadsæter, Johannesen, and Zucman 2019）。

しかしこの数年で、オフショア脱税との戦いには大きな前進があった。2010年に外国口座税務コンプライアンス法（FATCA）がアメリカ議会を通過し、オバマ大統領の署名により成立した。この法律は外国の金融機関に対し、毎年自動的にIRSへアメリカ国民の口座情報を報告するよう求めるものだ。ほぼすべての外国の銀行が経済制裁を怖れて協力に同意した。他の国々もアメリカに倣って同様の合意を外国の金融機関との間に取り付け、銀行情報の交換はグローバルスタンダードになった。税当局に適正な財源を投入すれば、税当局は外国の金融機関から毎年受ける報告を活用し、オフショア口座への課税執行においてヨーロッパで常態になっている以上の成果を出せるはずだ。

ヨーロッパの資産税の三つ目の欠陥は抜け穴、免除、控除の多さである。2017年に廃止されたフランスの資産税を例に考えよう。絵画は免税され、経営者が所有する企業の株式は免税されるか低い税率が適用され、主たる住居であれば住宅は30％の控除を受け、中小企業の株式は75％免税されていた。税の優遇措置は年々増えていった。

このような免税措置が次第に作られていったのはロビイング団体の圧力による。ヨーロッパでは、累進的な資産税は通常、純資産が約100万ドル以下の場合にのみ免除される（あるいはかつて免除されていた）。つまり資産価値の高い住宅や急成長中の企業を所有している「小金持ち」は課税対象だった。彼らは流動性制約があると主張して（その主張が本当だった場合もあるかもしれないが）免税措置を求めロビー活動を行った。

現在アメリカで議論されている累進税は資産分布のずっと上位からスタートし、課税対象がヨーロッパとは別の層になる。ウォーレンの案では純資産5000万ドル未満、サンダース案では3200万ドル未満が免除される。納税者が流動性の問題を主張するのは難しいだろう。したがって、3200万ドルないし5000万ドル超を対象とすれば、ヨーロッパの資産税を失敗に終わらせたようなロビイングからアメリカの資産税を守れる可能性がある。

租税回避は自然の法則ではなく、政策の選択だ。ヨーロッパでは、資産税を失敗させる選択がなされた——意識的あるいは民主的に行われた選択ではなく、知識を備えた市民による合理的な熟慮の結

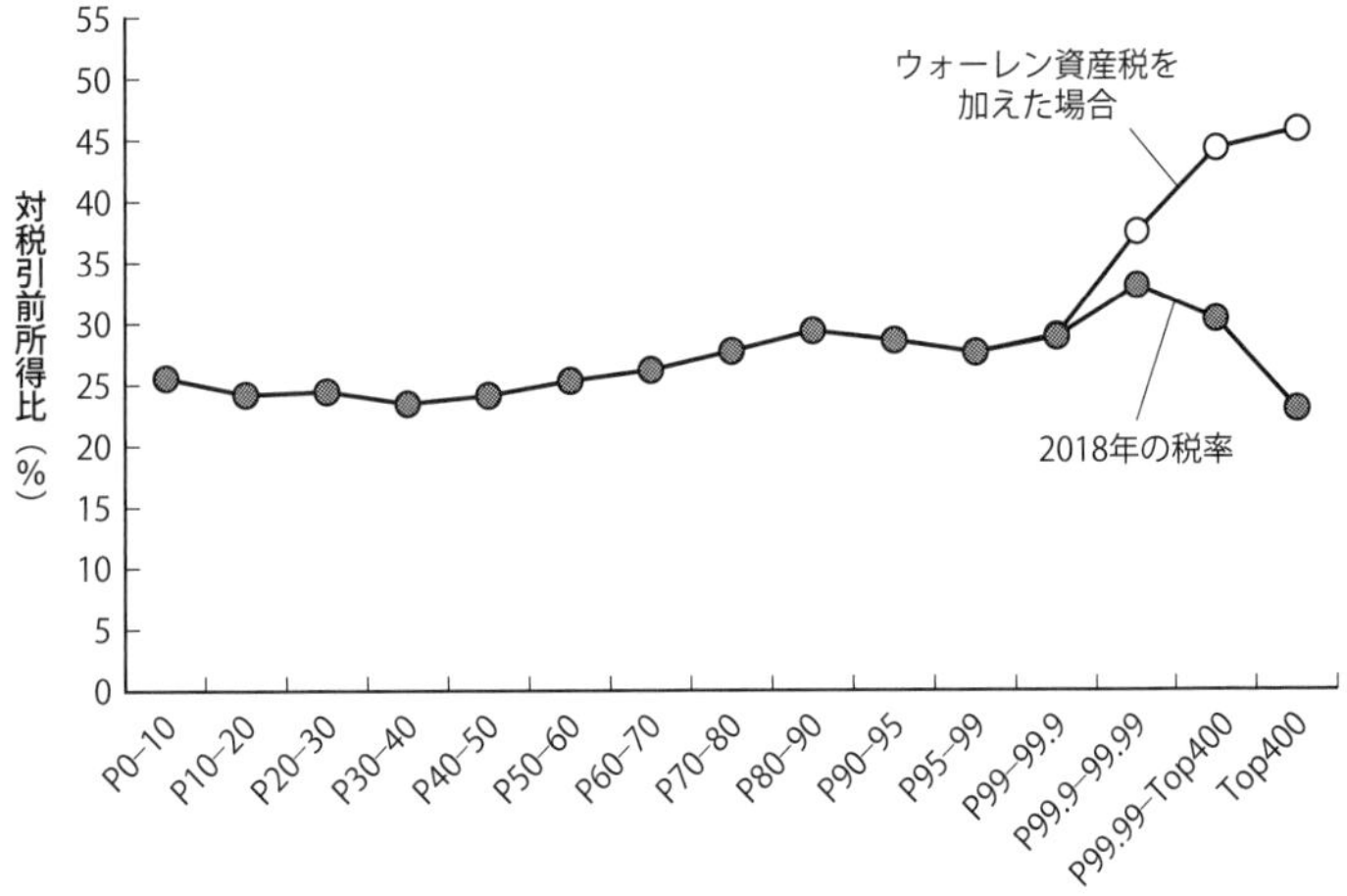

図29.1　所得グループごとの合計税率（対所得比［%］）

出所：Saez and Zucman (2019).

果でもないが、それでも選択には間違いない。別の選択を行うことは可能だ。資産データを体系的に収集し（外国の銀行からのものも含め）、市場価値が一定水準以上のすべての資産に課税し、租税競争を拒否し、法執行のための資源を税当局に与えれば、純資産への累進課税によって莫大な税収を上げ、アメリカの税制の累進性を高め、富の集中の進行を抑制できるはずだ。

　図29・1は資産税の効果を表している。図は減税及び雇用法成立後の２０１８年に人口の各集団――アメリカの最低所得の10％から最も裕福な４００人まで――が支払った、全レベルの政府（連邦政府、州政府、地方政府）への納税を合計した実効税率を示している。すべての税を合計すると、アメリカの税制はほぼ一律課税に近いように見える。どの社会集団もおおむね同じ28％弱（アメリカのマクロ経済的な課税率）の税率で納税している。

唯一の例外はアメリカで最も裕福な400人で、推定によれば23%の税率で納税している。資産額5000万ドル超に2%、10億ドル超に3%の資産税（図29・1では「ウォーレン資産税」とラベル付けした）を導入すれば、超富裕層が納める実効税率は23%から46%に倍増する。

もちろん、税の累進性を高める方法は他にもある。私たちが主催しているウェブサイト（http://taxjusticenow.org）で、考えられる税改革（資産税の創設、最高限界所得税率の引き上げ、法人税の執行強化など）がアメリカの税制の累進性と政府歳入に与える効果を誰でも確認できる。所得税の累進性を高め、多国籍企業への課税を改善することは強力な手段となるはずだが、真の富裕層は巨額の資産を所有しながら課税対象となる所得をほとんど実現しないことが可能なため、このような改革では億万長者に高い実効税率を課すには不十分だろう。しかし資産税ならそれができるのだ。

『格差と闘え』解説

コロナ禍以降の世界情勢の激動化以前から、すでに「資本主義の危機・限界」については、様々なメディアでも論じられるようになり、広範に認識されるようになってきている。こうした議論がなされる際の主流の論調は、「にも拘らず、資本主義以外のより望ましい代替システムは存在しない」ゆえに「資本主義は堅持しつつ、ではどうすべきか？」で悩み続ける、というところであろう。このような時勢下において、本書は現代の世界経済が直面する貧富の格差・分断構造に起因する既存の政治経済システムの危機的諸問題を把握し、かつ、それらを欧米の主要な経済学者や哲学者たちがどのように認識し、いかなる政策的・制度設計的処方箋を提示しているかを眺望する上で有益な文献になるだろう。

本書は現代の経済社会における所得・富の分配上の格差や経済的意思決定における超富豪層による寡頭制的状況を問題視し、改善を真摯に図ろうと考える政策決定者、官僚、主流派経済学者・学生・社会人にとって有益である。同時に、左派系の政治家や社会活動家にとっても、理に適った代替的政策提言をしていく上で、本書の議論から学ぶべき価値は非常に大きい。

前者のタイプの読者層にとっては、現在の政治経済システム上の危機的事態の打開のためには、従来の標準的な主流派経済学の処方箋の考え方に留まっていては難しい事を示唆する、問題提起の書として意義付けられるだろう。また、後者のタイプの読者層にとっても、「資本主義の危機・限界」に関する鳥瞰を描くのは良いとして、危機への「処方箋」的な話題になると、専ら「資本主義の代替としてのコミュニズム」などのような、近年流行りのスローガンを唱えるだけの議論には、そろそろ限界を感じている事であろう。そうした読者層にとっては、現存の政治経済システムを具体的にどのようにして、より望ましい代替的システムへと変えていくのか、行けるのか、という課題についての有益な参照文献になるだろうと思う。

格差問題に関する基本的なエビデンス

本書全体の主要な論調は、現代の直面する格差・分断構造の存在は社会的に是正すべき問題であり、政策として取り上げるべき最優先課題であるという認識から出発しており、この点に関して多様な論者間での共通認識が成立している。15年前ほどの日本でも主潮流であった、所得の不平等化の要因を人口の高齢化問題に還元させる議論は、本書では明確に否定される。また、労働市場の規制緩和や福祉政策のワークフェア化などのような、２０００年代前半には主流であった新自由主義的政策パラダイムに関しても完全に否定的であり、それらは格差の解決策ではなく原因として論ずる立場である。

第1章「先進国の格差を巡る10の事実」(ルカ・シャンセル)では、現代の高所得国経済社会が直面する貧富の格差・分断構造に関して全体の議論のベースとなるエビデンスのセットが提示される。すなわち、１９２９年世界恐慌と第2次世界大戦後の脱植民地化プロセスが上位層の資本所得の減少に寄与し、また、戦後の高度な累進課税、国有化、資本管理政策などの下で所得分配の平準化が80年代まで進行した。しかし、80年代以降は先進諸国間で異なるペースながら所得格差が進行している。富裕国の格差が「高齢化によるものではない」（本書8頁）のは、「現役世代だけを見ると、所得の伸びは80年以降米国の下位50％で実質的にマイナスだった」トレンドからも伺える。

また、包括的かつ持続的な社会的厚生の改善に寄与する公共財供給水準に関連する公的資産の長期にわたる減少に対して、個人間資産格差との関連の高い民間資産の対民間所得比率が80年代以降、再び増加すると共に、少数の超富裕層への富の著しい集中が観察される。すなわち、米国では70年代以降、人口の下位90％の貯蓄率は10％から0％へと落ち、他方、上位1％は30％から35％に上昇したが、その結果、下位90％資産シェアの下落と上位1％のシェアの1940年代と同様の40％への復帰が観察される。

グローバル格差に関しても、世界人口の所得下位50％の2倍近いペースで所得上位1％が成長している。結果として、ある成人がグローバルな所得分布のどの位置にいるかは、40年前はその国籍によって主に説明できたが、80年代以降は、所属する所得グループ（階級）がより重要になっている。

80年代以降、所得下位層における所得成長に関する富裕諸国間でのパフォーマンスの違いが観察されるが、それは主に税引き前所得決定に関わる政策や制度設計の違いとして説明される。すなわち、高等教育と職業訓練や、医療サービスへのアクセスの不平等の違いが、米国と欧州諸国とのパフォーマンスの違いを説明する。最低賃金の上昇の違いも、80年代以降の富裕諸国間での格差再拡大の程度の違いに関連するが、そこで米国と欧州との違いとして焦点があてられるのは労働組合組織率や団体交渉協定制度の有無など、労働者階級の交渉力の違いであり、労働者が企業統治委員会に代表を置いているか否かなど、企業統治機構における権力の分散との関連も指摘される。

上位層の労働所得の上昇に関しては、技術変化とグローバリゼーションによる市場規模の拡大の下での「スーパースター効果」ゆえに、才能や交渉力などの属性における小さな違いが大きな所得と資産の差につながる、とかつては説明されてきた。しかし、富裕国間の最上位層における報酬水準のばらつきは、生産性との相関性が皆無か、ごくわずかである事が示唆される。むしろ税制の動態、すなわち税の累進性が分布上位層の税引き後所得のトレンドの重要な決定要素と指摘される。他方、過去100年の資本蓄積の動態と資本課税とは無関係との事である。

技術革新と格差の問題に関しても、今日のＡＩ化などのような、中位所得層が主に対応する中技能タイプの労働を代替する性質を持つイノベーションは、格差への破壊的な影響を孕んでいる。その影響の制限のためには、高技能を身につける質の高い教育に生涯にまたがり普遍的にアクセス可能とする政策の重要さが一層増すであろうと共に、それだけでは対応しきれない。むしろ、機械（あるいはアルゴリズム）とイノベーションが格差に与える影響の問題は所有権の問題であり、誰がそれを所有するかの問題は、生産チェーンの中で機械に置き換えられるのが誰かと同じくらいに重要である事が指摘される。

イノベーションと格差

また、ダロン・アセモグルが第17章において論ずるように、１９４７年〜87年における米国民間企業における人件費の伸びは人口増加率を上回っていたのが、90年代以降減速し、２０００年以降は基本的に横ばいになった。この間に、国民所得の労働分配率が急激に低下したのみならず、低技能労働者と高技能労働者の所得格差も広がった。本章でアセモグルが分析し、説明しようとする対象はこの現象である。特に「正の生産力効果」のみならず、強固な「離職促進効果」を有するような、労働を資本に代替する技術変化――「自動化」が現代における一つの典型例である――に着目する。

マルクスの学説とは異なり、そして対照的にマーシャルがすでに指摘していた様に、一般に資本集約的な技術変化は、熟練労働の単純労働への置き換えと、単純労働の相対的過剰化を直ちに含意する訳ではなく、新たな種類の技能労働への社会的需要を生み出し得る。すなわち、「新しい労働集約的なタスクを生み出す可能性」（＝「復職促進効果」）ゆえに、経済社会全体としての労働需要の減少ならびに国民所得上の労働シェアの単調減少を直ちに含意する訳ではない事が指摘される。実際に、1947年～87年においては「離職促進効果」は「復職促進効果」によって完全に相殺されていたが、87年以降は離職効果が復職効果を大幅に上回る様になり、更に生産性向上の減速も加わって、労働シェアの低下に帰結した。

しかし、87年以降の最近の30年間は、根本的な技術のブレイクスルーが起きたために、その時期の生産性の減速の理由の解明が求められる。アセモグルは、自動化と新しい労働集約的タスクの創出の二つの機能の達成水準で特徴づけられた、イノベーションの達成可能性集合を意味する右下がりの曲線からなる「イノベーション可能性フロンティア」を定義し、そのフロンティア上のある一点の選択を一つの内生的技術変化と定式化する。フロンティア上の各点は、所与の経済的資源の投入の結果として「産出」され得るイノベーションが「自動化」と「新しい労働集約的タスクの創出」という二つの機能をいかなる水準で達成するかを現す。ここで通常の生産活動における投入・産出関係の収穫非逓増性と同様の収穫法則がイノベーションを「産出」する場合にも成り立つ。したがって「経済が活動の一つに資源を注ぎ込むほど、新しい（非主流の）テクノロジーの質は下がり、生産性の伸びは小さくなる」（179頁）という性質がある。

このフロンティア上の選択肢として、「自動化」が進み過ぎて復職促進機能が不足する為に労働需要が低下し、他方で、十分な生産性向上を齎さないテクノロジーが出現したのが、最近30年間の事態であると解釈される。背景として、税制策としての資本投資への補助金政策によって、自動化テクノロジーの採用が偏重されて来た事。経済のデジタル化の下、イノベーションの方向性を支配するようになったGAFAのビジネスモデル自体が自動化に力を入れるものであり、労働力を生産プロセスに復帰させる努力の契機は、この新たな政治経済システム下では存在しない事。更に、この数十年での政府の研究開発支援の急激な減少の結果、画期的な研究成果とその応用的開発を通じた様々な新たなタスクの生成という経路ではなく、既存の枠組みの周辺上に属する、抵抗の最も少ない経路を進みがちとなっている事。以上が指摘されている。

また、過去40年間の先進諸国における高所得層とそれ以外の人々との間で加速的に拡大した所得格差には、イノベーションが不可避な役割を果たしている事について、第18章でフィリップ・アギオンが以下のように論じている。第一に、米国の所与の州における上位1％の所得シェアはその州のイノベーション指標（年間特許申請数と特許引用数）と大きな正の相関があり、所得上位層とそれ以外の所得階層との格差構造とイノベーションとの因果関係を反映している。しかし同時に、イノベーションは社会移動をも促進する事が、特許件数（特に、新規参入者によるイノベーション）と社会移動との正の相関性より導かれる。

第二に、上位層とそれ以外の所得格差のもう一つの原因として、所得上位層がロビー活動によって新規参入イノベーターへの参入障壁を設ける事が挙げられる。実際に、ロビイングと所得シェアの上位1％とは正の相関がある一方、ロビイングは社会移動および新規参入者のイノベーションとは負の

吉原直毅

相関がある。

したがって、第三に、かつてのイノベーターであって、今日では盤石な立場にある大企業は、それが稼得する特別利潤（レント）を予算とするロビイングによって、新規参入者のイノベーションを阻もうとするようになる。特に、ネットワーク外部性などの様な収穫逓増構造を伴う経済のデジタル化の下では、今日ではGAFA等が「スーパースター」企業として君臨しているが、これらの企業によって先導されてきたネットワークを使った社会関係資本の蓄積に関して、他企業による模倣が困難になっている。結果的に、2005年以降の米国では、富が集中しレントが増加すると同時に全要素生産性の低下が観察されるようになった。

格差問題への処方箋

以上のような一連のエビデンスによって、現代の経済社会における格差・不平等と分断の姿態が浮き上がるのであるが、本書においてはそれらを整合的・体系的に説明するような、現代の資本主義的市場経済の理論的鳥瞰の試みは存在しない。むしろ、各エビデンスに対処療法的に、政策・制度設計のエンジニアリングについて語る構成になっている。

そうした処方箋に関して、共編者であるブランシャール＝ロドリックも序章で、直ちに実現可能な目標として以下を挙げている。すなわち、EITC型プログラムの拡張（負の所得税制度の強化）、幼児教育と高等教育への補助金の増額、資本使用的・労働節約的な技術変化であっても同時に新たな労働集約的な仕事を創生するようなタイプのイノベーションへの助成金の振り向け、また、累進的資産税の導入など、特に高額資本所得者に対する累進的課税を強化する様な税制改革、そして新たな生産

吉原直毅

様式に対抗し得る労働者の再組織化を支援する政策などである。更に、本書では以下のような諸政策・制度設計提案が主要な論点となっている。

第一に、格差化による所得上位1％とそれ以外との分断化の構造を踏まえ、EITC型プログラムの拡張（負の所得税制度の強化）のような労働所得税の累進性強化のみならず、累進的資産税の導入による資本所有の不平等の緩和を提唱している。但し、資産税導入に関しては、執筆者間の鋭い見解の対立がある。第16章と第29章それぞれの執筆者であるエマニュエル・サエズとガブリエル・ズックマンは、欧米における戦後の所得と富の格差の動向に関してトーマス・ピケティと共同で研究してきたリベラル派の経済学者である。彼らは、資産税導入によって、税の累進制を復活させて富裕層からの税収を増やし、かつ、資産集中の進行を抑制する、と論ずる。それによって、格差と市場経済に規制をかけ、富の所有に起因する権力が社会に与える有害な影響を防止し、寡頭政治から民主主義を護る事が意図される。

彼らの提案に対して、保守派よりのローレンス・H・サマーズ（第15章）は極めて批判的である。サマーズは、サエズとズックマンによる超富裕層の資産シェアに関する推定値を疑問視し、また資産税による歳入増の推定値も過大であると見做している。また、資産税の導入は、むしろ富裕層の慈善基金等への拠出インセンティブを強める事を通じて、かえって彼らの政治的影響力を強める可能性があると指摘する。サマーズもまた、税の累進性を高める事で米国社会における財界の影響力を抑制する目標には、肯定的な立場を採っている。しかしながらその目標のためには資産税よりもむしろ、キャピタル・ゲイン課税の強化や、コンプライアンスの厳格化などのような税制改革を訴えている。

第二に、現代のR＆D投資活動における基礎研究に関する公的投資の比率の低下と、開発に関しては私的投資が支配的である環境下でのイノベーションは、より包括的な観点に基づく社会的厚生の長期的改善に寄与するというよりは、主に資本収益性の改善、ないしは生産コスト低減によるレント（特別利潤）獲得・独占化に動機づけられ優先される方向で行われている。結果的に、より資本集約的な方向でのイノベーションが進む一方で、新たな労働集約的な雇用創生に寄与しておらず、格差を生成している。このような理解に基づき、R&D投資をより社会的厚生の改善に寄与する方向へと誘導するための公的投資活動の強化のための提言である点が特徴である。

例えば、第19章のローラ・ダンドレア・タイソンは、アセモグルの問題提起を受けて、技術進展のスピードと方向性に影響を与える政策として、税政策、研究開発政策、労働者の技能育成政策のカテゴリーでそれぞれ、以下の様な提案を行っている。まず、米国などの先進国で、労働に対する実効税率が物理的資本と知識資本に対する実効税率を大きく上回っており、それが労働力を節減する資本使用的な投資インセンティブとなっている。それゆえに労働所得への課税を減じ、他方、とりわけ米国では、キャピタル・ゲイン税率を個人所得税なみに引き上げる等、資本所得税の増税が要請される。また、国境を越えた資本移動の増大によって、節税目的の多国籍企業の「無国籍」化問題が起きる現実の下では、資本所得課税に関する国際協定も長期的には不可欠と論ずる。

他方、イノベーションの内生的決定を市場のインセンティブに依拠して行う限り、市場の失敗が起きる――特に大きな市場支配力を持つ企業の投資にバイアスが掛かり、「優良な仕事」という社会的便益よりも資本収益を生むイノベーションへの偏重が生ずる事によって、雇用創生的なイノベーションへの投資を忌避する「コモンズの悲劇」的問題が生ずる――事からも、医療、教育、グリーンテクノロジーなど需要が伸びているセクターでの労働増大的イノベーションの育成を促すような税額控除、公的資本投資プログラムの導入が提案される。

第三に、労働分配率の低下に歯止めをかける上で、従来の人的資本陶冶による労働生産性の改善のみならず、イノベーションの進展の下で従来の中位所得層が担う中技能労働への需要減少下での提言として、中位所得層が市場競争力のある労働力供給能力を高める上で不可欠な教育制度の充足化に関するものがある。他方、この50年間で労働組合に加盟していたり団体交渉制度の対象であったりする労働者の割合が大きく減少する一方で、米国での増加が顕著なギグワーカーなどを独立契約者と分類して、彼らの組合組織化を阻むような流れがあった。これらに対して、労働者の発言権、対企業交渉力を高める方向への改革の必要性が論じられている。この点に関しては、更にリチャード・フリーマンが第21章において、労働者の対資本交渉力を強化する為の諸提案や制度設計、また、労働者の資本所有権を高める事で、企業の資本収益優先的な意思決定を緩和しようという提案を行っている。

従来の政策体系を超える諸提案の含意

換言すれば、市場の競争原理の貫徹に対する放任主義的立場の前提の下で、競争の敗者を救い上げるためのセーフティネット機能の整備と充足という、受動的な政策目標を大きく超えて、より介入主義的で急進的《ラディカル》な提案が数多くなされている。そのような提案とは、生産の構造と編成に影響を与えるような生産段階への介入的政策などである。

例えば、イノベーションや投資を、包括的な意味での社会的厚生の長期的改善に帰するような方向性へと誘導するための介入的政策などは、そのような提案の一例である。これは、近年の格差拡大の下で希薄化している、中間所得層の就労対象となるような優良な仕事の創出を促し得るタイプのイノベーションへの誘導が、意図されている。

また、労働者階級の交渉力強化のためにその再組織化を支援する事で、生産的意思決定における短期的な資本収益性動機を弱める事も急進的《ラディカル》な提案の一例である。例えば第21章でフリーマンは、欧州諸国の一部ですでに観察されるような中央集権的な労資交渉モデルの制度化や、そのために労使協議会の設立を企業に義務付ける等を提案している。あるいは、国民所得上の資本所得の占める割合がかつてなく高くなり、かつ資本所得の分布が労働所得に比して極めて大きく偏っている既存の私的所有権構造の変更につながるような、労働者による企業所有を増やすための政策案である。これは、労働者の資本所有、したがって資本所得を増やす事によって、格差縮小への道を探る事。のみならず、極めて不均等である資本所有権の平等化によって、経済的意思決定における超富裕層の支配力を弱める事、等々が意図されている。

これらは、私見では、資本主義的な原理が支配的であった生産の構造と編成の「民主化」を意味すると見做せるような諸提案である。実際、労働者による企業所有を促進させる所有権政策は、米国経済の「革命的な民主的変化」を生み出せるものと、フリーマンも位置づけている。こうしたより急進的《ラディカル》な諸提案は、脱資本主義的な志向性を孕んだものですらある。つまり純粋に資本主義的な原理とは矛盾する原理に基づく処方箋を提起する事で、現代の政治経済システムが徐々に脱資本主義化、ポスト資本主義化する可能性を伴ってくるし、そういう方向を目指してこそ、より包括的な観点に基づく社会的厚生の長期的改善に寄与するだろうという事を、本書は暗黙裡に示唆している。

「資本主義とは何か?」という問いの欠如

しかしながら、それぞれの処方箋が資本主義原理と両立的なタイプであるか、それとも脱資本主義的であるかを判断する上でも、ここできちんと詰めておくべき論点がある。それは、「資本主義とは何か」という問題である。例えば、アギオンは「資本家から資本主義を守る」ための資本主義への規制の必要性を強調しつつも、他方で、イノベーションが生産性増加や社会移動を増加させる長所を有する事ゆえに、それを「繁栄と社会移動をもたらしうるもの」として奨励する必要がある、と述べている(190頁)。そして、この見解を論拠にして、「資本主義とイノベーションに対する財産権保護は必要」(190頁)と主張している。しかし、イノベーションが有する長所に関するアギオンの議論に同意できたとしても、この議論ゆえに資本主義及びイノベーションに対する知的所有権の制度の必要性という結論が含意される訳ではない。

また、イノベーションに対する財産権保護を必要条件と見做す見解自体、第1章でシャンセルが挙げた問題提起、すなわち、格差是正の目的で、イノベーションの方向性を新たな労働集約的な職業生成的タイプへと誘導するためにも、「機械(あるいはアルゴリズム)を所有するのが誰かは、…重要だ」(30頁)、との見解と相容れるのか否か自体が論争的課題になるだろう。アギオンはこうした論点に関して全く無頓着である。それはおそらく、「資本主義とは何か」という問いを真摯に突き詰めて考えた事がないからではないか、と評者は推測する。

主流派経済学界の一般的な傾向は、「…にも拘らず、資本主義以外のより望ましい代替システムは存在しない」という見解であろう。こうした論者たちは「資本主義=市場経済」という図式で理解している場合が多いのではないか? 本書においても「資本主義」という用語を用いた議論をしているのは限られた執筆者だけであるが、現代の標準的なミクロ経済学のテキストでは、「資本主義経済」という概念も用語も登場しない。「資本主義とは何か」を真摯に問う事無く、「市場経済＝資本主義」と暗黙裡に想定して議論しているケースが多いだろう事を伺わせる。他方で、今日のマルクス主義論壇の中には、究極的な「脱市場経済」の到達点を「アソシエーション」や「コミュニズム」の収束点と認識する議論もあり、それはある意味、「資本主義以外のより望ましい代替システムは存在しない」と見做す論者と認識を共有している。

しかし、古典派経済学やカール・マルクス、また新古典派経済学を代表するレオン・ワルラス、更には現代経済学に繋がるジョン・ヒックスなどの諸研究、あるいはフェルナン・ブローデルや、イマニュエル・ウォーラーステイン、ジョヴァンニ・アレギらの世界システム論系列の諸研究を鑑みても（古典派やマルクス、ワルラスに関してはそれぞれの古典的大著が挙げられるが、より現代的な文献に関しては「文献」参照のこと）、資本主義システムと市場経済とを概念的に区別する事は、資本主義的市場経済についての社会科学的理論の出発点である事が分かるだろう（例えばコッカ2018、及び吉原2020）。この認識論的立場においては、「脱資本主義・ポスト資本主義」は必ずしも「脱市場経済」を含意しないのである。

冒頭でも言及した「資本主義の危機・限界」論に関しても、むしろ「市場経済の脱資本主義化」こそが、より包括的な観点に基づく社会的厚生の長期的改善にも寄与する政治経済システムの再編成に寄与し得る方向性であると考える事も出来る。こうした方向性の探求には、「市場経済＝資本主義」ではない資本主義的市場経済の理論的把握が必要になってくる。本書に欠けているのは、この理論的把握であり、そのような認識に向かう考察であろう。

例えば、アセモグルが第17章で論じたような、80年代以降の米国経済において、「自動化」に過度に偏ったイノベーションと技術変化によって、復職促進効果を上回る労働需要の減退が生じ、分配上の格差や社会的分断に帰結したという動向。そのような動向が観察された背景に、80年代以降の政治経済システムの新自由主義化による、市場経済における純粋資本主義化を読み取る事ができるだろう。そして、そのような視角を以って、彼の挙げるエビデンス動向を捉えなおしてみれば、アセモグルの政策論に関しても、彼ほどには楽観主義的に考えられないだろう。

アセモグルは技術の方向転換政策の成功例としてグリーンイノベーション支援の例を挙げ、「技術変化を過度の自動化から方向転換させるにも同じ3段階」（182頁）の設定によって可能であると考えている。すなわち「自動化は他のテクノロジーによって相殺されなければ大きな社会的コストを生みかねず」（182頁）という共通認識の獲得が第1段階。過度の自動化が齎す社会的コストを定量化し、テクノロジーを自動化であるか、ないしは新しい労働集約的タスクを創出する別の用途かに分類するための、測定フレームワークの開発が第2段階。そして社会一般の合意の下で測定フレームワークを用いて、過度の自由化からの技術変化の方向転換を誘導する政策に落とし込む段階が第3段階である。

しかし、炭素ガス排出の自然環境へのダメージと人類の文明社会の持続可能性危機に関しては比較的「共通認識」が得られやすい課題であるのに対して、「自動化」についての共通認識を獲得するのは遥かに困難であろう。「自動化」が生み出す「社会的コスト」は、ある種の社会的厚生的観点からは「コスト」認識になるが、そのようなタイプの社会的厚生の立場が共有され得るか否かの問題は捨象されている。また、そもそも市場経済が資本主義的原理によって支配されている政治経済システムの下では、技術変化も資本収益的でなければ実現されない。逆に言えば、資本収益性の観点からの強い動機が支配する場合には、「社会的コスト」への「共通認識」を以てしても、政策エンジニアリング的アプローチのみによって事態を押しとどめる事はできないであろう。

その理由に関する問いへの応えを与えるのが、資本主義的市場経済についての経済理論という事になるのだが、その詳細を論ずる事は本解説の課題を超える。しかしそもそも、第1次産業革命段階での有機経済から化石資源収奪型経済へのパラダイム・シフトに関しても、いずれ環境破壊問題に直面するだろうことは、マルクスが生きていた19世紀の段階ですでに指摘されていた。しかし、化石資源収奪的技術の生み出す圧倒的な資本収益性効果を前にして、環境問題よりも「経済成長」が優先されてきたのが現代にいたる歴史的経緯であり、今日の気候変動問題に至っている訳である。

より良き経済社会への改革のために

いずれにせよ、政策的課題を生み出すエビデンスに関する共通認識とそれに対処療法的に対応する政策エンジニアリングの提示という枠組みだけでは、貧富の格差拡大や、経済的意思決定に関する超富豪層による寡頭制的状況を生み出すような現代の政治経済システムの基本構造を変革する事はできないとは思う。しかしそれは、本書で提示されている様々な処方箋が無用である事を全く意味しない。現代の政治経済システムを変えるためには、そのような変革への民衆の情熱的かつ強力な支持と、それを背景に為され得る社会的意思決定上の権力関係の変化が伴わなければならない。そうした準備が整った後に、妥当な政策的処方箋も政治的に遂行可能な段階に至るであろう。のみならず、そもそも妥当な政策的処方箋は存在するという認識自体が、現代の政治経済システムの在り方を不変的なものと絶対視せずに、より自分たちにとって望ましい在り方に変えていこうという、民衆にとっての動機付けに寄与するであろう。

本書はその意味で、政策決定に関与するエリート層や経済学徒の範疇を超えて、できるだけ広く多くの読者層に読まれるべき価値ある1冊であろう。

2022年1月24日

吉原直毅

文献

アレギ、ジョヴァンニ『北京のアダム・スミス：21世紀の諸系譜』中山智香子監訳、作品社、2011年

ウォーラーステイン、イマニュエル『近代世界システム論I：農業資本主義と「ヨーロッパ世界経済」の成立』川北稔訳、名古屋大学出版会、2013年

コッカ、ユルゲン（2018）『資本主義の歴史：起源・拡大・現代』山井敏章訳、人文書院、2018年

ヒックス、ジョン『経済史の理論』新保博／渡辺文夫訳。講談社学術文庫、1995年

ブローデル、フェルナン『物質文明・経済・資本主義：15–18世紀』村上光彦他訳、みすず書房、1985～96年

吉原直毅（2020）「定常循環レジーム下の経済システム論」経済理論学会編『季刊 経済理論』第57巻第2号（2020年7月）19–39頁

訳者あとがき

２０１９年10月17日と18日の２日間にわたって、ピーターソン国際研究所（ＰＩＩＥ）主催で「格差と闘う」をテーマにしたカンファレンスが行われ、主に経済分野から学者たちが集い、議論を戦わせた。登壇した経済学者らの発表の要旨をまとめた論文集が本書である。カンファレンスの模様はウェブで動画配信され、ＰＩＩＥのサイトに残されている。同サイト（https://www.piie.com/events/combating-inequality-rethinking-policies-reduce-inequality-advanced-economies）で動画の視聴やプレゼン資料の閲覧ができる（YouTubeでも視聴可能）。

経済学者のオリヴィエ・ブランシャールとダニ・ロドリックがカンファレンスのコーディネーターを務め、本書の編纂も手がけた。二人は日本でも知名度が高いだろう。フランス出身で、ハーヴァード大学とマサチューセッツ工科大学（ＭＩＴ）の経済学教授、国際通貨基金（ＩＭＦ）の調査局長・首席エコノミストを歴任し、現在はＭＩＴ名誉教授兼シンクタンクのピーターソン国際研究所（ＰＩＩＥ）の上席研究員であるブランシャールは、『マクロ経済学』（東洋経済新報社）でもよく知られている。トルコ出身で、コロンビア大学やプリンストン高等研究所の教授を経て、現在はハーヴァード大学ケネディスクールの国際政治経済学教授であるロドリックも、評判になった『グローバリゼーション・パラドクス』（白水社）など複数の著書が翻訳されている。

本書の寄稿者にも、グレゴリー・マンキュー、ローレンス・サマーズ、ダロン・アセモグル、ノーベル経済学賞受賞者のピーター・ダイアモンドなど、一流の経済学者が名を連ねている。またテーマが格差とあって、この分野の研究で知られるエマニュエル・サエズとガブリエル・ズックマンもいる。サエズ、ズックマン、そして冒頭の章で先進国の格差について概説したルカ・シャンセルは、いずれもトマ・ピケティとの共同論文がある。ピケティは周知のように、『21世紀の資本』（みすず書房）で格差問題への認知が世界的に高まるきっかけを作った。

格差が是正すべきものである、という問題意識は共有されるようになったが、その方法に関する経済学者たちの考えはさまざまだ。本書には、一般的によく耳にするようになったベーシックインカムや富裕層への課税ももちろん提案されているが、その案に反対し、税制の工夫による分配や、脱税を許している法の抜け穴をふさぐことによる分配の財源確保を提案する学者もいる。その多様さが本書の読みどころといえる。

格差の一因である労働市場の問題にも光が当てられている。2020年から世界を襲ったパンデミックでは、社会になくてはならない働きをしているのに正当な評価と待遇を受けられていないエッセンシャルワーカーの存在がクローズアップされた。本書が書かれたのは新型コロナウイルスが出現する前だが、労働市場が二極化し、立場の弱い人々が労働搾取される構造が問題視され、解決策が提案されている。分配に関してだけでなく、労働市場に関する政策提案は日本でも参考になりそうだ。

その中で訳者の目を引いたのは、連邦雇用保障という提案だった。正直なところ実現性は低いのではないかと思うが、このくらい大胆な案が出されて議論の俎上に載ったことは心強い。というのも、分配だけでは人は救われないのではないかと感じるからだ。アメリカでは労働市場への参加をあきらめた人々の絶望死が注目を集めた。日本では自暴自棄になった人が道連れのように他人を襲う事件が相次いだが、加害者の中には生活保護を受給中だった人もいた。このような出来事を目にすると、労働が生活の糧を得るだけでなく、社会での居場所を獲得する手段の一つでもあることを改めて感じさせられる。もっとも居場所獲得の手段として労働が重視されすぎていることがひずみを生んでいるとも思うのだが……現代社会においては金銭報酬を得られる働きしか労働とみなさない風潮が女性を苦しめ、最近ではそのような労働の難易度が上がったために男性も苦しんでいるからだ。

最後になりましたが、解説をお引き受けくださったマサチューセッツ大学アマースト校の吉原直毅教授、本書の翻訳をさせてくださった慶應義塾大学出版会の永田透さんに深く感謝申し上げます。

月谷真紀

格差と闘え
——政府の役割を再検討する

2022年 3 月25日　初版第 1 刷発行

編　者————オリヴィエ・ブランシャール
　　　　　　ダニ・ロドリック
訳　者————月谷真紀
発行者————依田俊之
発行所————慶應義塾大学出版会株式会社
　　　　　　〒108-8346　東京都港区三田2-19-30
　　　　　　TEL〔編集部〕03-3451-0931
　　　　　　　　〔営業部〕03-3451-3584〈ご注文〉
　　　　　　　　〔　〃　〕03-3451-6926
　　　　　　FAX〔営業部〕03-3451-3122
　　　　　　振替　00190-8-155497
　　　　　　https://www.keio-up.co.jp/
装　丁————松田行正
ＤＴＰ————アイランド・コレクション
印刷・製本——中央精版印刷株式会社
カバー印刷——株式会社太平印刷社

Printed in Japan ISBN 978-4-7664-2805-6

【編者】

オリヴィエ・ブランシャール（Olivier Blanchard）
ピーターソン国際経済研究所シニアフェロー。マサチューセッツ工科大学（MIT）経済学部ロバート・M・ソロー名誉教授。IMFでチーフエコノミストを務める。著書に『ブランシャール　マクロ経済学（第2版）』（中泉真樹他訳、東洋経済新報社）などがある。

ダニ・ロドリック（Dani Rodrik）
ハーヴァード大学ケネディスクール校国際政治経済学フォード財団教授。著書に『グローバリゼーション・パラドクス：世界経済の未来を決める三つの道』（柴山桂太・大川良文訳、白水社）などがある。

【訳者】

月谷真紀（つきたに・まき）
翻訳家。訳書に、カプラン『大学なんか行っても意味はない？』、ラジャン『第三の支柱』（以上、みすず書房）、ロビンソン『政府は巨大化する』（日本経済新聞出版）などがある。

【解説】

吉原直毅（よしはら・なおき）
マサチューセッツ大学アマースト校経済学部教授、一橋大学経済研究所特任教授。一橋大学大学院経済学研究科博士後期課程修了。博士（経済学）。一橋大学大学院経済学研究所教授などを経て現職。専門は理論経済学。著書に『労働搾取の厚生理論序説』（岩波書店）、共著に『マルクスの使いみち』（太田出版）、編著に『されどマルクス』（日本評論社）などがある。

【執筆者】（執筆順）

ルカ・シャンセル（Lucas Chancel）［第 1 章］
パリ経済学院研究員。パリ政治学院客員教授。専門は格差問題、持続可能な発展など。

ピーター・ダイアモンド（Peter Diamond）［第 2 章］
マサチューセッツ工科大学（MIT）経済学部教授。労働経済学におけるサーチ理論の発展に寄与。2010 年にノーベル経済学賞を受賞。現在は社会保障問題に取り組んでいる。

ダニエル・アレン（Danielle Allen）［第 3 章］
ハーヴァード大学ジェイムズ・ブライアン・コナント教授。専門は古典学、政治学。

フィリップ・ヴァン・パリース（Philippe Van Parijs）［第 4 章］
ルーヴァン大学経済･社会･政治科学部教授。著作に『ベーシック･インカムの哲学』（後藤玲子・齊藤拓訳、勁草書房）がある。

T・M・スキャンロン（T. M. Scanlon）［第 5 章］
ハーヴァード大学哲学部アルフォード教授。専門は政治哲学、道徳哲学など。

ベン・アンセル（Ben Ansell）［第 6 章］
オックスフォード大学政治学･国際関係学部教授。専門は比較政治学、教育の政治学など。

シェリ・バーマン（Sheri Berman）［第 7 章］
バーナード･カレッジ政治学部教授。専門はヨーロッパの歴史と政治。特に民主主義、ファシズム、左翼史など。

ノーラン・マッカーティ（Nolan McCarty）［第 8 章］
プリンストン大学公共国際問題学部スーザン・ドッド・ブラウン政治学公共問題教授。

ジェシー・ロススタイン（Jesse Rothstein）［第 9 章］
カリフォルニア大学バークレー校チャンセラー教授。専門は公共政策、経済学。

ローレンス・F・カッツ（Lawrence F. Katz）［第 9 章］
ハーヴァード大学経済学部エリザベス・アリソン経済学教授。専門は労働経済学、社会問題の経済学。

マイケル・スタインズ（Michael Stynes）［第 9 章］
ジェイン・ファミリー研究所 CEO。

ターマン・シャンムガラトナム (Tharman Shanmugaratnam)［第 10 章］
シンガポール上級相兼社会政策調整相、シンガポール金融管理局長などを務める。

デヴィッド・オーター (David Autor)［第 11 章］
マサチューセッツ工科大学（MIT）経済学部フォード財団教授。専門は労働経済学を中心に幅広い分野で多くの論文を発表している。

クリスチャン・ダストマン (Christian Dustmann)［第 12 章］
ユニヴァーシティ・カレッジ・ロンドン（UCL）教授。専門は労働経済学、移民研究など。

キャロライン・フロイント (Caroline Freund)［第 13 章］
ピーターソン国際経済研究所のシニア・フェロー。カリフォルニア大学サンディエゴ校グローバル政策・戦略学部長。

N・グレゴリー・マンキュー (N. Gregory Mankiw)［第 14 章］
ハーヴァード大学経済学部教授。著書に『マンキュー　マクロ経済学（第 4 版）』（足立英之他訳、東洋経済新報社）がある。

ローレンス・H・サマーズ (Lawrence H. Summers)［第 15 章］
ハーヴァード大学チャールズ・W・エリオット教授。世界銀行チーフエコノミスト、財務長官などを務めた。

エマニュエル・サエズ (Emmanuel Saez)［第 16 章］
カリフォルニア大学バークレー校経済学部教授。共著に『つくられた格差』（ズックマンとの共著、山田美明訳、光文社）

ダロン・アセモグル (Daron Acemoglu)［第 17 章］
マサチューセッツ工科大学（MIT）経済学部エリザベス＆ジェイムズ・キリアン記念教授。共著に『自由の命運』（ロビンソンとの共著、櫻井祐子訳、早川書房）などがある。

フィリップ・アギオン (Philippe Aghion)［第 18 章］
コレージュ・ド・フランス教授。専門は経済成長、イノベーション研究。

ローラ・ダンドレア・タイソン (Laura D' Andrea Tyson)［第 19 章）］
カリフォルニア大学バークレー校ハースビジネススクール特別教授。専門は経済学、公共政策。クリントン政権の大統領経済諮問会議議長を務める。

マリアンヌ・ベルトラン（Marianne Bertrand）［第 20 章］
シカゴ大学ブースビジネススクール、クリス・P・ディアリナス経済学教授。専門は応用経済学、労働経済学。

リチャード・B・フリーマン（Richard B. Freeman）［第 21 章］
ハーヴァード大学経済学部ハーヴァート・アッシャーマン経済学教授。専門は労働問題、ワークライフ問題。

ウィリアム・ダリティ・ジュニア（William Darity Jr.）［第 22 章］
デューク大学スタンフォード公共政策学院サニュエル・デュボア・クック公共政策教授。専門は人種間、階級間、民族間の不平等。

デヴィッド・T・エルウッド（David T. Ellwood）［第 23 章］
ハーヴァード大学ケネディスクール校イザベル＆スコット・ブラック政治経済学教授。専門はアメリカの公共政策。

ハイディ・シアホルツ（Heidi Shierholz）［第 24 章］
シンクタンク、エコノミック・ポリシー・インスティテュート所長。

ジェイソン・ファーマン（Jason Furman）［第 25 章］
ハーヴァード大学ケネディスクール校エトナ済政策実践教授。オバマ政権の大統領経済諮問会議議長を務めた。

ヒラリー・ホインズ（Hilary Hoynes）［第 26 章］
カリフォルニア大学バークレー校公共政策・経済学教授。専門は税制、低所得者への移転問題。

ヴォイチェフ・コプチュク（Wojciech Kopczuk）［第 27 章］
コロンビア大学経済学部教授。専門は国際経済学、公共・非営利分野。

ステファニー・スタンチェヴァ（Stefanie Stantcheva）［第 28 章］
ハーヴァード大学経済学部ナサニエル・ロペス政治経済学教授。専門は財政学。社会調査、実験を用いた研究を行っている。

ガブリエル・ズックマン（Gabriel Zucman）［第 29 章］
カリフォルニア大学 UC バークレー校経済学部准教授。タックス・ヘイブンの研究で知られる。著書に『失われた国家の富』（林昌宏訳、NTT 出版）がある。

索引

サ行

タ行

ナ行

ハ行

マ行

ヤ行

ラ行

注・文献

序章　格差拡大を逆転させる手段はある

Rodrik, Dani, and Charles F. Sabel. 2019. "Building a Good Jobs Economy." 未発表論文。https://drodrik.scholar.harvard.edu/publications/building-good-jobs-economy.

第1章　先進国の格差をめぐる10の事実

1) 他の図表と補遺を含む本論文の完全版は、オンラインで閲覧できる。www.lucaschancel.info/10-facts.
2) これはすなわち、例えば配当金として支払われず企業に留保された利益である。最近の研究で、企業内部に利益を留保するかどうかが、主に税制上の優遇措置によって決められていることがわかっている。したがってこれらを格差の推定値に含めないと、上位層の所得シェアがうわべだけ大きく変動し、マクロ経済成長のシェアが不明になる。Blanchet, Chancel, and Gethin (2019) を参照されたい。
3) 所得分布統計の質向上を目指すグローバルな努力に寄与している、非常に補完性の高い格差データベースには他に例えば、ルクセンブルク所得研究 (LIS)、コミットメント・フォー・エクイティ・インスティテュート (CEQ) のデータベース、世界銀行のPovCalNetデータベースがある。
4) WID.world/transparency参照。
5) アメリカについてはPiketty, Saez, and Zucman (2018)、ヨーロッパについてはBlanchet, Chancel, and Gethin (2019) を参照のこと。
6) ヨーロッパの上位1%の所得シェアは7.5%から約11%に拡大した。下位50%のシェアは1980年の20%から1980年代後半に17.5%に縮小し、以降はこの水準で安定した。アメリカの成人1人当りの税引前所得のジニ係数は1980年の0.46から2016年には0.6に上昇した。西ヨーロッパでは同期間に0.37から0.43に上昇した。
7) 民間資産と公的資産という概念は国や対象期間によって意味が異なる。これらを研究する際には、国の制度とそれが政治的・社会的不平等にどう影響するかを深く理解しておかなければならない。例えばPiketty (2019) を参照のこと。
8) 日本、ヨーロッパ、アメリカの対外純資産はプラスであり、つまりこれらの国々の資産保有者は、自分の国で外国人資産保有者が持っているよりも多い資産を外国に持っている。Piketty (2019) を参照のこと。
9) WID.world (2019) およびBlanchet, Chancel, and Gethin (2019) からのデータ。
10) 特にLakner and Milanovic (2015) に基づいている。
11) これらの成果は先行研究で観察されたトレンドを裏付けるものだが、今日の

国内格差水準に関して新たな洞察を提供している。ラクナーとミラノヴィッチ（Lakner and Milanovic 2015）によれば、グローバルな国内タイル指数は過去数十年にわたって増加したが、2011年にはまだ国際間格差のほうが国内格差より重要だった。この違いはおおむね、国レベルの格差の新しいデータセットをDINAと合わせて使っていること（本章の最初の節を参照のこと）で説明がつく。先行研究のような1人当り所得および消費分布の混合ではなく、単一の概念（成人1人当りの税引前国民所得）を使っていることも、違いの説明になる（Chancel 2019参照）。

12）www.lucaschancel.info/10-factsにてオンライン補遺を参照のこと。

13）世代間所得弾力性とは子供の成人後の所得に対する親の所得の弾力性をいう（Corak 2013を参照）。

14）Corak（2013）を参照のこと。

15）例えば、格差の大きい国ほど世代内移動率が高い傾向にあることを発見したフリン（Flinn 2002）やガルネロら（Garnero et al. 2019）と、逆であることを発見したバークハウザーら（Burkhauser et al. 2002）やゴットシャルクとスポラオーレ（Gottschalk and Spoalore 2002）の文献を参照されたい。

16）比率はブラウとカーン（Blau and Kahn 2016）の数値を用いて算出した。アメリカとイギリスの男女のフルタイム労働者の所得差の中央値は、1980年から2015年にかけて35%から約20%に、デンマークでは20%から15%に減少した（Kleven, Landais, and Søgaard 2018）。

17）ほとんどの産業部門で、アメリカのロボットの浸透率は西ヨーロッパ諸国より低いようだ（Acemoglu and Restrepo 2017を参照）。

18）Bratberg et al.（2017）およびDeutscher and Mazumder（2019）も参照のこと。

19）下位5分位から上位への世代間移動はアメリカの中レベルの公立大学で最大であることがわかっている（Chetty et al. 2017）。

20）実際、欧州連合の法人所得税率は1980年の50%から今日では25%に下がった。逆に同期間の平均付加価値税率は上がった（1980年から2017年にかけて17.5%から21.5%と4%上がった）。

21）分布の下位において、低所得の個人への税額控除（例えばアメリカの勤労所得税額控除）はサエズとズックマン（Saez and Zucman 2019）の論文と同様に扱うべきか、それとも負の租税と捉えるべきだろうか。税額控除は中間的な領域に属し、どちらを選んでも完全にはあてはまらない可能性が高い。法人税に目を転じると、サエズとズックマン（Saez and Zucman 2019）およびDINAの手法全般では、これをこのような税を納める株主に帰属させている。法人税が部分的に労働者の賃金に転嫁される可能性がある程度には（Fuest, Peichl, and Siegloch 2018）、部分的に労働者に帰属させるべきだと主張できるかもしれない。そうすると、アメリカの上位層の税率低下は多少緩和されるが、それでも低下率は大きいだろう。またこちらを選ぶと、現在のアメリカの税制の逆進性も上がることになる。法人税の一部を労働者に転嫁すると、

一時点の税率の静的な研究から成長に対する課税の動的効果の研究に分析の対象が移る。どちらのタイプの分析も有益で相互補完的なため、税制について裏付けのある議論ができるよう、税務当局と統計局によって実施されるべきだ（本章の最初の節も参照のこと）。

Acemoglu, D., and P. Restrepo. 2017. "Robots and Jobs: Evidence from US Labor Markets." NBER Working Paper 23285, National Bureau of Economic Research, Cambridge, MA.

Alstadsæter, A., N. Johannesen, and G. Zucman. 2018. "Who Owns the Wealth in Tax Havens? Macro Evidence and Implications for Global Inequality." *Journal of Public Economics* 162: 89–100.

Alvaredo, A., A. B. Atkinson, L. Chancel, T. Piketty, E. Saez, and G. Zucman. 2016. "Distributional National Accounts (DINA) Guidelines: Concepts and Methods Used in the World Wealth and Income Database." WID.world Working Paper 2016/2.

Alvaredo, A., L. Chancel, T. Piketty, E. Saez, and G. Zucman. 2018. *World Inequality Report 2018*. Cambridge, MA: Harvard University Press.

Atkinson, A. B., and F. Bourguignon. 2000. *Handbook of Income Distribution*. Amsterdam: Elsevier.

Atkinson, A. B., A. Casarico, and S. Voitchovsky. 2018. "Top Incomes and the Gender Divide." *Journal of Economic Inequality* 16(2): 225–256.

Atkinson, A. B., and A. J. Harrison. 1978. *Distribution of Personal Wealth in Britain*. Cambridge: Cambridge University Press.

Atkinson, A. B., and T. Piketty, eds. 2007. *Top Incomes over the Twentieth Century: A Contrast between Continental European and English-Speaking Countries*. Oxford: Oxford University Press.

Atkinson, A. B., and T. Piketty, eds. 2010. *Top Incomes from a Global Perspective*. Oxford: Oxford University Press.

Bertrand, M., and S. Mullainathan. 2004. "Are Emily and Greg More Employable than Lakisha and Jamal? A Field Experiment on Labor Market Discrimination." *American Economic Review* 94(4): 991–1013.

Blanchet, T. 2017. "Estimates of the Global Distribution of Wealth." WID.world Technical Note 2017/7.

Blanchet, T., L. Chancel, and A. Gethin. 2019. "How Unequal Is Europe? Evidence from Distributional National Accounts, 1980–2017." WID.world Working Paper 2019/06.

Blau, F. D., and L. M. Kahn. 2016. "The Gender Wage Gap: Extent, Trends, and Explanations." NBER Working Paper 21913, National Bureau of Economic Research, Cambridge, MA.

Case, A., and A. Deaton. 2015. "Rising Morbidity and Mortality in Midlife among

White Non-Hispanic Americans in the 21st Century." *Proceedings of the National Academy of Sciences* 112(49): 15078–15083.
Case, A., D. Lubotsky, and C. Paxson. 2002. "Economic Status and Health in Childhood: The Origins of the Gradient." *American Economic Review* 92(5): 1308–1334.
Causa, O., and C. Chapuis. 2009. *Equity in Student Achievement across OECD Countries*. Paris: OECD.
Chancel, L. 2020a. "Clarifying the Muddle of Global Inequality Data." WID.world Working Paper 2020/5(forthcoming).
Chancel, L. 2020b. *Unsustainable Inequalities*. Cambridge, MA: Harvard University Press.
Chetty, R., D. Grusky, M. Hell, N. Hendren, R. Manduca, and J. Narang. 2017. "The Fading American Dream: Trends in Absolute Income Mobility since 1940." *Science* 356(6336): 398–406.
Chetty, R., N. Hendren, P. Kline, E. Saez, and N. Turner. 2014. "Is the United States Still a Land of Opportunity? Recent Trends in Intergenerational Mobility." *AEA Papers and Proceedings* 104(5): 141–147.
Chetty, R., M. Stepner, S. Abraham, S. Lin, B. Scuderi, N. Turner, and D. Cutler. 2016. "The Association between Income and Life Expectancy in the United States, 2001–2014." *Journal of the American Medical Association* 315(16): 1750–1766.
Corak, M. 2013. "Income Inequality, Equality of Opportunity, and Intergenerational Mobility." *Journal of Economic Perspectives* 27(3): 79–102.
Derenoncourt, E., and C. Montialoux. 2018. "Minimum Wages and Racial Inequality." Working paper.
Diffenbaugh, N. S., and M. Burke. 2019. "Global Warming Has Increased Global Economic Inequality." *Proceedings of the National Academy of Sciences* 116(20): 9808–9813.
Egger, P. H., S. Nigai, and N. M. Strecker. 2019. "The Taxing Deed of Globalization." *American Economic Review* 109(2): 353–390.
Flinn, C. J. 2002. "Labour Market Structure and Inequality: A Comparison of Italy and the US." *Review of Economic Studies* 69(3): 611–645.
Fuest, C., A. Peichl, and S. Siegloch. 2018. "Do Higher Corporate Taxes Reduce Wages? Micro Evidence from Germany." *American Economic Review* 108(2): 393–418.
Garbinti, B., J. Goupille-Lebret, and T. Piketty. 2018. "Income Inequality in France, 1900–2014: Evidence from Distributional National Accounts (DINA)." *Journal of Public Economics* 162: 63–77.
Garnero, A., A. Hijzen, and S. Martin. 2019. "More Unequal, but More Mobile? Earnings Inequality and Mobility in OECD Countries." *Labour Economics*

56:26–35.

Goldin, C., and L. Katz. 2008. *The Race between Education and Technology*. Cambridge, MA: Belknap Press.

Gottschalk, P., and E. Spolaore. 2002. “On the Evaluation of Economic Mobility.” *Review of Economic Studies* 69(1): 191–208.

Grainger, C. A., and C. D. Kolstad. 2010. “Who Pays a Price on Carbon?” *Environmental and Resource Economics* 46(3): 359–376.

Jaumotte, F., and C. Osorio Buitron. 2019. “Inequality: Traditional Drivers and the Role of Union Power.” Oxford Economic Papers, Oxford University.

Kleven, H., C. Landais, and J. E. Søgaard. 2018. “Children and Gender Inequality: Evidence from Denmark.” NBER Working Paper 24219, National Bureau of Economic Research, Cambridge, MA.

Kopczuk, W., E. Saez, and J. Song. 2010. “Earnings Inequality and Mobility in the United States: Evidence from Social Security Data since 1937.” *Quarterly Journal of Economics* 125(1): 91–128.

Kuznets, S. 1953. *Shares of Upper Income Groups in Income and Savings*. New York: National Bureau of Economic Research.

Lakner, C., and B. Milanovic. 2015. *Global Income Distribution: From the Fall of the Berlin Wall to the Great Recession*. World Bank Economic Review. Washington, DC: World Bank.

Mankiw, N. G. 2013. “Defending the One Percent.” *Journal of Economic Perspectives* 27(3): 21–34.

Marmot, M. G. 2003. “Understanding Social Inequalities in Health.” *Perspectives in Biology and Medicine* 46(3): S9–S23.

Martins, J. O., R. Boarini, H. Strauss, and C. De La Maisonneuve. 2010. “The Policy Determinants of Investment in Tertiary Education.” OECD *Journal: Economic Studies* 2010(1): 1–37.

Mazzucato, M., and G. Semieniuk. 2017. “Public Financing of Innovation: New Questions.” *Oxford Review of Economic Policy* 33(1): 24–48.

Milanovic, B. 2019. *Capitalism, Alone: The Future of the System That Rules the World*. Cambridge, MA: Harvard University Press.〔『資本主義だけ残った——世界を制するシステムの未来』西川美樹訳、みすず書房、2021年〕

ONS. 2019. UK Office for National Statistics. “Annual Population Survey, Ethnicity Pay Gaps Reference Tables.” https://www.ons.gov.uk/employmentandlabourmarket/peopleinwork/earningsandworkinghours/datasets/ethnicitypaygapreferencetables.

Piketty, T. 2014. *Capital in the Twenty-First Century*. Cambridge, MA: Harvard University Press.〔『21世紀の資本』山形浩生、守岡桜、森本正史訳、みすず書房、2014年〕

Piketty, T. 2019. *Capital et Idéologie: Le Seuil*. Cambridge, MA: Harvard

University Press.

Piketty, T., and E. Saez. 2003. "Income Inequality in the United States, 1913–1998." *Quarterly Journal of Economics* 118(1): 1–41.

Piketty, T., and E. Saez. 2014. "Inequality in the Long Run." *Science* 344(6186): 838–843.

Piketty, T., E. Saez, and S. Stantcheva. 2014. "Optimal Taxation of Top Labor Incomes: A Tale of Three Elasticities." *American Economic Journal: Economic Policy* 6(1): 230–271.

Piketty, T., E. Saez, and G. Zucman. 2018. "Distributional National Accounts: Methods and Estimates for the United States." *Quarterly Journal of Economics* 133(2): 553–609.

Piketty, T., and G. Zucman. 2014. "Capital Is Back: Wealth-Income Ratios in Rich Countries 1700–2010. *Quarterly Journal of Economics* 129(3): 1255–1310.

Rosen, S. 1981. "The Economics of Superstars." *American Economic Review* 71(5): 845–858.

Saez, E., and G. Zucman. 2016. "Wealth Inequality in the United States since 1913: Evidence from Capitalized Income Tax Data." *Quarterly Journal of Economics* 131(2): 519–578.

Saez, E., and G. Zucman. 2019. *The Triumph of Injustice: How the Rich Dodge Taxes and How to Make Them Pay*. New York: W. W. Norton.〔『つくられた格差——不公平税制が生んだ所得の不平等』山田美明訳、光文社、2020年〕

Smith, M., D. Yagan, O. M. Zidar, and E. Zwick. 2019. "Capitalists in the Twenty-First Century." NBER Working Paper 25442, National Bureau of Economic Research, Cambridge, MA.

Solon, G. 2002. "Cross-Country Differences in Intergenerational Earnings Mobility." *Journal of Economic Perspectives* 16(3): 59–66.

United Nations Economic Commission for Europe (UNECE). 2011. *Canberra Group Handbook on Household Income Survey*. 2nd ed. Geneva: United Nations Economic Commission for Europe.

Valfort, M. 2018. *Anti-Muslim Discrimination in France: Evidence from a Field Experiment*. Bonn: IZA Publications.

WID.world. 2019. World Inequality Database. www.wid.world.

Wolff, E. N. 2017. "Household Wealth Trends in the United States, 1962 to 2016: Has Middle Class Wealth Recovered?" NBER Working Paper 24085, National Bureau of Economic Research, Cambridge, MA.

World Bank, Development Research Group. 2018. *Global Database on Intergenerational Mobility* (GDIM). Washington, DC: World Bank.

Zucman, G. 2019. "Global Wealth Inequality." *Annual Review of Economics* 11: 109–138.

第2章　状況についての議論

Atkinson, Anthony B. 1970. "On the Measurement of Inequality." *Journal of Economic Theory* 2:244–263.

Burtless, Gary, Anqi Chen, Wenliang Hou, and Alicia H. Munnell. 2017. "What Are the Costs and Benefits of Social Security Investing in Equities?" Issue Brief Number 17–10, Center for Retirement Research, Boston College.

Dalton, Hugh. 1920. "The Measurement of the Inequality of Incomes." *Economic Journal* 30:348–361.

Flavelle, Christopher. 2019. "Rich Counties Get More Help to Escape Climate Risk, New Data Show." *New York Times*, October 9, 2019. https://www.nytimes.com/2019/10/09/climate/disaster-flood-buyouts-climate-change.html.

Hallegatte, Stephane, Mook Bangalore, Laura Bonzanigo, Marianne Fay, Tamaro Kane, Ulf Narloch, Julie Rozenberg, David Treguer, and Adrien Vogt-Schilb. 2016. *Shock Waves: Managing the Impacts of Climate Change on Poverty*. Climate Change and Development Series. Washington, DC: World Bank.

Islam, S. Nazrul, and John Winkel. 2017. "Climate Change and Social Inequality." DESA Working Paper 152, United Nations, New York. https://www.un.org/development/desa/publications/working-paper.

Jacobs, Bas. 2018. "The Marginal Cost of Public Funds Is One at the Optimal Tax System." International Tax and Public Finance 25(4): 883–912.

Lundholm, Michael. 2005. "Cost-Benefit Analysis and the Marginal Cost of Public Funds." Research Papers in Economics, Department of Economics, Stockholm University.

Ramsey, F. P. 1927. "A Contribution to the Theory of Taxation." *Economic Journal* 37: 47–61.

Warren, Earl. 1952. Address presented to National Press Club as quoted in *Freedom and Union*, Washington, DC, April 1952.

第3章　経済理論に新たな哲学的基盤が求められる時代か？

Allen, Danielle. 2004. *Talking to Strangers*. Chicago: University of Chicago Press.

Allen, Danielle. 2014. *Our Declaration: A Reading of the Declaration of Independence in Defense of Equality*. New York: Norton/Liveright.

Allen, Danielle. 2016. "Toward a Connected Society." In *Our Compelling Interests: The Value of Diversity for Democracy and a Prosperous Society*, edited by Earl Lewis and Nancy Kantor, 71–195. Princeton, NJ: Princeton University Press.

Allen, Danielle. 2017. "What Is Education For?" *Boston Review*.

Allen, Danielle. 2020. "Difference without Domination: Toward a New Theory of Justice." In *Difference without Domination: Pursuing Justice in Diverse Democracies*, edited by Danielle Allen and R. Somanathan. Chicago:

University of Chicago Press.
Anderson, Elizabeth S. 1999. "What Is the Point of Equality?" *Ethics* 109(2): 287–337.
Anderson, Elizabeth S. 2017. *Private Government: How Employers Rule Our Lives (and Why We Don't Talk about It)*. Princeton, NJ: Princeton University Press.
Bartels, Larry M. 2008. *Unequal Democracy: The Political Economy of the New Gilded Age*. Princeton, NJ: Princeton University Press.
Berlin, Isaiah. 1961. *Two Concepts of Liberty*. Oxford: Clarendon Press.〔『自由論 1、2』小川晃一、小池銈、福田歓一、生松敬三訳、みすず書房、1971年〕
Constant, Benjamin. 1819. "The Liberty of the Ancients Compared with That of the Moderns." Speech given at the Athéné Royale in Paris.
Marshall, G. 1947. "The Marshall Plan Speech." https://www.marshallfoundation.org/marshall/the-marshall-plan/marshall-plan-speech/.
McCarty, Nolan, Keith T. Poole, and Howard Rosenthal. 2006. *Polarized America: The Dance of Ideology and Unequal Riches*. Cambridge, MA: MIT Press.
Pettit, Philip. 1999. *Republicanism: A Theory of Freedom and Government*. Oxford: Oxford University Press.
Rawls, John. 1971. *A Theory of Justice*. Cambridge, MA: Harvard University Press.〔『正義論 改訂版』川本隆史、福間聡、神島裕子訳、紀伊國屋書店、2011年〕
Rodrik, Dani and Charles Sabel. Under review. "Building a Good Jobs Economy." In *Political Economy and Justice*, edited by Danielle Allen, Yochai Benkler, and Rebecca Henderson. Chicago: University of Chicago Press.
Sen, Amartya. 1999a. "Democracy as a Universal Value." *Journal of Democracy* 10(3): 3–17.
Sen, Amartya. 1999b. *Development as Freedom*. New York: Knopf.〔『自由と経済開発』石塚雅彦訳、日本経済新聞社、2000年〕

第4章　経済学者が対処すべきはどんな格差か？

1）ある意味において経済的平等主義者である多くの理由をめぐる、もっと包括的な批判的考察についてはスキャンロン（Scanlon 2018）を参照のこと。
2）「穴の開いたバケツ」効果（つまり再分配の過程における経済的な無駄）がないことを前提にしている。もしそのような効果があるとすれば、格差は（2a）の条件下でも正当化でき、その効果が十分に強ければ、（1b）の条件下でさえ正当化できる。そうなると厳格な平等主義と一致するのは（1a）のみとなる。
3）ヴァン・パリースの文献（Van Parijs 2003）で、これら多様な要件への感応度によって異なるロールズの格差原理の解釈を多数検討している。
4）ヴァン・パリースの文献（Van Parijs 2007）で、「ナショナリスト」の見解と「グローバリスト」の見解のさまざまなバリエーションを体系的に概観してい

る。

5) Dworkin (1981), Sen (1982), Cohen (1989), Anderson (1999) を参照のこと。

6) シャンセルのデータは2017年のもの、ミラノヴィッチのデータは2008年のものであり、古いほうのデータはすでに「過去10年間で場所の要素の重要性が下がっている」ことを示唆していた (Milanovic 2016, 131)。シャンセルのデータは世帯調査だけでなく税務記録にも基づいており、こちらのほうが超高所得をうまく追跡できる。また国家間の格差は貧困層に比べて富裕層では目立たない (Milanovic 2016, 134)。

7) 送金を考慮すると国家間の格差はいくぶん縮まる。寄付を考慮すると国内格差がいくぶん縮まるのと同様だ。しかし自発的な所得移転は、可処分所得の減少というより使用と解釈するのがおそらく最もふさわしいし、本人の裁量による寛大な行為で発生した資源について、市場で稼いだ所得や法的に権利のある給付と同じ扱いをするべきではないだろう。

8) ここではPPP係数の構築に入ってくる多くの前提から生じる難しさ (Deaton 2010の明快な論考を参照のこと) を無視しており、国家間格差と違って1人当り実質GDPと貧困率を推定する目的でPPP係数を用いること (十分に適正である) は問題にしない。

9) もちろん、他の国に比べて物質的な繁栄に不利な文化と制度を持つ国もある。それを変えるのは国自身の判断であり、変えなければその国の責任だと言うことはできるかもしれない。しかしそのような社会の中にいて、自分では選ばなかったし選ぶことのできない文化と制度に人生の機会が決められてしまう個人に、これは言えない。基準値として適切なグローバルな格差は、それぞれに個性のある社会同士ではなく、個人間にあるものだ。

10) シャンセル (本書の第1章) は次のようにも述べている。「この知見は、グローバルな格差政策として人口移動政策、国際移動政策、国レベルの格差政策の相対的な重要性を議論する際に、重要な含意を持っているかもしれない」。その根底にある示唆はおそらく、測定によって現在支配的と判断される格差の要素に政策努力を集中させるべしということだ。同様に、ブランシェ、シャンセル、ゲシン (Blanchet, Chancel, and Gethin 2019) は、ヨーロッパ市民間の全体的な格差の4分の3 (彼らの測定で) は国内格差で説明されることを示したうえで、次のように結論づけている。「これは所得格差の縮小を目指す欧州連合 (アメリカの場合はさらに) の社会政策と財政政策が、国家間 (あるいは州間) の所得移転を計画することによってではなく、国内 (あるいは州内) 施策に優先的に取り組むべきであることを示唆している」

Anderson, Elizabeth S. 1999. "What Is the Point of Equality?" *Ethics* 109(2): 287–337.

Blanchet, Thomas, Lucas Chancel, and Amory Gethin. 2019. "How Unequal Is Europe? Evidence from Distributional National Accounts, 1980–2017." WID.world Working Paper 2019/06. https://wid.world/wid-world.

Caney, Simon. 2005. *Justice beyond Borders: A Global Political Theory*. Oxford: Oxford University Press.

Cohen, G. A. 1989. "On the Currency of Egalitarian Justice." *Ethics* 99(4): 906–944.

Deaton, Angus. 2010. "Prince Indexes, Inequality and the Measurement of World Poverty." Presidential address, American Economic Association, Atlanta, January 2010.

Dworkin, Ronald. 1981. "What Is Equality?" *Philosophy and Public Affairs* 10(3):185–246 and 10(4): 283–345.

Milanovic, Branko. 2016. *Global Inequality: A New Approach for the Age of Globalization*. Cambridge, MA: Belknap Press.〔『大不平等――エレファントカーブが予測する未来』立木勝訳、みすず書房、2017年〕

Nagel, Thomas. 2005. "The Problem of Global Justice." *Philosophy and Public Affairs* 33(2): 113–147.

Rawls, John. 1971. *A Theory of Justice*. Cambridge, MA: Harvard University Press.〔『正義論 改訂版』川本隆史、福間聡、神島裕子訳、紀伊國屋書店、2011年〕

Rawls, John. 1999. *The Law of Peoples. Cambridge,* MA: Harvard University Press.〔『万民の法』中山竜一訳、岩波書店、2006年〕

Scanlon, T. M. 2018. *Why Does Inequality Matter?* Oxford: Oxford University Press.

Sen, Amartya. 1982. "Equality of What?" In *Choice, Welfare and Measurement*, by A. Sen, 353–369. Oxford: Blackwell.

Singer, Peter. 2002. *One World: The Ethics of Globalization*. New Haven, CT: Yale University Press.〔『グローバリゼーションの倫理学』山内友三郎、樫則章監訳、昭和堂、2005年〕

Tocqueville, Alexis de. 1835. *De la Démocratie en Amérique* (Democracy in America), Vol. 2, Online Library of Liberty, 2012, https://oll.libertyfund.org/titles/democracy-in-america-english-edition-vol-2.〔『アメリカのデモクラシー』第2巻、松本礼二訳、岩波文庫、2008年〕

Van Parijs, Philippe. 2003. "Difference Principles." In *The Cambridge Companion to John Rawls*, edited by Samuel Freeman, 200–240. Cambridge: Cambridge University Press.

Van Parijs, Philippe. 2007. "International Distributive Justice." In *The Blackwell Companion to Political Philosophy*, Vol. 2, edited by Robert E. Goodin, Philip Pettit, and Thomas Pogge, 638–652. Oxford: Blackwell.

第5章　なぜ格差が問題なのか？

1）Parfit (2000). 論考はO'Neill (2008) を参照のこと。

2）Cohen (1989). 批判的な論考はAnderson (1999) およびScheffler (2003) を参

照のこと。

3) 全文はScanlon (2018) を参照のこと。

Anderson, Elizabeth S. 1999. "What Is the Point of Equality?" *Ethics* 109(2): 287-337.

Ci, Jiwei. 2014. "Agency and Other Stakes of Poverty." *Journal of Political Philosophy* 21(2): 125-150.

Cohen, G. A. 1989. "On the Currency of Egalitarian Justice." *Ethics* 99(4): 906-944.

Nozick, Robert. 1974. *Anarchy, State, and Utopia.* New York: Basic Books.〔邦訳『アナーキー・国家・ユートピア――国家の正当性とその限界』ロバート・ノージック著、嶋津格訳、木鐸社、1992年〕

O'Neill, Martin. 2008. "What Should Egalitarians Believe?" *Philosophy and Public Affairs* 36(2): 119-156.

Parfit, Derek. 2000. "Equality or Priority?" In *The Idea of Equality*, edited by Michael Clayton and Andrew Williams, 81-125. New York: Palgrave Macmillan.

Rawls, John. 1971. *A Theory of Justice.* Cambridge, MA: Harvard University Press.〔『正義論 改訂版』川本隆史、福間聡、神島裕子訳、紀伊國屋書店、2011年〕

Scanlon, T. M. 2018. *Why Does Inequality Matter?* Oxford: Oxford University Press.

Scheffler, Samuel. 2003. "What Is Egalitarianism?" *Philosophy and Public Affairs* 31(1): 5-39.

Smith, Adam. 1910. *An Inquiry into the Nature and Causes of the Wealth of Nations.* London: Home University.〔『国富論――国の豊かさの本質と原因についての研究』山岡洋一訳、日本経済新聞出版、2007年〕

第6章 資産格差と政治

Adler, David, and Ben Ansell. 2020. "Housing and Populism." *West European Politics* 43(20): 344-365.

Ansell, Ben. 2014. "The Political Economy of Ownership." *American Political Science Review* 108(2): 383-402.

Ansell, Ben, Frederik Hjorth, Jacob Nyrup, and Martin Vinæs Larsen. 2019. "Sheltering Populists?" Working paper.

Piketty, Thomas. 2014. *Capital in the Twenty-First Century.* Cambridge, MA: Harvard University Press.〔『21世紀の資本』山形浩生、守岡桜、森本正史訳、みすず書房、2014年〕

Ronglie, Matthew. 2015. "Deciphering the Fall and Rise in the Net Capital Share: Accumulation or Scarcity?" *Brookings Papers on Economic Activity* 46(1): 1

–69.

第7章　格差への対処に必要な政治的条件

1）アラン・クルーガーが「グレート・ギャツビー・カーブ」と名づけたもの。以下参照。https://krugman.blogs.nytimes.com/2012/01/15/the-great-gatsby-curve/、https://www.americanprogress.org/events/2012/01/12/17181/the-rise-and-consequences-of-inequality/.

2）例えば、1988年の選挙戦でジョージ・H・W・ブッシュ陣営を指揮したリー・アトウォーターはかつて次のように述べた。「大統領選で〔民主党候補者が〕共和党候補者に勝つには階級の福祉問題を作り出すことだ（1988年の立候補者マイケル・デュカキスが最終的にそうしたが、遅きに失した）。持てる者と持たざる者を分断し、ニューディール連合の復活を試みればいい」。引用はフィリップス（Phillips［2002, xiii］）。

Alesina, Alberto, Paola Giuliano, A. Bisin, and J. Benhabib. 2011. "Preferences for Redistribution." In *Handbook of Social Economics*, edited by Jess Benhabib, Alberto Bisin, Matthew O. Jackson, 93–131. San Diego: Elsevier.

Baramendi, Pablo, Silja Häusermann, Herbert Kitschel, and Hanspeter Kriesi. 2015. *The Politics of Advanced Capitalism*. New York: Cambridge University Press.

Bartels, Larry M. 2016. *Unequal Democracy: The Political Economy of the New Gilded Age*. Princeton, NJ: Princeton University Press.

Berman, Sheri, and Maria Snegovaya. 2019. "Populism and the Decline of Social Democracy." *Journal of Democracy* 30(3): 5–19.

Bonikowski, Bart. 2017. "Ethno-nationalist Populism and the Mobilization of Collective Resentment." *British Journal of Sociology* 68:181–213.

Bonikowski, Bart, Yuval Feinstein, and Sean Bock. 2019. "The Polarization of Nationalist Cleavages and the 2016 U.S. Presidential Election." *SocArXiv*, August 16, 2019.

Bovens, Mark, and Anchrit Wille. 2017. *Diploma Democracy: The Rise of Political Meritocracy*. New York: Oxford University Press.

Case, Anne, and Angus Deaton. 2020. *Deaths of Despair*. Princeton, NJ: Princeton University Press.〔『絶望死のアメリカ――資本主義がめざすべきもの』松本裕訳、みすず書房、2021年〕

Cramer, Katherine. 2016. *The Politics of Resentment: Rural Consciousness in Wisconsin and the Rise of Scott Walker*. Chicago: University of Chicago Press.

Dennison, J., and A. Geddes. 2019. "A Rising Tide? The Salience of Immigration and the Rise of Anti-immigration Political Parties in Western Europe." *Political Quarterly* 90:107–116.

Deutsche Welle. 2019. "Germany's Far-Right AfD Fuels Xenophobia with D. Sistorted Crime Figures—Study." *Deutsche Welle*, August 5, 2019.

Evans, Geoffrey, and James Tilly. 2017. *The New Politics of the Working Class: The Political Exclusion of the British Working Class*. Oxford: Oxford University Press.

Financial Times. 2019. "Homegrown 'Junk News' on Migrants and Islam Surges, Studies Find. Far-Right Parties Shift Focus from Leaving EU to Divisive Social Issues." *Financial Times*, May 27, 2019.

Gerring, John. 2001. *Party Ideologies in America*. New York: Cambridge University Press.

Gilens, Martin. 2012. *Affluence and Influence*. Princeton, NJ: Princeton University Press.

Grossman, Matt. 2018. "Racial Attitudes and Political Correctness in the 2016 Presidential Election." Niskanen Center. https://www.niskanencenter.org/racial-attitudes-and-political-correctness-in-the-2016-presidential-election/.

Hacker, Jacob, and Paul Pierson. 2017. *American Amnesia*. New York: Simon and Schuster.

Huber, John. 2017. *Exclusion by Elections: Inequality, Ethnic Identity, and Democracy*. New York: Cambridge University Press.

Ivarsflaten, E. 2005. "The Vulnerable Populist Right Parties: No Economic Realignment Fueling Their Electoral Success." *European Journal of Political Research* 44: 465–492.

Ivarsflaten, Elisabeth. 2008. "What Unites Right-Wing Populists in Western Europe? Re-examining Grievance Mobilization Models in Seven Successful Cases." *Comparative Political Studies* 41(1): 3–23.

Iversen, Torben, and David Soskice. 2001. "An Asset Theory of Social Policy Preferences." *American Political Science Review* 95(4): 875–893.

Kenworthy, Lane. 2019. Social Democratic Capitalism. New York: Oxford University Press.

Kitschelt, Herbert, and Philip Rehm. 2019. "Secular Partisan Realignment in the United States: The Socioeconomic Reconfiguration of White Partisan Support since the New Deal Era." *Politics & Society* 47(3): 425–479.

Kriesi, Hanspeter. 2014. "The Populist Challenge." *West European Politics* 37(2): 361–378.

Labour Party. 1997. "Labour Party Manifesto." http://www.labour-party.org.uk/manifestos/1997/1997-labour-manifesto.shtml.

Lord Ashcroft. 2020. "Diagnosis of Defeat." https://lordashcroftpolls.com/wp-content/uploads/2020/02/DIAGNOSIS-OF-DEFEAT-LORD-ASHCROFT-POLLS-1.pdf.

McCarty, Nolan, Keith T. Poole, and Howard Rosenthal. 2006. *Polarized America:*

The Dance of Ideology and Unequal Riches. Cambridge, MA: MIT Press.
Meltzer, Allan H., and Scott F. Richard. 1981. "A Rational Theory of the Size of Government." *Journal of Political Economy* 89(5): 914–927.
Mudge, Stephanie. 2018. *Leftism Reinvented: Western Parties from Socialism to Neoliberalism*. Cambridge, MA: Harvard University Press.
Mutz, Diana. 2018. "Status Threat, Not Economic Hardship, Explains the 2016 Presidential Vote." *Proceedings of the National Academy of Sciences* 115(19): E4330–E4339.
New York Times. 2011. "Why Voters Tune Out the Democrats." *New York Times*, July 31, 2011. https://www.nytimes.com/2011/07/31/opinion/sunday/tuning-out-the-democrats.html.
Organization for Economic Cooperation and Development (OECD 2014). "Inequality Hurts Economic Growth." http://www.oecd.org/newsroom/inequality-hurts-economic-growth.htm.
Page, Benjamin, and Martin Gilens. 2017. *Democracy in America?* Chicago: University of Chicago.
Phillips, Kevin. 2002. *Wealth and Democracy*. New York: Broadway Books.
Putnam, Robert. 2016. *Our Kids*. New York: Simon and Schuster.〔『われらの子ども――米国における機会格差の拡大』柴内康文訳、創元社、2017年〕
Rehm, P. 2009. "Risks and Redistribution: An Individual-Level Analysis." *Comparative Political Studies* 42(7): 855–888.
Rehm, P. 2011. "Social Policy by Popular Demand." *World Politics* 63(2): 271–299.
Roemer, John E., Woojin Lee, and Karine Van der Straeten. 2007. *Racism, Xenophobia, and Distribution: Multi-issue Politics in Advanced Democracies*. New York: Russell Sage Foundation.
Rydgren, Jens, ed. 2013. *Class Politics and the Radical Right*. New York: Routledge.
Schaffner, B. F., M. Macwilliams, and T. Nteta. 2018. "Understanding White Polarization in the 2016 Vote for President: The Sobering Role of Racism and Sexism." *Political Science Quarterly* 133:9–34.
Schlozman, Kay Lehman, Sidney Verba, and Henry E. Brady. 2012. *The Unheavenly Chorus: Unequal Political Voice and the Broken Promise of American Democracy*. Princeton, NJ: Princeton University Press.
Sides, John, Lynn Vavreck, and Michael Tesler. 2018. *Identity Crisis: The 2016 Presidential Campaign and the Battle for the Meaning of America*. Princeton, NJ: Princeton University Press.
Spies, Dennis. 2013. "Explaining Working-Class Support for Extreme Right Parties: A Party Competition Approach." *Acta Politica* 48(3): 296–325.
Tankersley, Jim. 2019. "Warren Health Plan Tightens Democrats' Embrace of Tax Increases." *New York Times*, November 2, 2019. https://www.nytimes.

com/2019/11/02/business/elizabeth-warren-health-care-plan.html.
Tedford, Taylor. 2019. "Inequality in America Is at the Highest It's Been since Census Bureau Started Tracking It, Data Shows." *Washington Post*, September 26, 2019. https://www.washingtonpost.com/business/2019/09/26/income-inequality-america-highest-its-been-since-census-started-tracking-it-data-show/.
Trotsky, Leon. 1930. "Introduction to Volumes 2 and 3." In *The History of the Russian Revolution*. Marxists.org. https://www.marxists.org/archive/trotsky/1930/hrr/intro23.htm.〔『ロシア革命史』全4巻、藤井一行訳、角川文庫、2000年〕
United States Government Accountability Office(USGAO 2019). "Income and Wealth Disparities Continue through Old Age." https://www.gao.gov/assets/710/700836.pdf.
Ward, Dalston, Jeong Hyun Kim, Matthew Graham, and Margit Tavits. 2015. "How Economic Integration Affects Party Issue Emphases." *Comparative Political Studies* 48(10): 1227–1259.
WID.world. World Inequality Database 2020. www.wid.world/.
Wilkinson, Richard, and Kate Picket. 2009. *The Spirit Level: Why Greater Equality Makes Societies Stronger*. London: Bloomsbury.〔『平等社会——経済成長に代わる、次の目標』酒井泰介訳、東洋経済新報社、2010年〕

第8章　アメリカで経済格差に取り組む際の政治的な障害

1) この相関が最初に見られたのは1990年代半ばで、その後25年間続いた。McCarty, Poole, and Rosenthal (1997) を参照のこと。
2) 分極化の指標がどのように構成されているかについての非専門的な議論は、McCarty (2019, appendix A) を参照のこと。
3) この数字にはスーパーPAC(特別政治行動委員会)および「527団体」〔いずれも政治献金を無制限に集めることができる〕への個人献金を含むが、非公表の「501c (4) 団体」への献金は除外している。非公表の「501c (4) 団体」への献金を含めることができていれば、トレンド線は最近の選挙で1～2%高かった可能性が高い。
4) シチズンズ・ユナイテッド対連邦選挙委員会(FEC)判決。Citizens United v. Federal Election Commission, 558 U.S. 310 (2010).

Bonica, Adam, Nolan McCarty, Keith T. Poole, and Howard Rosenthal. 2013. "Why Hasn't Democracy Slowed Rising Inequality?" *Journal of Economic Perspectives* 27(3): 103–124.
Bonica, Adam, and Howard Rosenthal. 2015. "The Wealth Elasticity of Political Contributions by the Forbes 400." SSRN 2668780.
McCarty, Nolan. 2019. *Polarization: What Everyone Needs to Know*. Oxford:

Oxford University Press.
McCarty, Nolan, Keith T. Poole, and Howard Rosenthal. 1997. *Income Redistribution and the Realignment of American Politics*. Washington, DC: AEI Press.
McCarty, Nolan, Keith T. Poole, and Howard Rosenthal. 2016. *Polarized America: The Dance of Ideology and Unequal Riches*. 2nd ed. Cambridge, MA: MIT Press.
Piketty, Thomas, and Emmanuel Saez. 2003. "Income Inequality in the United States, 1913–1998." *Quarterly Journal of Economics* 118(1): 1–41.

第9章　現代のセーフティネット

1）本稿の提案は、2019年夏にジェイン・ファミリー・インスティテュート、カリフォルニア大学バークレー校オポチュニティラボ、ラッセル・セージ財団の主催で、学界の主要な専門家と元連邦議会の政策担当者を集めて行われた議論から発展した。
2）この急速に発展している研究の文献をすべて精査してはいないが、例となる研究には以下のものがある。Chetty, Hendren, and Katz (2016), Hoynes et al. (2019), Hoynes (2016), Elango et al. (2016), Deming (2009). 広範なレビューには以下がある。Hoynes and Schanzenbach (2018), Hendren and Sprung-Keyser (2019).

Bitler, M., and H. Hoynes. 2016. "Strengthening Temporary Assistance for Needy Families." Policy Proposal 4, The Hamilton Project, Brookings Institution, Washington, DC.
Chetty, R., N. Hendren, and L. F. Katz. 2016. "The Effects of Exposure to Better Neighborhoods on Children: New Evidence from the Moving to Opportunity Experiment." *American Economic Review* 106(4): 855–902.
Dahl, G., and L. Lochner. 2012. "The Impact of Family Income on Child Achievement: Evidence from the Earned Income Tax Credit." *American Economic Review* 102(5): 1927–1956.
Davis, S. J., and T. von Wachter. 2011. "Recessions and the Costs of Job Loss." *Brookings Papers on Economic Activity* 42(2): 1–72.
Deming, D. 2009. "Early Childhood Intervention and Life-Cycle Skill Development: Evidence from Head Start." *American Economic Journal: Applied Economics* 1(3): 111–134.
Economic Policy Institute. 2019. *State of Working America Data Library*. Washington, DC: Economic Policy Institute. https://www.epi.org/data/.
Elango, S., A. Hojman, J.-L. García, and J. J. Heckman. 2016. "Early Childhood Education." In *Economics of Means-Tested Transfer Programs in the United States*, Vol. 2, edited by R. Moffitt, 235–298. Chicago: University of Chicago

Press.
Fox, L. 2018. *The Supplemental Poverty Measure: 2017*. Current Population Report P60–265, US Census Bureau, Washington, DC.
Hendren, N., and B. Sprung-Keyser. 2020. "A Unified Welfare Analysis of Government Policies." *Quarterly Journal of Economics* (forthcoming).
Hoynes, H. 2016. "Long-Run Impacts of Childhood Access to the Safety Net." *American Economic Review* 106(4): 903–934.
Hoynes, H., M. Bailey, M. Rossin-Slater, and R. Walker. 2019. "Is the Social Safety Net a Long Term Investment? Large-Scale Evidence from the Food Stamps Program." Working paper. https://gspp.berkeley.edu/assets/uploads/research/pdf/LR_SNAP_BHRSW_042919.pdf.
Hoynes, H., and J. Rothstein. 2017. "Tax Policy toward Low-Income Families." In *The Economics of Tax Policy*, edited by A. Auerbach and K. Smetters, 183–225. Oxford: Oxford University Press.
Hoynes, H., and D. Schanzenbach. 2018. "Safety Net Investments in Children." *Brookings Papers on Economic Activity*.
Nichols, A., and J. Rothstein. 2015. "The Earned Income Tax Credit." In *Economics of Means-Tested Transfer Programs in the United States*, Vol. 1, edited by R. Moffitt, 137–218. Chicago: University of Chicago Press.
Piketty T., and E. Saez. 2003. "Income Inequality in the United States, 1913–1998." *Quarterly Journal of Economics* 118(1): 1–41; 最新のデータ(1917–2017)については(URL)を参照のこと。(1917–2017), see https://eml.berkeley.edu/~saez/TabFig2018prel.xls.
Rothstein, J. 2019. "Inequality of Educational Opportunity? Schools as Mediators of the Intergenerational Transmission of Income." *Journal of Labor Economics* 37(S1): S85–S123.

第10章　教育の未開拓の可能性

Abel, R. Jaison, and Richard Deitz. 2014. "College May Not Pay Off for Everyone." *Federal Reserve Bank of New York Liberty Street Economics* (blog), September 4, 2014.
Abel, R. Jaison, Richard Deitz, and Yaqin Su. 2014. "Are Recent College Graduates Finding Good Jobs?" *Current Issues in Economics and Finance*. New York: Federal Reserve Bank of New York.
Aghion, Philippe, and Benedicte Berner. 2018. "Macron's Education Revolution." *Project Syndicate*, March 7, 2018.
Chetty, Raj, and Nathaniel Hendren. 2018. "The Effects of Neighborhoods on Intergenerational Mobility I: Childhood Exposure Effects." *Quarterly Journal of Economics* 133(3): 1107–1162.
Chetty, Raj, and Nathaniel Hendren. 2018. "The Effects of Neighborhoods on

Intergenerational Mobility II: County Level Estimates." *Quarterly Journal of Economics* 133(3): 1163–1228.
Chetty, Raj, Nathaniel Hendren, and Lawrence F. Katz. 2016. "The Effects of Exposure to Better Neighborhoods on Children: New Evidence from the Moving to Opportunity Experiment." *American Economic Review* 106(4): 855–902.
Elango, Sneha, Jorge Luis García, James J. Heckman, and Andrés Hojman. 2016. "Early Childhood Education." In *Economics of Means-Tested Transfer Programs in the United States II*, edited by R. Moffitt, R, 235–298. Chicago: University of Chicago Press.
Felfe, Christina, and Rafael Lalive. 2018. "Does Early Child Care Affect Children's Development?" *Journal of Public Economics* 159: 33–53.
Ferrarello, Molli. 2017. "Does Pre-K Work? Brookings Experts Weigh In on America's Early Childhood Education Debate." *Brookings Now* (blog), May 26, 2017.
Heckman, James. 2015. "Pre-K Researchers Can't Get Past the Third Grade." *The Hechinger Report*, October 15, 2015. https://hechingerreport.org/pre-k-researchers-cant-get-past-the-third-grade/.
Lichfield, John. 2015. "French Universities Crisis: Low Fees and Selection Lotteries Create Headaches in Higher Education." *The Independent*, September 25, 2015. www.independent.co.uk/news/world/europe/french-universities-crisis-low-fees-and-selection-lotteries-create-headaches-in-higher-education-10517241.html.
Organization for Economic Cooperation and Development (OECD). 2015. *Improving Schools in Sweden: An OECD Perspective*. OECD Publishing, Paris.
U.S. Department of Education, National Center for Education Statistics (NCES). 2019. *The Condition of Education* 2019 (2019–144), Undergraduate Retention and Graduation Rates. Washington, DC: National Center for Education Statistics.

第11章 なぜ「チャイナショック」は衝撃だったのか、政策にとって何を意味するのか

1) アメリカの製造業の減少を生産性向上のせいだとする従来の通念がなぜ1990年代と2000年代にあてはまらないのかについては、ハウスマン（Houseman 2018）が明快な分析を行っている。
2) アメリカの製造業の雇用は1999年11月から世界金融危機が始まる直前の2007年11月にかけて、1730万人から1380万人へと20.4%減少した（US Bureau of Labor Statistics, series CES3000000001)。2007年12月から2009年6月までの世界金融危機の間にさらに200万人の雇用が失われ（https://www.nber.org/

cycles.html参照)、累計32.1%の減少となった。この不況時に貿易量が急減したことを踏まえると、この雇用減はおそらく貿易競争が原因ではない。

3) 本稿では扱わないが、研究に値するもう一つの問いは、なぜこれらの影響が経済学者にとって大きな衝撃だったのかだ。

4) 私が本稿で行う重要な主張は、エリクソンら(Eriksson et al. 2019)およびラスとシャンボー(Russ and Shambaugh 2019)による最近の優れたワーキングペーパーの主張と類似している。本章で(控えめに)示すデータ分析は、主張の具体的な詳細の多くと同様、ピーターソン国際経済研究所で私が行った発表が元になっている。

5) 16~64歳の成人を対象とした1980年の統計調査IMPUS〔International Integrated Public Use Microdata Series〕に基づき、年間労働時間で加重した筆者の計算による。同年に全女性労働者の17.1%、非大卒の全女性労働者の22.4%が製造業で雇用されていた。

6) グループ分けは次の通りだ。ニューイングランド:コネチカット州、メイン州、マサチューセッツ州、ニューハンプシャー州、ロードアイランド州、ヴァーモント州。東北中部:インディアナ州、イリノイ州、ミシガン州、オハイオ州、ウィスコンシン州。大西洋岸中部:ニュージャージー州、ニューヨーク州、ペンシルヴァニア州。大西洋側南部:デラウェア州、ワシントン特別区、フロリダ州、ジョージア州、メリーランド州、ノースカロライナ州、サウスカロライナ州、ヴァージニア州、ウエストヴァージニア州。東南中部:アラバマ州、ケンタッキー州、ミシシッピ州、テネシー州。西南中部:アーカンソー州、ルイジアナ州、オクラホマ州、テキサス州。

7) 実験的評価で良好な結果を示した非大卒成人の訓練プログラムについての詳細については、オーター、リー、ノトウィディグド(Autor, Li, and Notowidigdo 2019)のセクター別訓練プログラムに関する議論を参照されたい。

8) 仕事の未来を改善するためにイノベーションと制度を形成する政策アイデアについては、オーター、ミンデル、レイノルズの文献(Autor, Mindell, and Reynolds 2019)を参照のこと。

Acemoglu, Daron, and Pascual Restrepo. 2019. "The Wrong Kind of AI? Artificial Intelligence and the Future of Labor Demand." Working Paper 25682, National Bureau of Economic Research, Cambridge, MA.

Acemoglu, Daron, and Pascual Restrepo. 2020. "Robots and Jobs: Evidence from US Labor Markets." *Journal of Political Economy* 128(6): 2188–2244.

Acemoglu, Daron, David Autor, David Dorn, Gordon H. Hanson, and Brendan Price. 2016. "Import Competition and the Great US Employment Sag of the 2000s." *Journal of Labor Economics* 34(S1): S141–S198.

Austin, Benjamin, Edward Glaeser, and Lawrence Summers. 2018. "Jobs for the Heartland: Place-Based Policies in 21st Century America." *Brookings Papers*

on Economic Activity Spring: 151–240.

Autor, David, David Dorn, and Gordon H. Hanson. 2013. "The China Syndrome: Local Labor Market Effects of Import Competition in the United States." *American Economic Review* 103(6): 2121–2168.

Autor, David, Anran Li, and Matthew Notowidigdo. 2019. "Preparing for the Work of the Future: A Research Agenda." Technical Report, J-PAL: North America.

Autor, David, David A. Mindell, and Elizabeth B. Reynolds. 2019. "The Work of the Future: Shaping Technology and Institutions." MIT Work of the Future Task Force Report, Massachusetts Institute of Technology, Cambridge, MA.

Autor, David H. 2019. "Work of the Past, Work of the Future." *AEA Papers and Proceedings* 109: 1–32.

Autor, David H., David Dorn, and Gordon H. Hanson. 2016. "The China Shock: Learning from Labor Market Adjustment to Large Changes in Trade." *Annual Review of Economics* 8(1): 205–240.

Autor, David H., David Dorn, Gordon H. Hanson, and Jae Song. 2014. "Trade Adjustment: Worker-Level Evidence." *Quarterly Journal of Economics* 129 (4): 1799–1860.

Barro, Robert J. 1992. "Convergence." *Journal of Political Economy* 100(2): 223–251.

Baum-Snow, Nathaniel, Matthew Freedman, and Ronni Pavan. 2018. "Why Has Urban Inequality Increased?" *AEA: Applied Economics* 10(4): 1–42.

Bernard, Andrew B., J. Bradford Jensen, and Peter K. Schott. 2006. "Survival of the Best Fit: Exposure to Low-Wage Countries and the (Uneven) Growth of U.S. Manufacturing Plants." *Journal of International Economics* 68(1): 219–237.

Berry, Christopher R., and Edward L. Glaeser. 2005. "The Divergence of Human Capital Levels across Cities." *Papers in Regional Science* 84(3): 407–444.

Blanchard, Olivier Jean, and Lawrence F. Katz. 1992. "Regional Evolutions." *Brookings Papers on Economic Activity* 1: 1–75.

Caliendo, Lorenzo, Maximiliano Dvorkin, and Fernando Parro. 2019. "Trade and Labor Market Dynamics: General Equilibrium Analysis of the China Trade Shock." *Econometrica* 87(3): 741–835.

Ebenstein, Avraham, Ann Harrison, Margaret McMillan, and Shannon Phillips. 2014. "Estimating the Impact of Trade and Offshoring on American Workers Using the Current Population Surveys." *Review of Economics and Statistics* 96(4): 581–595.

Eriksson, Katherine, Katheryn Russ, Jay C. Shambaugh, and Minfei Xu. 2019. "Trade Shocks and the Shifting Landscape of U.S. Manufacturing." Working Paper 25646, National Bureau of Economic Research, Cambridge, MA.

Fort, Teresa C., Justin R. Pierce, and Peter K. Schott. 2018. "New Perspectives on the Decline of US Manufacturing Employment." *Journal of Economic Perspectives* 32(2): 47–72.
Ganong, Peter, and Daniel Shoag. 2017. "Why Has Regional Income Convergence in the U.S. Declined?" *Journal of Urban Economics* 102:76–90.
Houseman, Susan N. 2018. "Understanding the Decline of U.S. Manufacturing Employment." Technical Report 18–287, Kalamazoo, MI: W. E. Upjohn Institute.
Hyman, Benjamin. 2018. "Can Displaced Labor Be Retrained? Evidence from Quasi-random Assignment to Trade Adjustment Assistance." Working paper, University of Chicago.
Molloy, Raven, Christopher L. Smith, Ricardo Trezzi, and Abigail Wozniak. 2016. "Understanding Declining Fluidity in the U.S. Labor Market." *Brookings Papers on Economic Activity* 47(1): 183–259.
Moretti, Enrico. 2011. "Local Labor Markets." In *Handbook of Labor Economics*, Vol. 4, 1237–1313. Amsterdam: Elsevier.
Russ, Katheryn, and Jay Shambaugh. 2019. "Education and Unequal Regional Labor Market Outcomes: The Persistence of Regional Shocks and Employment Responses to Trade Shocks." Working paper, Federal Reserve Bank of Boston.
US Bureau of Labor Statistics. 2019. "Employment, Hours, and Earnings from the Current Employment Statistics Survey(National)." Series CES3000000001. https://data.bls.gov/timeseries/CES3000000001.

第12章　貿易、労働市場、チャイナショック――ドイツの経験から何が学べるか？

1) 職を守るための保護主義的な施策を政治家が提唱した最近の例として最も有名なのはトランプ政権の中国との貿易戦争だが、これはアメリカにも（例えば大恐慌を悪化させた悪名高い1930年のスムート・ホーリー関税法）、国際的にも（例えばイギリス独立党などEU懐疑派政党）、多くの余波をもたらす。
2) 国際貿易経済学者による最近の研究は、それでもアメリカは対中国貿易によって生じた輸出機会から恩恵を受けており、対中国貿易によるネットの負の雇用効果は輸出の伸びだけでほぼ完全に相殺されていた可能性があることを示している（Feenstra, Ma, and Xu 2019）。しかしこれは、輸出の伸びの恩恵を被った労働者が輸入品との競争の被害を受けた労働者と同一であるとは限らず、中国からの輸入増の影響は一カ所に集中する性質があるため負の分配効果が起こる可能性はきわめて高い、とする以前の研究結果と矛盾するものではないことに留意されたい。
3) トランプ大統領は一貫して中国をアメリカから盗んでいる（「むしり取っている」）国と特徴づけてきたが、ドイツで同様の物言いが政治的に重要な形でなされることはなかった。ポピュリスト運動として最も目立つ極右政党のAfD

〔ドイツのための選択肢〕も、全般的なEU懐疑主義から踏み込んで保護主義を強める意思を示したことはなかった。むしろ、著名政治家たちは総じて中国とのつながりを強める努力を堂々と表に出してきた（例えばwww.reuters.com/article/us-germany-china/germany-and-china-vow-to-deepen-ties-amid-trump-concerns-idUSKBN18S4CC、www.cnbc.com/2019/01/18/germany-and-china-pledge-to-open-markets-deepen-financial-cooperation.htmlを参照のこと）。

Alcala, Francisco, and Antonio Ciccone. 2004. "Trade and Productivity." *Quarterly Journal of Economics* 119(2): 613–646.

Autor, David H., David Dorn, and Gordon H. Hanson. 2013. "The China Syndrome: Local Labor Market Effects of Import Competition in the United States." *American Economic Review* 103(6): 2121–2168.

Battisti, Michele, Christian Dustmann, and Uta Schönberg. 2019. "Technological and Organizational Change and the Careers of Workers." University College London, mimeo.

Baumgarten, Daniel and Sybille Lehwald. 2019. "Trade Exposure and the Decline in Collective Bargaining: Evidence from Germany," CESifo Working Paper Series 7754, CESifo Group Munich.

Branstetter, Lee G., Brian K. Kovak, Jacqueline Mauro, and Ana Venancio. 2019. "The China Shock and Employment in Portuguese Firms." NBER Working Paper 26252, National Bureau of Economic Research, Cambridge, MA.

Dauth, Wolfgang, Sebastian Findeisen, and Jens Südekum. 2014. "The Rise of the East and the Far East: German Labor Markets and Trade Integration." *Journal of the European Economic Association* 12(6): 1643–1675.

Dauth, Wolfgang, Sebastian Findeisen, and Jens Südekum. 2017. "Trade and Manufacturing Jobs in Germany." *AEA Papers and Proceedings* 107(5): 337–342.

Dauth, Wolfgang, Sebastian Findeisen, and Jens Südekum. "Adjusting to Globalization in Germany." *Journal of Labor Economics* (forthcoming).

de Ruijter, Stan, and Christian Dustmann. "Imports and Exports: Effects on Labor Markets throughout the Production Chain." University College London, mimeo (forthcoming).

Dustmann, Christian, Bernd Fitzenberger, Uta Schönberg, and Alexandra SpitzO-ener. 2014. "From Sick Man of Europe to Economic Superstar: Germany's Resurgent Economy." *Journal of Economic Perspectives* 28(1): 167–188.

Dustmann, Christian, Johannes Ludsteck, and Uta Schönberg. 2009. "Revisiting the German Wage Structure." *Quarterly Journal of Economics* 124(2): 843–881.

Dustmann, Christian, and Uta Schönberg. 2012. "What Makes Firm-Based

Vocational Training Schemes Successful? The Role of Commitment." *American Economic Journal: Applied Economics* 4(3): 36–61.

Federico, Stefano. 2014. "Industry Dynamics and Competition from Low-Wage Countries: Evidence on Italy." *Oxford Bulletin of Economics and Statistics* 76(3): 389–410.

Feenstra, Robert C., Hong Ma, and Yuan Xu. 2019. "US Exports and Employment." *Journal of International Economics* 120: 46–58.

Feigenbaum, J., and A. Hall. 2015. "How Legislators Respond to Localized Economic Shocks: Evidence from Chinese Import Competition." Journal of Politics 77(4): 1012–1030.

Klein, Michael W., Christoph Moser, and Dieter M. Urban. 2010. "The Contribution of Trade to Wage Inequality: The Role of Skill, Gender, and Nationality." NBER Working Paper 15985, National Bureau of Economic Research, Cambridge, MA.

Malgouyres, Clément. 2017. "The Impact of Chinese Import Competition on the Local Structure of Employment and Wages: Evidence from France." *Journal of Regional Science* 57(3): 411–441.

Pierce, Justin R., and Peter K. Schott. 2016. "The Surprisingly Swift Decline of US Manufacturing Employment." *American Economic Review* 106(7): 1632–1662.

Romer, David, and Jeffrey Frankel. 1999. "Does Trade Cause Growth?" *American Economic Review* 89(3): 379–399.

Samuelson, Paul A. 1962. "The Gains from International Trade Once Again." *Economic Journal* 72(288): 820–829.

Timmer, Marcel P., Abdul Azeez Erumban, Bart Los, Robert Stehrer, and de Vries J. Gaaitzen. 2014. "Slicing Up Global Value Chains." *Journal of Economic Perspectives* 28(2): 99–118.

United Nations International Labour Organization. 2019. ILOSTAT Manufacturing Employment. https://ilostat.ilo.org/data/.

United Nations Statistics Division. 2019. United Nations Commodity Trade Statistics Database(comtrade). New York: United Nations. http://comtrade.un.org/.

第13章　格差との闘い――先進国の格差縮小政策を再考する

Adem, Anwar. 2018. "Distributional Effect of Import Shocks on the British Local Labour Markets." Lancaster University, mimeo.

Altonji, Joseph G., Lisa B. Kahn, and Jamin D. Speer. 2016. "Cashier or Consultant? Entry Labor Market Conditions, Field of Study, and Career Success." *Journal of Labor Economics* 34(S1): S361–S401.

Autor, David H., David Dorn, and Gordon H. Hanson. 2013. "The China Syndrome:

Local Labor Market Effects of Import Competition in the United States." *American Economic Review* 103(6): 2121–2168.

Bown, Chad, and Caroline Freund. 2019. "Active Labor Market Policies: Lessons from Other Countries for the United States." PIIE Working Paper 19-2, Peterson Institute for International Economics, Washington, DC.

Deming, David, and Lisa B. Kahn. 2018. "Skill Requirements across Firms and Labor Markets: Evidence from Job Postings for Professionals." *Journal of Labor Economics* 36(S1): S337–S369.

Freund, Caroline, and Sarah Oliver. 2016. "The Origins of the Superrich: The Billionaires Characteristics Database." PIIE Working Paper 16-1, Peterson Institute for International Economics, Washington, DC.

Haver Analytics. 2019. Advanced Economy Database.

Hyman, Benjamin G. 2018. "Can Displaced Labor Be Retrained? Evidence from Quasi-random Assignment to Trade Adjustment Assistance." Working paper, University of Chicago.

Kazekami, Sachiko. 2017. "Evaluating Place-Based Job Creation Programs in Japan." *IZA Journal of Labor Policy* 6(1).

Organization for Economic Cooperation and Development(OECD). 2016a. *Regions at a Glance*. Paris: OECD.

Organization for Economic Cooperation and Development(OECD). 2016b. Programme for International Student Assessment(PISA). Paris: OECD. www.oecd.org/pisa/data/.

World Bank. 2019a. *World Development Indicators*. Washington, DC: World Bank.

World Bank. 2019b. *Ease of Doing Business*. Washington, DC: World Bank.

第14章　（するべきなら）富裕層に増税する方法

Friedman, Milton. 1962. *Capitalism and Freedom*. Chicago: University of Chicago Press.〔『資本主義と自由』村井章子訳、日経BP出版センター、2008年〕

第15章　資産税は格差との戦いに役立つか？

1）これらの意見はこの分野に関するナターシャ・サリンとの共同論文に関連している。

2）オートゥン、スプリンター、ネルソン（Auten, Splinter, and Nelson 2016）がエビデンスの概要を示している。オクナー（Okner 1975）は、最高法定税率が70％だったにもかかわらず1966年に百万長者が支払った実効税率はたった19％であったと推定した。プレスコ（Plesko 1994）、スレムロッド（Slemrod 1996）、キャロルとジュルフェアン（Carroll and Joulfaian 1997）が1986年の税制改革法の後にC法人〔普通の株式会社、法人として所得税が課税される〕からS法人〔小規模企業、個人株主として課税される〕に所得が移ったことを論じる一方、フェルドスタイン（Feldstein 1995）およびオートゥンとキャロ

ル (Auten and Carroll 1999) は1986年の税率改定に対する個人の課税所得の行動的反応を調べた。ゴードンとスレムロッド (Gordon and Slemrod 2000) およびクラークとコプチュク (Clarke and Kopczuk 2017) は、1960年代の個人税率と法人税率の大きな違いが事業主が所得を支払わず内部留保として隠すインセンティブになったことを実証している。

3) サエズとズックマンによる資産税収の推定値の問題点は本章の第3節で論じている。

4) すでにそうなりつつある。例えば、サエズとズックマン (Saez and Zucman 2019) は、超富裕層が支払っている税率が資産分布の下位層の人々よりも低いと示唆している。この物議を醸した発見は、議会予算局および民間シンクタンクの税政策センターのデータと食い違っている。デヴィッド・スプリンター (Splinter 2019) はサエズとズックマンの推定値の問題点に取り組み、訂正すると両氏の結論が逆になることを発見している。

5) 具体的には、租税回避率15%という数字を出すために、サエズとズックマンは幅のある弾力性を報告している4本の学術論文の推定値に頼って、1%の資産税で申告資産は0〜34%低下することがわかったとしている (Saez and Zucman 2019d)。サエズらはこれらの推定値の平均として16%をとり、自分たちが依拠した推定値とは矛盾するのに、資産税によってもたらされる申告資産の変化は選択した税率に反応しないと想定している。

Auten, Gerald, and Robert Carroll. 1999. "The Effect of Income Taxes on Household Income." *Review of Economics and Statistics* 81(4): 681–693.

Auten, Gerald, and David Splinter. 2019a. "Income Inequality in the United States: Using Tax Data to Measure Long-term Trends." Working paper.

Auten, Gerald, and David Splinter. 2019b. "Top 1 Percent Income Shares: Comparing Estimates Using Tax Data." *AEA Papers and Proceedings* 109: 307–311.

Auten, Gerald, David Splinter, and Susan Nelson. 2016. "Reactions of HighIncome Taxpayers to Major Tax Legislation." *National Tax Journal* 69(4): 935–964.

Carroll, Robert, and David Joulfaian. 1997. "Taxes and Corporate Choice of Organizational Form." OTA Paper 73, US Department of the Treasury, Washington, DC.

Clarke, Conor, and Wojciech Kopczuk. 2017. "Business Income and Business Taxation in the United States since the 1950s." *Tax Policy and the Economy* 31(1): 121–159.

Feldstein, Martin. 1995. "Effect of Marginal Tax Rates on Taxable Income: A Panel Study of the 1986 Tax Reform Act." *Journal of Political Economy* 103(3): 551–572.

Giridharadas, Anand. 2019. *Winners Take All: The Elite Charade of Changing the World*. New York: Vintage.

Gordon, Roger H., and Joel B. Slemrod. 2000. "Are 'Real' Responses to Taxes Simply Income Shifting between Corporate and Personal Tax Bases?" In *Does Atlas Shrug? The Economic Consequences of Taxing the Rich*, edited by Joel B. Slemrod, 240–279. Cambridge, MA: Harvard University Press.

Hemel, Daniel, and Rebecca Kysar. 2019. "The Big Problem with Wealth Taxes." *New York Times*, November 7, 2019.

Kopczuk, Wojciech. 2019. "Comment on 'Progressive Wealth Taxation' by Saez and Zucman. Prepared for the Fall 2019 issue of *Brookings Papers on Economic Activity*." http://www.columbia.edu/~wk2110/bin/BPEASaezZucman.pdf.

Leonhardt, David. "The Rich Really Do Pay Lower Taxes Than You Do." 2019. *New York Times*, November 7, 2019.

Okner, Benjamin A. 1975. "Individual Taxes and the Distribution of Income." In *The Personal Distribution of Income and Wealth*, edited by James D. Smith, 45–74. NBER Working Paper, National Bureau of Economic Research, Cambridge, MA.

Piketty, Thomas, Emmanuel Saez, and Gabriel Zucman. 2018. "Distributional National Accounts: Methods and Estimates for the United States." *Quarterly Journal of Economics* 133(2): 553–609.

Plesko, George A. 1994. "Corporate Taxation and the Financial Characteristics of Firms." *Public Finance Quarterly* 22(3): 311–334.

Saez, Emmanuel, and Gabriel Zucman. 2019a. "Alexandria Ocasio-Cortez's Tax Hike Idea Is Not About Soaking the Rich. It's About Curtailing Inequality and Saving Democracy." *New York Times*, January 22, 2019.

Saez, Emmanuel, and Gabriel Zucman. 2019b. *The Triumph of Injustice: How the Rich Dodge Taxes and How to Make Them Pay*. New York: W. W. Norton. 〔『つくられた格差——不公平税制が生んだ所得の不平等』〕

Saez, Emmanuel, and Gabriel Zucman. 2019c. "Progressive Wealth Taxation." *Brookings Papers on Economic Activity*, BPEA Conference Draft, September 4, 2019.

Saez, Emmanuel, and Gabriel Zucman. 2019d. "Letter to Senator Warren." January 18, 2019.

Sarin, Natasha, and Lawrence H. Summers. 2019a. "A 'Wealth Tax' Presents a Revenue Estimation Puzzle." *Washington Post*, April 4, 2019.

Sarin, Natasha, and Lawrence H. Summers. 2019b. "Be Very Skeptical about How Much Revenue Elizabeth Warren's Wealth Tax Could Generate." *Washington Post*, June 28, 2019.

Sarin, Natasha, and Lawrence H. Summers. 2019c. "Shrinking the Tax Gap: Approaches and Revenue Potential." NBER Working Paper 26475, National Bureau of Economic Research, Cambridge, MA.

Sarin, Natasha, Lawrence H. Summers, and Joe Kupferberg. 2020. "Reflections on High Income Taxation." The Hamilton Project, Brookings Institution, Washington, DC

Slemrod, Joel. 1996. "High Income Families and the Tax Changes of the 1980s: The Anatomy of Behavioral Response." In *Empirical Foundations of Household Taxation*, edited by Martin Feldstein and James Poterba, 169–192. Chicago: University of Chicago Press.

Smith, Matthew, Owen Zidar, and Eric Zwick. 2019. "Top Wealth in the United States: New Estimates and Implications for Taxing the Rich." Working paper.

Splinter, David. 2019. "U.S. Taxes are Progressive: Comment on 'Progressive Wealth Taxation.'" Joint Committee on Taxation, mimeo.

第16章　資産に税を課すべきか？

1) Saez and Zucman (2019a), figure 1.
2) 家計資産調査（Survey of Consumer Finances）（フォーブス400と合わせた）と税データ上の投資所得の資本還元から推定される資産は、大体同じ結果になる（それぞれ9.4兆ドルと10.9兆ドル；Saez and Zucman 2019a, table 2参照）。
3) アセモグルとロビンソン（Acemoglu and Robinson 2012）およびピケティ（Piketty 2020）が詳細な歴史的エビデンスを提供している。
4) メイヤー（Mayer 2017）およびペイジ、シーライト、ラコム（Page, Seawright, and Lacombe 2018）による最近出た2冊の学術書が、ここ数十年間のアメリカ政治に対する億万長者の影響を説明している。

Acemoglu, Daron, and James A. Robinson. 2012. *Why Nations Fail: The Origins of Power, Prosperity, and Poverty*. New York: Crown Books.〔『国家はなぜ衰退するのか――権力・繁栄・貧困の起源』鬼澤忍訳、早川書房、2013年〕

Bell, Alexander, Raj Chetty, Xavier Jaravel, Neviana Petkova, and John Van Reenen. 2019. "Do Tax Cuts Produce More Einsteins? The Impacts of Financial Incentives vs. Exposure to Innovation on the Supply of Inventors." *Journal of the European Economic Association* 17(3): 651–677.

Gibson, Ginger, and Grant Smith. 2016. "Figures Show Trump Spent $66 Million of His Own Cash on Election Campaign." Reuters, December 8, 2016.

Mayer, Jane. 2017. *Dark Money: The Hidden History of the Billionaires behind the Rise of the Radical Right*. New York: Anchor Books.〔『ダーク・マネー――巧妙に洗脳される米国民』伏見威蕃訳、東洋経済新報社、2017年〕

Page, Benjamin I., Jason Seawright, and Matthew J. Lacombe. 2018. *Billionaires and Stealth Politics*. Chicago: University of Chicago Press.

Piketty, Thomas. 2020. *Capital and Ideology*. Cambridge, MA: Harvard University

Press.
Saez, Emmanuel, and Gabriel Zucman. 2019a. "Progressive Wealth Taxation." *Brookings Papers on Economic Activity*.
Saez, Emmanuel, and Gabriel Zucman. 2019b. *The Triumph of Injustice: How the Rich Dodge Taxes and How to Make Them Pay*. New York: W. W. Norton. 〔『つくられた格差——不公平税制が生んだ所得の不平等』〕

第17章　(過度な) 自動化を後戻りさせられるか、させるべきか？

Acemoglu, Daron. 2019. "It's Good Jobs Stupid." Economics for Inclusive Prosperity Policy Brief 13, Economics for Inclusive Prosperity, Cambridge, MA. https://econfip.org/policy-brief/its-good-jobs-stupid/.
Acemoglu, Daron, and David Autor. 2011. "Skills, Tasks and Technologies: Implications for Employment and Earnings." In *Handbook of Labor Economics*, Vol. 4, edited by Orlie Ashenfelter and David Card, 1043–1171. Amsterdam: Elsevier.
Acemoglu, Daron, Andrea Manera, and Pascual Restrepo. 2020. "Tax Policy and Excessive Automation." *Brookings Papers on Economic Activity* (forthcoming).
Acemoglu, Daron, and Pascual Restrepo. 2019a. "The Race between Machine and Man: Implications of Technology for Growth, Factor Shares, and Employment." *American Economic Review* 108(6): 1488–1542.
Acemoglu, Daron, and Pascual Restrepo. 2019b. "Automation and New Tasks: How Technology Displaces and Reinstates Labor." *Journal of Economic Perspectives* 33(2): 3–31.
Acemoglu, Daron, and Pascual Restrepo. 2020a. "The Wrong Kind of AI? Artificial Intelligence and the Future of Labor Demand." *Cambridge Journal of Regions, Economy and Society* special issue (forthcoming).
Acemoglu, Daron, and Pascual Restrepo. 2020b. "Displacement and Inequality." Manuscript in preparation.
Autor, David, David Dorn, and Gordon H. Hanson. 2019. "When Work Disappears: Manufacturing Decline and the Falling Marriage Market Value of Men." *American Economic Review: Insights* 1(2): 161–178.
Goldin, Claudia, and Lawrence Katz. 2008. *The Race between Education and Technology*. Cambridge, MA: Belknap Press.
Oberfield, Ezra, and Devesh Raval. 2014. "Micro Data and Macro Technology." NBER Working Paper 20452, National Bureau of Economic Research, Cambridge, MA.
Tinbergen, Jan. 1975. *Income Distribution Analysis and Policies*. Amsterdam: North-Holland.
Wilson, William Julius. 1996. *When Work Disappears: The World of the New*

Urban Poor. New York: Knopf.〔『アメリカ大都市の貧困と差別——仕事がなくなるとき』川島正樹、竹本友子訳、明石書店、1999年〕
Zeira, Joseph. 1998. "Workers, Machines, and Economic Growth." *Quarterly Journal of Economics* 113(4): 1091–1117.

第18章　イノベーションと格差

1）アギオンら（Aghion et al. 2015）は2つの操作変数法（IV）を用いている。第1の方法では、上院歳出委員会のデータを用いた。上院歳出委員会に新しく任命されたメンバーは出身州の研究開発に連邦資金の配分を求めるだろうという考えからだ。第2の方法では、他州のイノベーション活動を操作変数として用いた。

Aghion, P., U. Akcigit, A. Bergeaud, R. Blundell, and D. Hemous. 2015. "Innovation and Top Income Inequality." NBER Working Paper 21247, National Bureau of Economic Research, Cambridge, MA.
Aghion, P., U. Akcigit, and P. Howitt. 2014. "What Do We Learn from Schumpeterian Growth Theory?" In *Handbook of Economic Growth*, edited by P. Aghion and S. Durlauf, Vol. 2B, 515–563. Amsterdam: Elsevier.
Aghion, P., A. Bergeaud, T. Boppart, P. Klenow, and H. Li. 2019. "A Theory of Falling Growth and Rising Rents." Working paper, Stanford University, Standord, CA.
Akcigit, U., J. Grigsby, and T. Nicholas. 2017. "The Rise of American Ingenuity: Innovation and Inventors of the Golden Age," NBER Working Paper 23047, National Bureau of Economic Research, Cambridge, MA.
Chetty, R., N. Hendren, P. Kline, and E. Saez. 2014. "Where Is the Land of Opportunity? The Geography of Intergenerational Mobility in the United States." *Quarterly Journal of Economics* 129: 1553–1623.
Deaton, A. 2013. *The Great Escape: Health, Wealth, and the Origins of Inequality*. Princeton, NJ: Princeton University Press.〔邦訳『大脱出——健康、お金、格差の起原』アンガス・ディートン 著、松本裕訳、みすず書房、2014年〕
Piketty, T. 2013. *Le Capital au XXIeme Siecle*. Paris: Editions du Seuil.〔『21世紀の資本』〕
Rajan, R., and L. Zingales. 2003. *Saving Capitalism from the Capitalists*, Collins Business.〔『セイヴィングキャピタリズム』堀内昭義、アブレウ聖子、有岡律子、関村正悟訳、慶應義塾大学出版会、2006年〕

第19章　技術変化、所得格差、優良な仕事

1）技術変化のおかげで市場支配力と収益性を享受してきた企業の創業者や最高幹部は、最大のインカムゲインを享受してきた「労働者」であり、その利益の多くは国民経済計算に労働所得として表れる。このような労働者をピケティ

(Piketty 2014) はスーパーマネージャー、ベンゼルとブリニョルフソン (Benzell and Brynjolfsson 2019) はイノベーター、クリエイティブ、天才と呼んでいる。スーパーマネージャーやイノベーター／クリエイターの所得分布はべき分布の形を取り、少数の勝者が報酬の大部分を獲得し、それ以外の参加者がロングテールを構成する (Brynjolfsson, McAfee, and Spence 2014)。

2) すべての先進国において労働に対する直接税が税収で最大の割合を占めている (Bastani and Waldenström 2018)。

3) アメリカの法人税の大型減税と、アメリカの多国籍企業の国外源泉所得への課税に関する全世界課税制度からテリトリアル課税制度〔源泉地国課税制度〕への移行は、事業投資を誘致するグローバルな底辺への競争に参加している他の先進工業国の同様の動きに追随するものだった。テリトリアル課税制度では、国が自国の多国籍企業の所得に対して、もし自国で発生した所得か外国から送金した所得であれば課税する。この競争は、輸送と通信の技術変化によって可能となった労働の裁定取引の機会を利用するための、生産のオフショアリングと複雑なサプライチェーンの構築を助長した。テクノロジーによって可能となったグローバリゼーションのあおりで先進諸国の雇用は減り、労働者の賃金増が抑制された (Milanović 2016)。

4) これらの課題に対して、OECDは資本所得への課税法を一致させる国際協定を結ぶBEPSプロジェクトを立ち上げた。BEPSの成果により、各国は今では自国の多国籍企業がどこで所得を得たり利益を移動させたりしているか、利益を上げた土地でどんな税金を払っているかについての情報をはるかに得やすくなった (OECD n.d.)。とはいえ、多国籍企業の法人所得の税の扱いを統一する、拘束力のある国際協定が実現するには何年もかかるだろう。

5) 炭素税は二酸化炭素排出活動のインセンティブを下げるはずで、二酸化炭素排出の削減と気候変動に対処するイノベーションを促進するために最も効果の高い方法として、経済学者の間で超党派的に広く支持されている (Climate Leadership Council 2019; Tyson and Mendonca 2018)。

6) このようなフロンティアの存在は、テクノロジーがもたらした労働力削減による失業の加速と、テクロノジーが可能にして新しい仕事およびタスクの創出による労働者の復職の減速に表れている。アセモグルの論文は、そのエビデンスを示している。(Acemoglu and Restrepo 2019)。この変化に生産性向上の減速が伴ってきたことは、「過度の自動化」投資が収穫逓減に入っている可能性を示す。

7) 対企業も対大学も、連邦政府からの研究開発出資の大半を占めるのは国防目的の研究開発である。国防目的の研究開発は総連邦研究開発出資の約51％を占め、この割合は数十年間変わっていない。連邦政府の研究開発出資で2番目に大きい分野は医療で、非国防研究開発出資の約53％を占める。

8) 企業の研究開発のうち、80％は開発で基礎研究は20％にすぎない。

9) 2016年に代替ミニマム法人税が廃止され、総収入が5000万ドル以下の中小企業が控除を利用しやすくなった。

10) 5つのセクターとは医薬、コンピュータと電子機器、輸送機器、情報、プロフェッショナル／科学および技術サービスである。
11)「優良な仕事」の観点からは、技術スタッフと科学スタッフの人件費を含む「条件を満たした」研究開発費に控除が適用できる点に注目するのが重要だ。人件費がこのような費用の大部分に当たる。
12) 気候変動はいまや大きな国家安全保障リスクと認識されている。このリスクに対応するための研究開発は、従来の国家安全保障および国防を目的とした研究開発と同様の優先順位を与えられてしかるべきだし、国防向け研究開発費に含まれるべきである。
13) 過去数十年間に、アメリカと他の先進国で民間資本ストックは急増したのに公的資本ストックは減少してきた（Chancel 2019）。
14) GDPに占める研究開発向け連邦政府出資の割合は、この50年間で1960年代の1.9％から2017年の0.62％という低さにまで右肩下がりに減少してきた。
15) 現行の予算規則では、研究開発とインフラ向けの政府出資は「裁量的予算」に含まれる。これは政府支出のうち歳出予算プロセスを通して毎年決定される部分で、恣意的な予算上限と変動性の高い規則に左右され、効率的な長期投資の意思決定とは相容れない。また、減税により歳入の対GDP比が史上最低まで減少し、主に医療コスト増と人口動態により義務的支出の必要額が増えた結果、政府支出に占める裁量的支出の割合が低下し最低を記録した。
16) 学位と修了証明書が取得できるコミュニティカレッジは全国で1200校弱あり、およそ1200万人の学生がいる。単位を取得できるコースに約600万人、単位の取得できないコースに約600万人が在籍している。単位を取得できるコースに通う学生のうち、400万人はパートタイムで、33％が週35時間以上働いており、40％は25歳以上である。
17) カリフォルニア州は第1世代のフルタイム学生にコミュニティカレッジの2年間を無償とするカリフォルニア・カレッジ・プロミス・プログラムを拡大する法案に加え、最近新たに授業料の安いオンライン・コミュニティカレッジ・プログラムを導入した。これには対面の職業訓練も含まれ、対象は低賃金で不完全就業の成人だ。カリフォルニア州で不完全就業状態にあったり、複数のパートタイムの仕事を掛け持ちしていたり、生活できる賃金が支払われていない仕事に就いている約800万人の成人労働者の就職状況を改善するために、カルブライト・カレッジが創立された。
18) ドイツでは、就労年齢人口（15歳以上）の48％が職業訓練や職業資格取得のための訓練を受けた経験がある。ドイツでは何百もの職業に職業訓練プログラムが存在し、雇用主の団体が必要な技能を提供する訓練を企画している。職業訓練を修了した人が認定資格を得るためには、雇用主が作成し監督する厳しい試験に合格しなければならない。職業訓練を卒業した若者（16～35歳）は後期中等教育〔高校〕レベルまでの資格を持つ同年代の若者より所得が46％多いが、後中等教育〔高校より上のレベル〕および高等教育を修了した若者に比べると所得が16％少ない（OECD 2018）。

19) 労働省は2017年1月から2019年9月までに約65万5000人が正規の職業訓練プログラムを修了し、卒業生の94%が研修先の組織に就職し、卒業生の平均給与は7万ドルだったと推定している（US Department of Labor n.d.）。

20) 最近カリフォルニア州は、カリフォルニア州政府内に欠員のあるIT職への採用を目的とした、新しい職業訓練プログラムを開始した。

21) さらにドイツの新しい国家技能戦略の一環として、雇用主団体と組合からの支援を受け、いくつかの政府機関が協力して個人労働者向けに継続教育と訓練の機会の情報を提供し生涯キャリアカウンセリングと能力評価ができるオンラインプラットフォームを開発している（Federal Ministry of Labour and Social Affairs and the Federal Ministry of Education and Research Information 2019）。

22) あるOECDの論文（OECD 2018）がシンガポールの助成金や他の個人学習口座の例（例えば最近ミシガン州とワシントン州で導入された個人訓練口座など）の評価をもとに、個人学習制度の効果的な設計について政策提言を行っている。

23) OECDでは労働者の6人に1人が自営業、従属雇用者の8人に1人が臨時契約、従属雇用の16.5%がパートタイムである。アメリカでは6.3%が自営業、4%が臨時雇用、13%がパートタイム雇用である（OECD 2019b）。

24) 欧州連合の正規労働者と非正規労働者それぞれに対する現在の社会保障に関する議論の完全版についてはペトロプロスら（Petropoulos et al. 2019）を参照のこと。

25) この数字には独立したフリーランサーとウーバーその他のプラットフォーム企業のために働いている個人も含まれている。

26) このコスト増を利益減少という形で企業オーナーと投資家、手取り給与の減額という形で労働者、値上げとサービス削減という形で顧客とどう分担するかについては、雇用主に決める権利があるだろう。雇用主の意思決定は自社がサービスを売っている製品市場での市場支配力と労働者を採用する労働市場での買手独占力に一部依存するだろう。

27) 個々の企業に発生しうるISAコストの競争力効果を排除するために、同じ業種のすべての企業がISAへの拠出を求められる可能性がある。

28) 持ち運び可能な福利厚生という概念はヨーロッパで関心を集め、アメリカで勢いづいている。2016年にオバマ大統領がこのアイデアを公に支持し（Foster 2015）、2019年にマーク・ワーナー上院議員が「ポータブル・ベネフィット・フォー・インディペンデント・ワーカーズ・パイロット・プログラム・アクト」〔独立労働者のための持ち運び可能な福利厚生の試行プログラム法案〕を提出した。通過すればこの実験のために2000万ドルの基金が設立されることになる。

29) 総合すると、これらのトレンドは賃金と生産性向上のギャップの拡大、企業収益分配の利益への移行、企業間や産業間の賃金格差の拡大に寄与してきた。

30) アメリカの法律では、労使協議会を設立するには企業に労働組合がなければ

ならない。ドイツに労使協議会を持っているドイツ企業のフォルクスワーゲンがアメリカのテネシー州工場に労使協議会を設立しようとしたとき、同工場の労働組合化に反対していた州知事に阻止された。

Acemoglu, Daron, and Pascual Restrepo. 2019. "Automation and New Tasks: How Technology Displaces and Reinstates Labor." *Journal of Economic Perspectives* 33(2): 3–31.

Autor, David. 2010. *The Polarization of Job Opportunities in the U.S. Labor Market*. Washington, DC: Center for American Progress and The Hamilton Project.

Autor, David H. 2019. "Work of the Past, Work of the Future." *AEA Papers and Proceedings* 109:1–32.

Autor, David, David A. Mindell, and Elisabeth B. Reynolds. 2019. "The Work of the Future: Shaping Technology and Institutions." MIT Work of the Future Task Force Report, Massachusetts Institute of Technology, Cambridge, MA.

Bastani, Spencer, and Daniel Waldenström. 2018. "How Should Capital Be Taxed? Theory and Evidence from Sweden." IZA Discussion Paper 11475, Institute of Labor Economics, Bonn. http://ftp.iza.org/dp11475.pdf.

Benzell, Seth G., and Erik Brynjolfsson. 2019. "Digital Abundance and Scarce Genius: Implications for Wages, Interest Rates, and Growth." NBER Working Paper 25585, National Bureau of Economic Research, Cambridge, MA. https://www.nber.org/papers/w25585.

Berger, Bennet, and Guntram Wolff. 2017. "The Global Decline in the Labour Income Share: Is Capital the Answer to Germany's Current Account Surplus?" Bruegel Policy Contribution 12. https://bruegel.org/wp-content/uploads/2017/04/PC-12-2017-1.pdf.

Brynjolfsson, Erik, Andrew McAfee, and Michael Spence. 2014. "New World Order: Labor, Capital, and Ideas in the Power Law Economy." *Foreign Affairs* 93(4): 44–53.

Business Roundtable. 2019. "Statement on the Purpose of a Corporation." https://opportunity.businessroundtable.org/wp-content/uploads/2019/09/BRT-Statement-on-the-Purpose-of-a-Corporation-with-Signatures-1.pdf.

Campaign for Free College Tuition. n.d. https://www.freecollegenow.org/.

Chancel, Lucas. 2019. "Ten Facts about Inequality in Advanced Economies." Powerpoint presentation at the Peterson Institute for International Economics conference "Combating Inequality: Rethinking Policies to Reduce Inequality in Advanced Economies," Washington, DC, October 2019. https://www.piie.com/system/files/documents/2019-10-17-s1-chancel-ppt.pdf.

Climate Leadership Council. 2019. "Economists' Statement on Carbon Dividends." https://www.econstatement.org/.

Conger, Kate, and Noam Scheiber. 2019. "California Bill Makes App-Based Companies Treat Workers as Employees." *New York Times*, September 11, 2019. https://www.nytimes.com/2019/09/11/technology/california-gig-economy-bill.html.

Council of Economic Advisers. 2016. *Labor Market Monopsony*: Trends, Consequences, and Policy Responses. Issue Brief, October 25, 2016. https://obamawhitehouse.archives.gov/sites/default/files/page/files/20161025_monopsony_labor_mrkt_cea.pdf.

Council on Foreign Relations. 2019. *Innovation and National Security: Keeping Our Edge*. Independent Task Force Report 77. New York: Council on Foreign Relations. https://www.cfr.org/report/keeping-our-edge/.

Federal Ministry of Labour and Social Affairs and the Federal Ministry of Education and Research Information. 2019. *National Skills Strategy*. https://www.bmas.de/SharedDocs/Downloads/EN/Topics/Initial-and-Continuing-Training/national-skills-strategy.pdf.

Fitzpayne, Alastair, and Ethan Pollack. 2018. *Lifelong Learning and Training Accounts: Helping Workers Adapt and Success in a Changing Economy*. Issue Brief, May 2018, Aspen Institute, Washington, DC. https://assets.aspeninstitute.org/content/uploads/2018/05/Lifelong-Learning-and-Training-Accounts-Issue-Brief.pdf.

Foroohar, Rana. 2016. *Makers and Takers: The Rise of Finance and the Fall of American Business*. New York: Crown Business.

Foster, Natalie. 2015. "The Big Idea Buried in Obama's Speech." *Medium*, January 13, 2015. https://medium.com/ondemand/the-big-idea-buried-in-obama-s-speech-30fe2832c0c#.yc5oujol6.

Frey, Carl Benedikt. 2019. *The Technology Trap: Capital, Labor, and Power in the Age of Automation*. Princeton, NJ: Princeton University Press.〔『テクノロジーの世界経済史——ビル・ゲイツのパラドックス』村井章子、大野一訳、日経BP、2020年〕

Geiger, A. W. 2019. "How Americans See Automation and the Workplace in 7 Charts." *Fact Tank News in Numbers*, Pew Research Center, April 8, 2019. https://pewrsr.ch/2VklRnj.

Gunn, Dwyer. 2018. "The Swiss Secret to Jump-Starting Your Career." *The Atlantic*, September 7, 2018. https://www.theatlantic.com/business/archive/2018/09/apprenticeships-america/567640/.

Hall, Bronwyn H. 2019. "Tax Policy for Innovation." NBER Working Paper 25773, National Bureau of Economic Research, Cambridge, MA. https://www.nber.org/papers/w25773.

Hill, Steven. 2015. *Raw Deal: How the "Uber Economy" and Runaway Capitalism Are Screwing American Workers*. New York: St. Martin's Press.

Hourihan, Matt, and David Parkes. 2019. *Federal R&D Budget Trends: A Short Summary*. Washington, DC: American Association for the Advancement of Science. https://www.aaas.org/sites/default/files/2019-01/AAAS%20RD%20Primer%202019_2.pdf.

International Monetary Fund (IMF). 2017. *World Economic Outlook: Gaining Momentum?*, chap. 3. Washington, DC: International Monetary Fund. https://www.imf.org/en/Publications/WEO/Issues/2017/04/04/world-economic-outlook-april-2017.

Leduc, Sylvain, and Zheng Liu. 2019. "Are Workers Losing to Robots?" *FRBSF Economic Letter*, no. 2019-25: 1–5. https://www.frbsf.org/economic-research/files/el2019-25.pdf.

Manyika, James, Susan Lund, Michael Chui, Jacques Bughin, Jonathan Woetzel, Parul Batra, Ryan Ko, and Saurabh Sanghvi. 2017. *Jobs Lost, Jobs Gained: Workforce Transitions in a Time of Automation*. New York: McKinsey Global Institute. https://www.mckinsey.com/featured-insights/future-of-work/jobs-lost-jobs-gained-what-the-future-of-work-will-mean-for-jobs-skills-and-wages.

Maxim, Robert, and Mark Muro. 2018. *Rethinking Worker Benefits for an Economy in Flux*. Brookings Institution, March 30, 2018. https://www.brookings.edu/blog/the-avenue/2018/03/29/rethinking-worker-benefits-for-an-economy-in-flux/.

Mazzucato, Mariana. 2015. *The Entrepreneurial State: Debunking Public vs. Private Sector Myths*. New York: PublicAffairs.〔『企業家としての国家――イノベーション力で官は民に劣るという神話』〕

Miklusak, Carisa. 2019. "Portable Benefits Would Provide a Safety Net for Millions of Gig Workers." *Fast Company*, April 4, 2019. https://www.fastcompany.com/90412314/portable-benefits-would-provide-a-safety-net-for-millions-of-gig-workers.

Milanović, Branko. 2016. *Global Inequality: A New Approach for the Age of Globalization*. Cambridge, MA: Belknap Press.〔『大不平等――エレファントカーブが予測する未来』〕

Organization for Economic Cooperation and Development (OECD). 2016. *How Good Is Your Job? Measuring and Assessing Job Quality*. Paris: OECD. https://www.oecd.org/sdd/labour-stats/Job-quality-OECD.pdf.

Organization for Economic Cooperation and Development (OECD). 2018. *Seven Questions about Apprenticeships: Answers from International Experience*. OECD Reviews of Vocational Education and Training. Paris: OECD Publishing.

Organization for Economic Cooperation and Development (OECD). 2019a. *Negotiating Our Way Up: Collective Bargaining in a Changing World of*

Work. Paris: OECD Publishing.
Organization for Economic Cooperation and Development (OECD). 2019b. "Part-time Employment Rate (Indicator)."
Organization for Economic Cooperation and Development (OECD). n.d. "Bitesize BEPS." https://www.oecd.org/tax/beps/bitesize-beps/. 2019年11月27日アクセス。
Osterman, Paul. 2019. "The Future of Work: What We Understand, What We Are Confused about, and How We Should Proceed." Powerpoint Presentation at the Institute for Research on Labor and Employment, April 15, 2019.
Petropoulos, Georgios, J. Scott Marcus, Nicolas Moës, and Enrico Bergamini. 2019. *Digitalisation and European Welfare States*, edited by Stephen Gardner. Bruegel Blueprint Series 30. https://bruegel.org/wp-content/uploads/2019/07/Bruegel_Blueprint_30_ONLINE.pdf.
Piketty, Thomas. 2014. *Capital in the Twenty First Century*. Translated by Arthur Goldhammer. Cambridge, MA: Belknap Press. 〔『21世紀の資本』〕
Portable Benefits for Independent Workers Pilot Program Act. 2019. S541. 116th Cong. https://www.congress.gov/bill/116th-congress/senate-bill/541.
Reder, Libby, Shelly Steward, and Natalie Foster. 2019. *Designing Portable Benefits: A Resource Guide for Policymakers*. Washington, DC: Aspen Institute. https://www.aspeninstitute.org/publications/designing-portable-benefits/.
Saez, Emmanuel, and Gabriel Zucman. 2019a. *The Triumph of Injustice: How the Rich Dodge Taxes and How to Make Them Pay*. New York: W. W. Norton. 〔『つくられた格差――不公平税制が生んだ所得の不平等』〕
Saez, Emmanuel, and Gabriel Zucman. 2019b. "How to Tax Our Way Back to Justice." *New York Times*, October 11, 2019. https://www.nytimes.com/2019/10/11/opinion/sunday/wealth-income-tax-rate.html.
Skillful. 2019. https://www.markle.org/rework-america/skillful/#skillful.
Thelen, Kathleen. 2019. "The American Precariat: U.S. Capitalism in Comparative Perspective." *Perspectives on Politics* 17(1): 5–27.
Tyson, Laura. 2019. "A New Approach to Protecting Gig Workers." *Project Syndicate*, October 24, 2019. https://www.project-syndicate.org/commentary/california-law-start-to-protect-gig-workers-by-laura-tyson-2019-10.
Tyson, Laura, and Lenny Mendonca. 2018. "Climate Action Trumps Trump." Project Syndicate, December 7, 2018. https://www.project-syndicate.org/commentary/climate-change-trump-denialism-by-laura-tyson-and-lenny-mendonca-2018-12.
Tyson, Laura D., and Michael Spence. 2017. "Exploring the Effects of Technology on Income and Wealth Inequality." In *After Piketty: The Agenda for Economics and Inequality*, edited by Heather Boushey, J. Bradford DeLong,

and Marshall Steinbaum, 170–208. Cambridge, MA: Harvard University Press.〔『ピケティ以後――経済学と不平等のためのアジェンダ』山形浩生、守岡桜、森本正史訳、青土社、2019年〕

US Department of Labor, Bureau of Labor Statistics. 2019. "Employee Benefits in the United States—March 2019." News release USDL-19-1650, September 19, 2019. https://www.bls.gov/news.release/pdf/ebs2.pdf.

US Department of Labor. n.d. "Apprenticeships by the Numbers." https://www.apprenticeship.gov/. 2019年12月2日アクセス。

第20章　ジェンダー格差

Bertrand, M. 2018. "Coase Lecture—The Glass Ceiling." *Economica* 85(338): 205–231.

Bertrand, M., and E. Duflo. 2017. "Field Experiments on Discrimination." In *Handbook of Field Experiments*, Vol. 1, edited by Esther Duflo and Abhijit Banerjee, 309–393. Amsterdam: North Holland.

Bick, A. and N. Fuchs-Schündeln. 2017. "Quantifying the Disincentive Effects of Joint Taxation on Married Women's Labor Supply." *AEA Papers and Proceedings* 107(5): 100–104.

Bick, A., and N. Fuchs-Schündeln. 2018. "Taxation and Labour Supply of Married Couples across Countries: A Macroeconomic Analysis." *Review of Economic Studies* 85(3): 1543–1576.

Breda, T., and C. Napp. 2019. "Girls' Comparative Advantage in Reading Can Largely Explain the Gender Gap in Math-Related Fields." *Proceedings of the National Academy of Sciences* 116(31): 15435–15440.

Goldin, C. 2014. "A Grand Gender Convergence: Its Last Chapter." *AEA Papers and Proceedings* 104(4): 1091–1119.

Guiso, L., F. Monte, P. Sapienza, and L. Zingales. 2008. "'Culture, Gender, and Math." *Science* 320(5880): 1164–1165.

Hyde, J. 2014. "Gender Similarities and Differences." *Annual Review of Psychology* 65: 373–398.

Kleven, H., C. Landais, J. Posch, A. Steinhauer, and J. Zweimüller. 2019. "Child Penalties across Countries: Evidence and Explanations." *AEA Papers and Proceedings* 109(5): 122–126.

Kleven, H., C. Landais, and J. E. Søgaard. 2019. "Children and Gender Inequality: Evidence from Denmark." *American Economic Journal: Applied Economics* 11(4): 181–209.

Lippmann, Q., and C. Senik. 2018. "Math, Girls and Socialism." *Journal of Comparative Economics* 46(3): 874–888.

Olivetti, C., and B. Petrongolo. 2017. "The Economic Consequences of Family Policies: Lessons from a Century of Legislation in High-Income Countries."

Journal of Economic Perspectives 31(1): 205–230.

第21章　所有権による格差の解消策

1) 組合と団体交渉のデータはhttp://www.unionstats.com/より取得。組合に対する見方については以下を参照のこと。https://news.gallup.com/poll/265916/labor-day-turns-125-union-approval-near-year-high.aspx; http://www.rasmussenreports.com/public_content/business/econ_survey_questions/january_2019/questions_unions_january_14_15_2019; https://www.pewresearch.org/fact-tank/2018/06/05/more-americans-view-long-term-decline-in-union-membership-negatively-than-positively/. 組合が格差を縮小させていることを示す最近のエビデンスについてはhttps://www.nytimes.com/2018/07/06/business/labor-unions-income-inequality.htmlを参照のこと。
2) *Janus v. American Federation of State, County, and Municipal Employees,* Council 31, No. 16-1466, 585 U.S. (2018).
3) 組合が格差を縮小させていることを示す最近のエビデンスについてはhttps://www.nytimes.com/2018/07/06/business/labor-unions-income-inequality.htmlを参照のこと。
4) アメリカの労働市場に買手独占力が存在することを示すエビデンスを示す文献は増えている。以下参照。José Azar Ioana Marinescu and Marshall I. Steinbaum, "Labor Market Concentration," NBER Working Paper 24147, revised February 2019; Arindrajit Dube, Jeff Jacobs, Suresh Naidu, and Siddharth Suri, "Monopsony in Online Labor Markets," NBER Working Paper No. 24416, issued March 2018; and Brad Hershbein (W. E. Upjohn Institute), Claudia Macaluso—(FRB Richmond), and Chen Yeh (FRB Richmond), "Monopsony in the U.S. Labor Market," December 31, 2019.
5) クリーン・スレート・フォー・ワーカー・パワー・プロジェクトの詳細についてはhttps://lwp.law.harvard.edu/clean-slate-projectを参照のこと。
6) 全国世論調査センターの調査の詳細についてはhttps://www.fiftybyfifty.org/2019/06/three-quarters-of-americans-prefer-to-work-for-an-employee-owned-company/を参照のこと。
7) オハイオ州のプログラムについてはhttp://www.oeockent.org/about/、マサチューセッツ州のプログラムについてはhttps://www.bostonglobe.com/business/2019/04/02/mass-lawmakers-revive-effort-spur-employee-ownership/c2j95QZssyPyeYYyN5hfAI/story.htmlを参照のこと。
8) サンダース案についてはhttps://berniesanders.com/issues/corporate-accountability-and-democracy/を参照のこと。
9) アラスカ州のファンドの概要分析についてはhttps://www.sciencenews.org/article/alaska-free-money-residents-hints-how-universal-basic-income-may-workを参照のこと。

Drucker, Peter. 1976. *The Unseen Revolution: How Pension Fund Socialism Came to America.* New York: Harper and Row.〔『見えざる革命――来たるべき高齢化社会の衝撃』佐々木実智男、上田惇生訳、ダイヤモンド社、1976年〕
Freeman, Richard B., and Joel Rogers. 1999. *What Workers Want.* Ithaca, NY: Cornell University Press.
Madison, James. 1788. "Observations on the 'Draught of a Constitution for Virginia.'" October. https://founders.archives.gov/documents/Madison/01-11-02-0216.

第22章　万人への雇用保障

Aja, Alan, Daniel Bustillo, William Darity Jr., and Darrick Hamilton. 2013. "Jobs Instead of Austerity: A Bold Policy for Economic Justice." *Social Research* 80(3): 781–794.
Darity, William, Jr. 2010. "A Direct Route to Full Employment." *Review of Black Political Economy* 37(3): 179–182.
Darity, William, Jr., and Darrick Hamilton. 2018. "Full Employment and the Job Guarantee: An All American Idea." In *Full Employment and Social Justice: Solidarity and Sustainability,* edited by Michael J. Murray and Mathew Forstater, 195–204. New York: Palgrave Macmillan.
The Hill. 2019. "Majority of Voters Support a Federal Jobs Guarantee Program." *The Hill,* What America's Thinking, October 30, 2019. https://thehill.com/hilltv/468236-majority-of-voters-support-a-federal-jobs-guarantee-program.
Paul, Mark, William Darity Jr., Darrick Hamilton, and Khaing Zaw. 2018. "A Path to Ending Poverty by Way of Ending Unemployment: A Federal Job Guarantee." *Russell Sage Foundation Journal of the Social Sciences* 4(3): 44–63.
Roosevelt, Franklin D. 1944. "The Economic Bill of Rights." USHistory.org. https://www.ushistory.org/DOCUMENTS/economic_bill_of_rights.htm.
Tcherneva, Pavlina. 2018. "The Job Guarantee: Design, Jobs and Implementation." Working Paper 902, Levy Economics Institute of Bard College, New York.

第23章　仕事を底上げする

1) 女性の所得の伸び率が高いことはジェンダーギャップの縮小に寄与したが、それでもすべての所得グループでいまだに大きな男女差がある。女性の平均就業期間がかつてよりも大幅に延びたため、賃金が増えた理由には労働市場における経験年数が長くなったこともある点にも留意されたい。
2) 世帯所得が約2万5000ドルに達した後は、この額を超えた1ドルにつき21%ずつ、給付額が減らされていく。

Chetty, Raj, David Grusky, Maximilian Hell, Nathaniel Hendren, Robert Manduca,

and Jimmy Narang. 2017. "The Fading American Dream: Trends in Absolute Income Mobility since 1940." *Science* 356(6336): 398–406.

Council of Economic Advisers. 2016. "Labor Market Monopsony: Trends, Consequences, and Policy Responses." Issue Brief, October 25, 2016. https://obamawhitehouse.archives.gov/sites/default/files/page/files/20161025_monopsony_labor_mrkt_cea.pdf.

David, Leslie, and Hannah Hartig. 2019. "Two-Thirds of Americans Favor Raising the Minimum Wage to $15 an Hour." *Factank*, Pew Research Center, July 30, 2019. https://www.pewresearch.org/fact-tank/2019/07/30/two-thirds-of-americans-favor-raising-federal-minimum-wage-to-15-an-hour/.

General Accounting Office. 1982. "Military Child Care Programs: Progress Made, More Needed." GAO/FPCD-82-30, General Accounting Office, Washington, DC.

Katz, Lawrence, and Alan Krueger. 2019. "The Rise and Nature of Alternative Work Arrangements in the United States, 1995–2015." *ILR Review* 72: 382–416.

Lucas, M.-A. 2001. "The Military Child Care Connection." *The Future of Children, Caring for Infants and Toddlers* 11(1): 128–133.

Sykes, Jennifer, Katherine Kriz, Kathryn Edin, and Sarah Halpern-Meekin. 2015. "Dignity and Dreams: What the Earned Income Tax Credit (EITC) Means to Low-Income Families." *American Sociological Review* 80: 243–267.

第24章　労働市場における効果的な政策手段を設計する際の法的執行力の重要性

Bernhardt, Annette, Ruth Milkman, Nik Theodore, Douglas Heckathorn, Mirabai Auer, James DeFilippis, Ana Luz González, Victor Narro, Jason Perelshteyn, Diana Polson, and Michael Spiller.2009. *Broken Laws, Unprotected Workers: Violations of Employment and Labor Laws in America's Cities*. Center for Urban Economic Development, National Employment Law Project, and UCLA Institute for Research on Labor and Employment. https://s27147.pcdn.co/wp-content/uploads/2015/03/BrokenLawsReport2009.pdf.

Bronfenbrenner, Kate. 2009. *No Holds Barred—the Intensification of Employer Opposition to Organizing*. Washington, DC: Economic Policy Institute.

Cho, Eunice Hyunhye, Tia Koonse, and Anthony Mischel. 2013. *Hollow Victories: The Crisis in Collecting Unpaid Wages for California's Workers*. Los Angeles and New York: National Employment Law Center, UCLA Labor Center.

Colvin, Alexander J. S. 2018. *The Growing Use of Mandatory Arbitration*. Washington, DC: Economic Policy Institute.

Cooper, Dave, and Teresa Kroeger. 2017. *Employers Steal Billions from Workers' Paychecks Each Year: Survey Data Show Millions of Workers Are Paid Less*

Than the Minimum Wage, at Significant Cost to Taxpayers and State Economies. Washington, DC: Economic Policy Institute.

Gerstein, Terri, and Marni von Wilpert. 2018. *State Attorneys General Can Play Key Roles in Protecting Workers' Rights.* Washington, DC: Economic Policy Institute.

Hamaji, Kate, Rachel Deutsch, Elizabeth Nicolas, Celine McNicholas, Heidi Shierholz, and Margaret Poydock. 2019. *Unchecked Corporate Power.* Washington, DC: Center for Popular Democracy, Economic Policy Institute.

Johnson, Matthew S. 2019. "Regulation by Shaming: Deterrence Effects of Publicizing Violations of Workplace Safety and Health Laws." Working paper for *American Economic Review.*

McNicholas, Celine. 2018. *In Epic Systems Corp. Decision, the Supreme Court Deals a Significant Blow to Workers' Fundamental Rights.* Washington, DC: Center for Popular Democracy, Economic Policy Institute.

McNicholas, Celine, Zane Mokhiber, and Adam Chaikof. 2017. *Two Billion Dollars in Stolen Wages Were Recovered for Workers in 2015 and 2016—and That's Just a Drop in the Bucket.* Washington, DC: Economic Policy Institute.

Nunn, Ryan, Jimmy O'Donnell, and Jay Shambaugh. 2019. *The Shift in Private Sector Union Participation: Explanations and Effects.* Washington, DC: Brookings Institution.

Shierholz, Heidi. 2019. *Working People Have Been Thwarted in Their Efforts to Bargain for Better Wages by Attacks on Unions.* Washington, DC: Economic Policy Institute.

Stone, Katherine V. W., and Alexander J. S. Colvin. 2015. *The Arbitration Epidemic.* Washington, DC: Economic Policy Institute.

US Department of Labor. 2016. "Workplace Rights." Fact sheet. Office of Federal Contract Compliance Programs, US Department of Labor, Washington, DC.

Weil, David. 2014. *The Fissured Workplace: How Work Became So Bad for So Many and What Can Be Done to Improve It.* Cambridge, MA: Harvard University Press.

Weil, David. 2018. "Creating a Strategic Enforcement Approach to Address Wage Theft: One Academic's Journey in Organizational Change." *Journal of Industrial Relations* 60(3): 437–460.

第25章　社会的セーフティネットの向上を基盤にミクロとマクロのレジリエンスを高める

1）公的な貧困の指標には市場所得と税引後および社会移転後の所得が一貫性なく混ざっており、その中では現金給付は所得とみなされるが税（給付型の税控除も含む）と現物給付は所得から除かれている。そのため、過去50年間にわたる市場の推移が正確に捉えられておらず、社会的セーフティネットが大

きく拡大したことによる効果も反映されていない。
2） 計算はFlood et al. (2020) に基づく。

Baily, Martin Neil. 1978. "Some Aspects of Optimal Unemployment Insurance." *Journal of Public Economics* 10(3): 379–402.

Ben-Shalom, Yonatan, Robert Moffitt, and John Karl Scholz. 2012. "An Assessment of the Effectiveness of Antipoverty Programs in the United States." In *The Oxford Handbook of the Economics of Poverty*, edited by Philip N. Jefferson, 709–749. New York: Oxford University Press.

Chetty, Raj. 2006. "A General Formula for the Optimal Level of Social Insurance." *Journal of Public Economics* 90(10–11): 1879–1901.

Chodorow-Reich, Gabriel, and John Coglianese. 2019. "Unemployment Insurance and Macroeconomic Stabilization." In *Recession Ready: Fiscal Policies to Stabilize the American Economy*, edited by Heather Boushey, Ryan Nunn, and Jay Shambaugh, 153–179. Washington, DC: Brookings Institution.

Fiedler, Matt, Jason Furman, and Wilson Powell III. 2019. "Increasing Federal Support for State Medicaid and CHIP Programs in Response to Economic Downturns: Unemployment Insurance and Macroeconomic Stabilization." In *Recession Ready: Fiscal Policies to Stabilize the American Economy*, edited by Heather Boushey, Ryan Nunn, and Jay Shambaugh, 93–127. Washington, DC: Brookings Institution.

Flood, Sarah, Miriam King, Renae Rodgers, Steven Ruggles and J. Robert Warren. 2020. Integrated Public Use Microdata Series, Current Population Survey: Version 7.0 [dataset]. Minneapolis, MN: IPUMS.

Fox, Liana. 2019. "The Supplemental Poverty Measure: 2018." Current Population Reports P60-268 (RV), US Census Bureau, Washington, DC.

Furman, Jason. 2017. "Reducing Poverty: The Progress We Have Made and the Path Forward." Speech, Washington, DC, January 17, 2017. https://obamawhitehouse.archives.gov/sites/default/files/page/files/20170117_furman_center_on_budget_poverty_cea.pdf.

Hendren, Nathaniel, and Ben Sprung-Keyser. Forthcoming. "A Unified Welfare Analysis of Government Policies." *Quarterly Journal of Economics*.

Hoynes, Hilary W., and Diane Whitmore Schanzenbach. 2018. "Safety Net Investments in Children." Brookings *Papers on Economic Activity* (Spring): 89–132.

International Monetary Fund. 2015. "Can Fiscal Policy Stabilize Output?" In *April 2015 Fiscal Monitor: Now Is the Time, 21–48*. Washington, DC: International Monetary Fund.

Rawls, John. 1971. A Theory of Justice. Cambridge, MA: Harvard University Press.〔『正義論 改訂版』川本隆史、福間聡、神島裕子訳、紀伊國屋書店、

2011年〕
Wimer, Christopher, Liana Fox, Irv Garfinkel, Neeraj Kaushal, and Jane Waldfogel. 2013. "Trends in Poverty with an Anchored Supplemental Poverty Measure." Working Paper 13-01, Columbia Population Research Center, New York.

第26章　子供のいる世帯向けの社会的セーフティネット ——何が有効か、さらに効果を上げるにはどうするか？

1）図は全米科学・工学・医学アカデミー（National Academies of Sciences, Englineering, and Medicine 2019）のものを使用し、アーバン・インスティテュートのTRIM3モデルを用いて給付の過少報告を調整している。過少報告で調整したため図26.2で報告されている未調整の数値よりも貧困率が下がっている。

2）図26.3に掲載した社会的セーフティネットプログラムは要扶養児童家族扶助（AFDC、1996年の福祉改革法でTANFに再編）、フードスタンプ、勤労所得税額控除、児童税額控除である。世帯への支出の指標は貧困の最大200％までのみとしている。これにより児童税額控除のかなりの部分（所得分布の高い層も対象になっている）は除外されている。詳細についてはHoynes and Schanzenbach（2018）を参照のこと。

Autor, David. 2014. "Skills, Education, and the Rise of Earnings Inequality among the 'Other 99 Percent." *Science* 344(6186): 845-851.

Bailey, Martha, Hilary Hoynes, Maya Rossin-Slater, and Reed Walker. 2020. "Is the Social Safety Net a Long-Term Investment? Large-Scale Evidence from the Food Stamps Program." NBER Working Paper 26942, National Bureau of Economic Research, Cambridge, MA.

Bitler, Marianne, and Hilary Hoynes. 2015. "Heterogeneity in the Impact of Economic Cycles and the Great Recession: Effects within and across the Income Distribution." *AEA Papers and Proceedings* 105(5): 154-160.

Bitler, Marianne, and Hilary Hoynes. 2016. "The More Things Change, the More They Stay the Same? The Safety Net and Poverty in the Great Recession." *Journal of Labor Economics* 34(S1, Pt 2): S403-S444.

Bitler, Marianne, Hilary Hoynes, and Elira Kuka. 2017. "Child Poverty, the Great Recession, and the Social Safety Net in the United States." *Journal of Policy Analysis and Management* 36(2): 358-389.

Fox, Liana. 2019. *The Supplemental Poverty Measure: 2017.* Current Population Report P60-268, US Census Bureau, Washington, DC.

Hoynes, Hilary, and Diane Whitmore Schanzenbach. 2018. "Safety Net Investments in Children." *Brookings Papers on Economic Activity* (Spring): 89-132.

Hoynes, Hilary, Diane Whitmore Schanzenbach, and Douglas Almond. 2016. "Long-Run Impacts of Childhood Access to the Safety Net." *American Economic Review* 106(4): 903–934.
National Academies of Sciences, Engineering, and Medicine. 2019. *A Roadmap to Reducing Child Poverty*. Washington, DC: National Academies Press.

第27章　再分配政策を支援する税制についての考察

1） 余談になるが、法人所得税は国によって幅があるため、このような比較をするためには所得税と法人税を一緒にして考えるのが適切である。特にアメリカでは個人所得税を通じて事業所得に課税する（パススルーという課税制度）割合が異常に大きいので、他国の同様の税に比べて法人税が少なく見える。
2） この弱点は資産課税にも共通するが、資産の所有者が変わる死亡時の課税のほうが資産評価は簡単なはずだ。課税に関係なく遺産の譲渡の際は資産評価がつきものだからだ。

Auerbach, Alan J. 1991. "Retrospective Capital Gains Taxation." *American Economic Review* 81(1): 167–178.
Kopczuk, Wojciech. 2017. "U.S. Capital Gains and Estate Taxation: A Status Report and Directions for a Reform." In *The Economics of Tax Policy*, edited by Alan Auerbach and Kent Smetters, 265–291. Oxford: Oxford University Press.
Kopczuk, Wojciech. 2019. "Comment on 'Progressive Wealth Taxation.'" *Brookings Papers on Economic Activity*, forthcoming. http://www.columbia.edu/~wk2110/bin/BPEASaezZucman.pdf.
Organization for Economic Cooperation and Development (OECD). 2018. *Consumption Tax Trends 2018: VAT/GST and Excise Rates, Trends and Policy Issues. Paris*: OECD Publishing.
Organization for Economic Cooperation and Development (OECD). 2019. Revenue Statistics. https://stats.oecd.org/Index.aspx?DataSetCode=REV.
Schizer, David M. 2015. "Limiting Tax Expenditures." *Tax Law Review* 68: 275–354.
Zelenak, Lawrence. 2018. "The Tax-Free Step-Up in Basis at Death and the Charitable Deduction for Unrealized Appreciation: The Failed Reforms." In *Figuring Out the Tax: Congress, Treasury, and the Design of the Early Modern Income Tax*, 110–132. Cambridge Tax Law Series. Cambridge: Cambridge University Press.

第28章　私たちはなぜ再分配の増加を支持しないのか？——経済学的調査からの新しい説明

Alesina, Alberto, Armando Miano, and Stefanie Stantcheva. 2018. "Immigration

and Redistribution." NBER Working Paper 24733, National Bureau of Economic Research, Cambridge, MA.

Alesina, Alberto, Stefanie Stantcheva, and Edoardo Teso. 2018. "Intergenerational Mobility and Support for Redistribution." *American Economic Review* 108(2): 521–554.

Bartels, Larry M. 2008. *Unequal Democracy: The Political Economy of the New Gilded Age.* Princeton, NJ: Princeton University Press.

Caplan, Bryan. 2007. *The Myth of the Rational Voter: Why Democracies Choose Bad Policies.* Princeton, NJ: Princeton University Press.〔『選挙の経済学——投票者はなぜ愚策を選ぶのか』長峯純一、奥井克美監訳、日経BP社、2009年〕

Enrick, Norbert Lloyd. 1963. "A Pilot Study of Income Tax Consciousness." *National Tax Journal* 16(2): 169–173.

Kuziemko, Ilyana, Michael Norton, Emmanuel Saez, and Stefanie Stantcheva. 2015. "How Elastic Are Preferences for Redistribution? Evidence from Randomized Survey Experiments." *American Economic Review* 105(4): 1478–1508.

Meltzer, Allan H., and Scott F. Richard. 1981. "A Rational Theory of the Size of Government." *Journal of Political Economy* 89(5): 914–927.

Stantcheva, Stefanie. 2019. "Understanding Economics: What Do People Know and How Can They Learn?" Working paper, Harvard University, Cambridge, MA.

Steinbeck, John. 1966. *America and Americans.* New York: Viking Press.〔『アメリカとアメリカ人——文明論的エッセイ』大前正臣訳、平凡社、2002年〕

第29章　資産税に効果はあるか？

1) 調査によるとアメリカ人の約60〜70%が5000万ドル超の純資産に対する2%の課税を支持している。Casselman and Tankersley (2019) およびSheffield (2019) を参照のこと。

Alstadsæter, Annette, Niels Johannesen, and Gabriel Zucman. 2019. "Tax Evasion and Inequality." *American Economic Review* 109(6): 2073–2103.

Casselman, Ben, and Jim Tankersley. 2019. "Democrats Want to Tax the Wealthy. Many Voters Agree." *Nytimes.com*, February 19, 2019. https://www.nytimes.com/2019/02/19/business/economy/wealth-tax-elizabeth-warren.html.

Levitz, Eric. 2019. "Voters Aren't Moving Left on Taxes. Democrats Are Moving Towards Voters." *Nymag.com*, February 2019. http://nymag.com/intelligencer/2019/02/wealth-tax-warren-polls-media-public-opinion-democrats.html.

Saez, Emmanuel, and Gabriel Zucman. 2019. "Wealth Taxes Often Failed in Europe. They Wouldn't Here." *Washington Post*, October 25, 2019. https://www.washingtonpost.com/outlook/wealth-taxes-often-failed-in-europe-they-wouldnt-here/2019/10/25/23a59cb0-f4ff-11e9-829d-87b12c2f85dd_story.html.

Sheffield, Matthew. 2019. "New Poll Finds Overwhelming Support for an Annual Wealth Tax." *TheHill.com*. February 6, 2019. https://thehill.com/hilltv/what-americas-thinking/428747-new-poll-americans-overwhelmingly-support-taxing-the-wealth-of.